3DTV

3D 시네마

창조적인 스테레오스코피를 위한 도구와 처리과정

Bernard Mendiburu, Yves Pupulin, Steve Schklair 저

이 승 현 역

3D TV and 3D Cinema

Tools and Processes for Creative Stereoscopy

Bernard Mendiburu with Yves Pupulin and Steve Schklair

ISBN : 9780240814612
Translated Edition ISBN : 978-89-92887-46-5 (93560)
Publication Date in Korea : 2011. 11. 30

Translated by JinSaem Media.
Printed in Korea

헌정사

나에게 처음 3D를 접하게 해준 frank verpillat* 에게

"Bernard, 우리는 몇 년 내로 첫 번째 3D TV 채널을 볼 수 있을 걸세. 채널들은 24시간/7일을 운영할 수 있는 충분한 콘텐츠를 제작할 수 없을 것이기 때문에, 3D로 변환된 콘텐츠에 의존하게 될 거야. 나는 자네가 2D/3D 변환 워크플로우(workflow)와 파이프라인을 설계했으면 하네."

*frank vepillat** (1999년 10월)

Contents

감사의 글

이 책을 쓰는 15개월 동안 그리고 그 이전 15년 동안 최고의 내조를 해준 아내 Fabienne에게 무한한 감사를 표한다.

그리고 다음과 같은 분들의 도움과 협조에 감사를 표한다.

이 책을 같이 쓰기로 동의하고, 때때로 정신없는 일정 속에서도 원고를 쓰고 검토하는 시간을 내어준 Steve와 Yves, 시청각 전문 용어에 대한 놀라운 작업과 이 책을 위한 용어사전을 제공해 준 Richard, 3ality와 Binocle 팀 그리고 내 질문에 응해주거나 이미지를 제공해 준 업계의 모든 종사자들, 전문적인 조언과 웃음을 안겨준 CML-3D 팀원들, 가장 아름다운 캐리비언의 진주이며 "자연의 섬"이라고도 알려진 서인도제도 도미니카 연방에 감사드린다.

서언

이 책은 2009년 Focal Press에서 출간된 나의 첫 번째 책 **3D 입체영화 제작기술: 스테레오스코픽 디지털 시네마 – 각본에서 상영까지**의 속편이다. 시간적으로나 주제 모두에 대해서 속편이라고 할 수 있다. 2008년으로 거슬러 올라가 보면, 어떠한 메이저 라이브 액션 3D 영화도 **아바타**(Avatar)가 이룬 것만큼 실현가능하고 진짜 같다는 것을 증명하지 못했었기 때문에, 3D가 극장에서 확실하게 자리를 잡고 있지 못하고 있었다. 첫 번째 책에서, 나의 목표는 3D가 일시적인 유행 이상이라는 것을 독자로 하여금 확신하도록 하는 것이었다. 나의 취지는 3D가 제작하기 복잡하지만 노력할 가치가 있다는 것, 새로운 예술 형태이며 신규 팀원의 참여가 필요하다는 것, 그리고 그들 중 하나인 스테레오그래퍼(stereographer)는 제작 회의에서 감독과 같은 수준의 자리에 앉을 자격이 있다는 것이었다. 2011년은 수많은 3D 영화가 현재 개발, 제작 및 편집되고 있는 다른 세상이 펼쳐지고 있다.

2010년 이전의 3D 영화제작자는 수준 미달의 콘텐츠가 개봉되어 관객들을 떠나게 할까봐 두려워했다. 그리고 실제로 수준 미달의 3D 변환 영화가 거의 그러한 결과를 초래하였다. 놀랍고도 긍정적인 결과로써 수준 미달의 3D 변환은 2D/3D 변환과 3D 촬영 사이의 차이점을 관객들에게 알려주었다. 그것은 또한 관객에게 시장 중심 전환이라고 할 수 있는 성급한 변환과 정교하게 계획된 예술 중심의 변환 사이에 대한 차이를 가르쳐 주었다. 우리는 현재 시네마가 3D라는 짐승을 길들이는 것을 목격하고, 새로운 원리를 창조하고, 새로운 비주얼 도구를 개발하고 있고, 더욱 개조된 하드웨어를 향유하고 있다. 3D 시네마에서 기술자들은 도구를 다듬고 있으며, 성공의 여부는 명백히 창조적인 작품을 만드는 것에 달려 있다.

3D 매체의 전개는 항상 디스플레이와 콘텐츠 사이의 닭이 먼저냐 달걀이 먼저냐 하는 문제였다. 영화 사업에서 그러한 교착 상태는 디지털의 등장 덕분에 처음에 CG 애니메이션으로 공급되었고 지금은 라이브 액션 3D 영화와 관련되어 잘 해결될 것 같아 보인다. TV 사업에서 그것은 또 다른 이야기이다. 방송용 3D 미디어에서는 50년대 3D 영화의 황금시대와 같이 의존할 만한 대규모 연재물이 없었다. TV 사업 종사자는 성공한 3D 영화 작품을 볼 수 있고 그로부터 배울 수도 있다. 어떤 종류의 3D 방송이 실습을 통해 배울 수 있도록 당신을 선회시킬 수 있을까? 3D 시네마는 성공의 길을 만들었던

조상 일가를 갖고 있지만, 3D TV는 우리가 배워야 할 것이 많은 신생 고아이다. 전 세계적으로 제작자들은 대부분 스포츠 이벤트와 콘서트를 위한 3D 콘텐츠를 제작하면서 동시에 배우고 있다.

가장 최근까지도, 3D의 쟁점은 교육에 관한 것이었다. 우리는 그것을 정당화하면서 공급해야 했다. 이 쟁점은 전 세계의 많은 영화 집단들이 주최하는 수많은 3D 워크숍을 통한 평가를 통해 긍정적인 평가를 얻어내었고 곧 끝나게 될 것이다. 업계 종사자들은 3D 영상 제작이 특별한 기술과 경험을 필요로 한다는데 전적으로 동의한다. 현재의 쟁점은 제작에 사용되는 장비의 우수성에 관한 전쟁을 치르고 있다. 우리는 2개의 카메라를 볼트로 함께 조이는 것만으로 충분하다는 생각이 틀렸음을 밝혀야 한다. 모든 제작이나 카메라 위치가 고성능 모션 컨트롤 장치를 필요로 하는 것은 아니지만, 감독에게 더 창의적인 시계를 제공하기 위해서는 양안 거리(interocular distance)를 정확하게 움직이고 줌의 전체 범위를 사용할 필요가 있다. 물론 모든 것은 편안한 스테레오스코피 영역 내에서 지속되어야 한다. 우리는 가장 낮은 입찰자가 거래를 따내는 것을 종종 보게 되며, 이것은 기록물에서도 보인다. 저가 장비가 불편함을 초래하지는 않지만 개성 없고 재미없는 스테레오스코피를 양산하는 것이다.

현재 저렴한 3D 제작이 관객의 눈을 다치게 하지는 않지만, 싸구려 장비가 스테레오스코피의 창의성을 막는 것을 보고 있다. 여기에 속임수는 없다. 새로운 영상을 만들 수 있고자 한다면, 제작된 미디어의 진화를 반영하는 새로운 카메라와 모니터링 시스템이 필요하다. 보정된 카메라, 칼라 모니터링, 칼라 타이밍 패스(color timing pass) 없이 색상을 만들 수 있을까? 프레임을 줄이고 프레임 율을 변경할 수 있는 NLE(nonlinear editing, 비선형 편집) 시스템에서 편집을 할 수 있을까? 업계에서 높이 평가되는 몇몇 명칭들은 그들이 아직 제공할 수 없는 쓸모없는 기능으로써 버려질 것이지만, 엔지니어들이 업계의 요구를 따라잡는 데로 동일한 이들 기능이 갑자기 필요하게 될 것이다. 그러는 동안 빈약한 3D가 양산되고 부정확한 지식이 퍼져나가게 된다. 예를 들어, 줌(zoom) 기능이 3D에서 무용지물인 것은 줌 렌즈를 조정할 수 없기 때문이 아니다. 하지만 우리는 이러한 잘못된 견해가 1년 내내 나오는 것을 들었다.

Yves Pupulin이 6장에서 설명한 것처럼 3D는 산업 예술이다. 그에 따라서 3D를 전시지원(exhibiting support) 분야에서 분리할 수 없다. 우리는 그것을 현재 초기 단계에 추가할 수 있으며, 3D를 창조적인 도구에서 분리할 수 없다. 영화 분야에 음향과 색상이 도입된 초기에 복사(reproduction) 기술은 때때로 주연배우와 마찬가지로, "테크니칼라(Technicolor)", "무비톤(Movietone)", "바이타폰(Vitaphone)"이라고 영화 포스터와 광고판에 선전되었다. 우리가 DreamWorks Studios의 애니메이션 홍보 자료에서 "InTru3D"라는 인텔 브랜드를 보는 것처럼, "3D" 구분이 "100% 실제 3D", "3ality 디지털 장비로 촬영" 또는 "Binocle Takker의 3D 품질"로 대체되는 것을 조만간 볼 수 있을까?

이것은 여러분들을 기다리는 여행이다. 3D의 새로운 제작 도구를 경험하고, 음향과 색상이 그러했듯이 영화 언어를 확대하는데 그것을 사용해야 할 시간이다. 스테레오스코피가 시청각 예술에 얼마나 많은 변화를 가져올 것인가? 여러분들의 대답이 TV와 극장 스크린에 도달하기 전에 많은 것이 이루어질 것이다.

서문

최근까지 입체 텔레비전(stereoscopic television)과 같은 것은 없었다. 그것은 꿈이자 개념이었다. 하지만, 지금 그것은 현실이며 – 미학, 비즈니스 그리고 기술력에 의해 형성되고 있는 초기 매체이다.

3D 동영상에 대한 탐구는 1세기 이상 되었고, 3D 텔레비전에 대한 탐구는 그 시간의 대부분 동안 진화되어 왔다. 3D TV 방송에서의 초기 시도는 지금의 기준으로 보면 조잡한 것이었다. 하지만 이러한 해결책이 품위가 없었음에도 불구하고 꿈은 흔들리지 않았다. 이 이야기를 가장 재미있게 만드는 것의 한 부분은 영화와 텔레비전(또는 비디오) 기술의 통합이다. 디지털 영화는 기술적으로 진보한 비디오에 불과한 것이다. 이러한 공통점은 전적으로 화학에 기반 하는 할로겐화은(silver halide)이라는 필름 매체를 유지했던 것보다 더 쉽게 필름을 TV로 전환시켰다.

입체 텔레비전을 위한 토대는 1980년대와 1990년대 3개의 회사에 의해 마련되었다. StereoGraphics, Tektronix, 그리고 VRex 이다. StereoGraphics는 깜박임 없는 시분할(field-sequential) 3D 디스플레이와 최초의 무선 셔터 안경인 CrystalEyes를 소개하였다. StereoGraphics는 또한 현재 가장 보편적으로 사용되는 입체 텔레비전 멀티플렉싱 기술을 도입하였고, RealD 동영상 프로젝션 시스템의 기본인 ZScreen 전자-광학 변조기(electro-optical modulator)를 제작하였다. Tektronix는 필드율(field rate)에 따라 편광 특성을 교차할 수 있는 디스플레이 스크린용 액정 변조기를 시장에 최초로 내 놓았으며, 이로 인해 수동형 편광 안경으로 3D 이미지를 볼 수 있게 되었다. VRex는 모니터용 interdigitated micropolarizer에 대한 제조 기술을 개발하였고, 수동형 편광 안경을 사용하여 입체 영상을 라인 순차(line-sequential) 방식으로 볼 수 있었다. 이들 3개의 회사가 만든 기술은 현재 입체 텔레비전 제조업체 및 3D TV 영상의 기록과 전송에 필요한 연결 인프라 종사자들이 사용하고 있다.

그렇다면, 그렇게 많은 기술이 준비가 되어 있었는데 입체 텔레비전이 나오기 까지 왜 20년 또는 30년이 걸린 것인가? 여기에는 몇 가지 이유가 있다. 일부는 기술적인 것이고 일부는 사업적인 이유이다. 그중 한 예로, 한물간 미국의 NTSC 프로토콜, 그리고 다른 국가의 PAL과 SECAM은 제한된 대역폭으로 인해 입체영상 정보의 실행 가능한 전송을 방해하였다. 입체 텔레비전은 더 개방된 프로토콜과 고화질의 디지털 텔레비전을 기다려야 했다. 그런데 흥미롭게도, 이전에 지배적이었던 디스플레이 기술인 음극선관 즉 CRT는 현재 보급된 액정 디스플레이 스크린보다 시분할 입체영상 TV를 보는데 더 적합한 수단이었다.

입체 텔레비전에 대한 현재의 관심은 스테레오스코픽 시네마의 성공으로부터 야기되었다는 것은 분명하다. 이러한 성공은 3개의 회사 덕택이다. DLP(digital light processing) 광변조기를 개발한 Texas Instruments, 3D 영화를 주도한 Walt Disney Company, 그리고 DLP 영사기에 추가된 ZScreen을 성공적으로 배치한 RealD이다. 최근 입체영상 영사 기술의 바탕과 그것의 성공 이유는, StereoGraphics가 산업적인 응용을 위해 처음 시연했던 것처럼, 필드 연속(field sequential) 모드에서 왼쪽 및 오른쪽 영상 모두를 성공적으로 디스플레이하기 위해 단 하나의 영사기만 사용하면 된다는 점이었다. 이는 왼쪽과 오른쪽 채널의 탁월한 기하학적 조정과 조명 조정에 도움이 되었으며, 영사실에서 일상화된 손쉬운 작동이 가능하도록 하였다. 마찬가지로, 오늘날 3D TV의 미덕은 단일 모니터 표면에 왼쪽과 오른쪽 영상 모두를 표시할 수 있다는 것이다.

현재의 3D TV 기술에 대한 성공은, 3D 동영상 사진 기술에서처럼 보는 사람이 착용하는 안경에 달려있다. 오늘날 사용하는 안경은 편광 렌즈를 사용한 수동형이거나 전기-광학 셔터를 사용한 능동형이다. 과거에 제공된 제품 기능과 동일하다. 양쪽 기술에는 장점과 단점이 있다. 이 책이 출간되고 있는 현재까지, 아무도 안경사용이 필요한 입체 텔레비전에 대해 대중 쪽의 수용 수준을 예측할 수 없다. 모든 주요 텔레비전 제조업체 및 카메라, 주문형 집적회로, 셋톱박스, 블루레이 플레이어의 제조업체, 케이블 회사는 말할 것도 없고, 위성 방송회사, 인터넷 프로토콜 제공업체, 그리고 텔레비전 인프라의 근간을 위한 멀티플렉싱 및 스위칭 장치 제조업체와 같은 이들 업체들 모두가 엄청난 노력과 어마어마한 비용을 쏟아 부었음에도 불구하고, 현장에 있는 모든 사람들은 개별 선택 장치, 즉 안경이 있는 3D TV를 대중이 수용할지에 대해 큰 내기를 하고 있다.

현재 안경 사용이 꼭 필요하지 않은 어플리케이션이 있다. 아마도 대부분 노트북과 소형기기를 포함하는 이들 어플리케이션은 일반적으로 렌티큘라 스크린(lenticular screen)이나 래스터 배리어(raster barrier)와 같은 화면 선택 장치를 갖춘 수직 열 형식의 서로 엇갈리게 배열된(interdigitated) 스테레오 페어(stereo pair)를 사용한다. 어플리케이션에서는 사용자가 조심스럽게 자신의 눈의 위치를 고정시키던지, 휴대용 기기를 움직여 시점을 위치시킬 수 있다. 개인 사용자의 경우에는 2개 시점을 엇갈리게 배열한 스테레오그램(stereogram)이 적절하다. 이러한 기기는 한정된 사용자의 시점 영역을 가지고 있으며, 디스플레이와 보는 사람의 눈 사이에 대한 적절한 위치조정이나 관계가 필수적이다. 그러나 그러한 스테레오그램이 다수의 시점과 적절한 선택 기술을 기다려야 하는 일반적인 목적의 해결책은 아니다.

별도의 안경이 필요 없는(무안경식) 텔레비전 시스템이 개발되어 적당한 가격에 판매될 수 있다면, 그리고 화질이 안경을 쓰고 보는 이미지의 화질과 동일하다면, 그것은 성공적이라고 말할 수 있다. 이를 위한 기본적인 기술은 약 1세기 동안 개발되고 있다. 무안경식 디스플레이에 사용되는 선택 기술이 무엇이던 간에, 해결되어야 할 문제 중이 하나는 엄청난 양의 정보를 보여주어야 한다는 것이다. 다수의 시점이 필요하다는 것이다. 평면적인 입체 디스플레이(two-view)에 필요한 2개의 시점보다 100개의 시점과 같은 무언가가 필요하다. 이것은 엄청난 대역폭이나 필요한 정보를 재구성하기 위한 수단이 필요하게 된다. 다시점 디스플레이는 보다 실용적이며 재구성 문제를 해결하기 위해 수많은 작업이 진행되어왔다. 그러나 적어도 현재 장치보다 한 자릿수 더 많은 픽셀이 요구되는 디스플레이 패널은 어떻게 할 것인가? 개인적으로 오토스테레오(autostereo) 문제는 해결될 거라고 믿지만, 5년 아니면 15년 남았을까?

평면 입체 TV 시스템의 성공적인 구현을 위해 풀어야 할 당면 문제들이 있으며, 가장 중요한 것은 카메라 필수요건이다. 뉴스, 시트콤, 다큐멘터리, 스포츠와 같은 모든 종류의 TV 콘텐츠에는 특정 카메라 유형이 필요하다. 현재 우리는 서둘러 조립해 개조한 카메라 장치를 가지고 있다. 업계는 처음부터 다시 설계한 통합 카메라가 필요하다. 텍스트 박스를 어떻게 처리할 것인가, 개별 콘텐츠 제공업자가 선호하는 상이한 포맷을 어떻게 조정할 것인가, 그리고 기타 등등과 같은 수많은 다른 문제들도 해결해야 한다.

한 가지 재미있는 문제는 대형 극장 스크린용으로 제작된 콘텐츠를 가정의 작은 스크린이나 손 안의 작은 스크린에서 볼 경우, 또는 그 반대 경우에서의 콘텐츠의 적합성이다.

게다가 미학적으로 풀어야할 문제도 있다. 편안한 콘텐츠를 제작하는 것이 사업의 최우선 사항이며, 그리고 항상 스타일의 문제가 있다. 사진 접근법이 콘텐츠와 결부되어야 한다. 3D 매체가 워낙 새로운 것이기 때문에, 이 시점에서 창조적인 사람들이 그것을 촉진해야 한다. 몇몇 사람들은 확고한 의견을 가지고 있지만, 업계가 입체 텔레비전 콘텐츠를 양산한 역사가 너무나 적기 때문에 이러한 의견의 대다수는 경험에 근거하고 있지 않다. 그것은 우리가 발견의 시대에 있다는 것을 의미하며, 사람들이 개방적인 한 좋을 수도 있다. 그러나 우리가 엄격한 규칙이 아닌가하고 생각하는 것이 진정으로 절대적인 진리인지 아닌지, 아니면 사람들이 입체 영상을 보고 배움에 따라 조만간 규칙이 바뀔 것인지는 알 수 없다. 이것은 중요한 주제이며, 서론에서는 다루지 않을 것이다. 해답을 가지고 있지 않기 때문에, 그나마 나에게는 다행이다.

그리고 사업 문제는 사업가들에게 남겨두기로 한다.

당신이 손에 쥐고 있는 Bernard Mendiburu의 책은 입체 텔레비전 현장의 창조적인 전문가들이 요구하는 정보를 제공하기 위한 역작이다. 카메라로부터 누군가의 TV 세트, 컴퓨터 스크린 또는 소형기기에 입체 영상을 도달시키기 위해서 해야 할 일들이 많다. Bernard는 엄청난 주제를 다루고 있으며, 그의 책은 지속적으로 탐구하게 될 것의 중요한 일부이다. 이것은 현장에 있는 사람들이나 현장에 뛰어들고 싶은 사람들에게는 중요한 참고자료가 될 것이다.

Lenny Lipton

Laurel Canyon, California

2010년 11월

CHAPTER 1

2010년대 전문적인 3D 제작

첫 번째 장에서는 현재 재정립 되고 있는 3D 제작의 개념을 가능한 정확히 서술하기 위해 노력할 것이다. 여기서의 내용은 상황 자체가 끊임없이 변화하고 있기 때문에 2010년 여름 현재에 대한 전문 세계의 단편만을 기술할 뿐이다. 그래도, 본론으로 들어가기 전에 배경을 설명하는 게 중요하다고 생각한다. 매일 얼마나 새로운 도구들이 개발되고 있는지를 설명함으로써 독자인 3D 종사자들에게 전달될 수 있는 새로운 일을 이해하는 데에 도움이 될 수 있도록 할 것이다.

2010년 3D TV와 3D 시네마 전망

전문가라고 할 수 있는 직업에 보수를 지불하는 것은 일반적으로 용인되는 현상이다. 많은 영화 전문가들이 때로는 단 하루 동안, 때로는 대부분의 경력 동안 작은 액수를 받고 일을 시작하기 때문에 영화 제작은 그 정의가 왜곡되어 있다. 그리고 적어도 새로운 3D 르네상스가 오기 전까지, 급여보다 장비에 더 자주 사용되는 3D 예산으로 인해 3D에서 그러한 왜곡은 강조되었다.

현재의 르네상스 이전에 3D는 직업이라기보다는 취미나 기술이었다. 주로 테마 파크, 기업 홍보와 일반 전시를 위해 일하는 몇몇 제작 회사와 소수의 특수 영화 전문가가 있었다. 3D는 일반적으로 안정적으로 돈을 지불하는 일상적인 직업은 아니었다. 하지만 2005년 이래로, 3D 시네마의 르네상스와 3D TV의 탄생은 상황을 극적으로 바꾸어 놓았다. 3D 영화가 다량으로 제작되고 있고, 전 세계 3D TV 채널은 방영을 위한 수천 시간 분의 프로그램을 찾고 있다. 오늘날, 3D는 더 이상 괴짜 장난감이 아니다. 그것은 중요한 장비가 필요한 진지한 사업이다.

엔터테인먼트 산업이 3D를 마지막으로 실험한 것은 1953년과 1954년이었다. 하지만 그러한 움직임은 오래 가지 않았고, 파노라마 영화 촬영법이 선택 매체로 인계를 받았다. 입체 영상은 50년 이상 영화 사업의 주류에서 벗어나서 테마파크, 연구소나 기타 특별한 장소로 밀려났다. 수년 동안, 3D는 블록버스터 제작과 TV에서와는 달리 시간이 필수적이지 않은 영역인, 취미나 "특수 프로젝트" 기술로 남아 있었다. 영화나 TV에서 시간은 가장 비싼 자원이다. Vince Pace는 "이벤트 방송의 경우, 억만금을 줘도 아까의 촬영을 다시 살 수 없다." 고 말한다. 일류 영화 세트에서는 수십 또는 수백 명의 사람들이 함께 일하며, 국제적인 배우들은 빠듯한 일정을 가지고 있고, 초과 근무 수당은 예산에 심각한 타격을 줄 수 있다. 촬영을 하루나 이틀 지연시킬 수 있는 방법은 없다. 대학교와 연구소에서 3D를 제작할 때는 없었던 문제이다.

3D TV와 3D 시네마 정의

스페레오스코픽 3D가 제작 프로세스와 배급을 변화시킨 유일한 새로운 미디어 기술은 아니다. 극장의 대체 콘텐츠, 사용자가 집에서 만든 콘텐츠(UCC), 데이 앤 데이트(day and date) 주문형 비디오, 인터넷 텔레비전, 그리고 법적으로 문제가 있는 P2P 방식 배급은 현재 엔터테인먼트 제작과 엔터테인먼트 경험 모두에 영향을 주고 있는 또 다른 주요한 변화이다. 몇몇 핵심 용어에 대해 논의하고 정의해보자.

- 현장 촬영(live shooting)은 스포츠나 뮤직쇼와 같이 타이밍을 제어할 수 없는 이벤트를 촬영하는 것을 지칭한다.
- 생방송은 실시간으로 벌어지고 있는 사건의 화면을 전송하는 것을 지칭한다.
- 시네마는 엔터테인먼트 산업을 위해 사전 녹화하여 후반작업을 하는 콘텐츠를 지칭한다. 제작물에는 연기자, 스타와 마케팅 계획이 포함된다.
- 텔레비전 콘텐츠는 텔레비전에서 재생하기 위해 사전 녹화하여 후반작업을 하는 콘텐츠를 지칭한다. 황금시간대 드라마, 코미디나 시트콤과 같은 쇼가 이 범주에 속한다.
- 촬영 후반작업은 방송이나 패키지 콘텐츠를 통해 배급하기 전에 화면을 편집하는 과정을 지칭하며, 시각 효과 적용이 포함된다.
- 극장은 대형 스크린이 있는 공공 공연장을 지칭한다.
- TV는 사용되는 이미지 출처(지상파, 멀티포인트, IP, 합법 또는 불법)에 관계없이 거실용 사이즈의 스크린을 지칭한다. TV는 시청자에 의해 정의된다.
- 3D는 입체 영상을 지칭한다. 여기에서는, 3D 모델을 기반으로 한 컴퓨터 영상과 입체 3D 영상을 구분하기 위해 S3D를 3D, CG 또는 CGI와 구별하는 말로 사용하도록 한다.

2009년 시네마, 3D로 나아가다

모든 미국의 메이저 애니메이션 스튜디오들이 CGI 영화를 S3D로 개봉한 첫 해가 2009년이었다. 최고 수익률 상위 10위권 영화 중 4개가 3D였다. 총 24개의 3D 영화가 전 세계적으로 개봉되거나 초연되었으며, 수십 개의 3D 프로젝트가 허가를 받았다. 3D 시네마 르네상스인 그 해는 인플레이션을 고려하였을 때 영화 역사상 네 번째로 큰 박스오피스 수익을 올린 아바타로 마무리 되었다. 아바타는 수백만의 영화팬들에게 3D 경험을 하게 했으며 3D가 새로운 이야기 매체라는 것을 전 세계 관객에게 납득시켰다. 2010년은 이러한 경향을 확인시켜주었다. 상위 10위권 영화중 6개가 3D 였으며, 상위 3개 자리를 유지하였다.

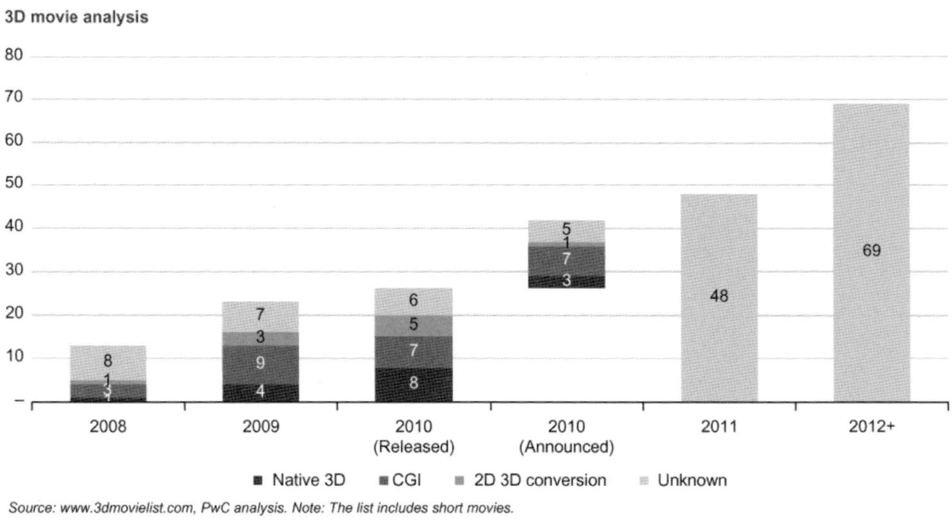

그림 1.1
2008년에서 2012년까지 개봉된 3D 영화

2010년, 3D TV가 탄생하다

이제 시네마에서 잘 확립된 스테리오스코픽 콘텐츠가 곧 3D 게임, TV 채널과 3D 주문형 비디오(VoD)를 보여주는 TV와 함께 당신의 거실로 밀어닥칠 것이다. TV는 현재 기술과 경제적인 배경 면에서 시네마에 몇 년 뒤쳐져 있다. 3D 혁명을 추종하는 사람들이 3D TV 발전에 있어서 유일하게 놀라운 점은 속도이다. TV는 중요한 변화의 가장자리에 있으며, "HD로의 이동"은 3D 빙산의 일각일 뿐이다.

3D TV 옹호자이자 기술의 선구자 중 한 명인 Steve Schklair는 3D를 가정으로 이끌어 들인 주요 사건들을 회상한다. 전체 3D 제작 시스템과 절차의 개념에 대해 더 알고자 하는 독자들은 6장에서 초창기 상황에 대한 Steve의 광범위한 요약을 참고하기 바란다.

STEVE SCHKLAIR

2008년 4월, 3ality Digital은 Howie Mandel과 함께 내 연설의 일부를 Burbank에 있는 우리 사무실에서 NAB의 Content Theater로 첫 번째 3D 방송을 했습니다. 이것이 2009년 메이저 방송회사에 의한 세계 최초 3D 채널인 BSkyB(British Sky Broadcasting Group) 개국을 시작하게 한 사건이었죠.
2008년 9월, 3ality는 내 기조연설의 일부로써 암스테르담의 International Broadcasting Convention (IBC)에서 Jeffrey Katzenberg의 라이브를 방송합니다. 이것은 첫 번째 대서양 횡단 3D 방송이었습니다.

3D 산업에 대한 더 일반적인 관점을 제공하기 위해 2009년과 2010년 사이의 몇 달 동안 3D TV로의 빠른 전환을 보여주는 상황을 고전적인 3막 구조로 나타내어보자.

1막: 2009년 9월 - IBC, 암스테르담

엔터테인먼트 사업은 경기 침체가 다가오면 상당한 주의를 하게 된다. 홍보와 마케팅 예산은 비용 축소를 할 때 언제나 제일 먼저 축소된다. 하지만 2010년 IBC(International Broadcasting Convention)에서 셋톱박스(STB) 사업이 큰 이윤과 빠른 회전율을 보여주는 사업이 아닌 큰 부피와 긴 제품 수명을 갖는 사업임에도 불구하고, 많은 3D 셋톱박스와 칩셋 프로젝트를 볼 수 있었다. STB 제조업체들이 3D로 이동했다면, 그것은 그들이 우리보다 더 잘 알고 있었기 때문이다.
다음으로 3D 스틸 카메라의 작은 경이로움인 Fuji W1이 대중에게 공개되었다. 그것은 1970년대까지 David White Company가 판매했던 Stereo Realist처럼, 그리고 1990년대 Toshiba라 판매했던 SK-3D7K 3D 비디오 캠코더처럼, 20세기의 필름 카메라 이래로 등장한 첫 번째 소비자용 3D 카메라였다.

2막: 2010년 1월 - CES, 라스베가스

2010년 Consumer Electronics Show(CES)가 개막하였을 때, 우리는 STB 업체가 알고 있었던 비밀을 알게 된다. 3D TV는 모든 주요 가전제품(CE: consumer electronics) 부스에 진열되어 곳곳에 놓여 있었다. Sony, LG, Samsung과 Panosonic은 모두 3D TV를

내놓았고 제품을 자신의 부스와 기자 회견장의 정면과 중앙에 배치하였으며, 모든 3D의 특징과 기술을 선보였다. 그들은 능동 및 수동 스테레오스코피 형식의 LCD(liquid crystal display, 액정 디스플레이), LED(light-emitting diode, 발광 다이오드), OLED(organic light-emitting diode, 유기발광 다이오드), 플라즈마, DLP(digital light processing, 디지털 광원 처리) 디스플레이뿐만 아니라 출시예정 제품과 연구 시제품을 출품하였다. 쇼 기간 동안, DirectTV는 행사장 곳곳의 부스에 있는 많은 수신기에서 관객들이 볼 수 있는 3D 채널을 방송하였다. Insight Media에서 일하는 업계 애널리스트 Art Berman의 말을 인용하여보자. "한 가지 아이템만 뽑아서 보도하는 것이 불가능할 정도로 3D와 관련된 흥미롭고 중요한 뉴스가 많이 있습니다. 어떤 의미에서 3D 뉴스의 크기와 범위가 뉴스감이죠!"

그림 1.2A와 1.2B
Fuji W1과 W3. 2009년 Fuji는 최초의 디지털 3D 스틸 카메라인 FinePix Real 3D W1을, 2010년에는 FinePix Real 3D W3를 연속해서 출시하였다.

사용자들은 기술을 사는 것이 아니라 기술에서 나온 경험을 산다. Sony는 2010년 FIFA 월드컵을 3D로 제작할 것이며 ESPN이 그들의 새로운 3D 채널에서 25개 경기를 방송할 것이라고 발표했다. 발표를 한지 몇 시간 후, "ESPN 3D"는 구글 검색 순위 5위에 올랐다. 3D에 대한 시청자들의 갈망이 증명되었다.
CES 2010은 또한 블루레이 형식의 3D 확장자와 곧 유명해질 Panasonic의 3D 캠코더 AG-3DA1을 선보였다.

3막: 2010년 – NAB, 라스베가스

3D TV가 소비자 디스플레이의 기술적 측면과 콘텐츠 배급을 포함하게 되면서, 독립 제작 산업이 동참할 때가 되었다. 3D TV라는 빛나는 신성에 편승할 수 있도록 엔터

테인먼트 회사 임원진들에게 강력한 신호를 보내야 했다. 3 가지 요소가 필요했다. 적정한 가격의 제작 장비, 배급 채널, 그리고 시장에 대한 자신감이 그것이다. 2010년 NAB 쇼는 3가지 모두를 제공하였다.

적정한 가격의 제작 장비가 행사장 곳곳에 있는 많은 부스에서 소개되었다. 값싼 리그 장비를 사려고 하는 3D 초보자는 값싼 카메라 마운트가 종종 값비싼 후반작업을 야기한다는 것을 후에 발견하게 될 것이다. 그러나 지금으로서는 3D 장비 공급업자의 화려한 쇼가 있을 뿐이다.

배급 채널은 Discovery Communications의 Chief Media Technology Officer인 John Honeycutt이 발표하였다. NAB Digital Cinema Summit에서의 기조연설에서 Honeycutt은 IMAX와 Sony가 제휴한 Discovery의 3D 계획을 발표하였다. 사람의 이목을 끈 그의 마지막 행동은 듀얼-헤드 PMW-EX3에 기반 한 Sony의 3D 캠코더 프로토타입을 소개하기 위해 21st Century 3D CEO인 Jason Goodman을 무대로 부른 것이었다.

Sony 부스는 3D 중계차(OB van, outside broadcasting van), 3D 특대 스크린, 다양한 제조업체의 3D 리그, 업계가 “3D 박스”라는 별명으로 부르는 3D 영상 처리 장치 Sony MPE-200 등을 갖추었고, FIFA 월드컵에서 사용할 제작 시스템의 시연을 제공하는 등 온통 3D 일색이었다.

이제 산업계 리더들은 3D 추세를 수용하고 있으며, 소규모 회사들은 그들을 뒤따르고 있다. 단독 예약주문을 바탕으로 Panasonic은 다음 IBC까지 800대의 3D 카메라를 판매할 것이고, 3ality는 1년 동안 고가의 3D 카메라 장비를 80대 이상 판매할 것이다.

후기: 2010년 9월 – 3D SUMMIT, 유니버설 시티

엔터테인먼트 도시의 중심부에서 개최된 업계 행사인 연례 3D Entertainment Summit에서 3D 지대로의 돌진이 대유행이었다. 미국의 3D TV 채널은 현재 모든 케이블과 위성 네트워크에 들어가 있으며 3D TV 제작이 전 세계에서 진행되고 있다. Panasonic AG3D의 시작품 시리즈가 여름 내내 실제적인 TV 콘텐츠를 촬영하고 있다. 아주 짧은 시간에 “어떻게 당신은 다음 블록버스터를 3D로 개봉할 수 있는가?”에서 “어떻게 당신은 다음 블록버스트를 3D로 개봉하지 않을 수 있는가?”로 옮겨갔다. 한 토론자가 관중들에게 “지금까지 3D로 하지 않았다면, 당신은 멍청이입니다.”라고 말한 것처럼!

3D에 대한 주요 비평

일반 대중들에게 3D 추세에 대한 현재 인식의 공정한 평가를 제공하기 위해, 2010년 여름 인터넷에서 찾을 수 있었던 3D 비난에 대한 과장 광고를 언급하기로 한다. 경험이 없는 블로거들로부터 숙련되고 존경받는 미디어 저널리스트까지 출처는 다양했다. 이러한 반발은 마케팅 압력에 대한 자연스러운 반응으로써 그리고 새로운 3D 기술의 단점 또는 몇몇 기회주의자들에 의한 부적절한 사용의 결과로써 예상된 것들이었다. 3D 비난의 맹공격이 있었던 여름 동안 언급된 몇몇 핵심 요소들을 살펴보고 이들 비평에 어떠한 가치가 있는지 검토해보도록 하자.

3D 무용론, 그리고 스테레오 장님

"그 3D란 물건은 무의미한 것이다. 그건 그렇고, 나는 아직 3D를 볼 수 없다."
몇몇 3D 게시물들은 글을 쓴 평론가 자신이 일반적으로 극장에서 3D 영화를 즐기지 않으며, 그리고 너무 비싸거나 2D 제품에 즉시 사용할 수 있는 기능이 부족하다는 이유를 들어 3D 카메라나 TV가 무의미하다는 정직한 서술로 시작된다. 완벽한 예가 일본 블로그 상의 Fuji FinePix Real 3D W1 카메라에 대한 악명 높은 리뷰였다. 평론가는 3D에 관심이 없기 때문에 그것이 비싼 2D 카메라라고 주장하였다. 이것은 색맹인 저널리스트가 쓴 칼라 TV 리뷰처럼, 시각적으로 도전을 받고 있는 관객들의 상당수가 실제로 "3D 장님"이라는 점을 우리에게 상기시켜준다. 업계는 TV에서의 스포츠 경기처럼 3D가 사회적 행사의 일부가 될 때, 2D에서 3D 콘텐츠를 즐길 수 있는 방법을 제공하여 그들의 요구를 배려해야 한다.

3D가 너무 많거나 충분하지 않다

"당신과 모든 스튜디오 임원진들에게 3D를 어떻게 제작해야할 지를 알려 드립니다."
물건 몇 개가 극장 안을 날아다니도록 만들면, 절반의 비평가는 관객의 빰을 때린다고 말할 것이다. 반면, 모든 이미지를 스크린 뒤로 밀어 넣으면, 다른 절반의 비평가들은 3D 효과가 전혀 없다고 불평할 것이다. 두 가지를 다 해보자. 그러면 누군가는 3D가 스토리텔링을 혼란스럽게 했다고 불평할 것이다. 우리는 이에 대해 관객을 비난하고 싶지는 않다. 몇 명의 스테레오그래퍼와 인터뷰를 해보면, 창조적인 측면에 대해 동일한 불평을 듣게 될 것이다. 누구나 3D에 대한 기호가 있다. 그리고 얼마만큼이 충분한지, 얼마만큼이 과도한지 그리고 얼마만큼이 가까스로 충분한지에 대해 정해진 규칙도 없다. 몇몇 스테레오그래퍼의 경우 그들이 성스러운 3D의 진실을 가지고 있는 유일한 사람들인 것처럼 행동하는 것이나, 시네마 역사 상 3D를 창조적으로 사용한 최초의 사람인 것처럼 행동하는 것을 그만둬야 할 때가 되었다. 언젠가, 그들 중 한명은 1940년 Eisenberg가 필름을 2배 쓴 것을 제외하고, 영화적인 의도 없이 3D로 Crusoe를 촬영했다는 것을 우리에게 말해 줄 것이다.

능동/수동 3D 포맷 전쟁

"우리는 능동 과 수동 3D TV 포맷 간의 새로운 포맷 전쟁 속에 있다."

2010년 현재 수동형과 능동형 2종류의 3D 안경이 있다. 시장에 나와 있는 거의 모든 3D TV는 능동형 안경이 필요하다. 대개 전문 모니터로 사용되는 조금 비싼 디스플레이가 있는 3D TV는 수동형 안경으로 작동한다. 두 가지를 비교하는 것은 사과와 오렌지를 비교하는 것과 같다. 그들은 매우 다른 용도, 사양과 기준 소매가격을 갖고 있다.

능동형 3D 안경의 1세대는 특정 공급업체를 위한 것이었지만, 약간의 빛에 대한 편광과 동기화 프로토콜을 조정하면 다른 TV와도 호환되도록 만들 수 있다. 어쨌든, 이러한 조정은 콘텐츠 배급보다는 디스플레이 기술에 기반 한 새로운 포맷 전쟁의 시작을 안경에서 확인할 수 있을 정도로 평론가들을 혼란에 빠트렸다.

2011년 1월 초 이 책을 마무리할 즈음에 라스베가스에서 열린 2011년 Consumers Electronics Show에서 능동 모드와 수동 모드 양쪽이 가능한 세계 최초의 하이브리드 3D 안경이 소개되었다. 프랑스 Volfoni사가 디자인 한 ActivEyes라고 불리는 이 신제품은 전문가용과 개인용 모두로 쓸 수 있다. 감독들은 중계차에서 카메라 체크를 위한 수동형 모니터와 미학과 프로그램 모니터링을 위한 능동형 3D TV에 동시에 사용할 수 있게 되었다.

CE 업계에 대한 교훈이 하나 더 있다. HD-DVD의 죽음과 3D 심장 소생술에 매달린 블루레이를 남긴 HD 광학 지원 포맷(optical support format) 전쟁은 실제로 우리가 생각한 것 이상으로 가정용 시네마 기술에 대한 관객의 신뢰를 손상시켰다.

안경이 필요 없는 약속된 미래

"안경이 필요한 3D TV는 생각도 하지 마라. 안경이 필요 없는 3D가 바로 지척에 있다."

몇몇 평론가는 2010년에 안경이 필요 없는 3D 디스플레이 기술을 발견하고, 안경이 필요 없지 않는 한 3D TV를 사지 않도록 독자를 설득하면서, 그것을 3D TV의 미래

라며 환영하였다. 우리 모두가 이미 안경이 필요 없는 3D TV가 적절한 가격과 품질에 이를 때까지 20년 이상 기다리지 않았다면 그것은 좋은 충고가 되었을 것이다. 무안경 디스플레이는 특정한 지점에 일련의 이산적인 2D 이미지를 비추어서 3D 영상을 생성한다. 그들은 디스플레이 해상도를 분할하기 때문에, 추가적인 시점을 합성할 필요가 있다. 이것은 4K(또는 쿼드 HD) 디스플레이 가격을 지불하고, 깨끗한 입체 콘텐츠를 공급하지만 720p 보다 낮은 해상도의 변환 잡음이 있는 3D를 즐긴다는 의미이다. 대부분의 사람들은 절반의 가격으로 3D 안경을 착용하고 멋진 4K 디스플레이의 확대하지 않은 HD-3D를 즐기는 것을 선호한다.

3D 박스 오피스 침체

"스튜디오는 거의 3D 파산 지경에 이르렀다. 내가 그들에게 경고하지 않았다고는 말할 수 없을 것이다."

여기서 웹의 블로거에 의한 또 다른 실수를 발견한 것이다. 2010년 여름은 3D 박스 오피스(BO)에 있어 처참한 해였을 것이다. 그들의 이러한 주장은 다음과 같은 2개의 수치에 기반하고 있다.

- 전체 영화 박스오피스 수입이 감소하고 있다.
- 3D 스크린에서 오는 박스오피스 수입 비율이 하락하였다.

이들 블로거들이 언급하지 않은 것은 수익률 상위 10위권 영화 중 6개가 3D였다는 사실이다. 그러한 상반된 수치를 어떻게 설명할 수 있겠는가? 첫째, 3D 영화는 현재 격주마다 개봉되고 있으며 서로를 3D 스크린 밖으로 밀어내고 있다. 3D 영화 수의 지속적인 증가에도 불구하고, 3D 스크린은 여전이 수요를 충족시킬 만큼 숫자가 충분하지 못하다. 둘째, 그 해는 역사상 3D 시네마의 가장 큰 금전적 성공을 거둔 아바타로 시작하였다. 아무도 역사적인 기록을 매달 깨트릴 수는 없다. 이러한 소위 박스 오피스 침체는 3D의 혁신적인 성공의 파급 효과가 그것을 단기적인 실패로 보이게 만든 3D 비난 맹공격의 표상이었다.

몇몇 2010년 개봉작들은 장르 영화의 성급한 3D 전환이었다고 말한다. DreamWorks의 CEO인 Jeffrey Katzenberg가 지난 9월 3D Summit에서 다음과 같이 말했다. "스토리가 여전히 그리고 언제가 중요한 핵심이 될 것입니다. 3D가 실패작을 구할 수는 없습니다."(성급한 3D 전환을 한 몇몇 작품의 품질에 대한 그의 논평은 더 가혹했다.)

3D 콘텐츠의 부족

"3D TV에 한 푼도 쓰지 마라. 3D 콘텐츠가 없다."
이것은 정확한 주장이다. 하지만 여전히 공정하거나 의미 있는 비평은 아니다. 아직 초기단계인 3D에 있어서 가전제품 제작자들의 현재 제품들은 분명히 얼리어댑터("부자 괴짜"를 표현하는 정치적으로 올바른 용어)를 목표로 하고 있다. 2000년대 초반에 HDTV를 샀다면, 일반적으로 공중파, 케이블, 위성 또는 광학 지원(optical support) 배급을 위한 HD 콘텐츠를 조금 기다려야 했었다. 칼라 TV, FM 라디오, 그리고 사실상 모든 가정 미디어 전송 시스템의 경우도 마찬가지였다. CES 2010에서 3D TV가 대량 판매되기 3년 전인 2007년도에 3D-ready TV 세트가 도입되었었다는 것을 기억하자. 2010년 후반에서야 미국 전역에 걸쳐 최소 2개의 3D 위성 채널 또는 케이블 네트워크를 가지게 되었다. 그리고 세계 각국의 리스트에서도 3D 채널을 볼 수 있게 되었다.

2011년 그리고 그 이후: 예측 시도

"3D는 유행인가 아니면 단순한 과대광고 인가? 또는 "1950년대 그랬던 것처럼, 3D가 얼마나 빨리 다시 사라질까?"와 같은 반복되는 질문이 지금 우리 바로 뒤에 있다는 것을 우리는 확신을 갖고 추정할 수 있을까? 그들의 평가에서 흥미로운 정보를 밝혀내기 위해서 이러한 질문은 몇 년 동안 유효한 관심사로 간주하도록 하자. 그리고 3D의 최근 전개와 활동으로부터 추론할 수 있는 것을 논의하도록 하자.

3D TV는 사전 예약 엔터테인먼트가 될 것이다

오래 지속되지는 않겠지만, 3D 시네마를 보기 위해 외출 계획을 세우는 것처럼, 처음에는 일반 방송에 대해 하는 것 이상으로 3D 관람을 위해 계획을 세워야 한다. 이것은 새로운 미디어 배치에 따른 일반적인 영향이다. 홈 시네마의 경험은, 종종 당신이 보고 있는 콘텐츠 유형을 공유하면서, 극장 시네마 경험과 더 가까워 질것이다. 마찬가지로, 3D 시네마는 라이브 콘서트, 스포츠 경기 그리고 특별 상영이나 세계 초연과 같은 대체 콘텐츠를 포함하며 지역 극장에 초대된 텔레비전 파티로써 홈 엔터테인먼트에 더 근접하게 될 것이다. 밤새 줄서서 기다리는 팬들은 새로운 형태의 파티일 수 있다.

3D TV는 스테레오스코픽 아트 개발을 가속화할 것이다

시네마에서 프로젝트 개발은 수년이 걸리며, 허가에서 개봉까지 걸리는 소요 시간은 약 2년에서 3년이다. 어쨌든 아바타는 개발하는데 10년이 걸렸고 제작에 5년이 걸렸다. 이것은 텔레비전 기술과 스토리텔링 기술에 있어서는 금지된 양의 시간이다.
텔레비전 제작의 경우 가장 긴 시간은 1년이다. 그리고 대부분의 경우, 스토리텔링 도구를 창작하여 토크쇼와 시트콤에서 일반적으로 사용되는 것 사이에는 불과 몇 달뿐이 없다. 뉴스의 경우 몇 주이거나 심지어 며칠이다.
뮤직 비디오 TV 채널이 3D가 되면, 스테레오스코픽 창조성은 ADHD 치료를 받아야 될 것이다. 자연과 동물 TV 채널이 3D가 되면, 혼재된 세부적인 야생동물의 근접 사진과 화려한 풍경을 보여주는 "우리가 당신을 거기로 데리고 가겠습니다"는 스테로이드 주사를 맞아야 할 것이다. 스포츠 보도가 2011년에 얼마만큼 진화할 것인가에 대해 심각하게 생각하고 싶다면, 2010년에 제작된 첫 번째 그리고 마지막 FIFA 3D 경기를 보면 된다. 2011년 3D TV에서 스포츠 경기가 제작되는 동안 카메라 기사와 감독이 거래의 도구(3D 제작 기술)를 배우고 확대하는 것을 목격하면서, 스테레오스코픽 라이브 제작은 바로 우리 눈앞에서 성장할 것이다.

3D가 비용 가치가 있는가?

2010년 3D Summit에서 상기시켰던 것처럼, 3D로 제작하는 부담은 실제적으로 영화제작자와 영화 팬을 통해 추정할 수 있다. 그들은 3D 비용 지불을 결정하는 사람들이다. 영화 제작자 경우, 3D 제작이 더 비싸다. 3D는 그의 예술에 영향을 미치는 것으로 알려져 있기 때문이다. 영화 팬의 경우, 3D 가격 인상에 대해 돈을 지불하기 때문이다. 이들 두 부류의 사람들은 2개의 핵심 질문을 답하는데 대단히 중요하다.

- 3D는 2D에 비해 부가가치를 가지고 있는가?
- 3D 부가가치는 비용 가치가 있는가?

지금까지는, 3D가 기술적, 예술적 그리고 상업적 수준에서 잘 마무리 된다면, 대답이 "Yes"라는 것을 확신한다. 3D의 상업적 실행 가능성에 대한 논의는 이 책의 범주를 벗어난다. 따라서 기술적이고 예술적인 측면만 논의하도록 한다.

기술적으로, 당신은 다음과 같이 해야 한다.

- 3D에 대해 충분한 시간과 돈을 허용해야 한다. 추가적인 시간이 없다면, 그래도 괜찮다. 적당한 장비만 있으면 3D는 2D에 대비하여 추가적인 촬영 시간이 필요하지 않기 때문이다. 2D에서 3D 제작으로 예산을 확대할 수 없다면, 시도할 생각도 하지 마라. 당신이 얻을 수 있는 것은 2D에 대한 손상이며 결국에는 당신의 3D를 망칠 것이다. 반면, 시간이 문제가 아니라면, 당신 자신의 장비에 대해 몇 주 동안 배울 수 있는 계획을 세울 수 있다.

- 학습 곡선을 받아들여야 한다. 그것과 싸우지 말라. 당신 팀원들을 3D 강의와 워크숍에 보내서 새로운 장비에 대해 훈련 받도록 해라. 3D 제작 기술은 실제적이고, 지적이며 심미적인 일련의 새로운 도구들을 포함한다. 가르침 없이 사람들이 그것을 알거라고 기대하지 마라.

예술적으로(이것이 제일 중요하다), 당신은 다음과 같이 해야 한다.

- 눈을 뗄 수 없는 콘텐츠를 만들어야 한다. 방송이나 영화의 3D 버전은 2D 버전보다 더 눈을 뗄 수 없어야 한다. 그렇지 않으면 왜 귀찮게 만들겠는가?
- 의도를 가지고 3D를 만들어라. 관객 얼굴에 3D를 던지기만 해서는 안 된다. 3D를 팔기 위해 단순히 "3D 촬영"에 의존하지 마라. 스토리를 이야기하고 싶으면, 2D에서 하는 것보다 더 잘 해야 한다.

대표적인 3D 제작물에 대한 개요

지금까지, 3D는 3개의 주된 형태의 콘텐츠 제작에 적용되어왔다. 픽션 영화, 다큐멘터리, 그리고 스포츠 방송이다. 모두 3D TV와 극장 대체 콘텐츠로서 제작된 것이다. 다음 장에서 우리는 이러한 제작물의 기술 및 예술적 측면을 자세히 살펴보기로 하겠다. 우선적으로, 그러한 제작물들이 어떠한 조건에서 발생하는지, 즉 3D가 이러한 엔터테인먼트 사업의 지류에 어떻게 관여하게 되었는지, 그리고 3D에 의해 어떻게 영향을 받았는지를 간단히 살펴보도록 하자. 3D TV 경영진은 그것을 모두 한 번에 압축해서 보여준다. 생방송으로 경기를 보여주고, HD 품질을 통해 경기장에 앉아 있게 되고, 3D 리얼리즘으로 당신을 경기장에 집어넣는다. 이것이 콘텐츠 제작에 어떠한 영향을 줄까?

3D 방송

수많은 방송연구센터의 반복되는 프로젝트 결과는 3D TV 제작물이었다. 우리는 현재, 3D TV 제작사가 자기 금융으로 자체 프로젝트를 시작하는 사업적 세계로 탈출하는 새로운 시대로 들어섰다. 다음 연대표를 살펴보도록 하자.

- 2008년 4월 14일: NAB에서 최초 3D 방송, 3ality
- 2008년 9월 14일: IBC에서 최초 대서양 횡단 3D 방송, 3ality
- 2008년 12월 8일: 극장에서 최초 3D NFL 방송, BCS 챔피언십, 3ality
- 2009년 1월 8일: 극장에서 최초 3D 슈퍼볼 게임 방송, 3ality
- 2010년 1월 31일: 영국 술집과 클럽에서 최초 3D 방송, BSkyB와 3ality 공동

- 2010년 3월 24일: 미국 세대 가입자에게 최초 3D 케이블 방송, Madison Square Garden에서 열린 Islanders와 Rangers의 하키 경기, MSG와 3ality 공동
- 2010년 4월 21일: 인도 전역의 극장에서 IPL(Indian Premier League) 크리켓 경기 3D 방송, 3ality
- 2010년 5월 26일: 최초 지상파 3D 방송, State of Origin Rugby Series, 호주, Nine Network와 SBS(Special Broadcasting Service) 그리고 3ality 공동
- 2010년 6월 11일: 최초 ESPN 3D 방송, FIFA 월드컵, HBS(Host Broadcast Services)와 Sony 공동
- 2010년 9월 2일: 미국 세대 가입자에게 직접 연결된 최초 광통신 3D 방송, 뉴저지 Meadowlands Stadium에서 열린 Patriots 대 Giants 경기, Verizon FiOS와 3ality 공동

현재, 불과 몇 년 전부터 후 편집된 방송의 품질과 동일한 3D 생방송을 상연하는 게 가능해졌다. 이러한 진보의 예는 그림 1.3을 참조하기 바란다. 이것은 2007년 U23D 특집 콘서트 촬영과 비교한 2010년 Black Eyed Peas 콘서트의 제작을 보여주고 있다.

그림 1.3A와 1.3B

U23D와 3D Black Eyed Peas. U23D와 3D BEP는 3년 간격으로 제작되었으며 3D 라이브 제작의 놀라운 진보를 보여준다.

이미지 제공 3ality와 21st Century 3D. 스테디캠 조작자, Phillip Martinez; 사진 Jason Goodman.

3D 방송 기술이 촬영과 배급에 있어서는 이미 성숙되었기 때문에, 쟁점은 그래픽, 연출 그리고 좋은 카메라를 사용하는 것으로 옮겨갔다. 이것은 종종 그들이 2D 제작과 공유하는 방법을 찾아야 한다는 것을 의미한다.

그림 1.4
Pace사의 3D 세도우 리그(shadow rig). 이 장치는 정규 HD 제작에서 카메라 위치를 공유하기 위해 경기장의 정규 2D 카메라 장비에 장착하도록 설계된 것이다.

최전방의 쟁점은 지금, 훌륭하고 오래된 2D 스토리텔링과 새로운 3D 이미지, 효과, 관점을 완벽하게 섞어야 하는 편집에 있다. 아주 단순한 예를 들면, 롱 렌즈 촬영은 3D로 완성하기 힘든 반면, 와이드 앵글 렌즈 촬영은 거의 언제나 잘 어울린다. 대규모 촬영(large shot)에서 전체 경기장은 축척 모형처럼 느껴지는 반면, 원거리 촬영(long shot)에서 연기자들은 서로 충돌하려고 하는 마분지 인형같이 보인다. 3D 방송에서 롱 렌즈 촬영이 설 자리가 없다는 것은 말하려는 것이 아니다. 강렬한 콘텐츠를 만드는데 있어 가장 중요한 것은 그것이 게임 "스토리"라고 할지라도 이야기하고자 하는 스토리이다. 모든 촬영이 3D의 "감탄어린" 촬영을 필요로 하는 것은 아니다. 훌륭한 3D 촬영이 적절히 섞이고 스토리를 성공적으로 이야기하면 되는 것이다.

다음은 전 세계 3D TV 채널의 목록이다.

- 일본: 위성 BS11(3D 콘텐츠 하루 4번 방영)
- 한국: Sky 3D
- 영국: BSkyB Channel 3D, Virgin Media VoD
- 미국: New York Network Cablevision, Discovery 3D, ESPN 3D, DirecTV VoD 서비스
- 호주: Fox Sports
- 러시아: 삼성과 제휴한 PlatformHD
- 브라질: RedeTV
- 프랑스: Orange, Numericable, Canal+의 3D 방송
- 스페인: Canal+ 3D

대체 3D 콘텐츠

3D의 성숙을 지켜보고, 현재 일어나는 주요 제작물 패러다임의 이동을 경험하면서, 전문가들은 2000년대의 "CinemaScope"를 경계하였다. 1950년대 3D의 황금시대가 와이드스크린 감상으로 종결되었던 것처럼, 3D를 죽일 수 있는 새로운 미디어 기술은 무엇일까? 역동적인 좌석과 원거리의 멀티 플레이어 게임이 있는 라이브 스포츠와 음악 이벤트와 같은 대체 콘텐츠(Alternative Content, AC)가 가장 강력한 도전자로 보였다. 그러한 현상이 닥쳤을 때, 현재 극장에서 3D 스포츠 중계를 보는 것처럼, 3D가 너무나 강력해서 AC 자체는 3D로 가야만 했다.

극장에서의 대체 콘텐츠가 디지털화의 또 다른 부작용일지라도, 3D는 영상 미디어 디지털화의 가장 강력한 효과로 남을 것이라는 것이 우리의 주장이다. 실제로, 3D와 대체 콘텐츠는 상호 보완적이다. FIFA 3D와 같은 3D 방송의 1세대는 3D TV의 부족에 대처해야 했지만, 3D 극장용 대체 콘텐츠로서 혜택을 보았다. 현재 3D TV 장비의 낮은 구입 율에 대한 수지균형을 맞출 수 있는 방법이 있다. 즉, 3D TV에서도 방송이 되지만 극장에서 대체 콘텐츠 경기를 보여주는 방법으로 마을에서 가장 큰 3D TV 파티를 여는 것은 가치가 있는 일이다.

3D 다큐멘터리

스테레오스코픽 디스플레이는 그들이 제공하는 증강된 리얼리즘과 추가된 탐색 기능을 경험하는 가상현실에 사용된다. 다큐멘터리의 목적은 관객들에게 현실적인 영상을 제공하는 것이다, 따라서, 실감나는 효과(realistic effect)를 갖고 있는 3D는 자신이 특화된 영화 장르에 있어서 훌륭한 도구라는 것을 곧 입증하게 될 것이다. 이러한 효과가 사회 다큐멘터리와 자연 영화에서도 동일할까?

Discovery가 3D 채널에 전념하는 미국의 2번째 메이저 TV 프랜차이즈(EPSN 이후)라는 것에는 의심할 여지가 없다. 2010년 여름 전체적인 독립 3D 다큐멘터리 제작으로 새로운 미디어로의 개입이 촉발하였다. 좋든 나쁘든, 3D 경험이 없는 제작자와 DP가 값싼 3D 리그를 들고 제작에 편승하고 있다.

어쨌든, 다큐멘터리 제작은 복잡하거나 손상되기 쉬운 촬영 장비를 사용하기에는 특히 적합하지 않다. 덤불 속에서 몇 주 동안 사용할 고급 장치를 빌릴 예산이 안 되며, 보통의 표면 유리(surface mirror)와 미크론-정밀 모션 제어 시스템이 견디기에는 촬영 환경이 너무 가혹하다. 3D의 모노팩을 찾고 있는 3D 제작 분야가 있다면 그것은 다큐멘터리이다.

3D 장편 영화

2005년 이래 이미 개봉된, 개봉 준비를 하는, 또는 승인된 수많은 디지털 3D 영화가 1950년대 실제 개봉된 3D 영화 수에 도달하였다. 현재 3D 시대가 퇴색하더라도, 1950년 황금시대와 동일한 수량의 콘텐츠가 만들어질 것이다. 그럼에도 불구하고, 비교는 거기에서 끝나지 않는다. 우선, 황금시대는 1953년과 1954년, 단 두 시즌만 지속되었다. 그리고 둘째로, 제작된 영화 유형이 완전히 다르다.

2010년, 우리는 3D로 전환된 블록버스터, 저예산으로 촬영된 3D 영화, 그리고 3D로 표현된 수많은 CGI 애니메이션이 포함된 상대적으로 다양한 혼합체를 보고 있다. 아바타 이후, 후반 작업으로 변환한 것이 아닌 3D로 촬영된 또 다른 메이저급 실사 촬영 블록버스터를 보지 못했다. 그리고 이것은 2011년에도 마찬가지이다.

3D 챔피언인 Ray Zone은 2년 전에 다음과 같이 이야기하였다. “기차는 역을 떠났고, 요정은 병 밖으로 나왔습니다. 시네마는 3D로 가고 있습니다. 현재 어디로 갈 것인지는 더 이상 공학자의 문제가 아닙니다. 사업과 예술 문제입니다.”

3D 스크린의 수가 상당한 숫자로 계속 늘어나고 있지만, 장편 영화들은 심각한 3D 스크린 부족에 시달리고 있다. 2010년, 우리는 같은 애니메이션 스튜디오에서 만든 2개의 3D 영화 Shreck Forever After(슈렉 포에버)와 How to Train Your Dragon(드래곤 길들이기)이 3D 스크린을 두고 싸우는 것을 지켜보았다. 2011년도 큰 차이는 없다. 새로운 3D 영화가 2주마다 나올 것이다.

3D는 즉석 영상 완성이 관건

라이브 3D는 2개의 까다로운 세계의 기로에 서 있다. 제작 스케줄에 대한 절대적인 복종이 요구되는 실황 제작과 기하학적 구조 및 사진 촬영 기술의 완벽한 카메라 매칭이 요구되는 3D 제작이다.

문제는, 일반적으로 리드 타임이 없고 2번째 테이크의 기회가 없는 매우 빡빡한 일정에서 그리고 때때로 어려운 도구 상황에서 일할 때, 기술적으로 완벽하게 제어된 영상을 생산할 수 있어야 한다는 것이다. 이것은 히말라야를 하이킹하면서 고급 음식을 요리하려고 하는 것처럼 들리지 않는가? 그것이 정확한 설명일 것이다.

이 책은 이러한 어려운 작업을 어떻게 완수하는지를 설명하고, 그러기 위해서는 어떠한 장비를 개발해야 하는지 열거하고, 자신의 3D 프로젝트에 그들을 어떻게 사용할 것인지를 가르쳐 줄 것이다. 결국 3D 제작이 2D 촬영만큼 쉽고 즐겁게 느껴지는 경지에 다다를 수 있을 것이다.

HDTV 같은 것은 없었을까?

HDTV 같은 것은 없었을까? 이것은 무례한 발언처럼 들릴 것이며, 회계 관계자들은 모든 투자 자금이 어디로 갔는지 알고 싶어 할 것이다. 대답은 3D 준비에 들어갔다는 것이다. 이것에 대해 조금 더 설명하기로 하자.

영화와 엔터테인먼트 산업을 뒤흔들고 있는 기술 이동은 시청각 미디어의 디지털화이다. 디지털화는 시각 미디어의 생활을 2가지 양상으로 변화시킨다. 저렴한 비용으로 수없이 복제할 수 있으며, 수천 번 압축해서도 화질을 유지할 수 있다. 무한 복제 생성이 우리에게 준 것은 가장 현대적인 시각 효과인 합성과 가상 편집이었다. 압축으로 인해 고화질 TV와 불법 다운로드가 양산되었고, 압축 기술이 없었다면 그 둘은 작동하기에 너무 비쌌을 것이고 존재조차 하지 않았을 수 있다. 아날로그 HD 방송에 몰두하기 위한 여분의 대역폭은 없다.

디지털 기술은 콘텐츠 생산에 영향을 미쳤다. 어떠한 시각 효과나 스턴트도 가능한 GCI 영상을 갖춘 디지털 기술은 불신의 보류(suspension of disbelief) 영역을 확대하였고, 우리 눈을 의심케 하는 세계로 우리를 이끌었다. 이것은 스토리와 영상 리얼리즘에 많은 영향을 미쳤다. 그러나 동작이나 음향, 심지어 색상에 영향을 준 것과 같은 동일한 방법으로 시각 예술에 영향을 미치지는 않았다. 디지털 2D가 시각적 스토리텔링에 미친 변화는 작았다.

HD는 증가된 해상도를 제공했지만 관객 경험을 바꾸지는 않았다. 관객의 감각 경험에 관한 한, 지상파 아날로그 TV에서 디지털 TV로 전환되면서 얻은 이득은 표준 해상도(standard definition, SD)에서 HD로 가는 것에서 얻은 것보다 훨씬 두드러진다. 마찬가지로, DVD와 블루레이 보다는 VHS와 DVD간의 차이가 더 크다. 디지털화가 우리의 시각 세계를 어느 정도 변화시켰지만 HD는 시각적 원칙을 변화시키지 않았다. 예술적으로는 HD가 없었다. 많은 HD 제작 시스템의 시연 모니터에는 여전히 4/3 표시가 되어 있다.

기술적으로, 3D는 HD의 형제자매이며 디지털화의 후손이다. 디지털 혁명이 아니었다면 3D는 없었을 것이다. 1990년 부화소(subpixel) 수준에서의 영상 수정이 가능해지고 나서야 3D 후반 작업이 시작되었다. 스테레오스코픽 영화는 디지털 영사기가 가능해 지면서 고가의 대형 특수 장소에서 벗어났고, 그러한 3D 모드는 최고의 마케팅 방법이었다. 다시 말하면 3D 없이 디지털 영사기 사업이 뻗어나갈 수는 없었다. 3D 르네상스와 디지털 혁명은 분리할 수 없다.

이제, 많은 경우에, 어떻게 HD에서 3D로의 업그레이드가 비용과 복잡성에 있어서 이득이 있는지 생각해보자. 가전제품과 제작 장비의 컴퓨터화로 인하여, 3D는 대부분 HD에 대한 소프트웨어 업그레이드로 구현 가능하다. 하드웨어의 경우, HD와 3D는 쌍둥이 기술이다. 많은 HD 제품들은 간단한 소프트웨어 업그레이드(Sony의 Playstation 3와 몇몇 블루레이 디스크 플레이어, 비디오 스위처와 믹서기, 영상 인코더, 전송 장비)를 통해 아니면 120 Hz TV와 같은 간단한 전자 업그레이드를 통해 3D로 사용할 수 있다. 몇몇 HD 제품은 RPTV(Real Projection TV)와 DLP 프로젝터 또는 SRW 비디오 테이프 데크와 같이 여러 개의 스위치를 켜야 하는 3D-ready 제품이다.

기술적으로 HD는 없었다. 그것은 단지 디지털 하드웨어가 배치되었을 때 아직 준비가 안 된 3D 소프트웨어였다.
따라서 3D와 HD에서는 차이가 있다. 3D는 관객 경험을 바꾸고 있다. 칼라 또는 ENG(Electronic News Gathering)가 그들 시절에 그러했던 것처럼, 3D는 결국 우리가 영화를 만드는 방식과 TV 상에서 스포츠 실황을 제작하는 방식을 바꿀 것이다. 이것은 기술과 기량의 문제가 아니다. 카메라 위치와 편집 속도와 같은 예술과 연출에 관한 문제이다. HD는 3D처럼 시각 예술에 영향을 미치지 않았다. 예술적으로, HD는 없었지만 3D는 부화를 기다리고 있다.

혁명의 본질적 요인은 디지털화이며, 최종 결과는 3D이다. HD는 10년밖에 살지 못하고, 패키지 미디어(packaged media)에서 거의 찾아 볼 수 없는, 그리고 예술에 영향을 미치지 못한 과도기적 부산물이었다.
그럼에도 불구하고, 3D로 가는 길을 닦아주고 아날로그, SD와 2D 텔레비전으로부터의 업그레이드 비용을 처리해준 HD에게 감사한다.

3D는 가장 완벽한 화면을 2개 얻는 것을 의미한다.

3D 콘텐츠를 볼 때, 우리의 시각 시스템은 양쪽 망막에서 만들어진 영상을 조합하고 그것을 단일 3D 영상으로 융합한다. 이러한 과정은 입체시(stereopsis)라고 불리며 사이클로피언 비전(cyclopean vision)라고 불리는 단일 3D 시각 경험을 만들어 낸다. 편안한 3D 시각은 우리 눈이 자연 환경에서 보는 것과 일치하지 않는 시각적 단서가 없는 2개의 시야(view)간의 의미 있는 차이에서 온다.
눈과 시신경 그리고 후방 피질의 시각 영역으로 구성되어 있는 우리의 시각 시스템은 3D 재구성에 적절한 정보를 뽑아내기 위해 교차 시야 품질 체크(cross-view quality check)를 실행한다. 왼쪽과 오른쪽 시야의 차이는 **망막 시차(retinal disparity)**라고 부르며, 그들이 반대로 3D 지각에 영향을 줄 때 **망막 경합(retinal rivalry)**이라고 부른다.
두 영상이 정확하게 정렬되지 않으면, 우리 눈은 부자연스러운 주시각 지점(convergence position)을 억지로 보게 되고, 근육 피로가 야기되며 결국에는 고통을 느끼게 된다. 이러한 이유로, 청중을 아프게 하는 것이 당신 계획의 일부가 아니라면, 엔터테인먼트에서 완벽하지 않은 3D를 제작해서는 안 된다.

Michael Bergeron은 연구 문헌을 참고한 최대 지속 망막 경합에 대한 기준 수치를 제공하였다. 이들 수치는 절반의 관객이 눈물을 흘리며 상영관을 떠나게 되는 기준을 설정하기 때문에, 제작물들은 이러한 수치와 가능한 멀리 떨어져 있어야 한다.
최대 지속 망막 경합

- 수직 = <.8%
- 회전 = <.8%
- 줌 = <1.2%

영상에 약간의 시각 효과나 그래픽을 넣으려고 한다면 정확성 요건은 더욱 높아진다. 스테레오스코픽 콘텐츠와 CG 영상을 확실하게 맞추고 싶다면, 2D에서 보다 더 정확하게 실제와 가상 카메라 앵글을 조절해야 한다. 이것은 3D 장면이 "깨끗"하지 않다면, 거친 정도(roughness)를 맞추기 위해 FX 팀에게 자문을 구해야 한다는 것을 의미한다.
현재 3D 제작물은 시네마나 대체 콘텐츠처럼 대형 스크린에서 일반적으로 상영된다. 더 짧은 시청거리(viewing distance)와 더 밝은 조도(light level)의 상황이 되겠지만 3D TV 영상에 대한 기대가 적어도 3D 시네마에서 처럼 요구된다. 따라서, 3D TV 방영을 계획하고 있다면 3D 제작이 쉽지 않을 것이다.

라이브와 영화 제작은 신속한 설치(setup)가 필요하다

일반적으로 콘서트와 스포츠 경기는 빌리는데 많은 비용이 소요되는 동일한 종류의 대형 공공장소를 공유한다. 이것은 경기장에서의 카메라 배치가 주요 스포츠 경기 하루 전에 가능하며, 대규모 음악 콘서트의 무대 설치도 기껏해야 최대 2일에서 3일 전에나 가능하다는 것을 의미한다. TV 제작의 작업 스케줄과 절차는 수년간 정교화 되고 최적화되었으며, 3D가 거기에서 바꿀 수 있는 것은 거의 없다. 2D보다 더 느려서는 안 된다. 현실 세계는 3D를 기다리지 않는다. 3D가 속도를 내서 다가와야 한다. 영화 산업에서도 그러한 사실은 바뀌지 않는다. 3D 카메라도 2D 만큼 빨리 설치되어야 한다. 영화 촬영 팀은 세트에서 세트로, 로케이션에서 로케이션으로 이동하고, 하루에 가능한 많은 장면을 촬영한다. 따라서 빠른 설치는 장편 영화 촬영에서 더 중요하다.

시네마 세트에서 1분은 3,000달러이다

장편 영화에서 3D 리그를 고정하는 데에는 많은 비용이 소요된다. 메이저 스튜디오는 블록버스터 촬영하는데 시간당 평균 20만불, 분당 3천불, 초당 50불이 든다고 추정한다. 이 문장을 읽는 데 당신이 소모한 시간은 이 책을 사는 것보다 훨씬 비싸다. 촬영 스케줄을 지연시키는 사람은, 대체할 수만 있다면 해고되고 대체할 수 없다면 다시 부르지 않는다.

감독들은 기다리는 것을 좋아하지 않는다. 적어도 촬영진에 대해서는 그렇다. 장편 영화의 스테레오그래퍼 친구는 이런 이야기를 한다. "첫 번째 주말까지, 나는 DP(director of photography, 카메라감독)로 부터 내 3D가 괜찮은지 확인하는 데까지 1분미만의 뎁스(depth) 세트업 시간을 가졌어. 두 번째 주말까지, 나는 그들이 원하는 3D 스타일을 먼저 알아차릴 수 있었고 IOD[inter-optical distance, 시각간 거리]와 주시점(convergence)을 15초도 안 걸려 고정했지. 하지만 내가 왜 아직도 리그를 크랭크로 돌리고 있는지를 그들이 궁금해 한다는 것을 느끼기에 충분한 시간이었다네."

그리고 이것은 기술팀에만 한정된다. 연기는 여전히 세트에서 중요한 일이다. 우리는 카메라가 수천 년 동안 배우와 함께한 세트들과 최근의 1세기를 같이 보냈다는 것을 잊지 말아야 하며, 그 반대는 있을 수 없다. 연기의 보급을 지연시키는 기술은 일반적으로 빨리 버림받는다.

라이브 3D: 다시 촬영할 수 없고, 후반작업에서 수정할 수 없다

무대에 올려진 3D를 다시 촬영할 수 있는 기회는 없다. 미국의 다음 대통령은 선서를 두 번 하고 싶지 않을 것이며, 레이스 우승자는 결승선을 다시 통과하지 않을 것이다. 그리고 사자는 무척 즐거워 할 수도 있지만, 누(gnu)는 다시 죽임을 당하기 위해 부활하지 않을 것이다. 실황 촬영(live shooting)은 그것이 일어날 때 준비가 되어 있어야 할 뿐 아니라 제대로, 즉시 촬영해야 하는 것이다. 후반 작업에서 주시점을 고정하는 것은 선택 사항이 될 수 있지만, 시각간 거리(IO)를 고정하는 것은 그렇지 않다. 초점이 안 맞는 장면을 복원할 수 없는 것처럼, 후반 작업에서 촬영 사고를 수정하는 것은 3D에서 너무 어렵다. 정확히 촬영하는 것보다 더 좋은 것은 없다.

물론, 3D 생방송의 경우, 후반작업에서 수정을 할 수 있는 기회는 없을 것이다. 잘못되었더라도 일단 방송은 됐고, 관객에게 피해를 줬다고 생각해보자. 많은 2D 결함은 모면할 수 있지만 3D에서는 아니다.

간과할만한 3D 결점조차도 생방송 촬영을 망칠 수 있다. 카메라의 수직 정렬이 약간 잘못되었다면, 당신의 눈이 영상을 재 정렬하는 것이 괜찮을 수 있다. 하지만 그래픽이 중첩되면, 라이브 영상의 결점이 들어나기 때문에 시야에 통증을 야기할 수 있다.

본능적으로, 자동적으로 10개의 3D 규칙 적용하라

모든 스테레오그래퍼는 좋은 3D를 제작하기 위한 그들만의 10개의 규칙을 찾아냈고, 가장 유명한 것은 James Cameron 감독의 리스트이다. 자신의 3D 스타일을 개발하고 절차를 능숙하게 처리할 수 있게 되면 곧 자신만의 리스트를 만들 수 있을 것이다. 처음 2개는 주시점, 시각간 거리(IO), 그리고 모니터링을 다룰 가능성이 많으며, 남은 것들은 모두 예술에 관한 것이다.

3D 촬영, 프레밍(framing), 연출, 필름 편집(생방송이던 연출된 것이던지)을 설정해야 하는 압력을 받고 있다면, 규칙에 대해 많이 생각할 시간이 없을 것이다. 당신의 장비가 당신을 생각해야 한다. 가장 중요한 매개 변수는 소켓 밑의 평평한 나사가 아니라 리그에서 커다랗게 빛나는 손잡이여야 한다. 모니터링, 시각적인 보조 자료, 메타데이터 수집도 마찬가지이다. 인체공학적 디자인은 사치가 아니다. 품질 좋은 작품 제작을 위한 단계이다.

디지털 3D 혁명이 시작된 이후 배운 교훈들

디지털 3D가 막 탐험을 시작하고 있는 새로운 매체라는 것을 목격했다. 몇몇 팀은 그 현장에 있으면서 그 일을 했었고, 일부는 살아남아 그들의 경험을 공유하기 위해 돌아왔다. 그들은 제작 도구가 판매 또는 대여 가능해 지면서 때때로 경험을 공유하였고, 메일링 리스트로 조언을 공유하였고, 배움을 목적으로 반복해서 3D 콘텐츠를 항상 볼 수 있게 하면서 경험을 공유하고 있다.

이러한 3D 베테랑은 우리에게 무엇을 이야기해 줄 수 있는가?

카메라, 광학, 그리고 리코더

우리 모두는 2개의 카메라를 나란히 놓고 스테레오스코픽 영상을 실습하기 시작했고, 종종 인간의 동공간 거리(inter-pupillary distance)인 65mm를 맞추려고 노력한다. 이 65mm가 의미 없다는 것은 곧 명확해졌으며, 실제로 중요한 것은 카메라간 거리 IO(inter-optical)와 카메라에서 대상까지의 거리 사이의 비율이다. 물론 배경, 초점거리, 센서 크기, 스크린 폭 그리고 시청거리가 포함된 복합 방정식이다. 노련한 3DP(3D director of photography, 3D 촬영감독)는 빛, 연무(haze), 피사계 심도(depth of field), 음악과 스토리를 추가한다.

그럼에도 불구하고, 핀 카메라로 만족하지 않는 한, 나란히 배치하여 작동하기에는 카메라가 너무 크다는 불변의 법칙이 있다. 미러 리그(mirror rig, MR)는 대부분의 촬영에 필수적이며, IOD는 전형적인 장편 제작에 있어서 10mm~50mm로 평균화 된다. 카메라 정렬은 시간이 걸리고, 복잡하며 너무나 쉽게 좌우 영상이 뒤집어지는 작업이다. 렌즈를 맞추는 것은 과정을 좀 더 합리화하면 가끔 가능하다. 이를 위해, 렌즈 제조업체들은 3D에 적합하도록 맞춘 줌을 제공하기 시작했다. 그 렌즈를 한 번 사용해 보면, 그들이 3D 마케팅에서 말한 것 이상의 가치가 있음을 확인할 수 있다.

모든 2D 카메라가 3D 카메라로써 적합한 것은 아니다. 대부분의 방송 카메라는 한대로 작동하도록 만들어지며, 원격 제어를 위한 젠락 장치(generator lock)의 장착이 쉽다. 반면, 디지털 시네마의 경이로움은 카메라 내부의 클럭(clock)을 조절하거나 다른 하나를 종속(slave) 장치로 작동시키려고 할 때 디바처럼 행동하는 경향이 있다.

명확하게 자산(assets)을 식별하면서, 스테레오스코픽 자료(feed)로써 장면을 저장하자. 테이프를 색칠하여 구분하고, 파일에 이름을 붙이고, 영상에 표시를 하라. 스테레오스코픽 영상을 위해 무슨 일이든 하고, 그 이상을 하라. 워크플로우(workflow)에서는 왼쪽/오른쪽 식별을 너무 많이 하지 않아도 된다. 이것을 처리하는 기록 장치가 미래의 시간과 비용을 절감시켜 줄 것이다.

3D는 사진의 필요 요건을 강화시켰다.

3D에서 살아남는 훌륭한 규칙은 2D에서 쉽게 잘 해낼 수 있는 것을 조심하는 것이다. 플레어(flare), 반사 효과 그리고 편광 조명은 2D 분야에서의 범위가 '귀찮은 경우'에서 '예술적인 경우'까지의 영역을 포함하는 조명 효과의 좋은 예이다. 하지만 이들 효과는 3D에서 장면을 망칠 수 있다. 예를 들어, 렌즈 플레어는 렌즈 안에서 발생

하기 때문에, 한 쪽 눈에만 나타날 만큼 거대한 두 눈 사이의 시차(interocular disparity)가 존재한다.

카메라 간의 색상과 조도(luminance) 매칭에서의 미세한 에러는 불편한 망막 경합을 야기할 수 있으며, 영상 분석 시스템 상의 장애가 될 것이다. 3D로 촬영하고 있는 영상에 색상 변화(color gradient)가 있다면, 영상 분석 시스템은 양쪽 눈에서의 색상을 맞추기 위해 영상을 허공으로 이동시키려 할 것이다.

STEVE SCHKLAIR

실황 제작에서 이미지 영역의 기하학 보정(image-domain geometry correction)을 사용할 때, 모든 카메라 연결 장치는 프로그램과 미리보기(preview)를 하는 동안이 아닌, 제작에 들어가기 전에 고정해야 합니다.

프레임 율은 3D에서 중요한 문제이며, 그것의 표준은 향후 5년에서 10년 내에 TV와 시네마에서 논의되어야 합니다. 현재, 우리는 아직도 프로그레시브(progressive)와 인터레이스(interlace) 표준을 가지고 3D 분야에서 논쟁하고 있습니다. 하지만 우리는 뇌가 2D에서 보다 3D에서 스트로보스코픽 효과(stroboscopic effect)에 더 민감하다는 사실에 곧 직면하게 될 것입니다. 몇몇 스테레오그래퍼가 3D에 추천하는 깊은 피사계 심도도 도움이 안 될 것입니다. 예를 들어, 많은 스포츠 콘텐츠는 50p나 60p에서 720으로 제작되는 것으로 인해 이득을 볼 것입니다. 지금은 대부분 50i와 60i에서 1080으로 제작되고 있습니다. 이것은 2개의 필드를 결합하여 120 Hz에서 그들을 2배로 빠르게 보여주는 3D 디스플레이 현 세대의 문제입니다. 대신, 각각의 필드를 개별적으로 전체 해상도로 삽입하고 다시 한 번 그들을 각각 보여줄 수 있는 적절한 절차가 있어야 합니다.

3D에서 사용되는 인터레이스-to-프로그레시브 컨버터와 밀접하게 관련된 문제가 있습니다. 그것은 실제적으로 2개가 아닌 4개의 영상을 만들어 냅니다. 하지만 이것을 해결하는 데는 워크플로우와 도구의 전면적인 재설계가 필요합니다.

최고의 3D 화면은 스토리텔링을 방해한다

제작자들은 관객들이 좋은 스토리와 와우 효과(wow effect)를 원한다는 딜레마에 직면하게 될 것이다. 안타깝게도, 이러한 2개의 목표는 종종 타협하기 어렵다. 극적인 3D 효과가 강요되고 있는 동안 스토리에 몰입하기는 어렵다.

스테레오그래퍼 Eric Deren은 "3D는 음향에 대한 FX과 같은 것이죠. 그것을 알아챘다면, 그것은 잘못 만든 거예요." 라고 말한다.

또 Phil "Captain 3D" McNally는 다음과 같이 말한다. "강렬한 효과는 사탕과 같은 것이죠. 누구나 초콜릿을 좋아하지만, 한 번에 너무 많이 먹으면 질리게 됩니다. 요리를 할 때 설탕을 조심해서 사용합니다. 당신이 더 이상 먹고 싶지 않은 식사가 있고,

설탕을 듬뿍 입힐 가치가 있는 케이크도 있지요. 그리고 그 케이크를 첫 요리로 접대하지 않죠. 이것을 명심하고 관객에게 3D 효과를 남용하지 마세요."

STEVE SCHKLAIR

스토리는 가장 중요한 요소입니다. 불필요한 와우 효과는 스토리를 진전시키지 않습니다. 그들은 그 반대로 관객들을 스토리 밖으로 끄집어냅니다. 이것이 "나를 봐! 나를 봐! 내가 3D야!"라고 외치는 장면들입니다. 그럼에도 불구하고, 모든 관객들은 음의 시차(negative parallax)를 갖는 약간의 감탄스러운 3D 장면을 좋아할 것입니다. 이왕 사용해야 한다면, 이들을 조심스럽게 각본에 넣어야 합니다. 아마도 영화의 타이틀이나 방송의 그래픽 정도가 충분할 것입니다. 서라운드 음향(surround sound)의 초창기를 생각해 봅시다. 그 때에는 모든 사운드트랙이 현란한 방법으로 방 전체를 사운드로 휘감았습니다. 시간이 지나는 동안 이것은 정착되었고, 현재 서라운드는 창조적으로 아니면 분위기를 조성할 때만 사용되고 있습니다. 결국, 우리는 아주 조만간 3D 비주얼이 성숙한 단계로 정착되어 영화제작의 스토리텔링 기술에 추가되는 정도로 남길 바랍니다.

민첩한 촬영 준비

John Honeycutt이 2010년 NAB에서 기조연설을 할 때, 그는 Bruce Austin을 무대로 초대하여 Bruce가 아마조이나(Amazonia)에서 3D를 촬영하는데 사용한 Element Technica Neutron-S12K 리그를 소개하도록 하였다. 6개월의 3D 다큐멘터리 촬영에 대한 이 3D 전사의 진솔한 사연이 여기에 있다.

BRUCE AUSTIN

아프리카에서 3D 촬영을 하는 것은 당신의 리그를 세탁기에 넣고, 강력 세탁으로 돌리고 나서 없어진 나사가 있는지 확인하는 것과 같습니다.

이러한 제약에도 불구하고, 긴 초점거리를 갖고 있는 Panasonic AG-3DA1을 사랑합니다. 실제 자연 다큐멘터리 환경에서는 리그를 바로 작동시킬 수 없습니다. 어떤 점에서는 리그가 불필요합니다. 먼지가 끼는 것이 너무 쉽고, 색채와 기하학적인 일탈을 하고, 무거우며 발로 차면 쉽게 손상됩니다. 당신이 복잡한 리그 장비를 정리하고 있을 동안 카메라 부서 담당자가 당신에게 장난을 치면서, 덤불 속에서 스튜디오 카메라 주위를 뛰어넘고 있는 장면을 생각해 보십시오. 동물 다큐멘터리를 위한 실용적인 SBS(side-by-side) 리그는 폭 5mm의 카메라입니다. 세트업을 하는데 15초 그리고 IO와 주시점을 설정하는데 10초가 필요하다면, 동물이 평균 60초 내로 떠난다는 것을 기억해야 합니다. 결국 우리가 현장에서 멀리 떨어져 있는 동안 카메라 설정하는 것을 배웠고, 3D를 대충 짐작하면서 장소에 도착했습니다. 엔진을 켜 둔 채로 놓아두지 않았으면 동물이 떠나버렸을 것이라는 생각은 전율을 불러일으켰습니다.

콘텐츠 제작이 영향을 받는다

3D로 스포츠 경기를 방송하는 것은 2D에서와 같은 동일한 규칙을 수반한다. 관객이 경기를 이해하고, 그들이 경기장이나 필드에 있는 것처럼 느끼게 해야 한다. 클로즈업을 다른 그래픽 배치와 함께 짜 맞추는 것처럼 약간의 변화는 있을 것이며, 카메라 이동을 줄여서 시청자들의 시각적 피로를 방지하는 게 필요할 것이다. 게다가, 카메라 위치는 사람들이 스크린 앞으로 지나다니는 영상이 찍히지 않도록 조심스럽게 선택해야 한다.

관객의 입장에서, 3D는 새로운 수준의 연대성을 느끼게 된다. 제작 팀원조차 그것을 느낀다. 3D 스포츠 방송 감독 Derek Manning은 다음과 같이 인정하였다. "3D에서, 모든 장면이 경험이며, 모든 컷(cut)이 중간 휴식입니다. 완전히 몰두하게 만들고 지극히 매력적이죠. 내가 3D를 감독한 첫 게임에서, 내가 실제로 쇼를 진행하고 있다는 것을 완전히 망각하고, 화면을 보고 있는 나 자신을 발견했습니다."

그림 1.5
라이브 3D 제작은 기대하지 않은 효과가 발생한다. 한 개의 스틸 카메라 플래시는 트랙킹 블러(tracking blur)의 도중에 초점이 맞는 이미지의 후광을 유발한다.
BSkyB 3D 축구 제작 중 포착된 부작용. Digital 3ality의 Nick Brown.

3D TV는 3D 시네마와 매우 유사하다

2010년 여름의 유쾌하지 않은 발견 중 하나는 3D TV가 3D 시네마 못지않게 관대하지않다는 것이었다. 지식에 기반 한 추측과 순진한 기대의 보편적인 혼란이었다. 더 작은 스크린 크기가 3D 결함을 덜 눈에 띄게 할 것이며, 픽셀의 수직 불균형(vertical disparity)은 극장 스크린에서는 골치 아플 정도로 크지만 TV 세트에서는 알아차리지 못할 것이라고 말하고 있었다. 그러나 경험 상 그렇지 않다. 영상의 선명도와 조도(luminance) 때문일까? 아직 확실하진 않지만, 오늘의 교훈은 3D TV가 값싼 3D가 아니라는 것이다.

또한 시청자와 스크린 간의 거리는 스크린 크기 효과를 감소시킨다. 그 결과, 대부분의 깊이 설정은 비교적 변함이 없으며, 이것은 변화하는 것이 주로 깊이 위치라는 것을 의미한다. 대형 스크린과 소형 스크린을 위한 제작은 여전히 서로 다른 프레밍(framing)과 편집을 필요로 한다. 하지만 그 차이는 기대했던 정도는 아니다.

3D 콘텐츠에 대한 새로운 의견

과학 컨퍼런스에서 동료 스테레오그래퍼와의 토론, 산업 박람회, 온라인 포럼에서 언급된 3D 콘텐츠 제작에 대한 일반적인 의견에 대한 몇 가지 변화가 우리의 관심을 끌었다.

시나리오가 3D일 필요는 없다. 나는 나의 이전 책인 3D Movie Making에서 적은 것처럼, 프로젝트 시작 단계부터 3D를 고려하는 게 유익하다고 했던 것을 수정하고 싶다. 사실, 이것은 정확하지 않다. 스토리는 전개되어야 하고, 호감이 가야 하면서, 관객들이 기꺼이 스토리를 끝까지 따라갈 수 있도록 만들어야 한다. 여기에 3D 같은 것은 없다. 관객의 주의를 사로잡기 위해 스토리를 3D로 찍어야 한다면, 당신은 현대 예술 작품이나 아주 형편없는 영화에 관여하고 있는 것이다.

스크린 사이즈는 중요하지 않다. 중요한 것은 각 시차(angular disparity)이며, 이것은 시청거리가 스크린 폭에 따라 증가하기 때문에, 비교적 변함이 없다. 스테레오스코픽 3D 전문가 John Merrit이 설명한 것처럼, 주시점과 디옵터 효과에 1% 허용성을 추가하라. HDTV에서 시네마까지 크기 변경과 오버랩이 꽤 잘 적용되는 스테레오스코픽 기준을 얻게 될 것이다. 결국, 시차 설정은 수학 보다는 감독의 3D 스타일에 더 영향을 받게 된다. 당신이 정신 나간 수치만 넣지 않는다면, 시차 설정은 궁극적으로 기술적이라기보다는 예술적인 것이다.

프레임률은 생각하는 것보다 더 중요하다. Digital 3ality가 2010년 3월 24일 New York Rangers 게임을 제작할 때, 하키선수들의 빠른 동작은 가장 큰 문제였었다. 결국 720HD로 쇼를 제작하고 인터레이스-to-프로그레시브 변환이 아닌 다른 접근법을 사용하여 문제를 해결하였다.

롱 렌즈(long lens)는 3D에서 생각보다 나쁘지 않다. 인도의 IPL 크리켓 경기에서 Steve Schklair의 제작팀은 그들이 계획한 렌즈가 아닌 롱 렌즈로 작업을 해야 했다. "좋은 3D를 만들기 위해서는 선수들이 '카드보드' 같이 보여서는 안 됩니다. 양의 시차(positive parallax)가 제멋대로여서는 안 되고, 프레밍이 일관성 있고 미적이어야 합니다. 그리고 무엇보다도 게임을 이해할 수 있는, 최적의 카메라 위치를 찾아야 했습니다. 카메라 위치는 렌즈 선택보다 더 중요합니다. 올바른 스토리텔링이 예술적으로 잘 다듬어진 영상을 만드는 것보다 중요하다는 것을 잊지 말아야 합니다."

3D TV의 지속적인 발명

10년 전 스테레오스코피를 신봉한 3D 공상가들은 앞날에 대한 생각을 멈추지 않았다. 그들은 지금 어떤 비밀을 가지고 있을까?

다양한 3D 소스와 그래픽의 라이브 통합. 기본적으로, 그들은 U23D라는 3D 영상 쇼의 실시간 제작을 이야기한다. 즉, 동일한 이벤트에 다양한 3D 시점을 혼합하여, 좋고 오래된 2D 크로스페이드(cross-fade)와 그래픽을 대체하는 것이다. 기술적인 측면에서, 이것은 DVE와 그래픽 엔진을 작동시키는데 사용되는 비디오 피드(video feed)의 정교한 깊이 분석에 의존한다. 창조적인 측면은 당신에게 달려있다. 선수들을 쫓아 다니고 필드 위에 떠 있는 통계와 그래픽, 그리고 춤추는 군중 위로 겹쳐지는 리드 보컬의 클로즈업을 대략적으로 상상할 수 있다.

거기에 도달하기 위해, 우리는 그래픽 엔진을 작동하기 위한 영상 분석기가 필요하며, 원근법(perspective)이나 층(layer)이 아닌 체적 공간에서 이벤트에 대한 우리의 시각적 관계를 다시 생각할 필요가 있다. 각각 분리된 안전한 공간에 그래픽과 활동적 연기(action)를 놓아두고 만족해서는 안 된다. 그들이 모든 3D 공간을 협력하여 차지할 수 있을 때까지 연출되도록 해야 한다.

깊이 메타데이터를 만들어 내고 자동적으로 체적 공간을 이해하는 대단한 과학은 궁극적으로 기고문과 유통(contribution and distribution) 채널을 통해 조금씩 일반화 될 것이다. 그리고 나서 TV 프로그램이나 메뉴와 같이, 화면 그래픽을 라이브 영상과 융합하기 위해 이 과학을 사용하게 될 셋톱박스로 흘러 들어갈 것이다.

제작 사슬에서 더 높이 있을수록, 감독의 예술적 요구에 따라 자동 수렴 모드로 카메라 유닛을 작동하기 위해서는 영상 처리 장치가 필요하다. Steve Schklair는 다음과 같이 말했다. "트럭 A에서 창조적인 3D 위치를 유지하면서 트럭 B에서의 컨버전스 풀러(convergence puller)에 대한 모든 기계적 위치를 제거하고 싶을 것입니다. 중계차에 있는 모든 사람들은 창조적인 자리에 있습니다. 3D에서도 같아야 합니다."
이것이 3D에서의 최첨단적인 쟁점이다. 기술자를 없애고 예술가에게 권력을 주어야 한다.

3D의 새로운 협력 전망

아바타 촬영 감독 Vince Pace는 2010년 9월 다음과 같이 말하였다. "우리는 현재 3D 판매업체와 채널 간의 공동 시장에 있습니다. 3D 장비에 대한 투자를 공유해야 하며, 창조된 지식을 퍼트려야 합니다. HD를 이용하는데 20년이 걸렸지만 몇몇 프로젝트를 통해 3D를 내놓는데 20주가 걸렸습니다."
산업이 고급 3D를 제작하는 것은 쉽지 않을 것이다. 경제는 좋지 않고, 3D에 대한 투자는 회복되어야 한다. 많은 사람들은 새로운 장비와 새로운 절차에 대해 훈련을 받아야 한다. 감독들은 새로운 편집 결정 리스트(edit decision)를 만들 수 있도록 훈련을 받아야 하며, 카메라 조작자는 새로운 리플렉스(reflex)를 배워야 한다.
시청습관을 방해하는 3D 방송을 관객이 포용하길 원한다면, 혼란을 만회해야 한다. 돈 되는 장면을 만들어 줄 새로운 3D 카메라, 그리고 2D로 보는 것보다 관객들이 안경 쓰는 것을 선호하도록 만들 새로운 효과를 끊임없이 추구해야 한다.
다행히, 3D 산업은 그것을 얻을 수 있을 것으로 보인다. 교육 분야를 비롯해서 더 많은 협력 작업이 보이기 시작했다.

3D 제작에서 발생되는 새로운 업무 범위

3D를 제작하는 것은 새로운 직무, 새로운 일자리, 새로운 기술, 그리고 때때로 새로운 사람들이 수반된다. 유일한 팀원으로 독립 다큐멘터리를 히말라야 산에서 촬영하고 있다면, 당신은 모든 3D 작업을 하게 된다. 대규모 예산의 장편 영화에 관련하고 있다면, 깊이 기술 감독, 스테레오스코픽 계산가, 리그 조작에 관여하는 사람들을 포함하여 10여명에 이를 것이다. AC(assistant camera, 보조 카메라)가 리그의 3D 손잡이를 돌린 후, 모든 TD(technical director, 기술 감독)는 위치에 장치를 고정시키고, 감독관(supervisor)은 깊이를 수정하고 맞출 것이다. 라이브 쇼에서 3D는 카메라 조작자, 컨

버전스 풀러(카메라가 돌아가고 있는 동안 3D 변수를 설정하는 카메라 조수), 스테레오스코픽 감독관, 혹은 중계차 선반의 수많은 컴퓨터로 설정될 수 있다.
책임자로써 당신이 모든 사람들에 대한 발언권을 갖게 되지만, 극장 영사 기사가 당신의 예술 작품을 재구성하고, 당신의 플로팅 윈도우(floating window)를 망칠 가능성이 높은 영화 개봉일에 당신의 권력은 끝날 것이다. 미래의 3D TV 세트는 IOD를 바꾸는 심도 강화 모드가 없다면, 재수렴(reconvergence) 버튼이라도 갖게 될 것이다.

스테레오그래퍼

스테레오그래퍼는 3D 개발에서 영사까지의 프로젝트에 스테레오스코픽 전문 지식을 제공하는 3D 제작의 만물박사였다. 3D 제작의 크기, 기간과 복잡성이 증가함에 따라, 일자리는 일반적으로 DP나 AC 이력이 있는 주요 촬영 스테레오그래퍼와 FX 감독관이나 합성작업 이력이 있는 후반 작업 스테레오그래퍼가 공유하는 경향이 있다. TV 생방송 제작에서, 스테레오그래퍼는 오히려 ENG 팀에게 3D 장비를 어떻게 사용하는지 가르치고, 실시간으로 깊이를 제어하는 컨버전스 풀러나 3D 영상 분석기 사용 인력을 감독하는 교사에 해당한다.
영화세트에서 스테레오그래퍼는 DP나 감독과 협력하거나 개별적으로 깊이를 설정한다. 결국 스테레오그래퍼의 역할이 점차 희미해지면서 변하게 될 것이다. DP가 이미 피사계 심도의 연속성을 책임지거나 스토리텔링을 강화하는데 피사계 깊이를 이용하는 것처럼(감독과는 이미 밀접하게 일하고 있다), 깊이를 설정하는 것이 DP가 활용하는 또 하나의 예술 도구가 될 것이다. 실제로 리그를 조작하는 담당이 3D-AC가 될 수도 있고 그렇지 않을 수도 있다.
나의 이전 책 3D Movie Making에서, 나는 수년 동안 3D 장편 영화가 제작되지 않았음에도 불구하고 3D와 장편영화에서 경험을 쌓기 위해 스테레오그래퍼가 필요하다는 역설을 시사했었다. 그러한 역설은 지금 새로운 것으로 진화하였다. 좋은 스테레오그래퍼는 결국에는 자신을 무용지물로 만드는 사람들이다. 왜냐하면, 모든 3D 영화나 3D 방송에서, 그들은 카메라 조작자, AC, DP 그리고 감독들에게 좋은 3D 만드는 법을 가르쳐주기 때문이다. 결국 이러한 3D 지식은 영화 종사자들에게 퍼져나갈 것이다. 모든 사람이 약간의 일반적인 3D 지식을 갖게 되고 자신의 일자리에 필요한 특화된 기술도 마스터하게 될 것이다. 그때에는 칼라 테크니션(color technician)이 더 이상 없는 것처럼, 스테레오그래퍼가 세트장에서 도움이 될 수도 아닐 수도 있다. 반면, 음향 엔지니어는 아직도 존재한다. 어떠한 길로 갈 것인지는 시간이 말해줄 것이다.

모든 스테레오그래퍼가 결국에는 스테레오 감독관이나 VFX 감독관이 될 가능성도 있다. 3D가 새로운 스토리텔링 도구라면, 이 도구를 사용하여 스토리를 이야기하는 것은 DP의 책임이다. 디지털 세대가 시각 효과 지도감독에서 비롯된 반면, 3D 영화 시대에서 일했던 스테레오그래퍼 세대가 카메라 이력을 가지고 있다는 것은 지적할 가치는 없다.

3D가 시작에서 끝까지 세밀히 연관되어야 하는 품질 문제라는 것을 알게 되면서, 더 많은 스테레오그래퍼들은 3D 품질을 촬영에서 편집까지 제어할 수 없는 작업에서 일하기를 싫어한다. 스테레오그래퍼 Eric Deren은 다음과 같이 말한다. "후반 작업을 하는 사람은 당신이 사라지자마자, 당신이 촬영한 것을 너무도 쉽게 망쳐버립니다. 게다가 더 최악은, 다른 사람이 촬영한 참담한 3D를 수정하는 악몽을 후반 작업에서 다룰 수도 있다는 것입니다. 양쪽 경우 모두, 최종 결말은 크레딧에 당신 이름을 달고 스크린에 올라가서 당신의 명성을 위태롭게 하는, 형편없거나 질이 떨어지는 3D입니다. 그들이 DP 이던 스테레오그래퍼 이던 간에, 후반 작업이 끝날 때까지 돈을 지불해서는 안 됩니다."

컨버전스 풀러

3D 제작에서 두 번째로 잘 알려진 직업인 컨버전스 풀러(CP)는 카메라로 촬영하는 동안, 대체로 장면을 따라 카메라가 이동하는 동안 3D 변수를 설정하는 카메라 보조 역할이다. 여기에서의 일은 카메라 이동과 장면 연출에 맞춰 스크린 평면(screen plane)을 유지하는 것이다. 이러한 작업이 아날로그 3D에서는 필수적이었다. 그러나 디지털 3D에서는, 특히 평행으로 촬영하고 후반 작업에서 재수렴 시킬 때에는 덜 중요하다. 수렴과 평행 방법 모두에서, 이러한 3D-AC의 일은 샷모션(shot motion)에 따라 광축간격(interaxial)을 이동하는 것을 포함한다.

3D TV 제작에서, 모터로 구동되는 리그는 광축 간격과 주시점을 원격 조정할 수 있다. 따라서 컨버전스 풀러는 중계차에서 작업할 수 있다. 여러 CP들은 스테레오그래퍼의 명령에 따라 카메라의 깊이를 조정하면서, 실제로는 한 팀으로 일한다. 어떤 상황에서는 영상 처리기가 컨버전스 풀러를 대신할 수 있다 그러한 경우는 3D 영상 엔지니어(vision engineer)가 개입한다.

3D 영상 엔지니어

영상 처리기는 3D 제작에서 수많은 기능을 자동화 할 수 있는 복잡한 컴퓨터이다. 모든 컨버전스 풀러가 영상 처리기의 복잡한 사항을 최대 능력치까지 사용할 만큼 잘 아는 것은 아니다. 특히 그래픽 삽입, 멀티카메라 세팅이나 리그 작동 제어와 관련된 복잡한 피드백 루프가 포함된 복합 설정의 경우, 고도의 기술을 가진 숙련된 기술자가 필요하다. 3D 영상 엔지니어는 엔지니어링 팀에서 직접적으로 보낸 것이 아니라 판매 업체가 훈련시킨 컴퓨터 전문가이다.

리그 기술자

저가의 리그는 약간의 기본 훈련을 받은 똑똑한 카메라맨이라면 누구나 설치해서 작동할 수 있다. 고가의 리그 장치는 자동화, 동기화 그리고 원격 조작 박스와 케이블과 같은 모든 것을 설치하고 설정하는데 있어서 훈련받은 기술자가 필요하다. 리그 기술자는 카메라 시스템의 엔지니어링을 책임지는 사람이다. 여기에는 정확한 동기화 확인, 렌즈 LUT 구축, 캡처링, 레코딩과 온셋 메타데이터 정확도에 대한 책임을 포함한다.

스테레오스코픽 감독관

스테레오 감독관은 후반 작업에서 깊이 처리의 일관성을 담당하고 있다. 그 사람은 기술적이고 예술적인 수준 모두에서 깊이 품질이 본래대로 유지되도록 해야 한다. 모든 CG 애니메이션 스테레오스코픽 영화에서 스테레오 감독관은 스테레오그래퍼 담당자이다.

CHAPTER 2

스테레오스코픽 카메라 장치

3D 촬영을 위해 필요로 하는 카메라나 리그의 유형은 다양한 파라미터의 영향을 받는다, 그리고 상당히 오랫동안 제 1의 규칙은 유용성이었다. 어쨌든, 이것은 3D 도구 판매 업체의 최근 증가세, 대여점에서 빌릴 수 있는 3D 장비의 가용성 확대, 3D 제작 예산의 전 세계적 성장과 더불어 3D가 엔터테인먼트 영역의 주류로 들어가면서 변화하였다.

그림 2.1A
소형 3D 카메라.
JVC GSTD 1BUS는 간편하고 신속한 촬영(run-and-gun)을 위해 제작된 3D 캠코더이다.

콘텐츠 제작의 규칙 하나는, "가장 최고의 도구는 당신이 해야 할 일에 대한 사랑이다." 그럼에도 불구하고, "이 가격대에서 가장 좋은 리그는 무엇인가요?" 또는 "이 3D 캠코더를 사야할까요 아니면 3D 리그를 마련할까요?"라는 질문을 종종 받는다. 모든 것에 적용할 수 있는 3D 카메라는 없기 때문에 이러한 질문을 모두 만족시킬만한 대답은 없다. 모든 영상의 촬영에 적용될 수 있는 2D 카메라를 본적이 있는가? 이것은 판매원들의 꿈일 것이다.

당신이 일하고 있는 프로젝트에 따라서 그리고 가끔은 그날 찍게 될 장면에 따라 3D 카메라를 선택하게 된다. 장편 영화의 스테레오그래퍼로서, 당신 리그에 어떤 종류의 2D 카메라를 사용하라는 DP의 요청을 맞춰줘야 할 가능성이 높다. DP로서, 당신은 카메라와 렌즈 선택이 제작의 금전적 한계, 부피 한계 그리고 무게 한계에 적합한 리그가 될 수 있는지를 확인해야 한다.

그림 2.1B
휴대용 3D 카메라 장치.
Silicon Imaging사의 SI-2K 카메라를 장착한 3D 카메라 회사의 리그를 들고 있는 스테레오그래퍼 Paul Taylor

3D 카메라 장치를 위한 3가지 광학 디자인이 있다.

1. 단일 센서에서 두 시야를 결합하는 렌즈 기구 또는 부착물

그림 2.1C
풀 사이즈 3D 카메라 유닛. 3D 모니터와 SSD 기록장치가 있는 Binocle Brigger III, 2대의 카메라는 Panavision Genesis.

2. 45도 각도의 하프 미러(반투명 거울)를 통해 볼 수 있는 90도 각도로 설치된 두 대의 카메라
3. 나란히 평행하게 설치되는 두 대의 카메라

전 세계적으로 3가지 유형의 스테레오스코픽 카메라 장치가 있다.

1. 일체형 3D 캠코더
2. 디지털 카메라 헤드를 사용하여 스테디 캠 또는 어깨에 장착하기 위한 소형 3D 리그
3. 풀 사이즈 디지털 시네마, 방송 카메라, 또는 캠코더를 사용하는 대형 3D 리그

3D 카메라 리그

3D 리그는 카메라의 폼 팩터(form factor)에 의해 카메라를 놓는 것이 아니라, 당신의 눈이 원하는 곳에 카메라를 놓는 복잡한 기계 조립품이다. 3D 카메라 리그는 당신의 3D 카메라 함대의 제독 함선이 될 것이다. 그것은 크고(때때로 덩치가 큰), 비싸고(때때로 감당할 수 없는), 복잡하고(때때로 이것도 저것도 아닌 괴짜 같은), 부서지기 쉽다고 말해도 좋을 정도로 섬세하다. 그래도, 장치는 절대 기대를 밑돌지 않고 당신이 추구하는 그러한 3D 영상을 뽑아낼 공중-육지-바다용 다목적 항공모함이다.
3D 캠코더의 새로운 세대가 진화하고 있음에도 불구하고, 리그는 자신의 전문 영역의 특정 환경에서 훌륭하게 작동하는 특화된 카메라이다. 3D 캠코더는 오래되고 부피가 큰 3D 리그의 다재다능함을 당신에게 결코 보여줄 수 없다. 그리고 덤으로, 3D 리그는 당신이 사용하길 원하는, 또는 사용할 필요가 있는 어떠한 2D 카메라라도 수용할 수 있다. DP, 감독, 또는 FX 감독관이 Phantom, Red Ones 이나 ARRI Alexa을 원한다면, 당신의 풀 사이즈 3D 리그는 이에 응할 수 있다.
앞으로 몇 년동안 3D 카메라 설계에 사용되는 돈은 수백, 또는 수천 배 증가할 것이다. 3D 카메라 회사가 몇 년 전에는 얼마나 희소했는지를 고려하면, 이러한 숫자는 놀랍지 않다. 우리는 곧 매 3달마다 새로운 혁신적인 3D 카메라 시스템을 보게 될 것이다. 대부분은 실제적으로 놀라운 새로운 특징을 제공할 것이며 특수한 촬영, 앵글, 프로젝트나 예산에 적합한 완벽한 도구가 될 것이다. 그러나 3D 전용 카메라의

폼 팩터, 가격과 복잡성이 확연이 줄어든다고 하더라도, 일반적인 또는 특화된 2D 카메라를 수용하고, 빔 스플리터(beam-splitting) 광학 장치 뒤에서 역동적으로 2D 카메라를 움직이는 3D 리그는 오래 갈 것이라고 생각한다.

이러한 입장을 취하는 주된 이유는 3D 안경이 영원할 것이라고 생각하는 것과 같은 이유이다. 기본적으로, 물리학과 광학의 법칙에서 벗어나기 위해 당신이 할 수 있는 것이 많이 있다. 스테레오스코픽 3D는 2개의 시점을 표시하는 2개의 분리된 영상으로 이루어져 있다. 수천 명의 기술자, 수백만 달러, 수십억 연산 사이클을 문제에 쏟아 부어도, 우리는 여전히 이러한 2개의 시점을 결국 보게 될 것이다. 당신이 지금 그 두 영상을 바로 저장할 수 있다면, 자신에게 큰 은혜를 베푼 것이다. 3D 시각 효과 전문가 Tim Sassoon은 다음과 같은 말을 하였다. "스테레오스코픽 3D는 시각효과입니다. 그것을 촬영할 수 있으면, 촬영해야 합니다."

3D 리그에 대한 의견을 말했으니, 시스템이 얼마나 복잡한지를 인정하고, 그렇게 복잡한 수준으로 어떻게 그리고 왜 도달했는지 검토해보기로 하자. 결국, 3D 카메라는 한 쌍의 2D 카메라를 함께 엮어 놓은 것이다. 나무 널빤지, 2개의 나사, 그리고 접착 테이프를 준비하자. 그러면 당신은 3D 카메라를 갖게 된다. 솔직히 말해, 스테레오그래퍼들이 젊은 시절에 시작했던 방법이 많이 있다. 알루미늄 플레이트가 더 풍부할수록 슬라이더는 더 훌륭해 지지만, 우리 모두는 기초에서 시작했다. 현재의 최첨단 3D 리그로 가는 여정을 내내 따라간 우리들 중 몇몇은 결국 동일한 해답을 얻었다. 반투명 유리를 중심으로 돌고, 끔찍한 수의 모션 제어 매직 박스를 매달고, 영상 처리 괴물에 연결될 가능성이 높은 큰 부피의 카메라 조립체이다. 어떻게 우리 모두가 동일한 지점에 다다랐을까, 우리가 간 그 길을 각자가 따라온 것일까? 이를 이해하기 위해 3D 카메라 설계를 20년 거슬러 올라 가보자.

첫째, 1980년대 테마파크 영화를 위해 설계된 필름 카메라 리그가 있었다. 종종, 알루미늄 한 조각을 잘라내서, 2개의 카메라와 광선을 분할하는 반투명 유리를 함께 결합시켰다. 그것은 훌륭하고 정밀했지만, 무겁고 비쌌으며, 동적인 광축 거리(inter-optical distance) 기능이 없어서 다용도로 쓸 수 없었다.

디지털 혁명을 알리는 전자 이미징(electronic imaging)의 새로운 물결과 함께 1990년대에 변화가 찾아왔다. 카메라 헤드는 처리 장치와 기록 장치에서 분리할 수 있었고, 모션 컨트롤 시스템은 자신의 역량을 보여주기 시작했다. 그 시점에서, 몇몇 엔지니어나 카메라맨들은 3D 방정식을 확립하였다.

전자 이미징 + 모션 컨트롤 시스템 = 완벽한 3D 영상

그들은 오늘날 우리가 보고 있는 3D 리그의 청사진이 되는 것을 개발하기 시작하였다. 최적의 영상이 아닌 것을 가지고 야외 촬영지에서 늦게 돌아와서 자주 녹초가 되고, 그것을 더 쉽게 만들어 줄 수 있는 3D 장치가 없음을 저주하면서, 고생스럽게 그 설계를 개발하였다. 3D를 제작하는 것은 언제나 2개의 카메라를 함께 놓고 촬영하는 것으로부터 시작한다는 것을 기억하자. 이 과정에서 사람들은 시스템의 한계를 발견하고, 그것을 피할 수 있는 해결책을 구축한다. 콘텐츠 제작 과정에서 언제나 무작위로, 하지만 꾸준히 발생하는 예기치 않은 문제를 처리하기 위해 더 높은 3D 품질, 더 쉬운 제작 스케줄 그리고 더 많은 회복력을 향해 나아가고 있다.

3D 영화를 만든 적이 있고, 3D 카메라를 사용해 보았다면 지난 20년 동안 당신이 발견한 것들은 다음과 같은 사항일 것이다.

1단계: 좋은 3D 영상을 만들어 내기 위해 왼쪽과 오른쪽 카메라의 상대적 이동을 모션 제어할 필요가 있다. 왜냐하면,

1. 카메라는 XYZ 축 변경과 회전을 요구하는 완벽한 정렬이 필요하다.
2. 카메라 사이의 거리와 주시점을 거의 동시에 설정할 수 있어야 한다.
3. 카메라나 배우가 움직이는 장면에서, 카메라 사이의 거리와 주시점은 역동적이어야 한다.

2단계: 당신의 카메라 간 거리가 너무 넓다는 것을 깨닫게 된다. 2010년 대부분의 영화 장면에서, 카메라 간의 거리는 인간 양안 거리의 절반 미만인 약 3cm이었다. 이것은 카메라 간의 거리가 렌즈의 폭보다 더 가까워야 한다는 것을 의미한다.

1. 카메라는 45도 반투명 유리를 통해 촬영할 필요가 있다.
2. 거울은 표면경(surface mirror)이어야 한다.
3. 거울은 먼지투성이가 되기 쉽다.
4. 거울은 완벽한 평면이 아니다. 자체 무게로 휘어진다.
5. 표면경은 색채 비대칭이다.
6. 가장 중요한 점은, 거울 표면은 깨지기 쉬우며, 렌즈와 부딪히면 긁힐 수 있다는 것이다.

3단계: 미러 리그에서 렌즈를 교환하는 것은 복잡한 작업이기 때문에 줌 렌즈를 사용할 필요가 있다. 다행히도 당신은 이미 1990년대 말에 있으며, 새로운 HD 줌은 조정 가능한 최고급 제품으로써 사용될 수 있을 만큼 상태가 좋다. 당신의 3D 리그를 가지고 영상을 확대할 때(zoom in), 다음과 같은 것을 발견하게 된다.

1. 줌 진행은 선형이 아니며, 렌즈에서 렌즈로 변한다.
2. 광축(optical axis)은 진행에 따라 이동하며, 그러한 이동은 당신이 사용하는 렌즈에 따라 다르다.
3. 결과적으로, 각각의 렌즈 쌍(pair)은 초점거리에 따라 변하는 특수한 정렬 요건을 가지고 있다.

4단계: 이제 2000년대 초기에 이르렀으며, 컴퓨터의 계산력이 곧 유용하게 될 것이다. 당신은 안전하게 카메라의 광축 배열을 조정하기 위해 XYZ 모션 컨트롤 시스템을 사용하는 줌 룩업 테이블(zoom look-up table, Z-LUT)를 구축할 수 있으리라 추정된다. 하지만 한 가지 새로운 나쁜 소식이 있다.

1. Z-LUT를 수동으로 만들어 내는 것은 시간 소모적인 과정이다.
2. 장치를 조립할 때마다 수동으로 Z-LUT를 만들어야 한다.

마지막 요점으로 인해 당신은 눈썹을 치켜뜨게 될 것이다. 이건 무슨 뜻일까? 이것은 동일한 장비를 가지고 동일한 리그를 다시 만든다고 해도, 동일한 결과를 얻지 못하게 된다는 것을 의미한다. 우선, 영화와 TV 제작에서 완벽하게 절차를 반복할 수 있다고 가정하는 것은 그렇게 안전한 내기가 아니다. 둘째, 여기에서 숫자를 언급할 필요가 있다. 당신은 최종 영상에서 수직 시차(vertical disparity) 픽셀이 두서너 개보다 적기를 바랄 것이다. 센서가 1/3 인치 센서에서 1080 라인의 포토사이트(photosite)를 갖고 있다면, 하나의 라인은 3.6 mm의 1080분의 1인 3 미크론(micron)에 가깝다. 더 큰 디지털 센서인 40 mm에 6732개 라인을 갖고 있는 Phase One P65+는 픽셀마다 엄청 큰 6 미크론이다. 비교할 것을 주자면, 인간의 머리카락은 17 미크론에서 180 미크론이다. 당신은 움직이는 부분을 기계 조립품으로 만들 수 없으며, 몇 미크론 내에서 예측 가능한 정렬 수치를 기대할 수 없다.

1. 가능한 단위는 10 Kg이 나가는 카메라와 렌즈를 5 cm/sec 까지의 속도로 움직이는 것이다.
2. 관성 및 가속 효과(momentum effect)는 당신의 하드웨어 마술사가 깰 수 없는 물리적 한계를 설정한다.

여전히 자동 렌즈 맞춤 도구가 필요하다. 따라서 영상 분석 도구를 만들어야 한다.

1. 자동 Z-LUT 창출은 동일평면 기하학적 구조가 포함된 상당히 복잡한 영상 처리 문제이다.
2. 전형적인 촬영 기간에 걸쳐, 열팽창(thermal dilatation)은 Z-LUT이나 카메라의 기하학적 구조를 변경시킬 수 있다. 카메라를 만지는 것만으로도 보정치를 변경해야 한다.

5단계: 이제 성공적으로 2000년대 말에 다다랐으며, 당신은 몇 개 안되는 세계적 수준의 3D 시스템 중 하나의 개발자가 되었다. 지금까지, 3D 시네마가 주류로 갈 것이라는 것은 명확하며, 3D TV도 바로 지척에 있다. 둘 다 완벽한 3D 영상을 요구하며, 둘 다 모든 3D 장면이 후반 작업으로 다듬어야 하는 FX 장면이라는 발상에 오랫동안 대처할 수는 없을 것이다.

1. 인간 조작자에 의한 수동 깊이 설정은 3D TV 제작에 적합하지 않다.
2. 전체 프레임 분석과 수정은 실황 TV의 경우 40 ms 미만에서 행해져야 한다.
3. 멀티카메라 제작에 개입된 모든 장치는 깊이 조정을 해야 한다.

이 목록을 읽은 후, 당신은 그럴 가치가 있는지 의아할 것이다. 아마도 우리는 그것을 과장하고 있는지도 모른다. 그래서 해답은 더 단순한 곳에서 출발하거나 “후반 작업에서 수정”이라는 것이 힘을 더 얻게 되는 것이다.

설명과 용어

그림 2.2에서 3D 미러 리그의 주요 부품을 볼 수 있다.

- 빛의 경로를 2개의 광축으로 분리하는 하프 미러.
- 미러를 통과하는 빛을 기록하는 투과형 카메라(transmissive camera).
- 미러에서 반사되는 빛을 기록하는 반사 카메라(reflective camera).
- 주변의 빛이 미러로 들어오는 것을 막아주는 덮개.
- 광축간 거리와 주시점 모션 제어기.
- 줌, 초점 그리고 조리개 제어기

기능과 특징

근본적으로 3D 리그는 무엇을 하는가? 앞에서 살펴본 것처럼, 그것은 한 쌍의 카메라를 함께 유지하면 미세한 정확도를 가지고 카메라를 움직인다. 그것이 모션 제어(motion control, MC)에 관한 모든 것이다. 기본적인 최소한도로, 당신은 카메라 조정을 쉽게 해주는 리그를 원한다. 우리는 이것을 **기계 조작**이라고 부를 것이다. 그리고 당신은 휠을 돌리거나(적어도), 모터를 작동시켜서(더 바람직함) 서로 상대적으로 카메라들을 이동할 수 있길 원한다. 우리는 이것을 **역동적인 제어**라고 부를 것이다. 결국, 당신은 렌즈의 시각적 이동을 처리하는 **지능 모션 제어**(intelligent motion

control)를 할 수 있는, 자동화된 이동을 원할 것이며, 궁극적으로 "더 가깝게 수렴한다"와 같은 기술적 요구와 반대된 "뒤로 더 깊이 있게" 같은 예술적 주문도 따르는 그러한 지능형 리그를 원하게 된다.
이것은 3D 리그가 제공하게 될 기계적 제어, 역동적인 제어, 그리고 지능 모션 제어의 3단계 기능이다.

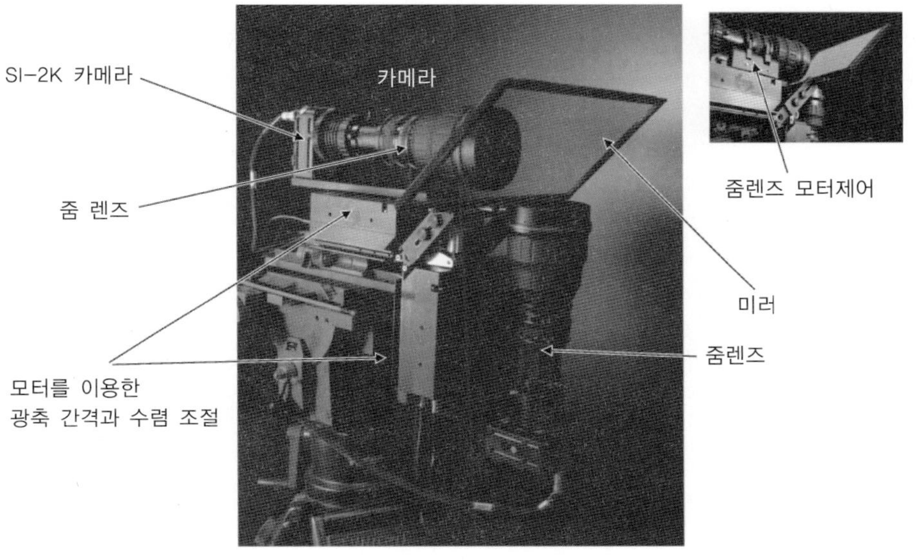

그림 2.2
3D 리그의 부요 부분

3D 리그, 1단계: 기계적 제어와 카메라 방향

카메라 위치의 기계적 제어는 좋은 품질의 3D 촬영을 위한 기본적인 최소 필수요건이다. 이러한 제어는 카메라를 함께 맞출 수 있는 능력을 포함한다. 이론상 이동(translation)과 회전(rotation)을 위해서 카메라마다 3개의 축을 제어하는 것을 의미한다. 이것은 총 12 자유도(degree of freedom)에 이른다. 확실히, 모든 움직임을 수행하는데 있어서 한대의 카메라에는 충분한 것이다. 남아 있는 6개의 축 중에서 3개는 고정되어 있어야 하며, 3개는 조정할 수 있어야 한다.
고정된 기계적 제어는 단지 한번만 고정되는 카메라 높이, 깊이 위치 및 회전축(roll axis)이다.

조정 가능한 기계적 제어는 다음과 같다.

- **축간**(inter-axial) **거리**, **양안 거리**, **광축 거리**, 또는 **스테레오 기준선**으로 불리는 두 카메라 간의 거리.
- **주시점**(convergence), **앵귤레이션**(angulation), 또는 **제로 시차**(zero parallax) **설정**으로 불리는 수직 축을 따르는 팬(pan) 또는 회전.
- 가로축을 따라 회전하는 그리고 광축의 수직 방향에 대한 각도를 수정하는데 사용되는 편요각(yaw) 또는 틸트(tilt).

편요각 제어는 줌 축의 부조화를 보정하는데 사용된다. 이러한 부조화는 X와 Y 방향 모두에서 발생하며, 수렴각에 영향을 준다는 것을 유념하자. 그 결과, 수렴 제어는 실제적으로 줌 축을 수정하는데 사용된다.

기계적 제어를 논의할 때에는, 롤링 셔터(rolling shutter)와 카메라 방향 문제를 언급하는 것이 타당하다. 가장 1세대 리그는 카메라의 상단이 세트를 향하고 있는 수직 카메라로 구성되었다. 이것은 거울을 통해 볼 때, 뒤집힌 것처럼 보인다는 것을 의미한다. 게다가, 그것이 장면을 보는 방법이다. 뒤집어 보인다. 카메라에 롤링 셔터가 있다면, 대부분의 CCD가 하는 것처럼 동작한다. 즉, 카메라는 비디오카메라가 사용하는 것과 동일한 방식으로, 아니면 스캐너나 Xerox 복사기가 하는 것과 동일한 방식으로 영상을 스캔한다. 720@30p의 단축형인 720p 미국 비디오 표준에서, 기준은 30분의 1초 조금 미만에서 영상을 위에서 아래로 스캔하는 것이다. 이것은 영상의 하부가 상부보다 30분의 1초 늦게 읽힌다는 것을 의미한다. 당신의 카메라가 반대 방향으로 스캔하고 있다면, 이것은 영상의 상부와 하부가 최대 30분의 1초로 인해 비동기화 된다는 것을 의미한다. 따라서 상이한 시간대에 영상화 되는, 빠르게 움직이는 대상은 다른 위치에 있는 것으로 보인다.

그림 2.3
롤링 셔터와 미러 리그. 미러 리그에서 롤링 셔터 카메라를 사용하는 것은, 이 3D Film Factory 리그에서 보는 것처럼 특정 카메라 방향이 요구된다.

프랑스의 스테레오그래퍼 Alain Derobe는 3D 촬영을 가르칠 때, 종종 학생에게 3D 리그가 배치된 앞에서 골프채를 휘두르도록 한다. 이것은 아주 흥미로운 결과를 갖는 이동 깊이(motion-depth) 결함을 유발한다. 오른손잡이 골퍼는, 땅에 닿는 것처럼 클럽을 앞으로 비틀고, 올라가면서 자신의 머리를 치고 내려가면서 볼을 놓친다. 왼손잡이 골퍼는 반대로 이다. 머리 부상은 피하지만 자신의 다리를 강타하는 것처럼 보인다. 당신의 장면에서 이것을 원하지는 않을 것이다. 이것을 피하기 위해, 영상을 뒤집을 수 있는 수직 또는 반사 카메라가 필요하다. 그러면 영상은 왼쪽에서 오른쪽으로가 아닌 오른쪽에서 왼쪽으로 스캔되며, 상단/하단 비동기화는 단지 1000분의 1초 발생한다. 소수의 디지털 카메라는 상단과 하단 모두에 소켓 볼트를 제공하는 미덕을 가지고 있다. 이로 인해 잘못 방향을 맞춘 장치에서도 적절한 방향이 가능하다.

3D 리그, 2단계: 역동적 제어와 연관된 기능

장면에서 장면으로 빠른 셋업이 필요하거나 광축 거리, 주시점, 또는 초점거리를 움직여야하기 때문에, 곧 3개의 이동 축(tX, rZ, rY)을 즉시 늘리거나 줄일 수 있기를 원하게 된다. 즉, 모든 장면이 정적인 것은 아니다. 모두는 아니더라도, 대부분의 전문 리그는 실제적으로 **컨버전스 풀러**라는 이름이 유래된 스테레오스코피를 활성화하는 옵션을 제공한다. 그리고 모든 전문 리그는 모터화된 제어가 일반적으로 포함되며, 그들 중 일부는 기능을 함께 연결하는 서보 제어(servo-control) 기능이 있다. 어떤 기능을 연결하길 원하는가? 확대(zooming in)는 Z-LUT에 따라 Z와 Y 회전축을 함께 활성화해야 한다는 것을 보았다. 기계 조립체에서, 회전각을 제어하는 장치가 렌즈의 광학 중심을 따라 정확하기 위치해 있지 않다는 것을 고려할 때, 수정이 필요할 수 있는 이동 오류에 대한 회전 수정이 당연히 필요하게 된다. 줌 보정은 아니지만, 주시점과 광축간 거리는 서로에게 영향을 미치게 된다.

3D TV 제작에서, 연계된 기능은 주시점을 초점으로 연계하는 것과 광축간 거리를 초점거리로 연계하는 것을 포함할 수 있다. 이러한 경우, 3D를 촬영하는 것은 실제로 핸들 상의 동일한 제어 손잡이를 가지고 2D를 촬영하는 것처럼 느껴진다. 이러한 구성은 스포츠 경기, 특히 장면 구성에 이변이 없는 원격 카메라에 효율적이다. **아바타**의 3D 카메라맨인 Vince Pace는 정규 2D 카메라 상단에 장착하는 3D **그림자 장치**를 만들어냄으로써 개념을 발전시켰다. 그 장치는 2D 설정에 기초하여 초점 평면(focus plane), 줌 팩터(zoom factor), 광축간 거리, 그리고 주시점 거리를 자동으로 설정한다. 이러한 해결책은 핵심적인 장점 요소이다. 장소 계약이 수개월 전에 성사된 혼잡한 경기장에서는 다른 카메라 위치를 필요로 하지 않는다.

3D 리그에 대한 스테레오그래퍼의 조언

Yves Pupulin: 책의 후반부에서 우리는 스테디 캠 리그라는 특별한 사례를 보게 될 것입니다. 이것에 대한 자세한 사항은 나중에 이야기하겠지만, 한가지만을 언급하기로 합시다. 그러한 리그에서, 당신은 2개의 카메라가 측면으로 움직이길 원합니다. 그렇지 않으면, 광축간 거리의 변화는 중력 중심을 변화시키고, 조작자는 가속도 변화를 보정하기 위해 균형을 잡아야 할 것 입니다.
Eric Deren: 기계적 균형에 대해 논의하는 동안, 결국 카메라에 방해가 되는 모든 장치에 대해 이야기 해 봅시다. 필터, 빛 가리개(shade), 매트 박스(matte box), 마이크, 램프, 모니터, 그리고 모든 종류의 3D 박스. 이러한 마법 무기 중 어느 하나라도 카메라에 결코 장착해서는 안 되고, 핫 슈(hot shoe)를 도킹 소켓(docking socket)으로 사용해서도 결코 안 됩니다. 당신이 그렇게 할 때마다, 배열에 영향을 미치게 됩니다. 제어 상자를 카메라 몸체에 묶고 버튼을 누르면, 당신 카메라 배열을 망치게 될 것입니다.
Max Penner: 중요한 말을 끝으로 한 마디 해 두는 바이지만, 당신의 3D 리그에 대한 활용이 어디서 끝날 것인지 결코 알 수 없을 것입니다. 크레인, 자전거, 지붕, 헬리콥터... 가능성은 무한합니다. 당신은 리그에 모든 것을 고정시킬 수 있길 원하고, 미친 감독이 꿈꿔온 모든 곳에 리그를 볼트로 조일 수 있길 원합니다. 그러기 위해서, 리그 몸체에 많은 나사 구멍을 뚫는 것은 매우 유용할 것입니다.

그림 2.4
3D 리그상의 ARRI Alexa. 액세서리를 고정하거나, 즉석 받침대에 리그를 조이기 위해 사용되는, 리그 측면의 나사 구멍을 살펴보자.

3D 리그, 3단계: 영상 분석 및 기하학적 구조 수정

역동적인 리그 작동을 위해 모든 경적과 종소리로 지시를 한다고 해도 카메라가 즉각적으로 셋업 되지는 않을 것이다. 2대의 카메라를 맞추는 과정이 복잡하고, Z-LUT를 생성하는 것에는 시간이 많이 소비되기 때문이다. 그것은 기본적으로 정렬 패턴을 목표로 삼은 다음, 매끄러운 Z-LUT을 얻기 위해 카메라를 줌 범위의 양 끝에, 그리고 필요한 만큼 많은 사이(in-between) 위치에 세팅하는 것으로 구성된다. 이것은 리그 모터를 작동시키는 모션 제어 컴퓨터에 주어지는 일반적인 작업이다.

그리고 나서 장면이 설정되면, 올바른 스테레오스코픽 매개 변수를 갖고 있는지 확인하는 게 좋다. 영상의 초점이 안 맞거나 노출이 부족하면, 제어 모니터에서 그것을 수정하는 것은 쉬우며, 적어도 그렇게 하는 것이 가능하다. 3D 매개 변수가 잘못되었다면, 3D 결함을 잡아낼 수 있는 능력을 갖고 있지 않는 경우 작은 현장 모니터에서 보는 것만으로는 명확하지 않을 수 있다. 그리고 몇 년간의 경험이 있다고 하더라도, 3D 영상에 대한 본능적인 이해에 전적으로 의지하는 것보다 믿을 수 있는 장비 상에서 반짝이는 녹색 불을 확인하는 것이 더 낫다. 다시 한 번 말하자면, 일부는 궁극적으로 3D 영상을 평가하기 위해 풀 사이즈 스크린을 사용해야 한다고 주장한다. 극장 개봉을 위해 촬영하고 있다면, 그것은 40 피트 스크린이어야 한다. 당신은 확실히 그러한 결정을 내리는데 도움을 줄 수 있는 컴퓨터를 원할 것이다.

최고의 카메라 장치를 조립하는 다음 단계는 3D를 구성하고 모니터하는데 도움을 주는 영상 분석 장치이다. 당신이 필요한 것은 스크린의 거리 함수나 감독의 스테레오스코픽 시차 요청을 입력할 수 있고 광학 시스템에 적용되는 수정 사항을 계산할 수 있는 인공 지능이다. 이와 같은 인공 지능으로 컴퓨터는 광축간의 거리와 주시점을 설정한다. 당신은 3D 시차를 보여주는 적색, 오렌지색, 녹색과 청색 태그(tag)에 의해 중첩된 사진을 모니터로 보기만 하면 된다. 라이브 3D를 촬영하고 있다면, 컴퓨터는 동작을 쫓아가는 것만으로도 즉시 광축간 거리를 조정할 수 있다. 감독의 신호에 따라 컴퓨터는 또 다른 카메라 위치의 깊이를 맞추기 위해 주시점을 수정할 수도 있다. U23D와 같은 라이브 영화나 **드래곤 길들이기**와 같은 CGI 영화에서 후반 작업으로 추가되는 능동적인 깊이 절환(depth cut)이 현재 생방송에서 가능하다.

또한, 시스템은 영상 도메인의 광학적인 기하학적 오류를 수정할 수 있다. 이상과 같이 최고의 3D 리그도 완벽한 영상을 배열 할 수는 없다. 우리가 거의 알아차릴 수 없는 영상 결함에 대해 이야기하고 있지만, 리그가 1미크론 미만의 정밀도에 도달했다고 하더라도, 렌즈의 조립 불일치는 영상이 멈췄을 때만 알아차릴 수 있는 어렴풋한 노이즈처럼 여전히 약간의 수직 경합(vertical rivalry)을 야기할 수 있다. 그러면, 눈에 보이지 않는 3D 정렬을 수정하기 위한 요점을 무엇인가? 첫째, 그것이 의미하는 바를 이해하기 위해 그러한 영상 보정을 실행해 보아야 한다. 3D 영상은 경험을 해야 한다. 완벽한 3D도 마찬가지이다. 둘째, 그러한 희미한 백색 잡음은 결국 시각적 피로를 높이고 관객에게 악명 높은 3D 두통을 안겨주게 된다는 것이다.

영상 처리가 결국 리그의 최첨단 모션 컨트롤 시스템을 대체할 수 있을까? 그것은, FIFA 월드컵 2010 3D 방송에서 효율적으로 사용된 것과 같은, 기본적인 3D에 대한 소니의 접근 방법이다. 이 개념은 보정 없이 볼 수 없는 3D 화면을 처리하기 위해 영상 처리 단계에 의존하는 것이다. 소프트웨어가 결국 시각 효과의 많은 측면에서 하드웨어를 죽인다는 것은 잘 알려진 사실이다. 이러한 접근 방법의 범위와 유효성은 3D 사회에서 현재 논의되는 논쟁 중 하나이다. 어느 지점까지, 그리고 주어진 계산적 비용에 이르기까지 그것이 효과가 있으리라는 것은 의심의 여지가 없다. 문제는 렌즈가 센서로 가져오지 못한 것을 컴퓨터가 알아차릴 수 있는 지점에 우리가 있는가이다.

3D TV 판매 업체에 대한 품질 평가 방법

3D TV를 위한 촬영은 복잡성과 필수 요건에 있어서 3D 시네마를 위한 촬영보다 한 단계 뒤에 있다. 우리는 각각의 카메라 장치가 완벽한 3D 영상을 전달하기를 원한다. 그뿐 아니라 전체 3D 경험이 일관성 있기를 원한다. 색상에 대해 생각해 보자. 각각의 카메라는 좋은 색상의 영상을 만들어야 한다. 그리고 시각 엔지니어(vision engineer)는 색상이 하나의 카메라에서 다른 카메라까지 일치하는지 확인해야 한다. 그것은 3D에 있어서도 아주 동일한 도전이다. 우리는 모든 카메라 위치에서 멋진 3D를 원하고, 카메라 위치 전반에 걸쳐 일관된 3D를 원한다.

3D 해결책을 모색할 때, Steve Schklair가 당신의 3D TV 판매 업체에게 물어보기를 제안한 질문과 당신이 기대해야 하는 답변이 여기에 있다.

Q: 트럭에서 나와서 촬영까지, 셋업 시간은 보통 얼마정도 소요되나요?

A: 2시간이면 괜찮습니다. 이틀은 아니죠. 그리고 세계 최고 수준 팀의 표준 시간은 30분입니다.

Q: 완벽한 조정은 어떻게 보장되나요?

A: 컴퓨터화 된 모션 제어와 실시간 후반 작업이 필요합니다.

Q: 카메라 사이의 공간적 차이는 어떻게 해결하나요?

A: 카메라 사이의 depth look을 조정하고, 실시간 중계의 깊이 연속성(depth continuity)을 보장하기 위해 스테레오그래퍼가 필요합니다.

Q: 프리뷰(preview) 3D를 수정합니까, 아니면 프로그램만 합니까?

A: 이것이 숨은 애로점입니다. 즉시 재생을 위해 EVS로 녹화해야 하기 때문에 프리뷰도 수정이 필요합니다.

Q: 당신의 스테레오그래퍼는 어떻게 작업합니까?

A: 스테레오그래퍼는 3D 상에서 색채기사(color engineer) 역할을 합니다. 그는 그가 작동하고 있는 카메라를 단순히 조정하는 것이 아니라, 장면의 입체감을 조정합니다. 이것은 카메라 장치가 라이브 이벤트의 일관된 3D 해석을 만들어내기 위해 영상 처리 단계를 따르는 "자동 스테레오스코픽 셋업"의 개념을 우리에게 제공합니다.

3D 리그의 품질 평가 방법

2010년 여름 현재 사용가능한 3D 리그 목록을 보고 있다면, 저가에서 고가 장비 사이의 상당한 가격 범위를 발견하게 될 것이다. 60만불 가격의 리그는 3만불 가격의 리그가 할 수 없는 무언가를 당신에게 주고 있는가? 몇 가지 핵심 사항은 다음과 같다.

1. 역동적인 장면에서 무거운 카메라 정렬을 유지시켜주는 데 필요한 단단함(stiffness).
2. 스테디캠이나 어깨 위 조작을 위한 간편성(compactness)과 가벼운 무게.
3. 빠른 설치와 정렬을 위한 인체 공학적 설계.
4. 고속 카메라 정렬과 촬영 셋업을 위한 내장형 모터화.
5. 1에서 4까지 항목의 완전한 조합 또는 의미 있는 균형.
6. 하프 미러의 크기와 품질.
7. 액세서리(덮개, 매트 박스, 커넥터)

사이드-바이-사이드 리그와 미러 리그

모든 3D 장면이 미러 리그(mirror rig)를 필요로 하는 것은 아니다. 카메라 보다 더 넓은 광축간 거리를 필요로 하는 장면이 많이 있다. 이러한 경우, 카메라를 나란히 배치하는 것이 가능하고, 더 간단하며, 훨씬 유용하다. 또한 거울과 모든 필터가 필요 없고, 장비에 기인하는 시각적 잡음도 없다. 이를 이용하는 것이 소수의 장면에 영향을 미치지만, 드문 일은 아니며 장점도 대단히 많다. 다음은 미러 리그 대신 사이드-바이-사이드(side-by-side) 리그를 사용할 수 있는 경우에 대한 목록이다.

- 원격 장면 촬영, 스포츠 3D TV의 고급 50 카메라
- 축구 또는 다른 대형 경기장을 사용하는 스포츠의 메인 카메라

그림 2.5
미러 리그의 예: 3ality Digital TS-5.

- 전경이 없는 대형 풍경 촬영
- 아래를 향하는 깊이가 얕은 영상물의 기록을 위한 케이블 캠(cable cam)
- 콘서트에 대한 전제 장면을 표현하는 백 포지션(back position) 촬영
- 소형 폼 팩터(form factor)를 갖춘 축소 관점 카메라를 사용하는 모든 촬영

몇몇 3D 리그는 사이드-바이-사이드(SBS) 구성을 위해 특별히 설계되었으며, 대부분의 경우 미러 리그보다 설계하고 작동하는 것이 더 쉽다. 롱 렌즈를 사용하여 멀리 떨어져 있는 대상을 촬영하기 때문에 키스톤 문제와 같은 쟁점이 적은 장면을 만들어 낸다.

일부 모듈 방식의 리그는 사이드-바이-사이드 또는 빔 스플리터(beam-splitter) 리그로 재구성할 수 있다. 어떤 리그의 경우는 완전한 분해가 필요하며, 어떤 리그의 경우는 카메라 지지물의 하나를 가볍게 툭 치는 것으로 쉽게 끝낼 수 있다.

그림 2.6
헬리콥터 촬영을 위한 사이드-바이-사이드 카메라.
마다가스카르 Makay 사막에서의 헬리콥터 셋업.
영상제공 Binocle/Gedeon.

광 경로에 놓이는 많은 장비

미러 리그에서, 장면에서 센서로 가는 빛의 경로(light path) 상에는 하프 미러(half-mirror), 필터, 매트 박스 등 여러 가지 새로운 부품들이 있다. 여기에는 모든 스테레오그래퍼들이 공유할 수 없는 비밀스러운 장인 정신이 아직 남아있다. 이 단원에 대한 설명을 도와준 스테레오그래퍼 Eric Deren과 Max Penner에게 특별한 감사를 보낸다.

하프 미러

3D 리그의 미러는 일반적인 미러가 아니고, 50/50 표면 미러(surface mirror)이다. 여기서는 정확하게 빛의 절반이 반사 되고(반사광), 다른 절반은 통과(투과광) 된다. 반사된 빛과 투과된 빛은 **투과용 카메라**(transmissive camera)와 **반사용 카메라**(reflexive camera)로 입력된다. 미러는 반사 코팅 면이 유리의 아래가 아니고, 유리 윗면에 있는 **표면 미러**이어야 한다. 욕실 거울로 가서 손가락을 거울 위에 올려놓자. 당신 손가락과 반사된 거울 속 영상 사이에 대한 비교를 통해 유리 두께를 확인할 수 있을 것이다. 실제적으로 유리 두께의 2배를 보게 된다. 이제 부엌으로 가서 완전 새것인, 한 번도 긁힌 적인 없는 스테인리스 스틸 냄비, 즉 당신 자신을 볼 수 있는 냄비를 집어 들고 그 위에 손가락을 올려놓자. 손가락과 냄비에 비친 영상 사이에는 공간이 없다. 이것은 냄비가 표면 미러이고, 욕실 미러는 아니기 때문이다.

그림 2.7A와 2.7B
양쪽 위치에서 사용가능한 Element Technica Neutron 리그. Neutron 리그는 몇 분 만에 SBS에서 미러 리그 배치로 변경할 수 있다.
Element Technica 사진 제공.

3D 미러가 왜 표면 미러 이어야 하는지를 이해하기 위해 또 다른 실제 실험을 해보자. 욕실 거울을 사무실 비디오 프로젝터로 가지고 와서 프로젝터 빔의 방향을 바꾸는데 사용해보자. 이중 영상을 보게 될 것이고, 두 번째 화면은 대략적으로 주 영상의 10% 정도의 밝기를 나타낸다.

이것은 거울의 유리 표면이 100% 투명하지 않기 때문에 그 자체도 거울 역할을 하게 되는 것이다. 리그에 전면 표면 미러(front surface mirror)가 달려있지 않다면, 반사용 카메라는 이중 영상을 보게 될 것이다.

3D 미러는 50/50 또는 가능한 50/50에 가까울 필요가 있다. 가끔 그렇지 않기도 해서, 빛의 균형을 미세 조정하기 위해 필터를 추가하는 적응과 보정이 요구된다. 곧 이것을 좀 더 다루기로 한다.

또한 미러는 색상 중립이어야 하지만, 대부분이 그렇지 않다. 코팅 물질과 두께의 차이로 인해, 미러는 다양한 파장에 대해 상이하게 반응하게 된다. 최고의 예는 백색 광선을 RGB 광선으로 분할하는 카메라나 영사기의 색선별 프리즘(dichroic prism)이다. 여기서의 색상 민감도 또한 광선 입사각의 함수이다. 이것은 색상 불균형이 원형 패턴에 따라 2D적인 경사를 가지며, 이것은 렌즈로 확대하고 축소할 때 강도를 변화시킨다는 것을 의미한다. 어느 정도까지는, 초점이 길수록 색상은 덜 흐리게 처리된다.

미러는 카메라 주의나 카메라 자체의 불필요한 빛을 획득하게 된다. 빛을 획득하는 것은 거울이 해야 할 일이지만, 극단적으로 가지 않도록 해야 한다. 한 예로, 적색 탈리 표시등(tally light)이 당신 영상에 불쾌한 후광을 던질 수 있다. 이러한 이유로, 미러 상자는 완전히 후드가 덮여야 하며, 양쪽 카메라 창(이것을 통해 렌즈는 거울에서 영상을 얻는다)은 렌즈 주위로 완전히 가려져야 한다.

거울이 또한 장면에 빛을 반사할 수 있다는 것을 주의하자. 아주 가까운 클로즈업 장면에서, 거울은 배우 얼굴 위로 빛을 반사할 수도 있다.

이러한 논의를 마무리 하기위해서, 다음 단원에서 반사와 같은 편광 빔에 대해 다룰 것이다. 또한 반사되는 빛을 제어하기 위해 사용되는 필터에 대해서도 설명할 것이다.

빔-스플리터에 대해 알아야 할 몇 가지

Sebastien Lafoux

3D 카메라 회사에서 일하는 Sebastien Lafoux는 자신의 Stereo Tango 리그를 설계할 때 광범위한 미러 테스트를 했다. 여기에 그가 빔-스플리터에 대해 말하고자 하는 바가 있다.

먼저, 빔-스플리터의 일반적 특성 목록은 다음과 같다.

- 이상적인 스펙트럼 분포 목표치: 400 nm에서 750 nm 파장까지 50% 투과 및 50% 반사
- 이상적인 빛 손실 목표: 1 조리개 눈금(1 stop).
- 가장 일반적인 기판(substrate): 낮은 분산의 크라운 유리(Schott B270 평면 유리, Schott N-BK 7 광학 유리).
- 가장 일반적인 코팅 방법: 진공 증착(vacuum deposit)
- 가장 일반적인 안료(pigment): 이산화티탄(titanium dioxide)

빔-스플리터의 일반적인 문제점은 다음과 같다.

- 긴 초점 거리와 길이에서, 수평 파면오차(wave front error)가 반사된 영상의 부적절한 초점을 야기할 때 생기는 인공 난시(false astigmatism).
- 반사된 영상의 백 포커스(back focus) 변경.
- 반사된 영상과 투과된 영상 사이의 색상 온도 불균형.
- 반사된 영상과 투과된 영상 사이의 심각한 농도와 채도 불균형을 야기하는 반사된 영상의 편광 효과.
- 색상의 불균형을 야기하는 반사된 영상과 투과된 영상 사이의 상이한 스펙트럼 반응.
- 반사된 영상과 투과된 영상 사이의 수정할 수 없는 광반(flare) 불일치를 야기하는 무색 수차(achromatic aberration).
- 기판의 뒤틀림과 반사된 영상의 심각한 선명도 저하를 유발하는 부적절한 설치 기구.

빔-스플리터를 테스트하는 방법을 아는 것도 중요하다.

- 거울 표면에 연필의 끝을 가져가서 빔-스플리터가 위로 바르게 설치되었는지 확인하자. 연필 끝이 이중으로 반사되면 빔-스플리터는 거꾸로 된 것이다. 연필 끝이 하나로 반사되면 빔-스플리터는 바르게 위로 되어 있는 것이다.
- 코팅에 긁힘이나 흠이 있는지 확인한다.
- 조리개를 가장 크게 열고 반사 영상과 투과 영상 사이의 초점 세팅에 차이가 없는지 확인한다.
- 초점 거리를 60 피트보다 크게 하고, 가장 긴 렌즈로 넓게 개방된 조리개 상태에서 초점 성능을 테스트한다.
- 벡터스코프(vectorscope)와 색 차트의 도움을 받아 두 영상 간의 색상과 플레어(flare) 불균형을 확인하고, 빔-스플리터 없이 동일 표적에 대해 둘을 비교한다. 이 테스트는 텅스텐 조명과 태양(daylight) 조명 아래서 실행한다. 오버레이 히스토그램(overlay histogram)은 색상 불균형을 시각화하는데 도움이 될 것이다.
- 오토콜리메이터(autocollimator)의 도움을 받아 빔-스플리터를 통과한 반사 카메라와 투과 카메라의 평행 시준(collimation)을 확인한다.
- 빔-스플리터가 적절히 안정되어 있고 장치가 아래로 기울 때 초점과 광학 배열이 영향을 받지 않는지를 확인하기 위해, 수평과 아래로 기울어진 위치에서 리그를 테스트한다.
- 빔-스플리터와 설치 장치가 렌즈 전면에 필터 장치를 수용할 수 있는지를 확인한다. 가장 최신 세대의 디지털 카메라를 사용하여 자외선 오염과 조명 수준을 줄일 필요가 있을 때 사용된다.
- 셋업 하는 동안과 특수 효과를 주는 동안 빔-스플리터를 보호하기 위해 깨끗한 덮개를 장치에 설치할 수 있는지 확인한다. 이것은 빔-스플리터의 수명을 늘려주고, 상당히 돈을 절약하게 해준다.

좋은 품질의 빔-스플리터 평균 판매 가격은 크기와 품질에 따라 약 5,000불이다. 하지만 높은 가격이 좋은 빔-스플리터를 보장하지는 않는다.

즐거운 테스트를 기대하며!

Sebatstien Laffoux, Laffoux Solutions, www.tangohead.com

필터

리그의 미러가 빛을 반으로 분산하고 있지 못하다면, 하나의 카메라는 다른 하나보다 더 많은 빛을 받게 되며, 조리개와 심도가 맞지 않게 된다. 선명도, 세부 항목, 텍스쳐 조밀함(texture density)에서의 시각 경합(eye rivalry)은 시각 처리 과부하와 정신적 피로를 발생시키기 쉽기 때문에, 미러의 정확치 못한 빛 분산은 수정되어야 한다. 그것은 첫번째, 두뇌가 2개의 상관성 없는 영상을 일치시켜야 하기 때문이다. 그리고 두 번째는 각각의 눈이 보는 것을 그대로 이용하기 보다는 미세한 텍스쳐를 3D 시각으로 연결시켜야 하기 때문이다.

조도(light level)는 중성 농도(neutral density, ND) 필터로 균형을 맞춰야 한다. 스테레오그래퍼 Eric Deren은 카메라 숍에서 특별 주문할 수 있는 8분의 1에서 4분의 1 조리개 ND 필터를 준비하라고 제안한다. 필터를 준비할 수 없다면, 카메라 균형을 맞추기 위해 조리개가 아닌 감도 조절(gain setting)을 이용한다. 경험에 의하면 노이즈 불일치가 피사계 심도 불일치보다 덜 눈에 띈다.

빛의 편광도 문제이다. 반사면은 표면에 일반적으로 쇄도하는 빛의 벡터(vector)에 대한 산물로 정의되는 방향으로 빛을 편광 시킨다. 광택이 있는 벽에 쏜 광원은 편광되어 튀어 오른다. 빛이 하프 미러에 도달할 때, 빛의 경로에서 튀어오르는 빛이 걸러지면서 대부분의 빛은 그대로 통과된다. 그 결과 투과 카메라는 반사 카메라보다 더 많은 빛을 받게 된다. 차이는 영구적이지도 않고 카메라 움직임과 동일한 것도 아니며, 특정 조건에서는 2배나 3배의 full stop에 이를 수 도 있다. 그것을 처리하는 방법에는 선형 편광과 원형 편광의 2가지가 있다.

선형 편광 해결책은 반사 카메라가 경험하는 빛의 여과를 복제하기 위해 선형 필터를 투과 카메라 전면에 위치시키는 것이다. 이 필터는 일반적으로 full stop 손실을 만들어 낼 것이며, 조도를 안정시키기 위해 반사 카메라 쪽에 설치해야 한다. 이 해결책을 위해서는 거울 박스 안에 필터를 넣을 필요가 있으며, 양쪽 카메라에서 하나의 조리개 눈금을 소모한다.

자동차 덮개 같은 편광 표면과 포기해야 할 조리개 눈금이 없는 야간 촬영을 시도해야만 하는 상황에서, Eric Deren은 **원형 필터(circularizing filter)**라고 알려진 1/4 파장판(quarter-wave plate)을 사용하는 더 간단한 설정을 제안하였다. 이 필터를 거울 박스 전면에 적용함으로써, 선형 편광 빛은 원형 편광이 되며 하프 미러에 의해 덜 영향을 받는다. 이론적으로 2개의 선형 필터보다 완벽하지 않음에도 불구하고, 이 방법은 주간 촬영에 매우 효과적이고 더 생산적인 것으로 증명되었다.

Eric이 한 말을 더 덧붙이자면 다음과 같다.

> 카메라가 아닌, 리그의 이러한 필터 장비를 모두 수정하십시오. 그렇지 않으면 어떠한 조정이 필터 장치를 어긋나게 할 수 있습니다. 프로슈머(prosumer) 카메라의 터치스크린 기능을 사용하는 것은 당신의 정렬을 망쳐버리기에 충분하다는 것을 명심합시다. 그러는 동안, 렌즈가 잘 고정되어 있는지 확인하십시오. 렌즈를 완벽하게 고정하지 않는 것이 2D 촬영에는 문제가 되지 않습니다. 렌즈가 촬영을 할 수 있을 만큼 안정적이기 때문입니다. 하지만 3D에서, 리그를 정렬하기 전에 렌즈가 완벽하게 위치에 있고 잘 차단되었는지 이중으로 확인하지 않으면 안 됩니다. 그렇지 않으면, 렌즈는 낮 동안에 미끄러질 것이고, 렌즈를 조일 때에는 리그를 전체적으로 재배열해야 할 것입니다.

적어도 하나의 대체 미러가 있어야 한다는 것을 기억하자. 미러는 아주 부서지기 쉽고 로케이션 현장에서 구하기 어렵기 때문이다. 지역에서 예비 미러를 찾을 수 있다 하더라도, 저 품질의 미러를 구하게 될 것이다. 유사한 미러도 상이한 광학적 특징을 가지고 있어서 미세 조정된 모든 광학 필터를 재고해야 할 것이다. 미러는 안전한 상자에 넣어서, 먼지와 강한 충격으로부터 보호하자. 그리고 그러는 동안, 적청 입체안경(anaglyph glasses)을 구명 가방에 넣어 놓자. 언젠가는 쓸 일이 있을 것이다.

특별한 경우: 스테디-캠 리그

스테디-캠(steady-cam) 장치는 3D 리그의 특별한 종류이다. **스테디 캠**은 무게 균형을 잡고 스프링으로 안정화시키는 전체 세트를 갖춘 하네스(harness) 위에 장착하는 연결식 팔이다. 거의 모든 위치에서 카메라를 이동하는 동안 카메라 조작자가 자유롭게 걸을 수 있게 해준다. 카메라는 살인자나 살인자의 피해자가 되는 인물의 역동적인 시각을 촬영하는 것처럼, 클로즈업한 주관적 장면에 대체로 사용된다. 이것은 카메라가 작은 축 간격이 필요하다는 것이고, 다른 말로 하면, 미러 리그가 필요하다는 것을 의미한다. 조작자가 계단을 올라가는 동안 카메라들을 함께 지탱하기 위해 상당히 강해야 한다. 2개의 카메라, 배터리, 기록 장치와 3D 영상 처리기도 포함하는 매우 제한적인 중량 한도 내에서 이 모든 작업을 수행해야 한다. 게다가, 역동적인 촬영에 따라 광축간 거리가 변경되는 경우, 전체 장착 균형을 유지하기 위해 왼쪽과 오른쪽 카메라가 대칭적으로 이동하는 장치가 필요하다.

전 세계의 리그

아래는 전 세계 3D 리그 제조사를 간단히 선별한 것이다. 완전한 연락처와 설명이 있는 가장 최신 목록은 책에서 제공하는 웹사이트에 있다.

- 21st Century 3D, Jason Goodman
- 3ality Digital
- 3D Film Factory
- 3D Rigs
- Binocle 3D
- Dimension 3, Dan Symmes
- E3D Creative
- Element Technica
- HinesLab StereoCam
- Kerner Optical
- Kronomav
- PACE
- Pacific FX
- Parallax3
- P+S Technik
- Redrock Micro
- Stereoscopic Technologies
- SwissRIG

3D에서의 카메라

매우 광범위한 카메라가 3D 제작에 사용된다. 소비자용 캠코더로부터 가장 좋은 디지털 시네마 카메라까지, 많은 2D 카메라가 3D 리그에 사용되기에 적합하다는 것을 발견하게 될 것이다. 그 말이 모든 카메라가 3D용으로 사용하기 좋다는 것은 아니다. 어떤 2D 카메라가 3D 장치에 어울리는지 살펴보기로 하자.

당신의 요구를 충족시키는 리그와 카메라 조합이 없다면 3D 캠코더를 사용할 수 있다. 또는 최후의 수단으로써, 아주 작은 폼 팩터 제약을 갖고 있다면 2D 카메라에 장착하는 3D 렌즈를 살펴 볼 수도 있다.

3D를 촬영하기 위한 필수 요건

젠락

3D 카메라를 위한 첫 번째 필수요건은, 외부 클락(external clock)으로 카메라가 작동할 수 있도록 해주는 비디오 포트인 **젠락 포트**(genlock port)이다. 이것은 스튜디오의 모든 카메라가 동시에 움직이고 아날로그 비디오 스위처(switcher)에서 원활하게 섞이도록 해준다. HD 3레벨(tri-level) 젠락이 필수적이다. 왼쪽과 오른쪽 영상의 동기가 안 맞는다면, 카메라에서 완벽한 영상을 끌어내기 위해 어떠한 마법을 쓰더라도 아무런 소용이 없게 된다.

오래된 비디오 젠락은 3D에 대해 충분히 정밀하지 못하다. 왜냐하면, 구형 젠락은 카메라가 얼마나 빨리 작동하는지를 제어하기 때문이며, 카메라가 새로운 프레임을 생성하기 시작할 때에는 어떠한 제어도 제공하지 않는다. 실제로, 구식 비디오 젠락 카메라는 프레임의 동기를 거의 안 맞게 할 수 있다. 그 젠락은 단지 지연이 안정되도록 해준다.

3D의 특징은 양쪽 카메라가 함께 돌아가도록 해 줄뿐 아니라, 그들이 아주 동일한 속도로 영상을 실제적으로 스캔할 수 있게 해 주어야 한다는 것이다. 왼쪽과 오른쪽 영상은 동시에, 라인 대 라인, 가능하다면 픽셀 대 픽셀로 스캔되어야 한다. 3레벨 동기는 이것을 정확히 제공할 수 있으며, Sony PMW-EX3가 3D 전문가에게서 엄청난 인기를 끌게 만든 것이다. Canon XF105 3D-ready 캠코더에 내장된 젠락-인 커넥터(genlock-in connector)도 3레벨 젠락을 사용한다.

기계 장치 설계

젠락 다음으로, 3D를 촬영하는 데 가장 중요한 두 번째 필수 요건은 기계 장치 설계이다. 3D 리그에 당신의 카메라를 설치하고 싶을 것이다. 2개의 핵심 요소는 안정된 삼각대 소켓과 돌출되지 않는 마이크이다. 플라스틱 몸체의 카메라는 건드리거나, 움직이거나, 단순히 열에 노출되었을 때 정렬을 유지하지 못하는 경향이 있다. 긴 목의 하이퍼카디오이드 마이크는, 특히 롤링 셔터 카메라용으로 반대로 설치 구성되었을 때 미러를 건드리게 된다. 미러에서 카메라를 멀리 떨어트려 놓으면 좁은 시야에서 촬영을 해야 한다.

한 예로서, Sony EX3는 간결한 디자인과 HD 젠락을 갖춘 탁월한 3D 캠코더이다. 그럼에도 불구하고, 리그 상에서 움직이고 적절한 렌즈 정렬을 유지할 수 없게 만드는 경향이 큰 어깨 위 작동을 위한 인체공학적 디자인으로 인해 어려움을 겪고 있다. 측면의 커넥터는 실제적으로 제어하기 어려워서 수직 이동보다 복잡한 원치 않는 회전을 유발하거나 후반 수정을 유발할 수 있기 때문에, 뒷면의 커넥터가 더 바람직하다.

디지털 아웃

세 번째로 가장 중요한 부분은 디지털 아웃(digital out)이다. 이것은 3D 모니터링에 필수이다. 또한 외부 DDR(Digital Disk Recorder, 디지털 디스크 기록기)에서 압축을 하지 않거나 높은 비트 전송률로 기록 할 때 필요하다. SDI 출력 단자와 HDMI 단자가 최적이 될 것이다. 많은 3D 멀티플렉서(multiplexer) 박스는 현재 HDMI 입력을 제공한다. 카메라에서 생생한 풀 해상도 영상을 출력할 수 있을 때까지, 당신이 3D 카메라를 가지고 있지 않다는 것을 이해하는 것이 중요하다. 장치가 모니터, 기록 장치, 또는 어떤 3D 관련 장비이건 간에, 2개의 영상 소스를 하나의 장치에서 결합하기 전까지는 실제적인 3D 제작에 들어갈 수 있다고 말할 수 없다. 즉, 재능이 있고, 운이 좋고, 장치를 모으고 훈련하는데 충분한 시간을 쓰고 있지만, 하나로 영상을 결합하지 못한다면 결국 3D에서 훌륭하게 보일 수 있는 한 쌍의 2D 영화를 찍고 있는 것뿐이다.

글로벌 셔터와 롤링 셔터

사용하는 전자 셔터의 종류는 3D 제작 과정에 영향을 주게 된다. 디지털 영상에는 전자 센서로부터 영상 데이터를 얻을 수 있는 방법이 2가지 있다. 하나는, 광자(photon)를 획득하기 위해 동시에 모든 포토사이트(photosite)를 시작하고 멈추는 방법으로 한 번에 전체 영상을 얻는 것이다. 이것은 **글로벌 셔터(global shutter)**로 불린다. 또 다른 옵션은, 아날로그 시대에 구형 튜브 카메라가 했던 것처럼 센서 표면을 따라 순서대로 한 픽셀씩, 한 라인씩 스캔하는 것이다. 이 방법은 **롤링 셔터(rolling shutter)**로 알려져 있으며, 표준은 상단에서 하단으로 스캔하는 것이다.

이러한 차이는 아래로 향하는 빔-스플리터 리그로 스테레오를 촬영할 때 중요하다. 거울을 통해 세트를 보기 때문에 반사 카메라는 거꾸로 된 세상을 보고 있으며, 따라서 바닥에서 위로 스캔하게 된다. 이것은 3D에서 상당히 골치 아픈 일이다. 자동차 창문을 통해 울타리를 촬영하고 있다고 해보자. POV는 영상이 스캔될 때 움직이기 때문에, 울타리는 비딱해 보이고 오른쪽에 있다. 반대로 반사 카메라는 동일한 울타리가 왼쪽으로 기울은 것을 보게 된다. 따라서 3D에서는 어떤 카메라가 왼쪽인지 오른쪽인지에 따라, 울타리는 앞이나 뒤로 기울어 져 보인다. 울타리 예가 충분히 납득되지 않는다면, 테니스공과 같이 빠르게 움직이는 대상이 있는 스포츠를 촬영하는 걸 상상하자. 프레임의 하단에서 시간 지연은 거의 하나의 전체 프레임이다. 각각의 카메라는 볼을 다른 시간에 등록하게 되며, 볼은 다른 위치에 등록된다. 따라서 공이 땅 위로 몇 센티 튀어 오른 공을 보게 되거나, 더 나쁠 경우 땅 밑에 놓여있는 공을 보게 될 것이다.

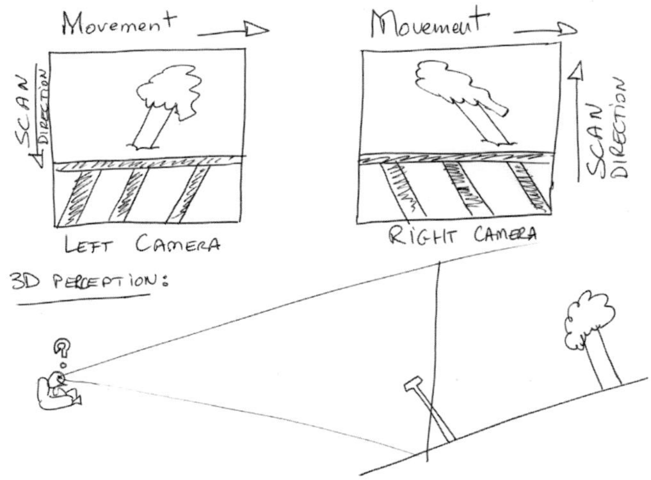

그림 2.8
롤링 셔터는 영상의 대칭에 영향을 미친다. 이 움직이는 장면에서, 영상은 움직임과 스캔의 조합으로 인해 반대 방향으로 기울어진다. 3D로 보았을 때, 비대칭의 비스듬함은 전체 장면을 관객을 향해 회전시키게 되어 잘못된 깊이감과 형상을 유발한다.

어떠한 카메라가 글로벌 셔터를 가지고 있고, 어떠한 카메라가 롤링 셔터를 가지고 있는지에 대한 명확한 규칙은 없다. 대부분의 경우, CCD는 글로벌 셔터이고 CMOS는 롤링 셔터이다. 하지만 **항상** 그런 것은 아니다.

http://blog .abelcine .com/2009/04/15/the-difference-between-a-global-shutter-and-a-rolling-shutter/

3D에서의 레거시 2D 카메라

방송 카메라와 디지털 시네마 카메라

영상 품질과 특별한 기능의 측면에서, 모든 방송 카메라는 3D를 촬영하는데 적합하다. 그 중 일부는 다른 것보다 작업하기에 더 편안하다.

프로슈머 카메라와 DSLR

3D 제작에서 프로슈머(prosumer) 카메라를 사용하는 데에는 많은 이유가 있다. 첫째, 두 배나 많은 카메라가 필요하므로 가격적인 측면에서 공정한 게임이다. 둘째, 수많은 3D 프로젝트는 제작 실험이며, 팀원의 능력을 시험하고, 작업하면서 배우는, 저예산 제작이다. 셋째, 모든 사람들이 2D에서 작업하고 있고, 3D에서도 시도해볼 수 있다. 3D에서 적합하지 않은 프로슈머 카메라를 선택해서 제 무덤을 파지 않도록 하자. 2D에서 당신이 잘 할 수 있었던 모든 것은 3D에서 잠재적인 쇼 킬러(show killer)가 된다는 3D 규칙이 있다. 그리고 이것은 장비에 대한 효과적인 선택도 포함한다. 두 번째 장치로서 캠코더를 이용하는 규칙을 아는 것은 도움이 될 수 있다.

DSLR을 가지고 촬영하는 것은 첨단 기술의 창조적인 측면에서 뜨거운 논란거리이다. 커다란 센서를 갖고 있는 DSLR은 저가의 디지털 시네마 카메라처럼 행동한다. 불행히도, 젠락 포트의 부족으로 인해 동영상에는 적합하지 않다. 그럼에도 불구하고, DSLR은 후에 VFX 과정에 익숙해지기 위한 스테레오스코픽 영상 제작의 예행연습, 훈련, 초고해상 HD(super-ultra-HD) 3D 배경 삽화(background plate) 촬영을 위한 좋은 기술적 플랫폼이다.

프로슈머 카메라의 필수 요건

사진이나 비디오 촬영에서 프로슈머 카메라를 사용하기 위한 몇 가지 필수 요건은 다음과 같다.

- 3레벨 동기(tri-level synch)로도 알려진 HD 젠락이 있어야 한다.
- 디지털 아웃이 있어야 한다. SDI가 가장 적합하다. HDMI는 컨버터와 사용할 수 있다.
- 주요 기능(시작, 정지, 초점, 줌, 조리개 등)이 원격 작동 되어야 한다.

폼 팩터와 디자인의 필수 요건은 다음과 같다.

- 소형 미러 리그에 적합한 콤팩트한 몸체를 가지고 있어야 한다.
- SBS 리그의 작은 광축거리를 유지할 수 있는 작은 구조여야 한다.
- 평평한 삼각대 마운트나 소켓이 있는 단단한 몸체와 구조여야 한다.
- 거울을 건드릴 수 있는 돌출된 마이크가 없어야 한다.
- 카메라를 리그에서 제거하지 않고 배터리와 녹음 보조 장치에 접근할 수 있어야 한다.
- 저장된 위치에서 영상을 모니터링 하기 위해 안에서 밖으로 다시 접을 수 있는 플립-아웃(flip-out) LCD가 있어야 한다.

3D를 위해 설계된 2D 카메라의 새로운 세대

2008년 말에는 아무도 3D를 위한 카메라를 설계하지 않았다. 그래도, 자신의 제작물이 3D 촬영에 가장 적합할 것이라고 확신하는 3D의 열렬한 지지자들에 의해 몇몇 2D 카메라가 제작되었다. 가장 좋은 예는 Ari Prester가 3D를 염두에 두고 착상한 Silicon Imaging SI-2K이다. 이것에서 SI-2K의 소형 폼 팩터, 후방의 케이블과 상단/하단 소켓 장치를 가지고 있다. 카메라가 2D용으로 시장에 나오자마자(이 카메라는 오스카 작품상을 수상한 영화에 사용되었다), Ari는 카메라를 구동하고 영상을 기록하는 소프트웨어에 3D 전용 기능을 포함시키기 시작했다. 전체 시스템이 내장된 컴퓨터에 통합되었을 때, 신속한 빔-스플리터 리그 구성을 위한 모든 기본 원칙을 갖추게 되었다.

2008년 3D 카메라의 초기부터, 명성 있는 중요한 카메라들은 스테레오스코픽 기차에 뛰어 올랐다. 그리고 3D 사용을 염두에 두면서, ARRI Alexa와 같은 고가의 디지털 시네마 카메라에서부터 일반 사용자용 Canon XF105까지, 카메라 설계를 다듬기 시작했다.

SILICON IMAGING SI-2K와 SI-3D

SI-2K는 3D 리그에 적합하도록 설계되었을 뿐 아니라, 3D 중심의 장치 연결성과 데이터 스트림을 가지고 있었다. 적절한 영상을 기록하는 카메라를 갖는 것은 그 일의 절반일 뿐이다. 두 번째 절반은 운영자에 의해 하나의 3D 카메라로 보이는 한 쌍의 카메라를 갖는 것이다. 카메라 헤드는 이더넷(ethernet) 케이블을 통해 호스트 컴퓨터에 연결되기 때문에, 양쪽 카메라를 하나의 운반 가능한 PC에 연결하는 것이 저렴하고 쉽다. 헤드는 기본적으로 컴퓨터 주변장치이기 때문에, 목적을 이루기 위한 소프트웨어 개발이 관건이다. NAB 2009에서 Silicon Imaging은 양쪽 카메라를 동시에 명령할 수 있고, 양쪽 영상 스트림을 하드 드라이버에서 하나의 통합된 데이터 포맷으로 저장할 수 있는 원격 제어 그래픽 유저 인터페이스(GUI)를 소개하였다. 통합된 GUI는 디퍼런스(difference), 믹싱 녹음, 테두리 검출(edge detection)과 히스토그램과 같은 3D 전용 시각 보조 기구를 포함한다.

Cinedeck은 마침내 주문 설계 버전의 내장형 컴퓨터-기록 장치에 대한 소프트웨어를 제작하고 통합하였다. 2010년, Silicon Imaging은 훨씬 줄어든 축 간격을 갖는 통합 듀얼 SI-2K 헤드의 Hawkeye를 소개하였다. 둘을 함께 장착했을 때, SI-2K와 Cinedeck은 3D 캠코더로 간주할 수 있는 SI-3D 시스템을 형성한다.

ARRI ALEXA

http://www.siliconimaging.com/DigitalCinema/

Alexa는 유명한 독일 회사인 ARRI에서 출시한 가장 최신의 디지털 시네마 카메라이다. 이것은, Martin Scorsese 감독이 The Invention of Hugo Cabret(**위고 카브레의 발명**)에서 사용한 것을 포함하여, 많은 스테레오그래퍼들이 3D 프로젝트에서 사용하고 있다. 시간기록계와 타이밍 하부시스템이 특별히 멀티 카메라(multiple camera)를 위해 조정되었다. 이 카메라는 여전히 카메라맨의 장비로 가장 최근 추가된 것이기 때문에, 더 자세한 정보는 책의 안내 웹사이트를 참고하여야 한다.

그림 2.9
Cinedeck를 갖춘 SI-3D 리그. 이 소형 3D 카메라 장치에서, SI-2K에서 나오는 영상은 Cinedeck SSD에 저장된다.
Element Technica 사진제공.

그림 2.10
ARRI Alexa. Stereo Tango 리그 상의 2개의 ARRI Alexa.
Sebastien Lafoux 사진 제공

SONY HDCP1

Sony HDCP1은 3D리그에 적합하도록 설계된 컴팩트 시점의 카메라이다. 카메라의 좁은 폼 팩터는 68mm로 평균적인 인간의 양안 간격 65mm와 유사하게 되어 있다. 상 · 하부 삼각대 소켓에서 롤링셔터 카메라를 반대로 설치할 수 있기 때문에 반사형 카메라로 사용될 수 있다. 모든 커넥터와 메모리 카드는 카메라 몸체의 뒷부분에서 접근할 수 있다. SDI에서 렌즈 제어 커넥터로 명령을 전달하는 방법으로 카메라를 통해 렌즈를 제어할 수 있다. 현재 공개된 Element Technica 프로토콜을 사용하여 명령을 리그의 모터로 보내도록 시스템을 확장하고 있다.

CANON XF105 전문가용 캠코더

3D 리그에서 소형 캠코더의 광범위한 사용 가능성을 인지하고, Canon은 스테레오그래퍼에게 어필할 수 있는 일련의 특징들을 XF105에 포함하였다. 첫 번째는 3D에서는 필수적인 젠락 입력이고, 두 번째는 SDI 출력 단자이다.
Canon은 또한 3D용으로 설계한 렌즈 컨트롤을 추가하였다. 첫 번째 것은 광축 텔레센트리(optical axis telecentry)를 미세 조정하기 위해 손떨림보정(image stabilizer)을 조정할 수 있는 능력이다. 다시 말해서, 확대를 하고 있는 동안 카메라의 영점을 맞출 수 있다는 말이다. 왼쪽과 오른쪽 카메라 voila 모두를 위한 공통의 목표 지점을 선택하면, 아주 저렴한 줌 텔레센트리 보정을 갖게 되는 것이다. 6개 축 모터를 갖는 리그나 4-U 랙 장착 영상 처리기보다 훨씬 저렴하다. 그러나 이 해결책은 약간의 한계가 있기 때문에, 제품의 업그레이드를 조금 더 기다려 보는 것이 좋다. 주로 줌 텔레-디센트리(tele-decentry)는 선형이 아니며, 사인(sine) 곡선 형태가 되기 쉽다. 이 두 가지는 모든 문제를 해결하기에 충분하지 않을 수 있다.

두 번째 렌즈 컨트롤은 초점거리의 **영점 기준**(zero reference)이다. 줌 팩터에 따라 어느 지점에서든 기준을 설정할 수 있으며, 그 지점에서의 상대적인 초점 거리를 LCD 컨트롤 모니터의 숫자를 통해 볼 수 있다. 당신이 알고 있었던 것보다 지금 플러스 또는 마이너스 N 밀리미터 넓다는 것을 알 수 있는 것의 요점은 무엇일까? 해답은 세 번째 기능에서 올 수 있다.

그림 2.11A와 2.11B
Canon XF105. Canon XF105는 3D 리그용으로 설계되었다. 일반적인 캠코더에는 포함되지 않지만 3D 촬영을 위해서 필수적인 젠락 입력과 HD-SDI 출력 커넥터를 가지고 있다.

Canon은 아직 공개되지 않은 새로운 일련의 명령과 함께 카메라의 VLAN 포트를 확장하였다. VLAN은 여러 쌍의 카메라를 값싸게 원격 제어할 수 있도록 스테레오그래퍼들이 수년 동안 사용한 범용 명령 포트이다. 3D에서 잘 작동하도록 설계된 XF105 하드웨어를 고려하면, 소프트웨어는 2개의 카메라 초점을 맞출 수 있고 센서와 렌즈가 동일한 속도로 작동할 수 있도록 해주는 주/종속(slave/master) 모드나 스테레오스코픽 원격 제어기를 갖추고, 스테레오스코피 기능을 발휘할 수 있도록 구성되어 있다고 할 수 있다.

3D용으로 개조된 기타 미니카메라

많은 카메라 제조업체들은 초소형 시점 제품을 사용한 3D 카메라를 제작하고 있다. 오스트리아 회사 Indiecam은 대칭 원격 제어와 듀얼 스트림 녹화 기능을 갖춘 통합 3D 카메라를 소개하였다.

그림 2.12A와 2.12B
Indiecam: 콘셉트 디자인과 첫 번째 프로토타입

3D 캠코더

2D에서도 일부의 영상 제작은 풀 사이즈 카메라를 사용하지 않는다. 일부는 그것을 감당할 능력이 안 되고, 일부는 그것이 필요 없기 때문이다. 어떠한 이유이건 간에, 이러한 경우 사용되는 카메라는 더 작고 더 저렴한 해결책이 필요하다. 대규모 예산에서도, 약간의 B 롤(B roll)을 촬영하거나 불행한 일이 생겼을 때 당신의 경력을 위협하지 않고 촬영을 완수할 수 있는 카메라가 필요하다. 3D에서는 다른 걸까?

소형이며 단일 몸체를 갖는 올인원 3D 캠코더는 상당히 오랫동안 중요한 스테레오스코픽 영상의 제작도구가 되어 왔다. 불행히도, 그들이 현실 세계에 더 다가올수록 그 한계를 더 잘 보게 된다.

통합 3D 카메라의 장점은 명확하다. 하나의 파워 스위치, 하나의 레코드 버튼, 하나의 스테레오스코픽 파일이다. 케이블이 없고, 거울도 없고, 나사 드라이버도 없고, 크기 등의 놀라움도 없다. 결점은 3D 사진이 세트와 카메라 측정 사이의 관계가 전부라는 사실에서 나온다. 일반적인 과정은 장면이 있고, 장면에 카메라를 적용하는 것이다. 최근 통계에 따르면, CGI나 라이브에서의 대부분의 3D 장면은 5mm에서 20 mm 사이의 고정된 광축 거리를 갖는다. 올인원 카메라는 70 mm에 고정된 광축 거리를 가지고 있거나, 30 mm보다 큰 최소 광축 거리를 갖는다. 결과적으로, 가까운 거리의 장면에 카메라를 적용하기보다는 카메라에 장면을 적용시켜야만 할 것이다. 첫 번째 평면 물체에서부터 멀어지길 원하고, 배경을 충분히 가깝게 유지하고 싶던지, 아니면 둘 다를 원할 것이다.

아직까지는, 설정이 끝날 때까지 사자에게 기다려 달라고 요청하는 것보다 영양을 죽이고 있는 사자로부터 멀리 떨어져 있는 것이 더 쉽다.

이런 카메라를 위한 기타 특화된 어플리케이션은 근접한 배경을 갖는 뉴스와 토크쇼 스튜디오이다. 녹색 스크린(green screen)은 거리에 상관없기 때문에 가상 스튜디오가 특화된 어플리케이션에 적합하며, FX 종사자들도 락 다운(locked- down) 카메라 구조로 일하는 것을 좋아한다.

PANASONIC AG-3DA1

3D가 CGI 애니메이션 영화에서 확고한 히트를 쳤을 때, 3D 애호가들은 실사 제작 장비가 연구소에서 준비되고 있다는 어떠한 징후가 나타나는지 세심히 살펴보았다. 우리는 그러한 연구가 자기만족적 연구의 역할을 할 것이라는 것을 알고 있었다. Sony가 3D 카메라를 선보였다면, 3D는 확실한 사업이 될 것이고, 다른 회사들은 그를 뒤쫓아야 하고, 그러면 Sony는 3D 카메라를 만들어야 할 것이다. 실제적으로, NAB 2009에서 Panasonic이 3D 극장 뒤의 애매한 부스 구석에서 3D 카메라를 선보였다. 그것은 듀얼 렌즈 비활동성 실물 크기 모형으로 소개되었고, 교차식의 스테레오를 생산하는 단일 영상 시스템일 것이란 소문이 있었다. 관중의 반응은 이중적이었다. “3D 카메라? 굉장해. 날 위해 하나 빼 둬.” 또는 “60Hz 교차식 3D? 관둬.”이었다. 단일 영상 시스템 소문은 얼마나 정확했을까? 우리는 알 수 없다. 그리고 몇 달 후, 약간 다른 제품인 AG-3DA1으로써 공식적으로 소개되었다.

Michael Bergeron, Panasonic Broadcast의 전략적인 기술 연계

제작 장비의 지속적인 추세가 있습니다. 높은 시스템 통합과 더 나은 칩 설계로 인해 가격은 내려갔으며, 점점 더 많은 구성 요소가 함께 부착되고 있습니다. 3D에서, 이것은 다양한 3D 특수 촬영을 위해 특화된 3D 카메라의 전체 범위로 이어질 것입니다.

제작 측면에서는, 필요에 의해 테스트하고 시도하는 것입니다. 우리는 새로운 설득력 있는 장면을 만들어야 하고, 각각은 새로운 카메라 타입을 요구하게 될 것입니다. 우리는 3D를 가치 있게 만드는 그러한 특징 있는 장면이 필요합니다. 그것을 찾기 위해, 3D를 지켜보고 경계해야 합니다. 영리한 개인과 회사들을 위한 기회는 많이 있습니다. 다용도 3D 리그는 너무나 요원하기 때문입니다. 다음에는 특화된 리그가 밀려올 것입니다.

이것에 기반 하여 Panosonic은 3D 제작 전망을 살펴보고, 제품의 가장 큰 결점이 단일 몸체 카메라의 부족이라는 것을 발견하였습니다. 우리에게 있어, 그것은 입수한 도구 모음에서 빠트린 명확한 열쇠였습니다. 다양한 품질 및 가격과 크기의 수많은 3D 리그가 있었지만, 프로슈머 범위에서는 없었습니다. 그리고 올인원 카메라의 가용성은 제작에서 HD 배포를 위한 핵심 요소가 되었습니다. 우리는 이것이 3D에서도 반복될 것이라는 것을 알았습니다. 우리는 요정을 다시 병에 담을 수 없습니다. 사람들은 경량 카메라를 제작하길 원하며, 그러한 결점은 3D에서 충족되어야 했습니다. 우리는 경험상의 더 좋은 몸체를 기반으로 3D 카메라의 더 나은 범주를 제공하기 위해, 그 지점에서 이동하는 것이 더 쉬울 것이라는 것을 알았습니다. 우리의 카메라 라인업은 우리의 3D 비즈니스와 전문기술과 함께 성장할 것입니다.

우리는 첫 번째 제작 1차분을 선주문으로 팔았으며, 2차분도 동일하게 할 것입니다. 이것은 동일한 가격 범위의 2D 카메라의 경우처럼 우리 고객의 동일한 관심을 보여줍니다.

이 카메라는 PACE 리그와 함께 올스타 게임 제작에 사용되었습니다.

나중의 워크플로우 흐름을 식별하기 위해, AG-3DA1의 왼쪽과 오른쪽 영상은 HDSDI 채널에서 플래그를 가지고 확인합니다. 나중에 더 많은 메타데이터를 내보내기 위해 최선을 다하고 있습니다. 하지만 이것은 3D 포스트-솔루션 업체와 함께 진행 중인 작업입니다. 가상 스튜디오 업체와도 일하고 있으며, 그들에 요청에 의해서 카메라에 특수 기능을 통합했습니다.

카메라는 1/4 인치 CMOS 센서를 중심으로 만들어지고 21Mb – 24Mb에서 AVCHD라고도 알려진 AVCam을 녹화합니다. 보조 기구마다 단일 영상 스트림을 갖는데 사용되는 편집 세트와의 다운스트림 호환성을 위해 2개의 SDHC 카드에 녹화하는 것을 선택하였습니다. 파일 명명과 메타데이터 규정은 3D 감독이자 DP인 Tim Dashwood 그리고 다른 파트너들과 함께 진행하고 있습니다.

광학 정렬(optical alignment)은 2D 카메라에 내장된 기존의 기능 위에 구축됩니다. 우리는 실험대 위의 대상을 확대하여 광학 조립체를 검증하기 위한 동일한 절차를 실행하고 있습니다. 3D의 특정 요구에 대한 일반적인 수정을 적용하였습니다. 기본적으로 Z-LUT가 조정됩니다.

그림 2.13
Panasonic AG-3DA1. Panasonic AG-3DA1은 메이저 브랜드가 소개한 첫 번째 3D 카메라였다. 그것은 독창적인 3D 캠코더로 남을 것이다.

그림 2.14
Sony 3D 카메라 시제품. Sony는 이 시제품을 NAB 2010에서 소개하였으며, 관객들은 Sony에서 가장 잘 팔리는 2D 캠코더인 PMW-EX3와의 시각적 유사성에 기반 하여 "EX-3D"라고 불렀다.

SONY

NAB 2010에서 Discovery Communications의 John Honeycett은 그들이 준비하고 있는 Sony 3D 캠코더 시제품을 소개하였다. Sony의 제일 잘 팔리는 PMW-EX3를 기반으로 하였으며, 21st Century 3D의 3D 컨설턴트의 주된 기여와 더불어 Sony Broadcast 연구소(산호세), Sony Pictures(컬버시티), Sony Atsugi(일본)으로부터 캠코더 기술을 지원받았다. 그것은 2개의 카메라 헤드, 2개의 영상 처리 파이프라인, 2개의 디지털 아웃이 있고 Sony 4K 3D SXRD 프로젝터 생생한 화면을 비출 수 있다. Sony의 Peter Lude가 공유한 카메라의 특징은 아래와 같다.

- 각 렌즈마다 3개의 CMOS 1/2 인치 센서
- 풀 1920 × 1080의 프로그레시브 캡처
- 교환 가능한 렌즈 기능
- 조정 가능한 축간격(1.5 인치에서 3.5 인치)

- 수평 렌즈 이동을 통한 주시점 조절
- 완전한 메타데이터 지원

2010년 9월 Sony Pictures Technology의 최첨단 과학기술 부사장 George Joblove는, 이 카메라를 둘러싼 3D 제작 시스템에 대한 Sony의 비전을 발표하였다. 핵심 개념은 저렴하고, 경량의, 전기가 적게 드는 카메라를 개발하는 것이다. 또한, 정렬을 다듬고, 부적절한 광축 간 거리로 인해 불편한 스테레오그래피와 같은 촬영 사고를 수정하기 위해 개인용 컴퓨터에서 화면을 처리할 수 있는 것이다. 제안된 디자인에서, 컴퓨터는 기존의 3D 화면을 기반으로 한 새로운 시점을 생성할 것이다.

이 프로슈머 캠코더는 그 다음 산업박람회에서는 선보이지 않았다. 하지만 IBC 2010에서 더 크고 더 전문화된 카메라 시제품이 뒤를 이었다. 2011년에 Sony가 어떤 3D 카메라를 소개할지는 아직 확실치 않다.

3D-ONE과 FRONTNICHE

인간의 양안 간격과 동일한 광축 거리를 갖춘 사이드-바이-사이드 단일몸체 카메라는 새로운 것이 아니다. 그들은 로봇과 원격 운영 시스템의 주요 도구이며, 해저 탐색, 원자력 산업, 그리고 지뢰 제거와 같은 군사 응용 분야에서 광범위하게 사용된다. 그들을 HD로 만들고 디지털 인터페이스를 구성해보자. 그러면 이러한 특수 목적 3D 카메라 중 하나를 갖게 된다. 언론 보도에 따르면, 그들은 일찍이 제작에서 발생하는 모든 문제를 해결한다. 그러나 대부분의 잠재적인 예술적 창의력을 봉쇄했다는 것을 깨닫게 된다면, 그것은 거의 공정한 평가가 될 것이다.

그림 2.15
The 3D-one Camera

네덜란드의 회사 3D-One은 고정된 광축간 거리를 갖는 3D 카메라인 CP31을 제공하고 있다. 카메라는 MJPEG 포맷으로 1080p HD를 녹화하고, AVI 콘테이너로 보호된다. 카메라는 비압축 녹화와 3D 모니터링을 위한 HDMI 출력을 갖고 있다.

영국의 방송 재판매업체 Frontniche는 자체 3D 카메라를 발표할 예정이다. 그것은 3개의 2/3 인치 CCD 센서, 그리고 7.6mm에서 137mm 범위의 18x 줌을 사용하여 65mm의 인간의 양안 간격을 복제한다. 카메라는 3Gb의 HDSDI 출력을 가지고, 59.94fps와

50fps에서 1080i와 1080p로 HD를 촬영한다. 그것은 3D 모니터링을 위한 고전적인 프레임 호환 포맷을 제공한다. TDVision Systems에서 하나, 그리고 ISS(International Space Station, 국제우주정거장) 장착하기로 한 European Space Agency로부터의 하나를 포함하여, 720p 솔루션이 몇 개 더 있다.

2D 카메라를 위한 3D 렌즈

3D를 촬영하는 것이 2개의 영상을 촬영한다는 것을 의미하지만, 2개의 카메라를 동시에 사용하는 것이 필수적이지는 않다. 하나의 카메라를 가지고 2개의 화면을 촬영하는 옵션이 **있다**. 카메라 해상도는 절반으로 떨어질 것이고, 시간이나 공간 해상도 사이에서 선택할 수 있다.

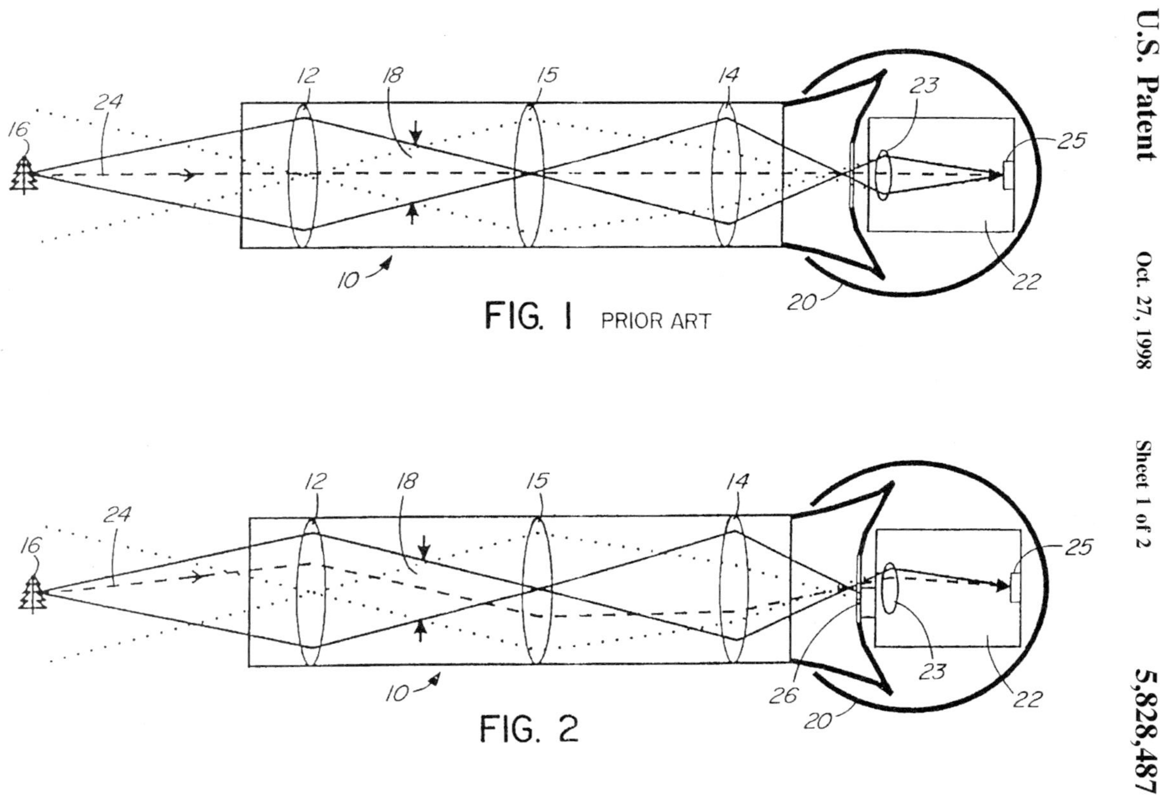

그림 2.16
단일 렌즈, 단일 센서 3D 카메라에 대한 ISee3D의 특허

시간 다중화(time multiplexing)는 센서의 전체 표면에 교대로 왼쪽과 오른쪽의 시야를 촬영하는 과정이다. PAL이나 NTSC 같이 50/60Hz로 인터레이스된 비디오 시스

템에서 25/30 fps로 절환되는 3D를 녹화하기 위해 설계된 NuView라고 불리는 소비자용 장치가 있었다. 몇몇 DIY를 하는 사람은 이것을 HD 카메라에 성공적으로 적용하였지만, 싸구려 렌즈의 광학 해상도는 이것을 HD-3D에 대한 막다른 길에 이르게 했다. 인-렌즈(in-lens) 조리개 이동에 기반 한 새로운 시스템이 현재 ISee3D에 의해 개발되고 있다. 우리는 언젠가 새로운 시스템이 생성한 실제 화면을 볼 수 있을 것이다.

원래 프레임을 잘라내는 방법의 단일 카메라 3D 촬영은 여전히 HD 해상도를 제공하는 대형 센서를 이용한다. 처음에 Phantom과 Red가 한 것처럼 슈퍼 HD 해상도를 제공하는 카메라는 많지 않다. 다행스럽게도, 그들은 35mm와 65 mm 필름 백(film back)과 크기가 유사한 대형 센서를 자랑한다. 이것은 많은 3D 렌즈 어댑터들이 1970년대와 80년대 개발한 역사적인 필름 3D와 완벽하게 조화를 이룬다.

과학 프로젝트를 찾고 있는가? 자신 만의 단일 카메라 미러 리그를 만들자

광학 디자인을 어렵게 배우고 싶다면, DIY 미러 리그에 여유 시간을 쓸 수 있다. 인터넷에서, 2개 또는 4개의 거울을 사용하는 청사진과 예시를 발견할 수 있다. University of Southern California(USC) School of Cinematic Arts에서 3D를 가르치는 Perry Hoberman은 2개의 거울을 가지고 간단한 장치를 만들었다. cre.ations.net의 Jesse Ferguson은 4개의 거울을 가지고 만드는 방법을 공유하고 있다. 장치는 왼쪽과 오른쪽 시역을 압박하지 않으며, 9분의 8 프레임 포맷에서 3D를 만들어 낸다. 9분의 16프레임에서 화면을 재구성하려고 한다면, SD보다는 낮은 1/4의 HD 해상도를 가지게 될 것이다.

Phantom 65 Side-by-Side 렌즈

러시아의 3D 시스템 Stereo-70은 40년이 되었으며 원래 영화 제작을 위해 개발되었다. 사람이나 동물을 촬영하기 위한 최대 광축간 거리가 약 30 mm라는 것을 인지하여 제작된다. 그렇지 않으면, 소형화나 과도한 시차가 발생한다. 원래의 렌즈 장치는 26.4 mm의 광축 간격을 가지며 65 mm 필름에 2개의 35mm 영상을 나란히 만들어 낸다. 주시점은 카메라 조작자에 의해 작동 중에 조정될 수 있다.

http://cre.ations.net/creation/3d-video-rig

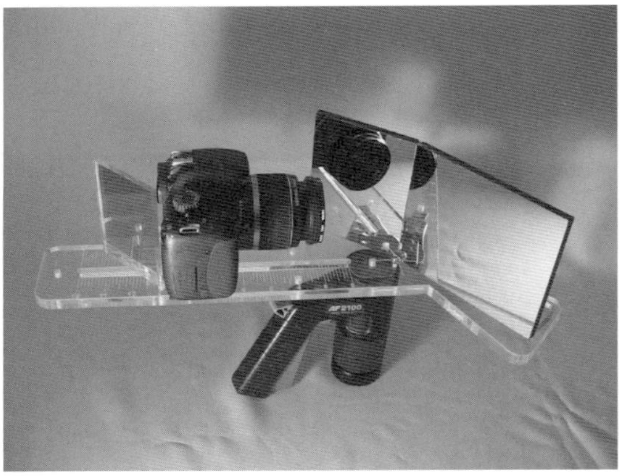

그림 2.17
Perry Hoberman이 만든 단일 카메라 미러 리그.
사진 제공 Perry Hoberman.

그림 2.18
65 mm 3D 렌즈를 갖춘 Vision Research Phantom 카메라

http://www.stereokino.r u/
3dsingle_en.htm

시스템은 최근 Phantom 65 브랜드 이름으로 Phantom 카메라 촬영에 적용되었다. 그 카메라는 곧 개봉할 Running with Bulls란 IMAX 3D 입체 영화를 위한 케이블 캠 연속장면 촬영에 사용되었다.

HDC-SDT750을 위한 Panasonic 3D 렌즈

그림 2.19
3D 렌즈 어댑터가 있는 Panasonic HDC-SDT750
Panasonic 사진 제공

대부분의 독자들은 왜 우리가 이 제품을 전문 제작 서적에서 언급하는지 의아할 것이다. 하지만 언젠가 원격 제어 차량에 얹을 수 있고, 해상도가 지극히 나쁘다는 것을 아무도 알아챌 수 없을 만큼 기막힌 장면을 얻기 위해 캔 음료 크기의 3D 카메라가 필요하게 될 것이다. 저렴한 수중 장면, 절벽 뛰어 넘기, 누가 알겠는가? 정규 HD 캠코더에 설치하여 3D 캠코더로 전환하는 렌즈 확장자가 그러한 제품이다. 이러한 제품이 고가의 방송 카메라용으로 팔린다는 것을 보면, 당신은 이 렌즈에 대해 이해할 수 있을 것이다.

이 렌즈의 문제점은 주로 전환할 때 빛이 손실된다는 것이다. 2D 카메라는 30mm 프론트 렌즈(front lens)를 가지고 있으며 각각의 3D 렌즈는 폭이 약 7mm이다. 이것을 통과하는 빛의 양은 센서로 가는 도중에 추가된 렌즈로 인해 더 감소한다. 빛이 최소 1룩스(lux)에서 28룩스까지 떨어진다.

그림 2.20
Lumix G 카메라용 Panasonic H-FT012
Panasonic 사진 제공

3D에서의 DSLR

DSLR로 예술 비디오를 촬영하는 것보다 더 최신 유행은 무엇인가? 3D를 촬영하는 것이다. 다만 둘 다 할 수 있는 방법이 있다면 말이다. 불행히도, 현재의 DSLR은 젠락 포트가 없다. 이것은 3D용으로 추가될 수 있지만, 대부분의 2D 사용자에게 비용 증가가 정당화되어야 한다.

또 다른 옵션은 DSLR에 3D 렌즈를 설치하는 것이다. 지금까지 사용할 수 있는 유일한 제품은 2가지 문제가 있는 Loreo 렌즈 장치이다. 첫째는 9분의 8 가로세로비율이며, 두 번째는 꽤 많은 색 윤곽(color fringing)이 보이는 낮은 광학품질이다.

최근, Panasonic은 자사의 Lumix G 카메라, H-FT012용 3D 전환 렌즈를 소개하였다.

조리개 이동을 통한 단일 렌즈 시차 발생

단일 렌즈 3D 시스템은 스테레오그래퍼들이 찾고 있는 마술 지팡이 중 하나이다. 다행히도, 그러한 3D 보물로 가는 이론적인 경로가 조리게 이동이다. 렌즈에서 조리개를 옆으로 움직이면, 초점 주위로 광축(optical axis)이 움직인다. 수평 축에서 2개의 동일한 공간으로 조리개의 위치를 교차하면, 단일 카메라로 2개의 스테레오스코픽 시점을 발생시킬 수 있다.

문제는 렌즈의 원래 최대 조리개 안에 양쪽 조리개를 포함시켜야 하는 것이다. 스테레오스코픽 베이스를 확대할 때, 다음 사항에 유의해야 한다.

- 왼쪽과 오른쪽 조리개가 최소화된다.
- 감도가 최소화된다.
- 피사계 심도가 증가된다.
- 렌즈의 가장자리로 갈수록 광학 수차(optical aberration)가 최대가 된다.

또한, 왼쪽과 오른쪽 영상 촬영을 순차적으로 하면서, 번갈아가며 스테레오를 녹화한다. 이것은 매우 흥미로운 접근법이며, 이 주제에 관해서 ISee3D의 CEO Dwight Romanica가 많은 정보를 제공해 주었다.

Dwight Romanica, ISee3D CEO

우리는 기본적으로 렌즈와 센서 사이에 능동형 셔터 안경 하나를 넣었습니다. 이것은, 사실상 프런트 렌즈 폭을 광축 간격으로 바꾸면서, 필요에 따라 왼쪽이나 오른쪽 절반을 통해 빛이 들어가는 것을 막아 줍니다. 실제적인 구현에서, 광축 간격으로 바뀐 프런트 렌즈는 효율이 55%에서 90%에 도달하고 있습니다.

방송 카메라와 같은 고가의 제품에서, 우리는 광학 부착물에 위치하는 기계 셔터를 구현할 것입니다. 소비자용 캠코더와 같은 저가의 제품에서, 우리는 일반화된 단일 렌즈의 3D 전환 카메라로 이어질 수 있도록 대량 생산을 통해 저렴한 액정 셔터(liquid crystal shutter, LCS)를 구현할 계획입니다.

알려진 장점은 단일 카메라의 간소함, 신속한 제작의 완벽함, 그리고 시점 정렬이 지속적이며, 완벽할 수도 있다는 것입니다. 문제는 왼쪽과 오른쪽 영상을 연이어 촬영할 때, 시점이 교차된 3D 캡처에 내재되어 있습니다. 3D 리그에서도, 양쪽 이미지를 정확하게 동시에 얻을 수 있도록 대단히 주의를 기울여야 합니다.

시간적인 교차 방식을 이용하는 3D에서는, 영상이 동시에 찍히지 않는다는 것을 모두 잘 알고 있습니다. 수직 팬(pan) 촬영을 하면 수직 불균형이 생깁니다. 해결책은 촬영 시 그러한 지연을 줄이거나 디스플레이의 지연을 맞추는 것입니다.

1990년대 빛이 통과하는 거울과 3D 안경이 장착된 잠망경으로 설명할 수 있는 3D 렌즈 장착물 NuView가 있었습니다. 안경은 카메라의 비디오 아웃에 고정되어 60 Hz에서 작동했었습니다. 결과적으로, 왼쪽과 오른쪽 프레임은 표준 인터레이스 비디오의 홀수나 짝수 영상 필드에 기록되었습니다. 60 Hz LCS 안경을 가지고 CRT TV에서 봤을 때, Hi8의 VHS 테이프는 3D로 보일 것입니다. 그것은 맹렬하게 깜빡이지만, 여전히 3D 영상 이었습니다. 모든 현재의 프레임 호환 형식은 이러한 디지털 이전(pre-digital) 3D 시스템의 부산물이며 Lenny Lipton이 개발하였습니다. 이전의 모든 디스플레이가 동일한 프레임률(50i 또는 60i)에서 실행됐을 때 가능하던 것이 현재는 가능하지 않습니다. 스테레오가 당신의 눈에 도달할 때까지 엉망이 되지 않는다는 것을 정확한 프레임 비율과 3D 포맷 전환 수단이 보장해야 합니다. 그럼에도 불구하고, 현재의 최첨단 기술은 대다수 극장이나 가정의 디스플레이가 144분의 1초 또는 120분의 1초의 왼쪽/오른쪽 영상 지연을 가지고 있음에도 불구하고, 왼쪽과 오른쪽이 동기화된 촬영 방식을 사용하는 것입니다.

언젠가는, 프레임 보간 알고리즘들이 촬영에서 발생하는 모든 불균형이 수평적으로 되는 시점까지 보간 운동을 해야 한다는 것을 알고, 이 문제를 해결하기 위해 전문화 될 것입니다.

평균적인 빛 손실은 절반의 노출 시간만이 각 눈에 해당하는 렌즈에 유용하기 때문에 하나의 f-stop에서 고지된다. 광학 시스템 결함, 왼쪽과 오른쪽 셔터 위치 사이의 전환 시간, 그리고 잠재적으로 더 작은 조리개로 인해 실제 촬영에서는 더 많은 손실이 예상된다.

더 간단한 접근법은 셔터 절환방식으로 제작된 3D에 플래그를 표시하여, 디스플레이가 실제적으로 영상을 처리할 수 있게 하여주고, 그에 알맞게 출력하도록 하는 것이다. 120 Hz 능동형 디스플레이에서는 프레임률을 적절히 상향 전환하는 것이 관건이다. 처리해야 할 인터레이스(interlace)와 프로그레시브(progressive) 2D 포맷이 있는 것처럼, 좌우 절환(alternative) 그리고 동기화된(synchronous) 3D를 처리해야 한다. 이와 같은 방법의 단일 렌즈를 사용하는 능동형 스테레오가 전문적인 제작 분야에서 확실한 기반을 얻으면, 그때 그것을 설명하는 SMPTE 표준을 보게 될 것이다. 유사한 세계에서, SD3D(PAL 또는 NTSC)는 좌우 절환 방식으로 촬영되어야 했고, 필름은 동기화되어 촬영되어야 했다. 디지털 시대에서, 좌우 절환 방식 또는 동기화된 스테레오 타이밍을 갖춘 인터레이스 또는 프로그레시브 프레임 구조의 조합으로써 1080ia, 1080pa, 1080is, 1080ps의 3D를 보게 될 것이다.

단일 렌즈 깊이 획득(depth acquisition) 기술

2D-3D 변환 시스템에 연결되어 RGBZ(색상과 깊이) 프레임을 발생시키는 단일 카메라는 연속적인 표면 또는 배경으로 사용되는 대형 풍경을 위한 훌륭한 제작 도구가 될 수 있다. 현재 주목받고 있는 깊이 획득 능력을 보여주는 기술이 3가지 있다.

- 빛 감지 및 거리 측정(LIDAR)
- 빛 구성(constructed light)
- 공간 위상 이미징(SPI:spatial phase imaging)

그림 2.21
JVC ZCam. 2003년 JVC는 이스라엘의 3dvsystems사와 함께 광축 상에 Z sensor 가 장착된 하이브리드 카메라 시스템을 소개 하였다.

LIDAR 획득 원칙은 일련의 빛을 장면에 비추고 초고속으로 장면을 촬영하는 것이다. 가장 가까운 물체에서 튀어 오른 광선은 멀리 떨어진 표면에서 튀어 오르는 광선보다 더 빨리 센서를 비추게 된다. 연속적인 프레임은 다양한 깊이 평면을 나타낸다. 낮은 강도의 레이더로 장면을 조명하여 프로세스가 가시광선에서 획득된 영상과 호환될 수 있도록 할 수 있다.

Advanced Scientific Concepts, Inc의 LIDAR 시스템은 국제 우주 정거장에 우주선을 도킹할 때 사용되며, 그들은 현재 그들의 기술을 엔터테인먼트 산업에 가져오기 위해 일하고 있다. 이 기술은 제한된 해상도를 거의 무한한 범위로 가지고 있으며, 상대적으로 낮은 연산력이 요구된다. 이것은 경기장의 형상처럼, 3차원 변환 시스템을 위한 도시 경관 형태를 얻는데 아주 적합하다.

Advanced Scientific Concepts, Inc.: www.asc3d.com

Research paper on constructed light: http://citeseerx.ist.psu.edu/viewdoc/download?doi=10.1.1.126.6857&rep=rep1&type=pdf

PhotonX: http://www.photon-x.com/

빛 구성(Constructed Light) 접근법은 장면에서 살짝 보인 테스트 패턴 같은 영상을 사용한다. 단일 영상이 2개의 "일반" 프레임 획득과 분석 사이에서 촬영된다. 패턴의 변형으로부터, 장면의 깊이가 재창출된다. 이 기술은 한정된 범위를 가지며 약간의 계산 시간이 요구된다. 클로즈업 스틸 영상 포착, 그리고 배우의 얼굴 같은 대상의 3D 스캔을 생성하는데 아주 적합하다. 많은 휴대형 3D 스캐너가 구조화된 빛(Structured Light)을 사용한다. Minolta는 한때 3D 영상을 촬영하는 소비자용 디지털 스틸 카메라인 Minolta 3D 1500을 제작했다.

SPI 방식의 깊이 획득은 각 픽셀의 빛 편광을 기록한다. 이것은 센서를 향하는 표면과 광원의 방향을 설명한다. 그 지점으로부터 모든 표면은 연속적이라는 가정에 근거하여 형태가 재구성된다. 소개된 3가지의 깊이 획득 기술 중에서 SPI는 가장 높은 해상도를 보여준다. Photon-X는 일련의 센서를 개발하였고 방송 영상 분야에 그것을 통합할 예정이다.

CHAPTER 3

3D 영상 처리 및 모니터링

스테레오스코픽 영상의 품질 제어는 단순한 2D 모니터링보다 훨씬 복잡하다. 당신은 대량의 영상 보다 스테레오스코픽 시차를 보고 싶을 것이다. 아주 나쁜 시차나 수직 불균형이 존재하지 않는지, 아니면 필수 범위 내에 있는지 확인하고 싶을 것이다. 안정한 시차, 수평 균형에 관해서는 아주 최소한이라도 안락 포락선(envelope)에 남아 있는지 확인하고 싶을 것이다. 추가적인 검사를 통해 그들이 예술적 의도나 깊이 스크립트(depth script)와 일치하는지 확인할 수 있을 것이다. 궁극적인 판단은 당신의 영상이 모으고 있는 깊이 느낌(depth feeling)에 기반을 두어야 한다. 그리고 그것이 실제적인 3D 시각을 필요로 하는 유일한 것이다.

깊이 획득(depth acquisition)에서 품질 보장의 공정은 어떻게 발생하는가? 공정의 과학과 절차는 다음과 같이 3개 단계로 설명할 수 있다.

- 영상 모니터링, 기본 신호 포맷팅(formatting)을 사용한 시각적 평가
- 영상 분석, 화면을 통한 스테레오스코픽 표현의 자동 추출
- 영상 수정, 스테레오스코픽 화면의 결과에 따른 손질

시스템 구현의 복잡성과 비용에 대한 폭넓은 관찰을 통해 이와 같은 구분을 지었다.

영상 처리는 50% 혼합이나 프레임 호환 포맷과 같은 기본적인 2D 영상 조작만을 포함한다. 이것의 전형적인 구현은 **스테레오스코픽 멀티플렉서** 라고 불리는 독립형 전환 상자나 3D 디스플레이에 포함되어 구현된다. 그것의 응용 영역은 영상 모니터링이다.

영상 분석은 소프트웨어, 컴퓨터, 멀티 영상 처리, 그리고 가장 최첨단의 경우 완벽한 3D 재구성을 포함하는 복잡한 과정을 말한다. 몇몇 영상 분석기는 모터화된 리그에 피드백 루프(feedback loop)를 제공한다.

영상 수정은 실시간 혹은 일괄 처리 방식으로, 리그의 모션 컨트롤 시스템 상의 피드백 루프를 통하거나 영상 도메인에서 수행 될 수 있다. 후자는 노트북에서 밤새 실행하거나 아니면 렌더 팜(render farm)에서 거의 즉시 실행할 수 있는 소프트웨어 솔루

션이다. 전자는 동일한 프로그램이지만, 중계차 망에 도달하기도 전에, 촬영하자마자 라이브 3D 스트림을 수정할 수 있는 전용 처리 하드웨어에서 실행된다.

3D 모니터링

기본 규칙은 당신이 3D를 보고 싶고, 작업을 3D로 모니터해야 한다는 것이다. 흑백 모니터에서 칼라 장면을 모니터하지 않고, 헤드셋 없이 레벨 수준 측정값 만 보고 사운드를 녹화하지 않을 것이다. 이러한 행동을 하지 않는 것과 같은 이유로, 3D를 볼 수 없는 상태에서 3D를 촬영해서는 안 된다.
그렇게 말한다고 해서, 모니터링을 스테레오스코픽 3D로 해야 한다는 뜻은 아니다. 우선, 모두가 3D 디스플레이에서 3D를 모니터할 필요는 없으며, 최종 스크린 크기에서 3D를 확인하기 위해 극장에서 매일 상영하는 것이 중요한지에 대한 논쟁도 있다. 살펴보면 알겠지만, 스테레오스코픽 영상을 위한 최고의 모니터링은 때때로 2D 디스플레이에서 하는 것이다. 이것은 잠재적인 결함을 밝혀 줄 수 있도록 구조에 맞추어 적절하게 포맷시킨 영상이 필요하다.

3D 모니터링을 위한 스테레오스코픽 영상 처리

다시 한 번, 색상 분석(color analogy)을 언급하기로 하자. 3가지의 색상 모니터링 단계가 있다. 기본적인 제어는 영상이 망가지지 않도록 하면서 로우라이트(lowlight)와 하이라이트(highlight)를 보는 것이다. 중간 색상 제어는 다목적 모니터만 있으면 된다. 그리고 고급 색상 제어는 색상 조정 모니터, 빛이 제어된 환경, 또는 전문 컬러리스트(colorist)나 DP의 훈련받은 눈이 필요하다. 다른 방법으로는, 색맹 기술자라도 할 수 있는 참조 패턴과 벡터스코프(vectorscope)를 이용하는 방법이 있다. 이 외에도, 현장 LUT 관리를 통해 제작 팀원도 수정된 영상이 원하는 예술 효과와 일치하는지 확인할 수 있다.

기본 3D 모니터링

기본적인 스테레오스코픽 제어는 통상적인 2D 모니터에서 50% 혼합을 통해 수행할 수 있다. 수직 불균형은 작은 현장 모니터에서 나타나지 않아야 한다. 그렇지 않으면 수직 불균형은 풀 사이즈 스크린에서 보기가 거북스러울 것이다.

사이드-바이-사이드와 오버/언더 모드도 사용할 수 있지만, 수평 또는 수직 불균형과 회전을 감지하기에는 덜 효율적이다. 애너글리프 3D(anaglyphic 3D)는 종종 프리뷰(preview)로 선호되며 안경 없이 최상으로 평가할 수 있다. 적색과 파란색 줄무늬(fringe)는 디스플레이 상에서 불균형 인핸서(enhancer)로 작용한다.

중간 3D 모니터링

중간 단계 품질 제어는 불균형을 명확하게 보여주고 더 많이 알아차릴 수 있도록, 심지어 측정할 수 있도록 만들어 주는 차이 시각(difference view)을 사용한다.
기본적이고 평균적인 제어는 모니터 상에서 표준 시차(reference parallax)를 보여주는 마커(marker)로 보완할 수 있다. 스크린 위에 간단한 포스트-잇이나 테이프를 사용할 수 있다. 일부 전문 디스플레이는 전자적으로 격자선, 막대, 또는 바둑판과 같은 시각 도우미를 삽입할 수 있다. 목표로 하는 스크린 크기가 없이 촬영하고 있다면, 스크린 폭의 1%와 2%가 통상적인 경계표이다. 정해진 스크린 크기를 가지고 촬영하고 있다면, 기준 격자 단위의 크기는 인간 양안 거리의 하나 혹은 두 배와 동일할 수 있다. 장편 영화에서, 기준 최대 양의 시차(positive parallax)는 제작준비 단계 동안에 선택하게 된다. FX 장면을 위한 특정 시차 기준은 분명히 더 신중하게 적용되어야 한다.

그림 3.1
50% 혼합 모니터링. 기본적인 3D 모니터링의 한 예로써 왼쪽과 오른쪽 시각을 50% 혼합한 것이다.

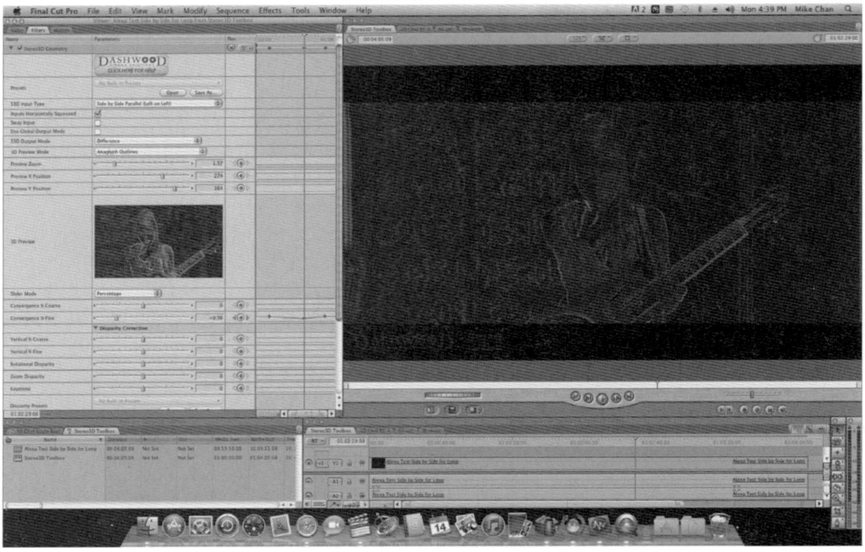

그림 3.2
차이(difference) 프리뷰. 중간 3D 모니터링의 한 예로써 왼쪽과 오른쪽 시각의 차이를 보여준다.

고급 3D 모니터링

회전, 키스톤(keystone), 다양한 구조적 부조화와 같은 특정한 영상의 디폴트 감지를 위한 고급 제어는 맨눈과 다년간의 경험, 아니면 특수 장비를 가지고 할 수 있다. 정렬 패턴이 하나의 옵션이며, 영상 분석은 또 다른 옵션이다. 2가지를 합치는 것은 탁월한 접근 방법이다.

더 복잡한 영상 처리는 복잡한 전체 3D 분석까지 가지 않고도, 스테레오스코픽 피드 상에서 할 수 있다. 컴퓨터 주변에 설치된 디지털 디스크 기록 장치는 때때로 다음과 같은 고급 모니터링 도구를 제공한다.

- 초점 일치를 위한 테두리 검출
- 미세 정렬과 수렴을 위한 인터랙티브 디지털 줌
- 시차 제어를 위한 정렬 그리드 오버레이
- 잘못된 색상(false color) 얼룩무늬
- 스포트 노출계(spot meter)
- 색상 균형을 위한 이중 히스토그램
- 평행 장면을 적절하게 모니터하기 위한 시차 이동
- 안경을 사용하거나 안경 없이 사용하기 위한 애너글리프 믹싱
- 시계 간의 빠른 전환을 위한 위글(wiggle) 디스플레이

3D 영상 디폴트 식별

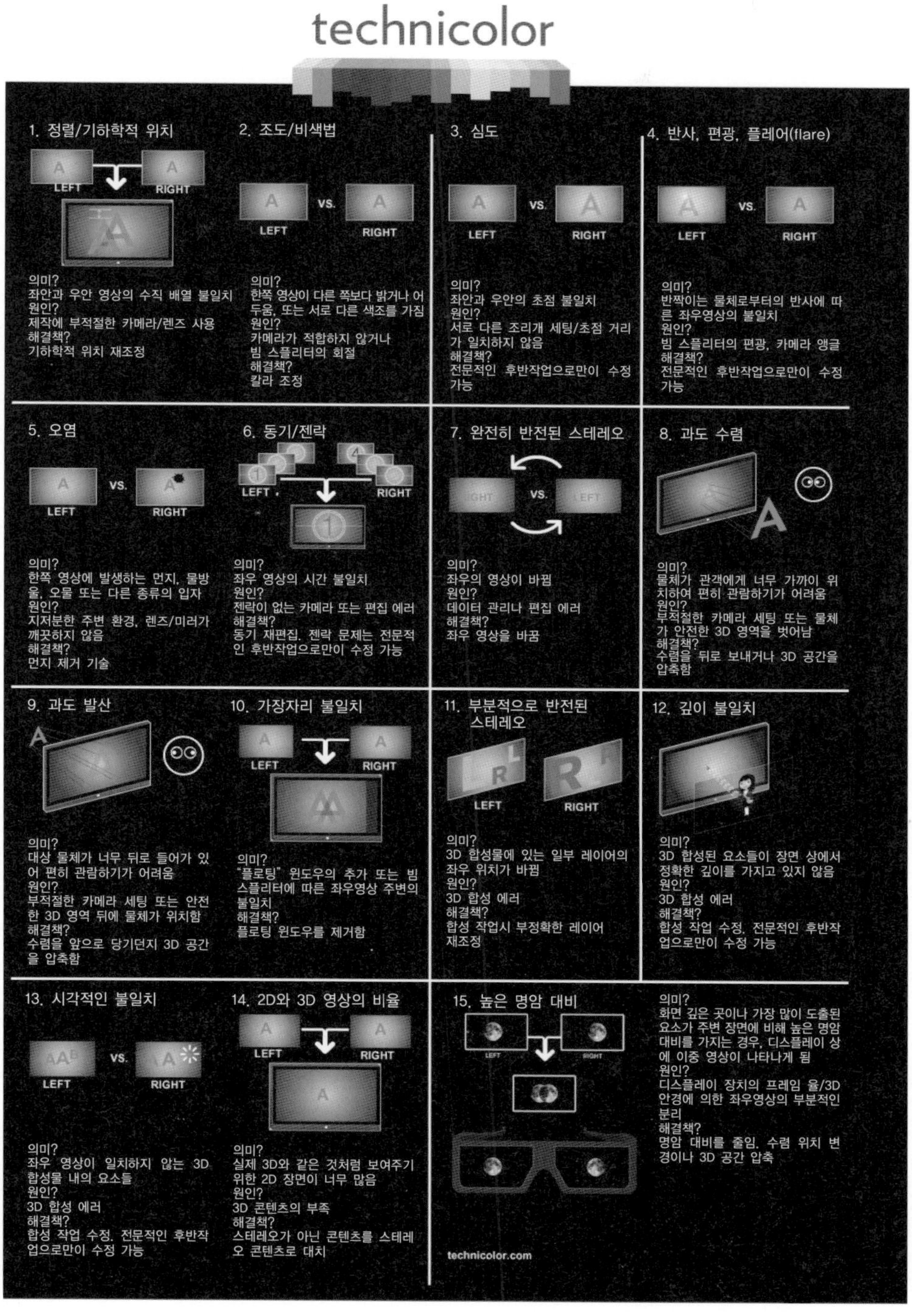

그림 3.3

Technicolor 스테레오그래픽 Certifi3D 도표. 가장 일반적인 스테레오스코픽 디폴트의 또 다른 시각적 표현.

Technicolor 제공

대부분의 3D 영상과 관련된 두통은 잘못된 3D 영상에서 온다. 스테레오그래퍼는 연령에 상관없이, 주의력, 지식, 경험 또는 운의 부족으로 인해 초래되는 모든 화면을 이러한 잘못된 영상에 포함시킨다. 3D 제작에서 실수는 아주 쉽게 발생하므로 즉시 알아차리고 수정해야 한다, 그렇지 않으면, 실수 중 일부는 제작 과정의 후반부에서 엄청난 비용이 사용되어야 수정 될 수 있다. 이것이 언제나 3D로, 그리고 구할 수 있는 가장 큰 스크린으로 작업을 확인해야 하는 이유 중 하나이다.

"당신의 3D를, 할 수 있을 때마다 큰 스크린에서 관찰하라"라는 충고가 이 책의 2페이지 마다 한 번씩 인쇄되어 있다고 느낄 수도 있다. 그럴 수도 있으며, 그것은 좋은 충고이다. 3D로 확인할 필요 없이 3D 장면을 함께 붙일 수 있는 감독이나 DP는 지구상에서 5명도 안 될 것이다. 하지만 이러한 천재들도 그런 행동을 하지 않을 것이다. 그들은 항상 어떤 식으로든 시각적으로 3D를 확인할 것이다.

다음 단락에서, 프로슈머 카메라를 사용한 저렴한 구성을 위한 해결법이나 편법이 종종 제시될 것이다. 물론, 고가의 리그와 디지털 시네마 카메라를 사용하는 독자들은, 영상 디폴트에 적절한 해결법을 적용하기 위한 효율적인 행동 방침을 찾을 수 있도록 매뉴얼을 참조하도록 제안한다.

광축간 거리

- **원인:** 카메라 사이의 거리가 부적절하다.
- **결과:** 과도한 IO의 경우, 3D 효과가 너무 강렬하다. 클로즈업 요소는 너무 가깝고 원거리(far away) 요소는 너무 멀리에 있다. IO가 불충분한 경우, 3D 효과는 너무 약하다. 클로즈업과 원거리 요소가 너무 작고, 전체적인 장면은 얕아 보인다. 3D가 너무 강하면, 과도한 양의 시차와 음의 시차, 고통스러운 주시점, 그리고 토인(toe-in)을 유발하면서 관객들이 3D를 즐길 수 없도록 한다.
- **파악:** 이것이 촬영 현장 3D 모니터링이 필수인 이유이다. 더 안전하고 쉽게 하려면, 최종 스크린 크기를 바탕으로 하여 스크린 비율의 절대 최대 시차를 계산하라. 그리고 모니터의 해상도와 크기를 바탕으로 하여, 인치나 센티미터로 모니터링 스크린의 상대적인 최대 시차를 계산하라. 그 다음 접착테이프 조각 위에 눈금자를 그리고 그것을 화면 위에 붙여라. 올바르게 계산되었는지 확인하고, 필요에 따라 자주 검증하도록 한다. 컴퓨터 기반의 기록 또는 모니터링 시스템을 사용하고 있다면, 디지털 오버레이를 사용하여 동일한 결과를 얻을 수 있다.

• **현장 수정:** 촬영 현장에서, 올바른 축간 간격에 카메라를 위치시킨다. 리그의 한계에 다다랐다면, 카메라 위치, 초점 거리를 바꾸거나 리그를 바꾸는 것을 고려하자. 더 작은 광축 간격을 위해서는 빔-스플리터 리그를 사용하고, 더 넓은 광축 거리를 위해서는 평행 리그를 사용하도록 하자.
• **후반 작업에서의 교정:** 광축간 거리의 오류는 수정하는데 비용이 제일 많이 든다. 2D/3D 전환 또는 시각 합성 기술을 사용하여 한쪽 눈의 영상을 CG로 재생성해야 하기 때문이다.

그림 3.4
모의 IOD 디폴트.
3ality Digital의 Steve Schklair 사진 제공.

컨버전스(수렴)

• **원인:** 카메라가 잘못된 지점으로 수렴되었거나, 한쪽 시각이 과도하게 수평으로 이동하였다.
• **결과:** 전체 장면이 관찰자로부터 너무 멀리 있거나 너무 가까이 있다.
• **파악:** 평소처럼, 이것은 3D를 시각적으로 확인하여 파악할 수 있다. 필요하다면, 모니터링 스크린의 시각 도우미에 의존하여 파악할 수 있다.
• **현장 수정:** 리그의 컨버전스 손잡이를 돌리자. 한계에 다다랐다면, 당신은 매우 이상한 배치에서 촬영하고 있는 것이다. 수렴이 더 필요하다고 확신하면, 충분한 오버스캔(over-scan)을 가지고 촬영하자. 그러면 후반 작업에서 재수렴 할 수 있다.

- **후반 작업에서의 교정:** 이것은 가장 쉽고, 가장 저렴하고, 가장 일반적인 3D 수정이다. 이것은 실제적으로, 촬영 현장에서부터 최종 등급매기기와 포장에 이르기까지, 장면을 재수렴하기 위한 3D의 평범한 작업이다. 3D TV 리모콘은 하나나 두 개의 시각을 옆으로 이동하여, 시청자들의 선호에 따라 영상을 미세 조정할 수 있게 해주는 재수렴 버튼을 포함할 수도 있다. 어쨌든 이것은 인식 화면을 실제적으로 극장 공간의 안이나 밖으로 움직이는 원치 않는 플로팅 윈도우(floating window)를 만들어내면서, 눈에 보이는 프레임 안으로 영상 테두리를 가져올 것이다. 이것을 피하기 위해, 약간의 줌 인과 잘라내기(crop)가 두 시각에 적용되어야 한다.

그림 3.5
모의 컨버전스 디폴트.
3ality Digital의 Steve Schklair 사진 제공.

수직 정렬

- **원인:** 촬영 현장에서, 대부분 하나의 카메라가 위나 아래를 향하였거나 줌이 축을 벗어났다. 후반 작업에서, 하나의 시각이 수직으로 이동되었다.
- **결과:** 시계 중 하나는 한결같이 다른 하나보다 더 높거나 더 낮다. 이것은 강도나 깊이 배치가 아니고, 3D를 인지하는 것에 영향을 미친다.
- **파악:** 모니터링을 하는 중에 테이프의 가로 줄무늬를 적용하거나, 디지털 기록장치 또는 GUI 합성에서 지표가 나타나도록 하자. 애너글리프, 50% 혼합 또는 디퍼런스에서 보이는 대상의 왼쪽과 오른쪽 영상이 수평으로 정렬되었는지 확인하자.

- **현장 수정:** 수직 시차가 첨단 리그 상에서 화면의 1/2 퍼센트가 넘는다면, 카메라의 기하학적 구조는 수정되어야 한다. 저가나 임시변통 리그에서 그것을 수정하기위해 너무 많은 시간을 할애하는 것은 소용없는 일이다. 이 결함은 양쪽 시각에 약간의 줌과 잘라내기를 실행하는 방법으로 후반 작업에서 쉽게 수정할 수 있다.
- **후반 작업에서의 교정:** 컨버전스 수정에서처럼 또 하나의 쉬운 보정이다. 하지만 이번에는 수직 축을 따라서 영상을 이동한다. 줌과 잘라내기도 필요하다.

그림 3.6
모의 수직 정렬 디폴트
3ality Digital의 Steve Schklair 사진 제공.

키스톤

- **원인:** 컨버전스로 인해, 혹은 자주는 아니지만 과도한 수직 정렬 불량으로 인해 시각 축이 평행이 아닐 때 키스톤이 발생한다.
- **결과:** 토인(toe-in) 컨버전스 효과를 보여주는 그림 3.7에서와 같이 키스톤은 화면의 측면에 비대칭적인 확대(zooming)를 만들어 내면서, 4개의 모서리에 수직 정렬 불량을 초래한다. 스테레오스코픽 감독 Brian Gardner에 따르면, 그 자체가 토인(toed-in) 수렴 시스템인 우리의 시각계가 자연스러운 양안 시력 부산물로 키스톤을 경험하고 사용하는 범위까지는 작은 키스톤을 용인할 수 있으며, 3D를 인지하는데 도움을 줄 수도 있다고 한다. 3D에 대한 이러한 파격적인 설명은, 확실한 수정이 필요한 거대하고 고통스러운 영상 왜곡이 아닌 극미한 변형에 적용된다.

- **파악:** 50% 혼합과 수평 라인을 사용할 때, 중앙에서는 괜찮지만 모서리에서는 대칭적으로 비뚤어진 화면을 보게 된다. 화면 중앙 1/3의 상단과 하단은 괜찮다.
- **현장 수정:** 아마도 그 장면에서는 수렴을 하지 않아야 한다. 수평으로 촬영하고, 여유있는 오버사이즈 스캔을 마련하고, 후반 작업에서 컨버전스를 설정하자.
- **후반 작업에서의 교정:** 후반 작업에서 키스톤을 수정하는 것이 쉬운 일은 아니지만 작은 수정은 쉽게 설정할 수 있고 효과적이다. 키스톤 반대 방향으로 시각 왜곡(perspective distortion)을 적용하고 나서, 평소와 같이 줌과 잘라내기를 적용하자. 키스톤의 상당량은 복잡한 깊이 뒤틀림을 필요로 하며 피해야 할 고가의 수정에 속한다. CG 영상과 혼합되는 장면의 경우, 스테레오스코픽 감독관은 평행으로 촬영한 장면을 가지고 작업하고 후반 작업에서 재수렴하는 것을 선호하는 경향이 있다.

그림 3.7
모의 키스톤 디폴트
3ality Digital의 Steve Schklair 제공 사진을 기반으로 Bernard Mendiburu가 사진 제공.

회전

- **원인:** 영상 회전은 카메라의 광축이 Z 축을 따라 회전할 때 나타난다.
- **결과:** 수평 정렬이 영상의 중심에서 네 모서리 쪽으로 점진적으로 어긋난다. 측면에 고통스러운 수직 시차를 그리고 중앙 상단과 하단 지역에 인공적인 깊이(depth artifact)를 만들어낸다.
- **파악:** 모니터링 스크린 상에서의 영상이 중앙에서는 괜찮으며 테두리로 갈수록 나빠진다. 4개 프레임의 모든 테두리는 비대칭 방향으로 벗어나 있다.

- **현장 수정:** 리그에 문제가 있는 것이며, 아마도 임시변통 리그에서는 강성(rigidity)의 문제일 것이다. 그것이 확실하다면, 리그의 기계적 무결성에 따른 기계적 디폴트의 징후일 수 있다. 따라서 안전성에 대한 경고로 다루어야 한다. 때때로, 케이블의 탄성이나 부착물의 탄력은 한 카메라의 균형을 변형시키게 된다.
- **후반 작업에서의 교정:** 영상 회전은 잘라내기와 크기 조정을 통해 후반 작업에서 효과적으로 수정할 수 있다.

그림 3.8
모의 회전 디폴트.
3ality Digital의 Steve Schklair 사진 제공.

초점거리

- **원인:** 단초점 렌즈(prime lens)가 항상 맞는 것은 아니며 줌 렌즈는 거의 항상 일치하지 않는다. 따라서 2개의 카메라를 대칭적으로 확대 축소하는 것은 어렵다. 프로슈머 카메라를 사용하는 저가의 리그를 가지고 줌을 했다면, 후반 작업에서 수정해야 할 가능성이 높다.
- **결과:** 하나의 영상이 다른 영상보다 크며, 중앙은 괜찮다. 3D는 왼쪽과 오른쪽의 중상위 부분에 비대칭적인 인공적 깊이감(depth artifact)이 생기면서, 테두리에서 더 악화된다.
- **파악:** 50% 혼합의 경우 중앙에서는 조화가 되지만 가장가리에서는 그렇지 못한 화면을 보여준다. 정렬 불량은 영상의 중앙에서 네 방향으로 방사상 대칭이다.

- **현장 수정:** 한 카메라의 초점 거리를 수정하자. 줌을 모터만으로 제어하는 저가의 카메라를 사용하고 있다면, 문제를 나두었다가 후반 작업에서 수정하는 것이 좋다.
- **후반 작업에서의 교정:** 이것은 후반 작업에서 쉽게 교정할 수 있는 또 하나의 결함이다. 대부분의 다른 수정은 영상의 크기 조정이 포함되기 때문에, 초점거리 조정은 일반적으로 수정 패키지에서 무료로 제공된다.

그림 3.9
모의 초점거리 디폴트.
3ality Digital의 Steve Schklair 사진 제공.

초점 부조화

- **원인:** 저가의 카메라는 초점거리에 대한 미약한 수동 제어를 가지고 있으며, 자동 초점 모드는 대상 거리상에서 일치하지 않을 것이다. 더 정확한 하나의 시각에서 다른 하나로 선명도를 제공하는 우리 시각계의 효율성에도 불구하고, 초점 비대칭이 너무 크면 결국 그것을 알아차리게 된다. CG 영상의 경우, 하나의 시각이 모션 블러 패스(blur pass)가 없는 경우가 종종 발생한다. 이것은 이상한 느낌을 불러일으키고 영상 융합에 안 좋은 영향을 미친다. 초점 매칭은 3D에서 처리해야 할 시각 품질 요소이다. 초점거리(focus distance)와 줌이 있는 초점길이(focal length)와의 관계는 또 다른 관심사이다.
- **결과:** 하나의 영상은 선명하며, 다른 하나는 흐릿하다. 사진의 특정 깊이 영역이 영향을 받는다.

- **파악:** 50% 혼합에서는 실제적으로 초점 비대칭을 잡기 힘들며, 사이드-바이-사이드 시점에서 보는 것이 낫다. 3D 디스플레이에서는 각각의 시각을 교대로 닫고 영상을 비교해야 한다.
- **현장 수정:** 전문 렌즈와 원격 초점을 갖춘 고가의 리그는 이러한 문제가 절대 발생하지 않는다. 저가 리그에서 이것은 아주 흔한 일이며, 카메라에 포커스 링(focus ring)이 없다면 실제적인 해결책은 없다. 이 경우, 얕은 초점보다는 빛을 더 받고 무한 초점이 되게 해야 한다.
- **후반 작업에서의 교정:** 확실히, 이것은 현장에서 처리되어야 하는 것이다. 후반 작업에서 선명도를 재생성하는 것은 거의 불가능하다. 더 선명해진 시각은 다른 하나와 조화되기 위해 흐려져야 할 것이다.이 경우 2D/3D 전환이 유일한 해결책이 될 수 있다.

그림 3.10
모의 초점 부조화 디폴트. 인간의 얼굴처럼 선명한 구성을 보는 것은 초점 부조화를 감지하는데 도움이 된다. 3ality Digital의 Steve Schklair 사진 제공.

비동기화된 스테레오

- **원인:** 2개의 카메라가 완벽하게 동기화되어 작동하고 있지 않다. 왼쪽과 오른쪽 영상 모두를 시간 동기화에 크게 신경 쓰지 않고 찍었다면, 반드시 문제가 발생할 것이다. 카메라나 장면의 동작이 더 빨라질수록 타이밍 요건은 높아진다. 영상이 모션 블러(motion blur) 되었다면, 라인이나 픽셀 클럭(pixel clock)에 이르기까지 매우 정확한 젠락이 필요하다. 그렇지 않으면 모션 블러는 수직 시차를 갖게 될 것이다.

- **결과:** 아주 근소한 시간 지연은 카메라와 배우의 움직임을 원치 않는 시차로 전환시킬 것이다. 이전에 언급된 모든 부조화를 처리했지만 시간 동기화를 빠트렸다면, 제어하려고 열심히 노력했던 모든 결함이 포함된 장면을 갖게 될 것이다.
- **파악:** 흔드는 손처럼 순환 운동을 하는 대상은 잘못된 타이밍을 유발할 수 있는 좋은 예이다. 그것은 일관성 없는 시차를 보여준다. 하나의 화면에서의 행동은 지속적으로 다른 화면에서의 행동을 따라 잡게 된다.
- **현장 수정:** 촬영감독, 카메라 기술자, 아니면 제 1, 제 2, 제 3 어시스턴트-누구든 젠락을 책임지고 있는 사람과 이것을 확인하자. 당신이 책임자라면, 클럭 분배(clock distribution)를 확인하고 케이블의 품질과 길이에 이르기까지 모든 것이 완벽하게 대칭인지 확인하자.

  25 fps나 30 fps같은 비디오 프레임 률에 젠락을 걸 수 있지만 24 fps의 디지털 카메라에서는 안 되는 카메라도 있다. Sony PMW-EX3가 그러하다.
- **후반 작업에서의 교정:** 소프트웨어를 리타이밍(retiming) 해보거나 당신이 좋아하는 FX 제품군에서 약간의 시간 변형(time warp) 필터를 시험해보자. 광 흐름(optical flow)을 계산하는 동안 2D/3D 전환의 기회도 있을 것이다.

그림 3.11
모의 동기화 디폴트.
빠른 동작은, 흔드는 손에서처럼 수직 부조화를 그리고 뛰어가는 개에서처럼 가짜 깊이감(fake depth)을 만들어낼 수 있다.
3ality Digital의 Steve Schklair 제공 사진을 기반으로 Bernard Mendiburu가 사진 제공.

롤링 셔터 방향 오류

- **원인:** 미러 리그로 빠른 동작을 촬영하고 있고 반사 위치에 있는 롤링 셔터 카메라가 뒤집어져 있지 않다.
- **결과:** 양쪽 카메라는 반대 방향으로 수직 축을 스캔하고 있으며, 프레임 지연은 화면의 상단에서 하단까지 최대 한 개의 전체 프레임이다.
- **파악:** 이것은 시각적으로 잡아내기가 상당히 어렵다. 옆으로 카메라를 팬(pan)하고 수평 불균형이 화면의 상단과 하단 사이에서 불균형적으로 형성되는지 보자. 모형 풍차를 카메라 앞에서 돌리고 회전 방향 상에서 날개가 앞으로 또는 뒤로 구부러지는지 보자. 모형 풍차가 없는가? 촬영 감독이 야구 방망이를 든 사람을 찾을 수도 있다. 안전에 주의하면서 카메라 앞에서 누군가에게 방망이를 휘두르게 하자. 그 방식으로 확인하면 충분할 것이다.
- **현장 수정:** 카메라 중 하나를 뒤집자.
- **후반 작업에서의 교정:** 리타이밍에 수직 기울기(vertical gradient)를 적용할 필요가 있다는 사실을 제외하고는 동기화 부조화와 동일하다. 그러나 수정 도구에 그러한 기능은 없다.
- **경고:** 수동형 스테레오(passive stereo)의 능동형 디스플레이 그리고 그 반대의 경우도 이 문제가 발생할 수 있다.

그림 3.12A와 3.12B
모의 롤링 셔터 디폴트. 롤링 셔터 스캔 방향 [S] 부조화는 반대 방향으로 움직이는 대상[M]을 왜곡한다. 3ality Digital의 Steve Schklair 제공 사진을 기반으로 Bernard Mendiburu가 사진 제공.

하프 미러에 의해 유발된 오류, 그리고 기타 오류들

리그의 하프 미러는 정확하게 50/50이 아니다. 이 경우, 일부의 영상 비대칭은 광선 비대칭에 직접 또는 간접적으로 영향을 줄 수 있다.

- **피사계 심도 부조화:** 비대칭 피사계 심도는 동일하지 않은 조리개에 의해 발생한다. 우선, 이득(gain), 셔터 속도, ND 필터와 같은 카메라 설정을 확인하다. 저예산 제작에서, 두 번째 가능성은 카메라가 "자동"으로 되어 있으며 컴퓨터가 2개의 상이한 숫자 설정을 발견하는 것이다. 어쨌든, 피사계 심도 불균형은 밝기, 명암대비 그리고 모션 블러 불균형을 초래한다.
- **비색 부조화:** 비색 불균형(colorimetric asymmetry)은 반투명 유리의 주된 디폴트이다. 깨끗한 사이드-바이-사이드 장치에서 조차도 화이트 밸런스를 맞추는데 고생하게 된다. 우리의 뇌는 그러한 색상 부조화를 숨기는 엄청난 일을 할 것이다. 화이트 기준을 설정할 때, 카메라가 색상 온도에 일치하는 것을 제어할 수 있도록 하자. 최첨단 카메라는 가끔 메모리 카드에 복잡한 사전 설정이 되어 있다. 또한 그들도 일치하는지 확인하자.
- **밝기 부조화:** 균일하지 않은 노출은 불균형을 만들어 내고 불쾌한 양안 HDR(High Dynamic Range) 경험을 야기 시키면서, 하이라이트나 그림자에 질감(texture)을 주거나 받는다. 밝기 불균형이 3D에서 재미있는 점은, 그것이 실제적으로 모호한 시각에서 시간 지연을 생성한다는 것이다. 이러한 지연은 카메라나 대상이 움직이는 모든 방향에서 원치 않는 시차를 만들어 낸다. 돌리(dolly)나 수평 팬(pan)에서 이것은 깊이감을 왜곡할 것이다. 대상의 움직임이나 수직 카메라 이동에서 이것은 3D 인지에 영향을 미칠 것이다.

3D 모니터링 도구

그림 3.12C
모의적인 조리개 부조화 오류.
밝기 부조화를 감지하는 것은 사이드-바이-사이드 디스플레이와 매우 선명한 시각이 필요하다.
3ality Digital의 Steve Schklair 사진 제공.

임시변통의 3D 모니터링에서 전문 장비로 옮겨가면서 고비를 넘기고 있다. 얼마 전만 해도, 3D를 모니터링 하는 것은 왼쪽과 오른쪽의 영상을 전용 컴퓨터로 처리하여 매우 드문 3D 디스플레이 중 하나에 연결해야 했다. 후방 프로젝션 DLP TV가 먼저 나오고, 수동 편광 모니터가 더 최근에 뒤를 이었다. 현재 상황은 다음과 같은 새로운 제품으로 인해 완전히 달라졌다.

- 이중 입력과 영상 처리 기능이 없는 소비자용 3D 디스플레이.
- 통합된 이중 입력과 약간의 3D 처리 기능이 있는 전문가용 3D 디스플레이.
- 2개의 영상을 하나의 3D 포맷으로 만드는 간단한 3D 멀티플렉서.
- 약간의 영상 조작 성능을 가진 복잡한 3D 처리 장치

소비자용 3D 디스플레이

소비자용 3D 디스플레이가 3D를 보여줄 수 있는 역량은 가지고 있지만, 세트장이나 로케이션에서 사용하게끔 설계되지는 않았다. 이 디스플레이는 배터리로 작동하지 않으며, 대개 디스플레이용으로 처리된 3D 영상이 필요하다. 가격은 모두해서 1,000불에서 5,000불 사이이며 상한가 제품으로 플라즈마, 풀 HD 프로젝터, 수동형 TV가 있다. 이러한 디스플레이를 사용하고 있다면, 원활한 모션(smooth motion)과 여타의 시네마 색상과 같은 어떠한 영상 강화 특징에도 영향을 미치지 않도록 설정 메뉴를 철저하게 조사해야 한다. 120 Hz의 재생 속도를 갖는 디스플레이로 24 fps 입력을 적용하는 프레임 보간 방식은 잘 알려진 원인에 해당한다. 이것은 일반적으로 한 쌍의 60p 비디오 스트림을 생성하기 위해 최근의 3:2 풀 다운(pull-down)을 중심으로 만들어 진다.

일반적으로 유용한 소비자용 3D 디스플레이		
디스플레이	입력 포멧	안경
리어 프로젝션 DLP TV	체크보드 FC	DLP 링크 능동형 또는 송신기가 있는 IR
3D 호환 프로젝터	120Hz 능동형 스테레오	DLP 링크 능동형 또는 송신기가 있는 IR
플라즈마나 LCD와 같은 능동형 3DTV	대부분의 FC 포멧	능동형 제품 호환
수동형 3DTV	대부분의 FC 포멧	수동형, RealD 시네마 안경 호환

전문가용 3D 디스플레이

전문가용 3D 디스플레이는 세트장과 로케이션에서 사용하기 위해 특별히 설계되었다. 그들 중 대부분은 배터리로 작동하며 왼쪽과 오른쪽 입력 그리고 SDI와 HDMI 커넥터가 있다. 일부는 50% 혼합, 좌/우 디퍼런스, 재수렴과 같은 3D를 모니터링하기 위한 영상 처리 특징을 가지고 있다. 몇몇 모니터는 미러 리그에서 실시간으로 입력되는 3D를 모니터하기 위한 플립플롭(flip-flop) 영상 전환을 제공한다. 또 다른 유

용한 기능은 과도한 불균형을 빠르게 확인시켜 주기 위한 가변 피치(pitch)가 있는 중첩 격자(overlaid grid)이다.

Transvideo는 현장 모니터를 제공한 첫 번째 회사였다. CineMonitorHD12 3Dview는 좌우의 SDI 입력, 적청(anaglyphic) 모드와 액티브 스테레오(active stereo) 모드를 갖춘 전통적인 12인치 모니터이다.

2세대의 전문가용 3D 현장 모니터는 각각의 라인이 반대 방향으로 회전하는 편광 필터가 있는 수동형 3D 디스플레이이다. 저가의 일회용 3D 시네마 안경 또는 더 선명한 명함 대비를 보여주는 고가의 디자이너 안경을 가지고 3D 화면을 볼 수 있다.

Panasonic은 이중 SDI와 DVI-D 입력 그리고 1920×1200 해상도를 갖춘 25.5 인치 3D 모니터인 BT-3DL2550을 갖고 있다. 10비트 칼라 깊이를 갖는 720p, 1080i, 1080p 비디오를 디스플레이 한다.

그림 3.13
Panasonic 3D 모니터.

Panasonic 플라즈마는 능동형 3D, 높은 밝기, 채도, 콘트라스트의 풀 해상도를 제공한다. 스테레오 분리가 뛰어나며, 고스팅(ghosting)이나 스위트 스팟(sweet spot) 효과가 없다. 현장에서 사용할 수 있는 전문가용 모델은 아직 카탈로그에 없다.

Sony는 동일한 1920×1200 해상도를 갖춘 24인치 모니터인 LMD2451TD를 제공한다. LMD4251TD는 42인치 버전이다.

JVC는 46인치 모니터인 GD-463D10U를 가지고 있으며, NAB 2009에서 4K 3D 모니터 시제품을 선보였다.

빔-스플리터 장착대에 2개의 모니터를 조립하면 풀 해상도의 수동형 디스플레이를 가질 수 있다. 많은 회사들 중에서 Cinetronic가 그러한 시스템을 제공한다. 이것은 **캐러비안의 해적** 4 제작에 사용되었다.

3D 멀티플렉서와 영상 처리 장치

모든 3D 멀티플렉서는 카메라에서 시작한 영상 스트림을 3D 디스플레이나 3D 기록 장치가 적절하게 이해하고 처리할 수 있는 방식으로 전환하는데 사용하는 신호 변환기(signal converter)이다. 그들의 주요 용도는 다음과 같다.

- 한 쌍의(DS) 2D 카메라에서 나온 신호를 하나의(FC) 3D 모니터링 또는 기록 장치로 수신한다.
- 소비자용과 전문가용 접속 표준 간의 비트(bit) 스트림을 전환한다.

- 레거시 2008 3D-ready 디스플레이를 최근의 2010년 3D 호환 장치로 갱신한다.

비트 스트림 전환은 다음을 포함한다.

- 2개의 입력과 하나의 출력을 가지고 듀얼-스트림(dual-stream, DS) 3D를 프레임 호환(frame-compatible, FC) 3D로 전환.
- 하나의 입력과 2개의 출력을 가지고 FC 3D를 DS 3D로 전환.
- DVI, HDMI, HD-SDI 쪽으로, 또는 DVI, HDMI, HD-SDI 로부터의 디지털 형식 전환.
- 120fps와 144fps로, 또는 120fps와 144fps로부터 능동/수동 스테레오 전환.
- 때때로 디지털/아날로그 전환, DVI/VGA.

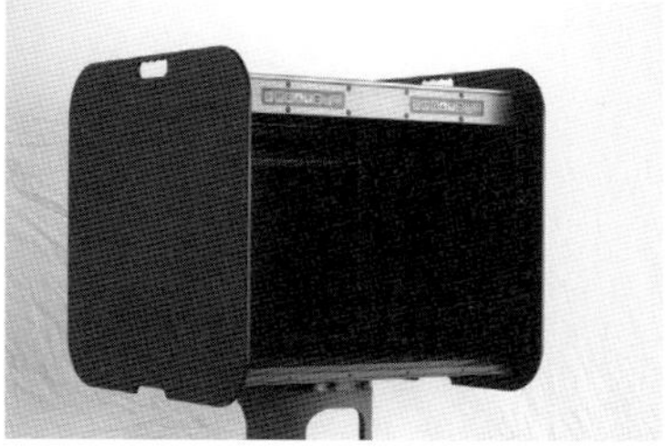

그림 3.14
Cinetronic 3D 모니터.

영상 조작은 다음을 포함한다.

- 미러 리그를 현장 모니터링 하기 위한 영상 축 치환. **플립**(flip) 또는 **플롭**(flop)으로 불림.
- 평행한 소재를 촬영할 때 사용되는 수평 영상 이동(Horizontal Image Translation, HIT).
- 기본적인 3D 모니터링을 위한 50% 혼합, 좌우 디퍼런스, 애너글리프 영상 부호화(encoding).

http://cinetronic.com/en/stereohd

여기에는 몇 가지 유형의 모델이 있다.

- Miranda DVI-Ramp 2(이중 채널 젠락이 가능한 DVI/SDI 컨버터)
- Cine_tal Davio
- Inition StereoBrain
- Doremi Dimension3D(PC를 DCI 프로젝터에 연결하기 위해 설계됨)
- Keith Box라고 알려진 AJA Hi5-3D(소형 카메라용 도구 장치)
- Matrox(Time Dashwood가 NAB 2011을 위해 개발한 3D 멀티플렉서)
- Blackmagic Design(IBC 2010에서 전환 박스인 HDLink Pro 3D 소개)
- SpecSoft 3D Live(하드웨어 또는 소프트웨어로 판매. http://www.spectsoft.com/에서 무료 버전 다운로드 가능)

스테레오스코픽 영상 분석

디지털 예술로서, 스테레오스코피는 영상 처리 어플리케이션으로부터 혜택을 받았다. 실황 제작이나 장면 셋업의 경우, 새로운 장비는 **컴퓨터 지원 모니터링**(computer-aided monitoring)이라는 포괄적 이름으로 설명될 수 있는 새로운 일련의 도구를 갖추고 시장에 나오고 있다. 이러한 도구는 우리가 사용하던 수동형 영상 처리를 훨씬 뛰어 넘으며, 처리 과정에는 수많은 진짜 과학과 인공 지능 비트가 포함되어 있다.

영상 분석의 목적은 왼쪽과 오른쪽 영상 간의 관계를 이해하는 것이다. 즉, 카메라가 어떻게 위치하고 있는가, 그리고 렌즈가 센서로 가는 빛을 왜곡하고 있는가. 3D에서 시야에 있는 대상은 어디에 있는가, 그들은 어떻게 보이는가, 그들은 무엇으로 만들어져 있는가, 그리고 그들은 어떻게 움직일 것인가를 이해하는 것이다. 기본적인 영상 분석은 대응점(correspondence point)을 제공하는 반면, 복잡한 분석은 장면을 설명하는 상당한 양의 메타데이터를 만들어 낸다. 따라서 결과는 모니터링 도우미로 사용되던가, 리그의 구동기를 제어하고 결국에는 영상 도메인에서 3D를 수정하는데 사용될 수 있다.

스테레오스코픽 영상 분석의 첨단 기술

스테레오스코픽 영상 분석은 복잡한 과학이다. 전문 용어를 이해하는 데에는 박사 학위가 필요하다. 그리고 정말 솔직히 말하면, 우리는 여전히 이해하고 있는 도중이다. 그럼에도 불구하고, 모든 제작과 후반 작업 단계에서의 어플리케이션을 포함하는 영상 분석은 스테레오스코피 과학의 핵심이며 미래라고 생각한다.

영상 분석의 목적은 부화소 수준에 이르기까지, 왼쪽과 오른쪽 영상 간의 관계를 이해하는 것이다. 이것은 영상의 시각적 특징을 식별하고 그들을 완벽하게 짝짓는 것을 의미한다. 즉 양안 인공 시각 프로세스(binocular artificial-vision process)이다. 충분한 지점을 발견하고 일치시키면, 우리가 결코 필적할 수 없는 속도와 정확도로 카메라 정렬에서 잘못된 점을 발견하여 어떻게 수정할지를 알 수 있다. 아무도 한 쌍의 화면을 잠깐 보는 것만으로 부화소 수준의 정확도에 이르는 회전 양을 추정할 수 없다. 다음 단원에서 소개하는 실시간 수정 시스템은 그러한 분석에 기반하고 있으며, 완벽한 스테레오스코픽 영상을 만들어내는 영상 조작의 다양한 유형이 소개된다. 이것이 복잡하고 다차원적인 수학적 해답일지라도, 우리와 같은 단순한 예술가들은 그 과정을 2D로 설명할 수 있다. 이것을 마야의 물체 렌더링(object rendering)이 아닌 포토샵의 레이어 조작(layer manipulation)으로 간주하자.

현장에서는 2개의 큰 도전이 있다. 하나는 2개의 관련 없는 특징을 컴퓨터가 모으는 과정인 잘못된 대응점(homologous point)의 쌍들을 걸러내는 것이다. 우리는 최고의 정확도 비율로 가능한 많은 쌍을 원하고, 영상 분석은 반의적으로 잘못된 부분을 걸러내려고 한다. 그들을 구분하고 라인을 그리는 것은 영상 분석 시스템의 가치를 결정하는 비법적인 요소이다. 두 번째 도전은 실시간으로 전체 과정을 진행하고, 라이브 3D에서 특히 중요한 것으로써 영상을 지연시킬 수 없을 때 원활한 수정을 동시에 하는 것이다. 그렇지 않다면, 당신의 컴퓨터는 언제나 그것을 알아내는 동안 이미 방송에 나가버린 프레임에서 작업하고 있을 것이다.
과학적인 측면에서 봤을 때, 2개 영역의 주제에 관한 상당한 양의 출판물이 나와 있다. 반면, 실제로 가능한 솔루션을 찾고 있을 때에는 상당히 불모지이다. 우리가 알기로는, 이 책이 처음으로 계획된 2008년 전 세계에서 리그에 실제 제품을 갖고 있던 회사는 미국의 3ality Digital와 프랑스의 Binocle 단 2곳 뿐이었다. 그 이후, 3명의 도전자가 자신의 솔루션을 내 놓았다. 독일 제조 회사 KUK와 공동 개발한 Faunhofer Heinrich Hertz Institute(HHI)의 STAN(STereoscopic ANalyzer), FIFA 2010 월드컵을 3D 방송하여 명성을 얻은 Sony의 MPE-200, 그리고 스페인 Kronomav의 자체 리그와 분석기이다. 그들은 다른 제조사의 모션 컨트롤 시스템과 그들의 컴퓨터를 인터페이스 하려고 노력 중이다.

스테레오스코픽 영상 분석 어플리케이션

스테레오스코픽 영상 분석기는 믿을 수 없을 정도의 예리한 시각 시스템을 가지고 있으면서, 재미있는 화면이 무엇인지 아주 대충 이해하고 있는 신입 팀원과 같다. 그러한 수습직원을 데리고 무엇을 할 수 있을까? 여기에 이상적인 업무 몇 가지를 소개한다.

1. 스테레오그래퍼, DP, AC 또는 감독에게 강화된 모니터링 도구 제공.
2. 스크린에서 정렬을 제안하거나, 모션 컨트롤을 통해 3D 리그 설정 가속화.
3. 깊이 세팅에 기반 하여 3D 카메라 장치의 축간격과 주시점을 자동화.
4. 공유된 깊이 세팅을 가지고 전체 3D 카메라 조정.
5. 스테레오스코픽 디폴트에 대해 3D 콘텐츠를 자동적으로 검열.

컴퓨터 지원 모니터링(Computer-Aided Monitoring)

스테레오스코픽 영상 분석은 3D를 만들기 위해 3D를 보아야 한다는 진실을 쉽게 느낄 수 있게 해준다. 물론 문제는, 항상은 아니더라도 현장에 충분히 좋은 3D 디스플레이를 가지고 있지 않다는 것이다. 크기에 대해 이야기해보자. 최고의 전문가용 3D 디스플레이라고 하더라도 40피트 스크린에서 보는 영상을 평가하는데 필요한 수완을 제공하지 않는다. 현재의 3D 모니터는 10인치, 22인치, 그리고 46인치 사이즈이다. 이들 모니터에서 시차, 발산(divergence), 수직 불균형을 평가하는 것은 상당한 도전이다. 숙련된 스테레오그래퍼 Vince Pace는 46인치 3D 스크린이 3D 영상을 평가하기 위해 그가 필요로 하는 모든 것이라고 설명한다. 어쨌든, 그러한 수준의 경험과 자신감을 얻기 전에는 전용 3D 영상 컴퓨터의 도움을 받는 것이 좋을 것이다.

현장 3D 모니터링의 또 다른 문제점은 밝기이다. 3D 시각화 시스템은 15%에서 20% 범위에서 전체 효율성을 갖는다. 이것은 3D 안경을 썼을 때, 동등한 2D 디스플레이에서 얻는 것보다 5배에서 6배 더 어두운 화면을 얻는다는 것을 의미한다. 전형적인 3D 컴퓨터 지원 모니터링에서 발견할 수 있는 시각 모드는 다음과 같다.

1. 정확한 시차 벡터(vector)를 보여준다.
2. 색깔 태그를 사용하여 스크린 평면, 전경, 배경을 확인한다.
3. 깊이 히스토그램에서 장면의 깊이 브래킷(bracket)을 보여준다.
4. 대상 스크린 크기에 대한 측정 시차를 비교한다.
5. 다양한 2D 영상 품질 컨트롤을 3D 모드에서 작동한다.

불균형 벡터

이 모드에서, 잘못된 불일치 대응점은 점들을 잇는 화살표로 표시된다. 이 모드에서는 시차를 평가하고, 줌 부조화를 포함한 회전과 다양한 수직 불균형의 원인과 같은 대부분의 기하학적 디폴트를 지적한다.

그림 3.15
불균형 벡터 모니터링. 불균형 태거(tagger)에서의 불균형 벡터 모니터링. The Slava Snow Show; Binocle과 La Compagnie des Indes 사진 제공.

불균형 태그

이 모드에서, 잘못된 대응점은 시차의 총계와 방향을 보여주는 오류 칼라점이나 아이콘으로 표시된다. 크로스벤더(cross-vendor) 색상 코드 규정에서 파랑 태그는 화면 앞(out-of-screen) 요소, 녹색 태그는 스크린 평면, 그리고 빨강 태그는 무한 평면을 위한 것으로 합의되었다. 이와 같은 임의적인 평면 사이의 공간에 위치한 요소들은 시안과 노란색으로 표현한다. 보라색은 때때로 원하는 최대 도출 전경 보다 더 강한 음의 시차를 갖는 대상을 표시하기 위해 사용된다.

그림 3.16
깊이 브래킷이 있는 불균형 태그 모니터링. 이산적인 불균형 태그 붙이기 이외에, 이 모니터링 모드는 아래 1/3 지점에 장면의 글로벌 깊이 배치를 표시한다.
The Slava Snow Show; Binocle과 La Compagnie des Indes 사진 제공.

임계값은 수정한 스크린 크기에 따라 계산되고, 때때로 시청거리와 발산 한계를 포함하는 추가적인 요소에 따라 계산된다. 원한다면, 픽셀이나 영상 폭의 비율에 기준적인 양의 시차 값과 음의 시차 값을 입력할 수 있다.

Binocle의 Disparity Tagger는 시각 정보를 강화한 기하학적 모형을 보여준다. 강한 양의 시차나 음의 시차는 위나 아래를 가리키고 있는 삼각형으로 표시된다. 스크린 평면은 사각형으로 표시한다. 수직 정렬 불량은 자신이 나타내는 해당 벡터에 맞춰 자신의 아랫면을 정렬하도록 모형을 회전시켜 표시한다. 모형의 크기는 계산의 신뢰도를 나타낸다. 최고 효율적인 영역은 선명하고 상세한 질감을 갖는 중요 대상이 된다. 즉, 화면의 주인공은 배경보다 더 강력하게 태그가 붙을 가능성이 크다 - 얼마나 편리한가!

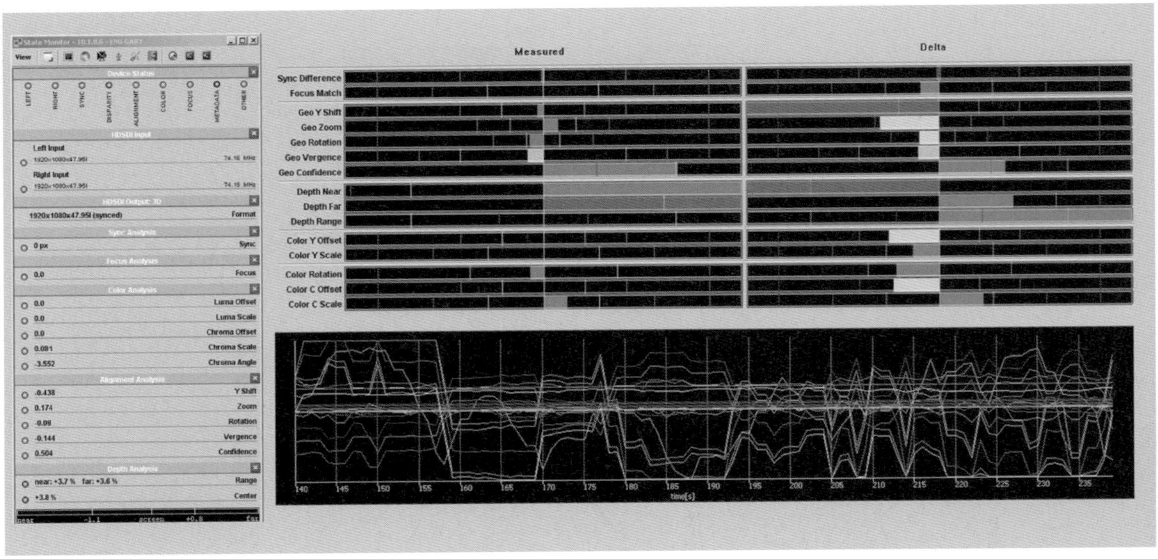

그림 3.17
3ality SIP에서의 깊이 분석. 이 모니터링 모드에서 많은 매개 변수가 추적되고, "깊이 영역(depth budget)"의 시각적 표현이 하단 1/3에 표시된다.
3ality Digital 사진 제공.

모든 업체들은 장면의 깊이 구조를 평가하기 위한 깊이 히스토그램을 가지고 있다. 영상을 후반 작업에서 수정해야 한다면, 깊이 구조는 재조정되어야 한다. 영상 처리기는 수정, 크기 조절의 양 그리고 그에 따른 프레밍을 추측할 수 있다. 그러한 최종 활성화 영상이 모니터에 표시된다.

그림 3.18
Binocle Disparity Tagger에서 수정된 프레임 모니터링.

비교 2D 분석

2D에서 사용하는 모든 영상 분석 도구는 디폴트에 대해 2D 영상을 분석할 뿐만 아니라, 때때로 3D 일관성을 확인하기 위해 3D에서도 필요하다. 대체로, 선명도와 테두리 검출은 카메라 간의 초점과 조리개 일치를 확인하는데 유용하다. 오버레이된 벡터 그래프와 RGB 히스토그램은 카메라의 조도와 색상 균형을 일치시키는데 유용한 도구이다.

그림 3.19
3ality SIP 상의 이중 채널 색상 히스토그램과 3D 벡터스코프.

컴퓨터를 이용한 3D 카메라 장치 설정

장면을 준비하는 동안 일단 카메라와 렌즈를 3D 리그에 설치하면, 렌즈와 카메라 전자 장치의 매칭은 물론 그들을 정렬해야 한다. 지능형 불균형 분석은 그러한 과정을 간소화한다.

광학 축 정렬

언제나 카메라를 시각적으로 정렬할 수 있고, 불균형 벡터를 계산하여 확인할 수 있다. 다른 방법은 어떤가? 연산 단계를 작동시키고 벡터 지도를 사용하여 리그를 정렬하자. 회전과 이동을 얼마나 수정해야 하는지 추측하지 않아도 되는 것이 이 방법이다. 그리고 여전히 어떤 손잡이를 어떤 방향으로, 그리고 얼마나 돌려야 하는지 파악해야 한다. 이러한 모든 것이 다른 것에 영향을 미친다는 것을 기억하자. 따라서 상당한 시행착오를 겪어야 할 것이다. 이것이 스테레오그래퍼가 그들의 리그와 긴밀한 관계를 가져야 하는 이유 중 하나이다. 좀 지나면 그것을 빨리 하는 방법을 배우게 된다. 머지않아 영상 분석기는 리그, 카메라 그리고 렌즈의 CAD 모델과 함께 작업하게 될 것이며, 작업하고 있는 그 설정에 대한 정렬 단계와 정렬 값의 리스트를 제안할 수 있게 될 것이다.

모션 제어 리그에서 이것은 더 간단하다. 컴퓨터가 자동적으로 카메라를 정렬시키고 광학축이 서로 일치할 때까지 또 다른 영상 분석을 가동할 것이다.

컬러 매칭, 화이트 밸런스, 조리개, 그리고 이득

모든 카메라는 자신 만의 색상 특징을 가지고 있다. 카메라들이 완벽하게 일치한다 하더라도, 하프 미러는 카메라를 동일하지 않게 작동시킨다. 시각적으로 흰색과 수평 사이에서 균형을 맞추는 것은 귀찮은 작업이 될 수 있다. 그대로 기준 흰색에서 촬영하고 컴퓨터가 획득한 RGB 값을 알려주도록 한다. 또는 3D 영상 처리기에서 색상 히스토그램을 맞출 수 있다. 영상 분석은 기준 도표 또는 빛을 받은 세트의 실제 영상 분석을 통해 단 한 번의 단계에서 모든 것을 할 수 있다. 일부 개발 중인 소프트웨어 제품군은 카메라에 로드해야 하는 색상 설정을 만들 수 있다.

조리개와 이득은 더 까다롭다. 비대칭 조리개는 비대칭 초점 심도를 생성한다. 영상 분석은 선명도에 대해 영상을 확인하고 그들을 일치시키지만, 센서 상의 노출 수준은 일치하지 않을 수 있다. 빔-스플리터에서는 그렇지 않다. 그 시점에서 필터 추가 또는 이득 설정에 대한 두 가지 옵션이 있다.

렌즈 편성

렌즈, 미러, 필터 등과 같이 디지털이 아닌 빛 경로 상에는 수많은 요소가 있다. 따라서 절대 완벽하게 일치되지 않을 것이다. 설정의 불일치를 수량화하는 것은 가공하지 않은 화면을 기록하고 후반 작업에서 스테레오 밸런싱을 마치기 전에 가능한 많은 수정 기회를 제공할 것이다. FX 팀에게 부탁하여 렌즈 편성(lens pairing)에서 할 수 있는 최대한의 것을 얻어내자. 그 시점 이후, 모든 수정은 시간, 돈, 컴퓨터, 그리고 기나긴 밤이다.

Z-LUT 생성

리그를 일단 정렬했다면, 렌즈를 살필 시간이다. 일부 렌즈 업체는 일치된 줌을 제공하는 렌즈 쌍으로 판매한다. 언젠가는 렌즈도 공장에서 계산된 자신만의 LUT를 갖게 되며, 내장 메모리 어딘가에 저장 될 것이다. 그 동안, 일치하지 않는 렌즈와 함께 일하게 되고, 촬영 준비와 후반 작업에서 그것을 처리해야 한다. 컬러 매칭(color matching)처럼 준비할 때 잘 처리했다면 후반 작업에서는 훨씬 더 수월할 것이다.
영상 분석기가 개입하기 전에, Z-LUT은 정렬 도표(alignment chart)의 확대와 축소를 이용하여 항상 생성되었다. 줌 텔레센트리는 다양한 사인 곡선을 따르기 때문에, 모션 컨트롤 시스템이 그것을 밀접하게 추적할 수 있을 때까지, 필요한 만큼 많은 사이 지점(in-between point)에서 카메라를 다시 정렬할 필요가 있다. 자동 Z-LUT은 이러한 과정을 30분에서 단 몇 초로 줄여줄 수 있는 대단한 도구이다.
기술의 계속되는 개선으로 인해 정렬 패턴은 곧 없어질 것이다. 이것은 줌이 흔들리고 LUT를 재조정해야 할 수도 있는 라이브 제작에 있어 중요하다. 예를 들어, 축구 경기를 진행하는 동안 해가 지거나 콘서트 장소에서 춤추는 군중들로 인해 열기가 발생한 이후, 열팽창은 가장 분명한 문제이다.

실시간 리그 제어

모션을 완전히 제어하는 리그와 강력한 영상 분석 시스템을 가지고 있다면, 그들을 연계해서 얻는 이득은 분명하다. 광학적 디폴트, 열팽창, 그리고 심지어 자동으로 장면에 설정된 깊이도 보정할 수 있다.

사전에 정해진 판단 규칙을 바탕으로

이 기본 기능은 가장 인기가 있으며 적용하기가 제일 쉽다. 이것은 기본 리그에 추가된 반지능형(semi-intelligent) 제어 장치로 실행되거나, 고가 리그 장비의 일부가 될 수도 있다. Binocle은 모션 제어 작동기를 둘러싸는 카메라 소켓 안에 그들을 통합하였고, 3ality는 리그 측면에 설치된 제어 장치를 가지고 있다. Sony는 자체 3D Processor Box의 1.2 버전에 리그 작동 원격 제어를 추가하였다.

실시간 연산을 바탕으로

이 고급 기능은 가장 진보한 것이다. 이 책을 쓰고 있는 시점에서, Binocle과 3ality만이 쌍방향으로 카메라의 깊이감을 설정할 수 있는 충분히 빠른 영상 분석 시스템을 제공하고 있다.

3D 리그 모션 제어 명령 프로토콜

2010년까지, 영상 분석기와 모션 제어 리그는 단일 판매 솔루션으로 함께 제작되었다. Sony 3D Box와 STAN으로 인해 상황은 변하고 있다. Sony는 이를 위해 공개된 Element Technica 프로토콜을 사용하고 있다. European Project 2020 3D의 경우, MediaPro의 Jordi Alonso는 보편적인 리그 인터페이스를 개발하기 위해 Kronomav와 함께 일하고 있다.

미래의 애플리케이션

현재, 업계는 영상 분석의 잠재적인 이득의 표면을 파헤치고 있다. 연산력과 소프트웨어의 수완이 증가하면, 더 많은 도구들이 곧 실현될 것이다.

진원도(Roundness) 평가

2D TV에서 모든 공은 둥글다. 3D TV 프로그램에서는 스크린 크기, 시청거리, 깊이 위치, 그리고 광축 거리에 비례하여 어떤 것은 구형이고, 어떤 것은 평면이거나 길쭉하다. 시청 거리 영향으로 인해, 작은 스크린에서의 육안 점검에 기반 하여 광축 거리와 주시점을 설정하는 것은 쉽지 않다. 언젠가 영상 분석은 인간의 얼굴처럼 잘 알려진 대상을 식별하고, 얼굴의 2D 스크린 상의 크기를 깊이 범위와 비교함으로써 장면의 평가된 "진원도" 를 전달할 수 있을 것이다.

깊이 차트 생성

3D TV 채널을 전 세계에서 개국하고, 3D 스텝들이 동일한 범위에서 촬영하고 편집함에 따라, 언젠가 콘텐츠를 프로그램 공급 체제(contribution feed)를 통해 공유하고, 축제에서 구입하거나, 카탈로그에 광고할 것이다. 최고 기술 임원은 저품질의 3D가 관객의 눈에 도달하지 않을 것이라는 것을 법률 부서에게 보장할 수 있는 솔루션을 요청 받을 것이다. 영상 분석 로봇은 그들을 통해 실행되는 모든 프로그램의 깊이 차트(depth chart)를 제공할 것이다.

네트워크 운영 센터의 백업 회로

불편한 3D가 관객에게 도달하고 있지 않다고 어떻게 확인할 수 있을까? 프로그램 공급 장치(program feed)에 영상 분석기를 설치하고, 시각적 기준을 손상시킬 수 있는 시차를 감지하면, 3D를 2D로 돌리도록 하자. 항상 평균 시차와 최대 시차를 기록하고, 3D 시각을 손상시켰다는 이유로 당신의 채널을 누군가가 법원으로 불러들일 날을 대비해 법률 부서와 함께 데이터를 백업하자.

표면경의 광학적 설명

우리는 수차례 표면경의 디폴트를 언급하였다. 시스템의 디폴트를 정확하게 아는 것은 그러한 디폴트를 절반은 극복한 것이다. 적절한 테스트 도표 그리고 절차와 연결된 영상 분석기는 미러의 바로 그 광학적인 작용을 설명할 수 있다. 그러한 특징은 그리고 나서 일치를 위해 VFX 제품군으로 더해질 수 있다.

영상 분석의 한계

많은 컴퓨터 기반의 마술 상자처럼, 상품 광고와 자동화된 영상 분석의 실제 전달에는 상당한 차이가 있다. 지금까지, 인공 지능은 여전히 모순적이다. 영상 분석에는 잘 알려진 문제가 2개 있다. 존재하지 않는 대응점 찾기의 불가능과 입력 품질의 중요성이다.

프레임의 테두리

프레임의 측면 테두리에 비대칭적으로 막힌 영상 영역이 있다고 하자. 하나의 카메라로 무엇이 보이던 간에, 스테레오스코픽 윈도우 앞이나 뒤에서 다른 시점과 일치시킬 수 없다. 특히나 유감스러운 것은 이것이 시청자의 공간에 가장 방해 공격을 할 수 있는 장소이기 때문이다. 그것은 사람들과 사물이 프레임 안으로 들어가는 공간이며 3D를 손상시키는 윈도우 위반(window violation)을 발생시키는 공간이다.

카메라를 재 수렴하거나 자동적으로 플로팅 윈도우를 설정해서 이것을 감지하고 수정할 수 있는 영상 분석기를 원할 것이다. 불행히도, 이들은 정확하게 영상 분석기가 알아 낼 수 없는 지점에 있으며, 나름의 이유가 있다. 그 표면은 상응점 지역이 아니다. 그리고 물론, 그것은 매우 문제가 된다.

해결책은 가장 큰 크기의 영상과 프레임 인(frame in)을 촬영하고 분석하는 것이다. 3D에서 그렇게 해야 할 이유는 많이 있으며, 영상 분석은 또 다른 하나일 뿐이다.

불완전한 입력, 불완전한 출력

당신의 뇌가 망막의 신경 세포 줄기를 처리하는 것처럼 시스템은 3D 피드(feed)를 처리한다. 그것은 각각의 시야에서 반복되는 인식 가능한 세부 사항을 찾으며, 그들의 각거리(angular distance)를 예상되는 깊이로 변형시킨다. 이러한 과정은, 2개의 영상이 시점을 제외하고 모든 특성에서 동일하며, 모든 불균형 벡터는 수평이라는 가정에 의존한다. 이것이 옳다면, 영상을 수정할 필요조차 없다는 것을 의미한다.

요점은, 2개의 카메라 영상이 완벽하게 조명과 색상에서 일치하지 않기 때문에, 특징 대조는 충분한 기능을 못한다는 것이다. 휘도 그라디언트(luminance gradient)를 가지고 있는 표면과 더 높은 조도 레벨(light level)을 가지고 있는 카메라 중 하나를 일치시키려고 하는 상황을 고려해 보자. 동일한 휘도 벡터(더 어두워짐)는 사진 불일치 및 깊이 불일치 모두와 관련될 수 있다. 당신이 처리 장치라면 어느 것이 어느 것인지 어떻게 결정하겠는가?

게다가, 여기에 피드백 루프가 있다. 영상 매개 변수를 수정하는 것은 깊이 계산에 영향을 주며, 반대도 마찬가지이다.

- 영상 불일치는 특징점(feature point)의 빛과 색상을 바꾼다.
- 영상 불일치를 완벽하기 수정하기 위해서, 대응점을 확인해야 한다.
- 대응점을 완벽하게 확인하기 위해서, 영상 불일치를 수정해야 한다.

스테레오스코픽 분석에 영향을 미치는 원천 품질의 손상 가운데, 저조명 상태, 모션 블러, 젠락의 부정확, 그리고 롤링 셔터 방향을 언급하기로 하자.

기존의 제품

Cel-Scope3D is an example of a hardware-independent image analyzer: http://www.cel-soft.com/celscope3d/
Hamlet Video VidScope-3D: http://www.hamlet.co.uk/products/software/vidscope-3d/

현재 시장에는 3ality, Binocle, Sony 그리고 HHI/KUK에서 나온 4가지의 고가 제품이 있다(이에 대해서는 다음 단락인 영상 수정에서 더 언급하겠다).

최근, 비디오 수집 동글(video acquisition dongle)에 장착하는 다양한 저가 프로젝트와 소프트웨어 영상 분석이 NAB 2011에서 선보였다. 모든 비디오 획득 또는 포맷 전환 하드웨어 공급 업체(Gefen, Matrox, Blackmagic, Mirada, 등)들이 자신의 하드웨어 제품을 보완하기 위해 일종의 3D 소프트웨어 도구를 업그레이드 할 것으로 기대된다.

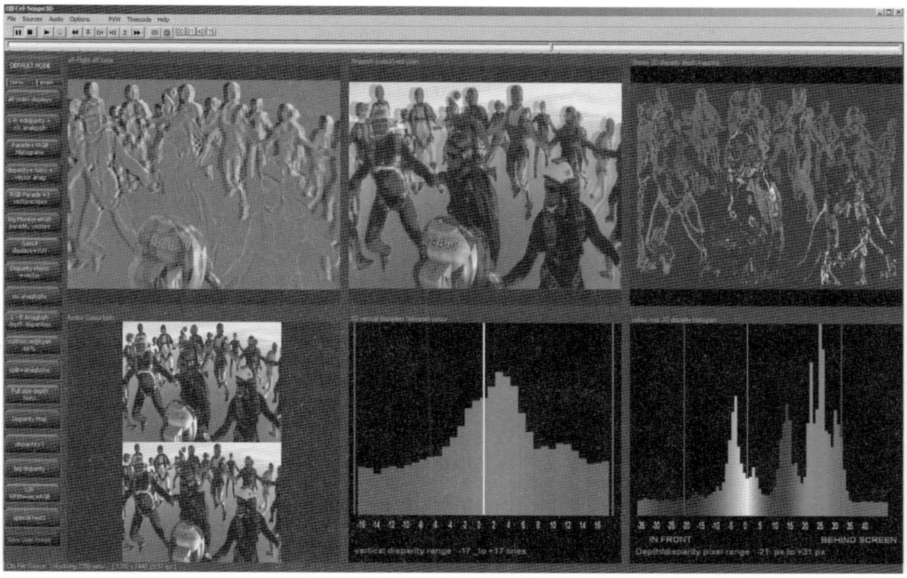

그림 3.20
Cel-Scope3D 분석기

스테레오스코픽 영상 구조 수정

강력하고, 빠르고, 정확한 영상 분석 시스템을 가지고 있다면, 다음 단계는 촬영할 때 카메라에서 수정할 수 없었던 불균형 수정을 처리하는 것이다. 비색(colorimetric) 수정을 이야기하는 것이 아니라 기하학적 수정을 이야기하고 있는 것이다. 모든 기계 시스템은 한정된 정확성을 가지고 있으며, 어떠한 리그도 마이크로미터 정확도 내에서 풀 사이즈 디지털 시네마 카메라를 움직일 수 없다. 이것은 회전, 확대, 광학 중심 이동과 같이 부화소에 이르기까지 수정할 수 없는 모든 것 또는 촬영 세션이나 라이브 이벤트 동안 움직일 수 있는 모든 것을 포함한다.

3D 수정 시연을 볼 기회가 있다면, 그것은 거의 처음으로 새로 닦은 안경을 통해 보는 것과 같을 것이다. 마치 우리가 주의하지 않았던 흐린 커튼이 있었던 것처럼, 우리 안경을 닦았을 때야 비로소 갑자기 세상이 투명하게 맑아지는 느낌이다. 수정하지 않은 영상은 이상하게 괜찮은 느낌이며, 수정 시스템이 작동하고 나서야 침침한 불빛에서 독서를 하고 있는데 누군가가 불을 켠 것 같이 느낄 것이다.

시각적 배경 소음에 지나지 않는 것을 수정하는 것은 과잉처럼 보일 수 있다. 하지만, 실제로 3D에는 시각 노이즈와 같은 것은 없다. 당신이 얻은 것은 관객의 시각계의 작업 부하를 증가시키는 망막 불균형이다. 이러한 불완전한 3D를 타당하게 만들기 위해서는 눈높이에서 물리적인 재 정렬이 요구되며, 시각 피질에 추가적인 융합의 복잡성이 요구된다. 이것은 최적을 위한 시각적 피로를 야기하고, 대중에게 두통을 유발하는 것이 당신의 3D 콘텐츠를 판매함에 있어서 좋은 장점은 아니라는 것을 의미한다. 상쇄된 몇 개의 픽셀이 실제적인 불편함을 발생시키지는 않을 것이라고 생각하면, 당신이 틀린 것이다.

또한 영상을 그래픽과 섞는 순간, 당신은 완벽한 기하학적 구조인 CGI를 불완전한 기하학적 구조인 라이브 피드(live feed)와 섞는 것이다. 후반 작업된 영화에서, 이것은 영상을 미세 조정하거나, 블루 스크린에 있는 배우를 CG 배경과 일치시키고 바닥에 붙이기 위한 노동 시간을 의미한다. 스포츠 경기와 같은 라이브 3D 피드에서, 이것은 관객이 점수를 보거나 선수를 보는 것 중에서 선택을 해야 한다는 것을 의미한다. 후반 작업 도구는 4장에서 소개되며, 현장 수정 도구는 여기에서 열거한다.

영상 수정의 첨단 기술

스테레오스코픽 영상 수정을 **스테레오 밸런싱**(stereo balancing)이라고 한다. 또한 수동으로 처리할 때에는 **스테레오 그루밍**(stereo grooming)이라고 불린다. 이것은 약간의 수직, 약간의 회전, 2 비트의 확대, 그리고 많은 시간이 개입된다. 그것의 자동 대응은 영상 분석에서 불균형 벡터 지도를 얻고, 모든 벡터가 수평이 될 수 있는 방법을 알아내는 것으로 구성된다. 대부분의 경우 4 단계 변형으로 충분하다. 당신이 개별적으로 선택한 네 모서리를 ALT -move를 이용하여 포토샵에서 하는 것과 아주 동일한 작업으로 처리한다.

문제는, 스크린 평면을 일관되게 유지해야 하며, 하나의 시각을 왜곡하여 어떠한 방향으로도 장면을 회전시키지 않고, 이 모든 것을 매끄럽게 하도록 하는 것이다. 현재의 분석기는 아직 풀 프레임 율로 연산하지 못하지만, 코렉터(corrector)는 할 수 있다. 다음 회분의 벡터를 기다리면서, 이미 파이프라인으로 가버린 일련의 프레임을 기반으로 하여 약간의 프레임에 분석 결과를 삽입해야 한다. 일부 시스템은 카메라 이동에 따른 궤도에서의 그러한 추측 체류를 돕기 위해 모션 컨트롤 메타데이터를 사용한다.

비선형 왜곡과 같은 더 광학적인 디폴트들(예를 들어, 배럴, 핀 쿠션, 머스타쉬 왜곡)은 실제적으로 방송과 디지털 시네마 렌즈에서는 중요하지 않다. 그들은 후반 작업에서 필요하면 수정할 수 있다. 지금까지, 스테레오스코피 영상의 기하학 수정 도구에서 그들을 구현하는 것은 전혀 상식적으로 이해가 안 갔던 기술이다.

스테레오스코픽 영상의 기하학적 수정 어플리케이션

영상 수정의 궁극적인 목적은 "어떠한 3D 장면이라도 정렬과 수정이 필요한 FX 장면이다"라는 전제가 "감독의 깊이 요청에 따라, 어떠한 3D 카메라 장치도 좋은 3D를 제작한다"라는 전제로 되게 하는 것이다. 이미 언급한 비교에서, U23D 콘서트 영화는 2007년에 1년에 걸쳐 후반 작업을 하였으나, 불과 몇 년 후인 2010년 Black Eyed Peas 3D 쇼는 생방송이었다.

이것은 스테레오그래퍼가 하던 것을 즉각적이고 자동적으로 수행하는 장치를 갖게 되면서 이루어졌다. 즉, 자동 처리는 기하학적 오류에서부터 비색 부조화에 이르기까지 영상 불균형을 감지하고, 식별하며, 검토하고, 수정하게 된다. 즉, 모든 것을 처리하게 된다.

고가 리그의 정확성 확대

방금 당신 카메라를 3D 리그에 올려놓았다면, 수십 개의 픽셀 정도 정렬이 되지 않은 사진을 얻게 된다. 기계적으로 카메라를 배치하는 경우에는 몇 픽셀 이내의 정확도를 가져온다. 좋은 모니터링 도구, 인내, 그리고 경험은 수직 오류를 3개 픽셀 이내로 떨어트릴 것이다.

영상 분석을 통해 정확하게 픽셀 차이를 줄일 수 있고, 모션 컨트롤에 의해 처리 과정은 더 빨라 질 것이다. 그것은 장면을 바꾸지 않고, 리그를 움직이지 않거나 빠른 동작을 따라가지 않을 경우이다. 그렇지 않으면 정확성은 떨어지고, 불균형은 다시 눈에 띄게 된다. 그들의 리그는 충분히 견고하고, 그들의 모션 컨트롤 시스템은 충분히 강해서 영상 수정이 필요 없다고 주장하는 판매업자들이 있을 것이다. 그들은 기본적으로 물리 법칙이 자신들의 제품에 적용되지 않는다고 주장한다. 관성과 중력을 믿고, 촬영한 것을 방송하려고 계획하고 있는 사람들의 경우, 한결같은 부화소 영상 기록(registration)을 얻기 위해 영상수정이 필요하다.

저가 리그에서 모션 컨트롤 교체

2010 NAB에서, Sony는 몇 달 후에 FIFA 월드컵에서 그들이 사용하게 될 3D 솔루션을 소개하였다. 그들은 역동적인 수직 기록을 제공하지 않고, 대신 영상을 수정하

기 위해 그들의 영상 처리 시스템에 의존하는 리그를 선택하여 업계를 놀라게 하였다. 기존의 첨단 기술은 줌 광학축 이동의 수직 요소를 보정하기 위해 하나의 카메라에 대한 피치(pitch)를 조절하는 것이었다. Sony는 그 이후, 나중의 소프트웨어 버전에서 리그를 모션 제어할 수 있는 능력을 도입하였다.

방송에서 깊이 사고의 현장 수정

생방송에서 아무것도 잘못되지 않을 것이라고 누가 말할 수 있는가? 아마도 NOC 전달 네트워크(delivery chain)에서 3D 영상 수정 시스템을 설정해 놓은 사람은 말할 수 있을 것이다. 자신의 한계를 설정하고, 2D로 후퇴하는 것보다, 장면을 수정할 수 있는 결정은 불균형 탐지기에 맡겨 두도록 하자.

영상 수정의 미래 어플리케이션

현재의 첨단 기술은, 장면을 위해 필요한 완벽한 위치에 있는 카메라로 영상을 만드는 것처럼, 광학적으로 정확한 영상을 만들어 내는 것뿐이다. 현재 멀티 리깅(multi-rigging)이라는 이름하에 스테레오스코픽 CGI 애니메이션에서 할 수 있는 것의 연속선상에서 다른 렌더링도 가능하다. 아주 가까운 미래에 장면의 깊이 압축과 대상 깊이 확장의 2가지 옵션이 실현 가능할 것으로 보인다.

장면 깊이 압축(scene depth compression)은 배경과 전경을 스크린 평면 앞으로 가져옴으로써 과도한 IOD를 처리한다. 이것은 폐쇄 누설(occlusion revelation)이 없기 때문에 가능하다. 그럼에도 불구하고, 테두리 검출은 완벽해야 한다.

대상 깊이 확장(object depth extension)은 대상 물체의 부피를 부풀려서 부족한 IOD를 처리한다. 이 경우에는 불균형 벡터에서 만들어진 깊이 지도의 정확성과 해상도를 늘릴 필요가 있다.

스테레오스코픽 영상의 기하학적 수정의 한계

우리의 불완전한 세계에서, 마술 상자는 지금까지의 기술 정도가 적용될 수 있다. 센서에 도달하지 못한 빛을 컴퓨터에서 합성하는 것을 상당히 힘들 것이다. 게다가, 영상의 기하학적 수정은 의존하고 있는 영상 분석으로부터, 그리고 후반 작업 도구로 이루어지는 이후의 상호작용 문제로부터 약간의 한계를 가지고 있다.

기하학적 수정은 시점 합성이 아니다

영상 수정은 광학축의 원점과 목적 지점, 2개의 잠재적 카메라 위치 오류를 처리한다. 카메라의 목표 지점을 변경하는 것은 상당히 쉽다. 스테레오스코픽 장면을 재 수렴할 때 하는 것처럼 영상을 그냥 이동하면 된다. 센서 위치를 바꾸는 것은 또 다른 이야기이다. 그것은 후반 작업에서 시점을 추가할 때 수행하는 것이다.
영상 수정은 카메라가 있는 곳이 아닌, 카메라가 목표로 하는 것만을 수정할 수 있다. 여전히 완벽한 카메라 앙각(elevation)이 필요하다. 수평으로 잘못 놓은 위치는 부적절한 양의 IOD와 주시각(convergence angle)을 만들어낼 것이다. 그것은 잘못된 것이지만, 해결할 수 없는 망막 불균형을 만들어내는 잘못된 수직 위치만큼 문제가 되지 않는다. 수직 이동을 수정할 수 있다고 주장하는 것은 부정확한 IOD를 수정할 수 있다고 우기는 것만큼 대담한 짓이다.

기하학적 수정은 시각 효과 워크플로우에 영향을 준다

영상 수정에서 지각할 정도의 선명도 손실은 없다. 쌍입방 보간(bicubic interpolation)은 유통 경로를 따라 몇 번의 비디오 압축을 했다면 절대 나타나지 않는다.
문제는 광학 중심이 프레임 중앙에 있지 않는 영상을 이해하지 못할 수도 있는 매치무빙(match-moving) 소프트웨어에서 발생한다. Pixel Farm의 3D 추적기는 수정된 영상을 가지고 작업할 수 있다는 사실로 인해 부분적으로 스테레오스코피 분야에서 명성을 얻고 있다. 그렇지 않다면, 프로세스는 영상 분석 결과가 있는 가공하지 않은 영상을 녹화하거나, 영상 수정 매개 변수가 있는 수정된 영상을 녹화하는 것이다. 어떤 경우든지, 촬영할 때 왜곡된 영상은 항상 표시를 하자.

기존의 장비

3ALITY

시장에 나온 시발주자는 3ality Digital이었고, 제품은 SIP 2100과 상위 등급의 멀티카메라 장치인 SIP 2900이었다. 장비는 광범위한 모니터링 모드, DVI와 SDI 접속 용이성, 프레임 호환 포맷 전환, 그리고 웹 원격 제어를 제공한다. 이것은 또한 리그 모터를 작동시키고 기하학적 구조를 수정한다. 테라플롭(teraflop)의 전체 처리 파워를 위해 2개의 PowerPC와 4개의 Xilinx Spartan을 사용하여 이 모든 것을 처리한다.

카메라를 제어하고 시작부터 최고의 영상이 제작될 수 있도록 대부분 2D 영상 분석을 사용하는 반면, 3D 기하학적 구조는 비-유클리드 공간에서 계산하고 수정한다. 이 장비는 수년 동안 개발되고 있으며 SBkyB Sports같은 3D 라이브 제작과 영화 세트장에서 사용되고 있다. 장비는 3ality 리그를 이용하여 작업하도록 설계되었지만, 종종, 특히 장편 영화 제작에서는 다른 시스템과 함께 사용된다.

3ality의 접근 방법을 살펴보면, 품질 부담을 리그와 카메라로 보내어 이후에 적용되는 수정의 양을 최소화하는 것이다. 이러한 품질 기대는 라이브 쇼를 제작하는 동안 항상 발생하는 "기계적 이동"을 수정하기 위한 것이다. 확대와 축소를 계속하고, 몇 시간 동안 이리저리 카메라를 찍어댈 때, 당신은 카메라, 리그, 렌즈에 가속도를 가하게 된다. 경험에 의하면 기계적 수정은 쇼가 끝날 때까지 지속되지 않을 것이다. 계속 진행되기 위해서는 영상을 분석하고 리그로 수정 사항을 보내야 한다.

BINOCLE

Binocle은 10년 이상 스테레오스코피 분야에서 연구과 제작을 하고 있는 프랑스 회사이다. 그들은 RealViz FX 제품군을 만든 것으로 알려진 French National Institute for Research in Computer Science and Control(INRIA)와 함께 팀을 이루었다. NAB 2009에서 Bonicle은 자신의 영상 처리 시스템인 Disparity Tagger를 소개하였다. 그것은 SDI 인과 아웃 특성을 가지고 있는 일반적인 Windows 컴퓨터이다. NAB 2010에서는 실시간 기하학적 수정의 제 1세대를 선보였다. Binocle의 철학은 리그의 모션 컨트롤과 계산 자원을 카메라를 담고 있는 올인원 소켓 안에 넣는 것이다. 그 결과, 영상 분석 시스템은 완전히 독립적이며 리그 자동화와 상호 작용하지 않는다.

KUK

STAN은 Fraunhofer Heinrich Hertz Institute(HHI)와 KUK 프로덕션 간 협력의 산물이다. 이것은 NAB 2009에서 소개되었으며 그 이후로 P +S Technik 리그에 적용되고 있다. 현재 구입 가능하다.

STAN의 접근법은 기하학적 수정의 시간 추정(extrapolation) 부분을 돕기 위해 리그의 모션 컨트롤에서 나오는 정보를 이용하는 것이다. 이것은 또한 PC 플랫폼에서 운영되는 소프트웨어 솔루션이다. 극히 단순하지만 이해하기 쉬운 유저 인터페이스를 갖고 있다.

SONY

Sony의 제품은 다용도 디지털 제작 시스템인 MPE-200과 3D 획득 특수 소프트웨어인 MPES-3D01로 구성되어 있다. 하드웨어는 4개의 HD 입력과 출력이 있는 Cell BE2 엔진을 기반으로 하고 있으며, 소프트웨어는 미국에서 개발되었다.

Sony의 접근법은 모든 스테레오스코픽 디폴트가 영상 도메인에서 수정될 수 있으며, 따라서 충분히 강력한 영상 처리 장치는 복잡한 리그를 대체할 수 있다고 가정하는 것이다. 현재의 3D 소프트웨어 버전은 어떠한 영상 분석이나 모션 제어도 사용하지 않는다. 모든 기하학적 그리고 비색 수정은 시스템을 설정하는 동안 수동으로 입력해야 한다. MPE는 렌즈의 초점길이(focal length)와 카메라 초점 거리(focus distance) 정보를 받기 위해 카메라의 HD/SDI 인터페이스를 통해 렌즈와 소통한다.

Sony는 Element Technica의 명령 프로토콜을 사용하여 리그와 소통할 수 있는 새로운 버전을 발표하였다.

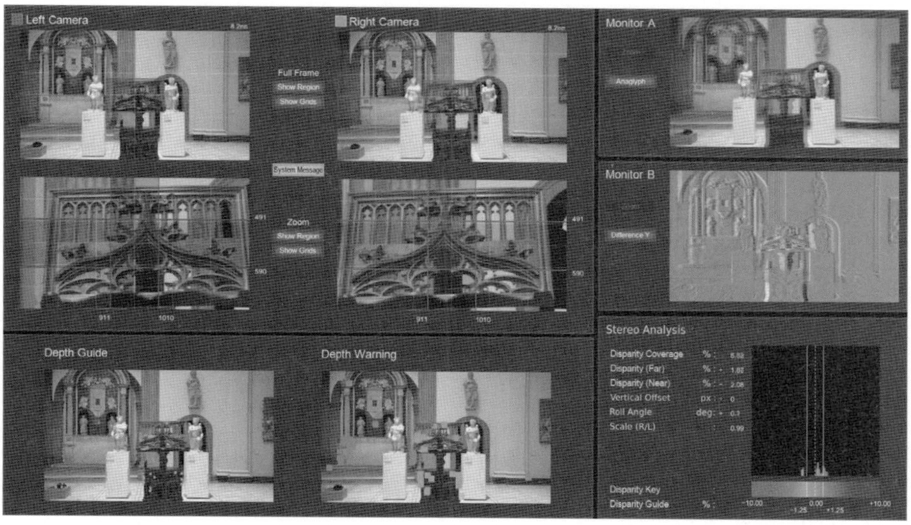

그림 3.21
MPES-3D01을 갖춘 Sony MPE 200의 카메라 정렬.

KRONOMAV와 MEDIAPRO

Kronomav는 자신의 3D 리그를 NAB와 CES에서 발표하였으며, 첫 번째 영상 분석기를 개발하였다. 그 분석기는 이미 판매 중이다. 스페인의 회사는 현재 풀 3D TV 제작 플랫폼을 만들기 위해 TV 제작사인 MediaPro와 팀을 이루었다. 이것은 NAB 2011에서 소개된 분석기의 새로운 버전을 포함한다. 새 분석기는 리그 동작을 제어하고 영상 도메인에서 사진을 수정하는 역할을 한다.

MediaPro의 프로젝트 매니저인 Jordi Alonso는 현재 리그와 영상 분석기 간의 표준화된 커뮤니케이션 프로토콜을 개발하고 있다. Doremi, StereoTec와 Element Technik이 진행 중인 예비 작업에 관심을 보였다. 하드웨어 구현은 일반 PC의 CUDA 프로세서를 사용하였다.

CHAPTER 4

3D 방송을 위한 촬영과 편집

스테레오스코피 영상 제작은 현재 빠른 속도로 진행되는 진화 과정을 경험하고 있다. 전형적인 쇼 제작분야에서, 3D에 거의 경험이 없는 또는 경험이 아주 없는 팀원들과 함께 일하고 있는 전문적인 스테레오그래퍼를 볼 수 있다. 현재 제작 중인 메이저 3D 영화는 대부분 자신의 첫 번째 3D 이야기를 만들고 있는 영화 제작자가 감독하고 있다. 카메라 리그가 프로토타입이거나 아니면, 그 리그는 대부분 그러한 쇼에 맞추어 구성된다. 즉, 마이크로코드(microcode)를 업데이트 받았거나, 새로운 영상분석 소프트웨어 상에서 운영되고 있다. 어떠한 3D 장치도 2개의 영화에서 동일한 구성으로 사용된 적이 없다는 것이 일반적인 가정이라고 할 수 있다. 그리고 이것은 앞으로 몇 년 동안 트렌드가 될 것이다. 3D 영화 세트 텐트에서, 상황을 분석하고 장비 효율성과 견고성을 개선하기 위해 리그 회사에서 파견한 기술자나 엔지니어를 만날 수 있다. 이러한 관점에서, 최상의 관행과 장비는 3D 제작에서 끊임없이 변화하는 현실이다.

동시에, 3D는 실제 제작 세계로 편입되기 위해 연구 영역을 떠나고 있다. 대부분의 중소형 프로덕션은 영화 제작 이론을 연구하는데 지출할 돈이 없다. 3D TV와 다큐멘터리 프로덕션들은 실험 할 시간이 없는 매우 상이한 비용 구조를 가지고 있다. 중계차에 탄 모든 사람들은 창의적이다. 모든 3D 리그에 기술자를 앉힐 돈이 없다. 3D TV 프로덕션은 가능한 빨리 기술자를 퇴출하고 싶어 한다. 목표는 그들을 이전 장에서 논의했던 인공 시각 컴퓨터와 같은 적절한 장비로 대체하는 것이다. 스포츠용이던 아니면 토크쇼용의 스튜디오 카메라이던 간에, 자동화된 3D 카메라 장치에 대한 요구가 있다. 이것은 3D로의 변화에 필요한 생산 공정의 전반적인 변화에 비해 상대적으로 별로 대단하지 않은 기술 진화이다.

그러한 과정의 예로써, 현재의 쟁점은 최상의 카메라 위치에 접근하는 것이다. 스포츠 경기장의 규모는 모든 카메라 위치를 중복시키기엔 너무 비싸다. 2D 카메라를 3D 장치로 교체하거나 2D 감독에게 하나의 평면적인 경관을 보내는 것도 불가능하다.
그것은 프레밍과 스토리텔링 문제를 제기할 뿐 아니라, 소통의 문제도 제기한다. 카메라 조작자는 2D 감독과 3D 감독 중 누구에게 보고를 해야 하는가?

3D 카메라 장치 설정

빔-스플리터 구성

Element Technica의 Stephen Pizzo에 따르면, 전형적인 리그 구성은 TV와 영화 제작에서 동일하지 않다. 리그 구성에는 over through(OT)와 under through(UT)가 있다. 시네마 팀원들은 반사 카메라를 상단에 놓는 OT로 설정하는 것을 선호하는 반면, 3D TV 팀원들은 반사 카메라를 하단에 놓는 UT로 설정하는 것을 선호한다. 이러한 경향의 주된 이유는 카메라 자체에 대한 관계이다. 세트장에서, DP는 필름 롤이 시야를 가로 막는 높은 카메라 옆에 서 있다. TV 쇼에서, 카메라맨은 카메라 뒤에 서서 모니터의 프레임을 제어하면서 주변 시야를 가지고 쇼의 동작을 지켜본다.
또 하나 고려해야 할 점은 리그 구성이 경기장에서 주변 좌석의 시야를 가로막지 않아야 한다는 것이다. 바꾸어 말하면, 좌석 죽이기(seat kill)를 최소화해야 한다. 이것은 다음을 이해 할 때까지 하찮은 문제처럼 들릴 것이다. 즉, 거대한 덩치의 카메라는 뒤쪽으로 최대 20명의 시야를 가릴 수 있다. 좌석이 600불에 이르는 FIFA 준결승 게임이 3D TV에서 방송된다고 해서 움직임의 일부를 놓치고 싶은 사람은 없을 것이다. 그리고 20개의 좌석은 12,000불에 이른다. FIFA의 25개 경기에서, 다양한 카메라 위치를 위해 지불하는 돈은 백만 불 이상이 될 것이다.
야외 촬영지에서 촬영할 때 또 하나 고려해야 할 점은 지하실과 가능한 가깝거나 땅과 가능한 가까운 시점을 얻고자 할 때의 요구이다. 스테레오그래퍼 Celine Tricart가 언급한 것처럼, 이러한 사실은 리그를 위를 보게 설치할지 아니면 아래를 보게 설치할지에 영향을 미친다. 장면을 위해 전체 구성을 바꾸는 것은 새로운 광축간 거리를 설정하는 것보다 더 복잡하다. 그것은 5분이 아니라 수십 분이 걸리며, 촬영 스케줄에 영향을 미친다. 최소한 업 샷과 다운 샷을 함께 묶고, 그날의 시작이나 끝 부분에 그들을 배치하도록 하자.

마지막으로 고려할 점은 먼지이다. 아래를 보는 장치에서는, 먼지가 거울 위로 떨어져서 영상에 안 좋은 영향을 미칠 수 있다.

그림 4.1
Derriere les Murs(Behind the Walls)에서의 카메라 장치. 이 사진에서 리그는 조작자의 시선을 자유롭게 하는 "위를 보는" 구성이다.

3D TV 쇼나 다큐멘터리에서, 편광 소멸 필터는 환경적 위험으로부터 미러를 보호하는데 도움이 된다.

카메라 장치의 칼라 부호화

모든 위치에서의 카메라 중복은 엄격한 식별을 요구한다. 왼쪽/오른쪽 장면이나 스트림 반전은 모든 3D 제작 과정을 따라 나타나는 주요 실수이다. 칼라 부호화된 카메라, 케이블, 컨트롤 박스, 녹화 보조 기구가 필수이다. 스테레오그래퍼는 좌우 식별을 챙기기 위해 AC, 리그 보조원을 이용하거나 자신만의 세트 혹은 접착테이프의 색상을 사용한다.

적색과 청색의 음영(shade)은 보편적으로 합의된 색상이지만, 미국과 유럽의 제작 사이에는 문화적인 차이점이 있다. 미국에서는, "적색은 오른쪽"라는 사인을 리그 판매점에서 볼 수 있다. 유럽에서는, "적색은 왼쪽"라는 사인을 보게 된다. 그것 때문에 스테레오그래퍼를 비난하지 말자! 공교롭게도 스테레오 음향 사운드 또는 해상 항해에서 수로 입구를 표시하는 고정된 조명을 볼 때에도 동일한 색상 반전을 발견하게 된다. 또한 보트와 비행기에 대한 국제 협정에서도 적색은 왼쪽이다.
왼쪽과 오른쪽 식별에 어떠한 결정을 내리던 간에 당신 팀의 모든 사람들, 특히 국제 행사를 위해 전 세계에서 온 다양한 팀원들이 서로 통하는지 확인하자.

카메라 등록

카메라는 비색 및 기하학적 공간에서 보정되어야 한다. 이러한 조작은 사이드-바이-사이드 리그에서 더 쉽다. 그 이유는 광학 미러가 결코 색상 중립적이 아니며 카메라의 공간 정렬에 더 많은 주의를 요구하기 때문이다. 과정을 배울 때, SBS 리그로 시작해서 과정에 익숙해지면 미러 리그로 들어가는 게 좋다.

SEAN FAIRBURN의 등록 도표

베테랑 카메라맨인 B. Sean Fairburn은 DSC 연구소와 함께 카메라 정렬을 돕기 위한 3D 도표를 제작했다. 이 도표는 카메라 등록을 간소화하면서, 스테레오 영상 제작에 유용한 특징과 세부 사항을 포함하고 있다.
Sean은 카메라 정렬을 마치면, 리그의 최대 광축 간격을 설정하고 도표의 몇몇 장면을 기록한다. 왼쪽과 오른쪽 카메라는 대개 "L"이나 "R" 태그를 붙이고 도표의 왼쪽이나 오른쪽 절반을 촬영한다. 이것은 후반 작업의 미래 기준 또는 중계차에서의 피드 식별에 매우 유용할 것이다.

Stereo Tango 정렬 절차

모든 리그와 모든 스테레오그래퍼는 자신만의 동록 순서를 갖고 있다. 그것은 개인적 취향, 경험 또는 리그의 기계적 설계로 인해 순서에 미묘한 변화가 있는, 동일한 항목 리스트를 포함한다. 예를 들어, 3D Camera Company들이 주로 이용하는 정렬 순서를 설명한다.

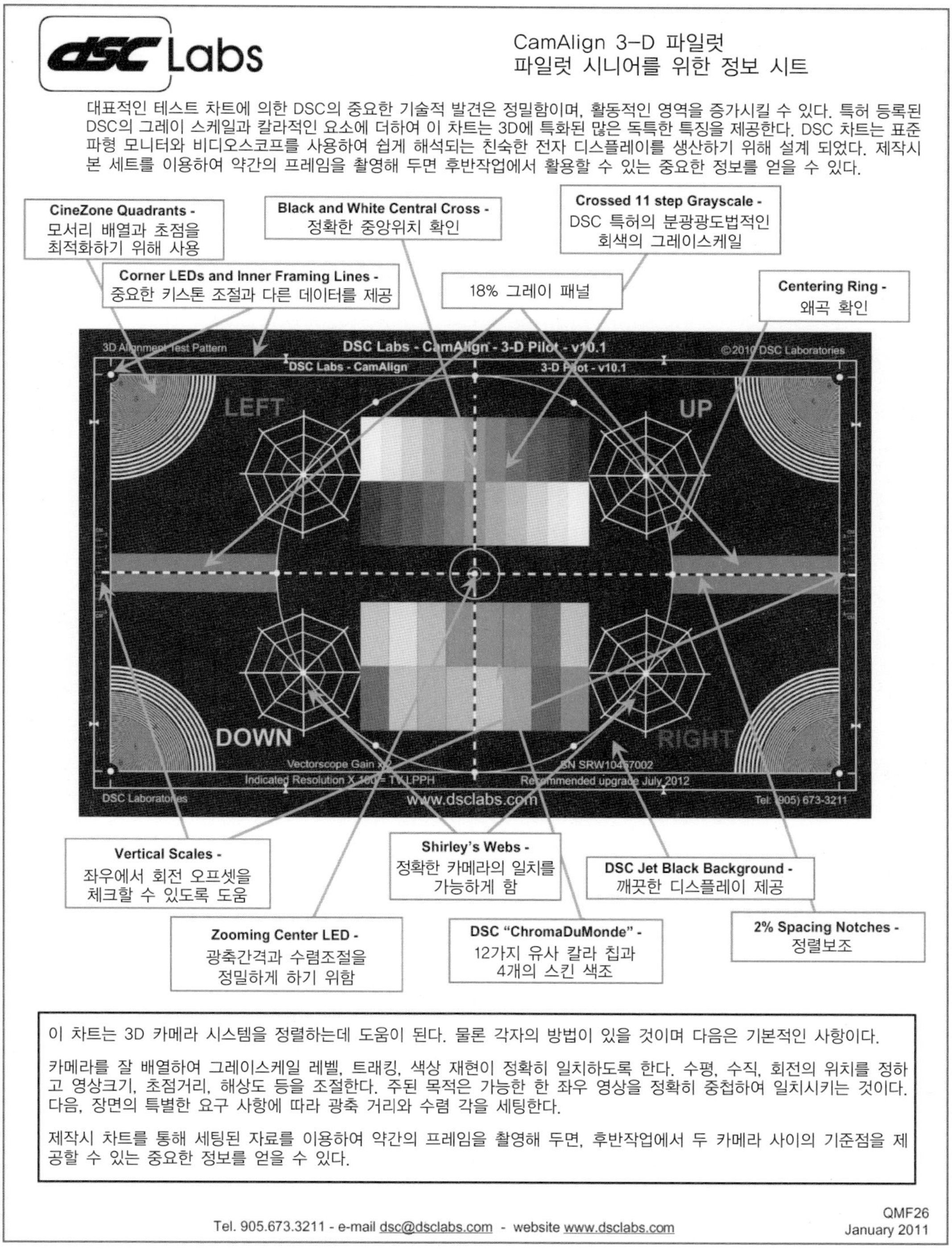

DSC Labs

CamAlign 3-D 파일럿
파일럿 시니어를 위한 정보 시트

대표적인 테스트 차트에 의한 DSC의 중요한 기술적 발견은 정밀함이며, 활동적인 영역을 증가시킬 수 있다. 특히 등록된 DSC의 그레이 스케일과 칼라적인 요소에 더하여 이 차트는 3D에 특화된 많은 독특한 특징을 제공한다. DSC 차트는 표준 파형 모니터와 비디오스코프를 사용하여 쉽게 해석되는 친숙한 전자 디스플레이를 생산하기 위해 설계 되었다. 제작시 본 세트를 이용하여 약간의 프레임을 촬영해 두면 후반작업에서 활용할 수 있는 중요한 정보를 얻을 수 있다.

이 차트는 3D 카메라 시스템을 정렬하는데 도움이 된다. 물론 각자의 방법이 있을 것이며 다음은 기본적인 사항이다.

카메라를 잘 배열하여 그레이스케일 레벨, 트래킹, 색상 재현이 정확히 일치하도록 한다. 수평, 수직, 회전의 위치를 정하고 영상크기, 초점거리, 해상도 등을 조절한다. 주된 목적은 가능한 한 좌우 영상을 정확히 중첩하여 일치시키는 것이다. 다음, 장면의 특별한 요구 사항에 따라 광축 거리와 수렴 각을 세팅한다.

제작시 차트를 통해 세팅된 자료를 이용하여 약간의 프레임을 촬영해 두면, 후반작업에서 두 카메라 사이의 기준점을 제공할 수 있는 중요한 정보를 얻을 수 있다.

Tel. 905.673.3211 - e-mail dsc@dsclabs.com - website www.dsclabs.com

QMF26
January 2011

그림 4.2

DSC 연구소 CamAlign 3-D 지표. 이 도표는 카메라를 정렬하고 후반 작업에서 기하학적 구조를 수정하는 것을 돕기 위해 Sean Fairburn과 공동으로 설계한 것이다.

빠르고 정확한 정렬을 실행하기 위해 애너글리프 보기 모드에서 3D 모니터를 사용하자. 애너글리프 보기 모드는 촬영하는 동안 모든 스테레오스코픽 매개 변수를 모니터하는 강력한 도구이다.

1. 카메라 방향을 확인하자. 2개 디지털 카메라의 롤링 셔터를 동일한 방향으로 작동시키기 위해서, 카메라 중 하나를 거꾸로 설치하도록 하자. Tango는 Mini 2K SI, Red One, Sony HDC-P1, Sony F23과 F25, ARRI Alexa를 위한 전용 인버터 블록을 제공한다.
2. 렌즈를 장착한 2개의 카메라를 3D Stereo Tango 리그에 설치하고 고정하자. 그리고 광축 간격을 0으로 설정하자. 전체 정렬 점검 동안 광축 간격을 0으로 유지하자.
3. 빔-스플리터와 2개 카메라 간의 거리를 확인하자. 왼쪽과 오른쪽 시각에 동일한 값으로 조정 가능한 스톱 블록(stop block)을 설치하고, 각각의 카메라가 각각의 스톱 블록에 맞대어 있는지 확인하자.
4. 광학 중심의 수직 정렬을 확인하자. 하나의 시각을 가지고 빔-스플리터를 통해 매트 박스를 조사하자. 2개의 렌즈는 겹쳐야 하고, 수직 오프셋이 없어야 한다. 수직 오프셋이 있다면, 2개의 렌즈가 수직 축을 따라 완벽하게 겹칠 때까지 카메라를 위나 아래로 움직이기 위해 상단 카메라 뒤의 대형 실버 섬휠(thumbwheel)을 사용하자.
5. 틸트(tilt) 정렬을 확인하자. 3D 모니터 상에서 멀리 떨어진 경계표를 보면서, 왼쪽과 오른쪽 영상이 수직 축에서 완벽하게 겹치게 하기 위해 하단 카메라 위의 틸트 조정 손잡이를 이용하자. 그리고 리그에서 5피트 떨어진 대상을 보고 있는 이 상태의 정렬을 확인하자. 왼쪽과 오른쪽 영상 사이에 현재 수직 오프셋이 있다면, 4단계에서 설명한 대로 광학 중심을 조정하고, 5단계를 재실행하자.
6. 롤(roll) 정렬을 확인하자. 3D 모니터 상에서 수평 구조를 보자. 화면 왼쪽 측면의 연한 영역 위로 빨란 테두리가 나타나면, 이것은 하단 카메라(왼쪽)가 왼쪽으로 기울었다는 것을 의미한다. 하단 카메라 아래 롤 스테이지(roll stage)의 어느 한쪽에 위치한 2개의 은색 손잡이를 사용하여, 왼쪽과 오른쪽 영상이 수직 축에서 프레임을 가로 질러 완벽하게 겹쳐질 때까지 롤을 조정하자.
7. 주시점 정렬을 확인하자. 하나의 시각을 가지고 빔-스플리터를 통해 매트 박스를 조사하자. 2개의 렌즈는 겹쳐야 하고, 수평 오프셋이 없어야 한다. 수평 오프셋이 있다면, 2개의 렌즈가 수평 축을 따라 완벽하게 겹칠 때까지 앵글을 조정하기 위해 하단 카메라 옆의 주시점 손잡이를 사용하자. 그리고 3D 모니터에서 멀리 있는 배경 대상을 보고, 왼쪽과 오른쪽 영상이 수평 축에서 완전히 겹칠 때까지 주시점 손잡이를 돌리자. 왼쪽과 오른쪽 카메라는 현재 평행이다.
8. 시야각(viewing angle) 정렬을 확인하자. 완벽하게 일치하는 프라임 렌즈를 사용하고 있지 않다면, 3D 모니터 상에서 약간의 확대 불균형을 알아차리게 될 것이다. 리그가 둥근 물체를 향하게 하자. 물체는 다른 시각에서보다 하나의 시각에서 약간 더 커 보일 것이다. 이것은 2개의 렌즈 간의 시야각 불균형으로 해석되는 확대 불균형이다. 이러한 불균형을 억제하기 위해, 모니터 상에서 확대가 양쪽 시각에 대해 동일할 때까지 하단 카메라를 빔-스플리터로부터 더 가까이 또는 더 멀리 이동시키자.

각주: 미세 조정 목적이라면, 위에 서술된 모든 조정은 상단 카메라에도 적용될 수 있다. 3D Stereo Tango는 상단과 하단 카메라에 대해 6개의 독립적인 정렬 축을 제공한다.

롤, 틸트, 주시점 조정은 모두 왼쪽과 오른쪽 카메라의 광학축 교차 지점에 있는 빔-스플리터에서 회전한다. 롤, 틸트, 주시점 조정은 수동으로 하거나, 전동으로 할 수 있다.

그림 4.3
Stereo Tango 미러 리그

카메라 보정

VFX(시각 효과)에서의 규칙은 이후에 참고로 하기위해 모든 종류의 보정 장면을 촬영하는 것이다. 깨끗한 배경 판, 조명 기준, 기타 등등이 있다. 모든 3D 장면이 잠재적인 FX 장면이라는 것을 고려하면(수정이 필요하다면), 미러 리그를 사용할 때 항상 몇 가지 기준의 촬영을 고려하는 것이 현명하다.

카메라를 보정할 때에는 언제나 투과 카메라를 주 장치로 사용하여 반사 카메라를 조정하자. 투과 카메라는 덜 손상된 광선을 받는다. 이것은 반사 카메라가 불균형한 빛 반사로 생긴 미러의 디폴트, 광학, 색수차(chromatic aberration)에 영향을 받기 때문이다. 시네마를 위한 3D를 촬영하고 있을 때에는 분명히 모든 색상 조정을 메타데이터로 보전하고, 가공하지 않은 영상을 저장하도록 한다. 방송 3D의 경우, 당신이 사용하는 영상 분석기에 달리 명시되지 않는 한 카메라에 수정을 가할 것이다.

화이트 밸런스(white reference)를 설정하는 것은 2D에서보다 더 섬세한 작업을 요한다. 색상이 2D 컷에서 이동했다면, 그것은 큰 문제가 아니다. 어쨌든, 3D에서는 왼쪽과 오른쪽 시각이 동일한 색상을 보지 않게 되는 망막 경쟁을 피하고 싶을 것이다. 최상으로 균형을 맞춘 화이트 밸런스는 영상 분석기를 사용한다. 완벽한 세계에서,

설정은 SDI 컨트롤 채널을 통해, 아니면 프로그래밍 설정 카드에 의해 카메라로 보내진다. 이중 채널 벡터스코프나 RGB 히스토그램도 뛰어난 보정을 해준다. 만약 보정을 할 수 있는 수단이 없다면, 스테레오를 사이드-바이-사이드와 같은 프레임 호환 가능 3D 영상으로 부호화하고, 그것을 일반 2D 디스플레이에 공급하여 전후 영상을 볼 수 있도록 하자. 왼쪽과 오른쪽 영상을 스크린에서 비교할 수 있을 것이다.

깊이 설정

스테레오스코픽 영상 기술은 대부분 광축 간격과 주시점에 숙달되는 것에 있다. 잘 알고 있듯이 광축 간격은 장면의 전반적인 볼륨을 설정하는 반면, 주시점은 깊이 축을 따라 장면을 움직인다. 이들이 당신에게 있어 새로운 개념이라면, 이러한 개념을 소개하고 3D 제작에서의 적용을 설명하는 좀더 쉬운 다른 책을 찾아보길 바란다.

3D TV와 시네마 제작에 있어서 하나의 중요한 차별적인 요소는 스크린 크기이다. 시청거리에 대한 스크린 크기의 비율로 정의되는 **확대 요소**(magnification factor)는 3D TV와 시네마를 2개의 상이한 3D 매체로 만든다. 그들은 호환 가능하다. 기술적으로 3D 영화를 TV 수상기에서 보는 것이 가능하며, 그 정도는 덜 하지만, 극장에서 볼 수 있는 3D TV 콘텐츠를 촬영하는 것도 가능하다. 그럼에도 불구하고, 둘 사이의 수학적 중복은 작고, 경험도 적절하지 않다.

세트장에서, 일반적으로 깊이를 설정하는데 있어 2번의 기회를 갖게 될 것이다. 첫 번째 예술적 단계는 설정 계량과 예술적 의도에 따른 광축 간격과 주시점을 설정한다. 두 번째 단계는 필요한 경우 움직임을 따라가기 위해 컨버전스 풀러와 함께하는 기술 리허설이다.

첫 번째 단계를 빠르고 멋지게 할 수 있는 접근법은 많이 있다. 주시점에서 뒤로 밀어내는 다소의 픽셀은 전체 볼륨 인식에 영향을 미치지 않는다는 것을 가정하여, 먼저 광축 간격을 설정하고 나서 주시점을 설정할 수 있다. 아니면 스테레오그래퍼 Alain Derobe가 그의 "자연스런 깊이(Natural Depth)" 방법에서 설명한 것처럼, 광축 간격은 주시점 평면에 영향을 미치지 않는다는 것을 가정하여, 임의의 광축 간격을 바탕으로 주시점을 설정하고 나서 광축 간격을 미세 조정할 수 있다.

비전 믹서 또는 기록 장치로 3D 전송

사실상 모든 3D 카메라 장치는 듀얼 헤드, 렌즈, 미러, 모션 컨트롤이 달려 있어 상당히 크다. 축소할 수 없는 모든 것들은 가능한 멀리 있어야 한다. 영상 처리를 카메라 헤드에서 없애버린 것은 PACE HD에서 만들어진 첫 번째 모션 컨트롤 3D 리그에 사용된 Sony 카메라의 혁신적인 기능이었다. 리그를 중계차나 기록장치 데크로 연결하는 것은 2개의 풀 해상도 HD 링크를 가진 최고급 스타일을 이용 하거나, 아니면 더 저렴하고 더 탄력적인 과정인 프레임 호환가능 포맷을 사용하여 수행할 수 있다.

3D에서 무선 카메라에 대한 주의 사항

무선 카메라를 가지고 있다면, 왼쪽과 오른쪽 신호를 재 일치시켜야 한다. 무선 카메라와 일치시키기 위해 현장의 모든 다른 카메라들을 지연시켜야 한다. 대부분의 경우, 간단한 타임 코드(Time Code) 싱크는 그렇게 도움이 되지 못한다. 영상 지연은 한 프레임보다 적을 수 있고 때때로 단지 몇 라인일 수 있으며, 그것이 라인의 누락(drop)을 야기할 수 있기 때문이다.

케이블에 대하여

케이블에 대한 일반적인 논평이다. 공급업체에서 케이블을 구할 수 있으면 리그와 함께 마련하는 것이 좋다. 정확히 똑같은 길이와 전기적 특성을 가진 케이블을 모두 쌍으로 가지고 있다고 확신하고 싶을 것이다. 3D에서 잘못된 케이블이나 커넥션은 2D에서보다 악몽으로 돌변하기 더 쉽다. 게다가, 공급업체의 케이블은 당신이 사용하려고 계획한 그 카메라를 위한 그 리그에서 당신이 필요로 하는 그 길이를 갖고 있는 주문 제품이다. 3D 리그는 이미 충분히 많은 케이블을 장착하고 있다. 리그 상단에 고리를 추가하지 말자. 산업 박람회장에 있을 때, 비어있는 리그를 잠시 들여다보고, 그것을 시연 장소의 기능적 대응물과 비교하자. 케이블-원격 조정, 젠락, 전원 장치, 모션 컨트롤, 렌즈 컨트롤을 세어보고 그들이 하는 역할이 무엇인지 알아내도록 하자. 실제적으로, 이것은 리그 디자인의 좋은 품질에 대한 지표이다. 좋은 리그는 보트와 같다. 느슨한 케이블이 있어서는 안 되며 주변에 늘어진 불필요한 고리도 없어야 한다.

스테레오스코픽 HD-SDI

"모든 것을 이중으로 한다."는 스테레오스코픽 영상 제작의 기본 운영 방식이다. 누구나 상상할 수 있는 복잡성을 갖는 케이블도 이 규칙에서 예외가 아니다. 어쨌든, 경우에 따라, 특히 원격 카메라 위치의 경우에는 단일 케이블을 관리하고 싶을 것이다.

거듭해서 HD 해상도의 표준 시리얼 디지털 인터페이스 제품군을 설명하겠다.

- SMPTE 292M: 레거시 HD-SDI, 720p와 1080i 해상도
- SMPTE 372M: 4:4:4 인코딩과 1080p 해상도를 위한 듀얼 링크 HD SDI
- SMPTE 424M: 3G HD-SDI, 기본적으로 단일 케이블에 2개의 SMPTE 372M

3G SDI가 실제적으로 스테레오스코픽 스트림을 전송하는데 사용되지만, 이것은 아직 표준화되지 않았으며 3D over 3G 라는 별명을 가지고 있다. 그래도 더 높은 비트 전송률이 요구되며, 비트 전송률은 스테레오스코픽 4:4:4 인코딩, RGB 색 공간, 12비트 색상 깊이, 더 높은 프레임 율의 프로그레시브 모드를 위해 SMPTE에서 표준화될 것이다. 그 사이, 우리는 단일 링크에서 영상 스트림을 다중 송신하기 위한 공급업체 솔루션에 의존하고 있다.

스테레오스코픽 프로덕션은 시그널 전송을 위한 광섬유 케이블의 초기 사용자였다. IBC 2010에서 Telecat Corporation은 단일 라인으로 3개의 3G 스트림까지 전송할 수 있는 광섬유 컨버터를 소개하였다. 이 장치는 최대 색상 심도 2개의 신호를 영상 처리 장치에 보내는 것과 보조 데이터에서 모션 컨트롤 명령을 포함하는 스테레오스코픽 영상을 수신하는 것이 가능하다.

프레임 호환가능 포맷

> Telecast Corporation:
> http://www.telecast-Þber.com/copperhead-3400-3D/

스테레오스코픽 프로덕션은 많은 2D 장비와 설정을 재사용한다. 어떤 경우, 2D 도구는 2개의 HD 스트림을 처리하기에 충분한 대역폭과 커넥터를 가지고 있으며, 현명한 구성이나 소프트웨어 업그레이드를 통해 그것을 3D로 만든다. 종종 그들 중 2개를 일치시켜 병렬로 사용한다. 때로는 3D를 전송하거나 처리하기 위해 단일 HD 채널 용량을 처리해야 한다. 이러한 경우, 3D는 2D 프레임 호환 가능한 포맷(frame-compatible format, FCF)으로 부호화된다.

기본 FCF

프레임 호환가능 포맷팅의 기본 과정은 해상도를 절반으로 떨어트려 왼쪽과 오른쪽 영상에 생성된 축소된 변형 영상들을 단일 2D 영상으로 모으는 것이다. 대부분의 기

본 FCF는 설명이 필요 없는 사이드-바이-사이드(SBS)와 상하(top-and-bottom, TAB) 영상 배열을 가지고 있다. 세 번째 포맷은 수평 라인이 번갈아 왼쪽이나 오른쪽 영상을 표시하는 **라인 상호 배치**(line interleaved) 형식이다. 이것은 Arizawa 패턴 편광판을 사용하는 현 세대의 수동형 3D TV 디스플레이 포맷이다. 이것은 또한 분리된 필드별 영역에 오른쪽과 왼쪽 시야를 기록하는 아날로그 TV에서 사용되었다. 이러한 이유로, 최근 디스플레이 문헌에서는 "수동형"으로 언급되고, 오래된 자료에서는 "능동형"이라고 언급되는 상호 배치 FCF 3D를 볼 수 있다. 둘 다 똑같이 잘못된 것이다. FCF의 주된 문제점은 분명 해상도의 손실이며, 각 포맷의 값은 해상도 훼손의 사용법에서 야기된다. 사이드-바이-사이드는 많은 이유로 선호된다. 예를 들어, 숙련된 스테레오그래퍼는 왼쪽과 오른쪽 영상을 겹치고 스테레오스코픽 영상이 3D 영상으로 융합될 때까지 시각을 자발적으로 모으거나 분산시키는 "프리 뷰잉(free viewing)" 기술을 사용하여 3D를 볼 수 있다.

인터레이스(interlace) 1080i 비디오의 경우, SBS가 TAB보다 좋다. 각각의 프레임이 여전히 270이 아니고 540 라인이기 때문이다. 프로그레시브(progressive) 720p 비디오의 경우, TAB이 SBS보다 좋다. 이는 2D 수평 해상도가 실제적으로 깊이 해상도를 제한하기 때문이다.

다양한 표준화 그룹에서는, 프레임의 왼쪽이나 상단 부분에 왼쪽 영상을 갖는 1080i 포맷의 같은 SBS 그리고 720p를 위한 TAB을 분명하게 권하거나 강요한다. 이와 같이 간단한 처리 과정은 3D를 녹화하고 전송하는데 특히 효율적이다. 프레임이 호환 가능하도록 포맷한 3D는 수천가지 형태의 2D 장비를 통해 경로화 할 수 있으며 절대 동기를 벗어나지 않는다.

FCF는 3D 과도기가 진보함에 따라 전문 세계에서 사라질 것으로 예상되는 과도기적 포맷이다. 그들은 소비자용 전자제품에서 더 긴 수명을 가질 것이다. 그들이 주로 적용되는 곳은 블루레이 디스크 플레이어에서 TV까지의 단일 HD 링크로 3D 신호를 전달하는 HDMI 1.3a 표준이다. 3D 변환 렌즈는 촬영 장비 상에 있는 그대로 캡처되어 기록되고, 결국 TV로 보내지는 SBS FCF를 만들어 낸다.

FCF에 대한 주된 관심사는 서로 중복되어 있는 FCF를 보는 위험이다. SBS와 TAB FCF가 계속하여 사용된다면, 결과적인 신호는 SD보다 조금 더 나을 뿐인 1/4 HD이다.

그림 4.4와 4.5
기본적인 프레임 호환가능 포맷. 사이드-바이-사이드 프레임 호환가능 포맷에서, 왼쪽과 오른쪽 영상은 단일 2D 영상 파일 안에 함께 압축된다.
Enrique Criando 사진 제공

진화된 FCF

프레임 호환가능 포맷 품질은 더 현명한 간축(decimation) 계획을 통해 최적화될 수 있다. **오점형**(quincunx) 또는 체크보드(checkerboard) 포맷, 또는 매시(mesh) 포맷으로 불린다.

오점형(quincunx, Qx) 3D 영상은 서양 장기판 패턴에서 왼쪽과 오른쪽 영상을 번갈아 가져온 픽셀로 구성된다. 이 포맷은 2007년 이래 3D가 가능한 RPTV에서 사용되고 있기 때문에 DLP로도 알려져 있다. 이것은 두 가지 형태로 존재한다. 함께 구성된 왼쪽과 오른쪽 영상을 갖는 오리지널(native) Qx, 그리고 프레임의 왼쪽과 오른쪽 부분에서 재구성된 왼쪽과 오른쪽 영상을 갖는 재구성(rebuilt) Qx이다. 오리지널 Qx는 50% 혼합처럼 보이고, 재구성 Qx는 사이드-바이-사이드 화면처럼 보인다. 둘 다 고주파를 제공한다. 오리지널 Qx는 어떠한 디지털 압축과도 거의 호환가능하지 않은 반면, 재구성 Qx는 추가적인 시각 해상도를 보전하기 위해 정규 사이드-바이-사이드보다는 더 높은 비트 스트림만이 요구된다. 이러한 하부 샘플링은 더 나은 영상 재구성을 가능하게 한다. 왜냐하면 각각의 손실된 픽셀을 2개가 아닌 4개의 이웃으로부터 재건할 수 있으며, 에일리어싱(aliasing) 아티팩트도 눈에 덜 띄기 때문이다.

서양 장기판의 독점 버전은 Sensio가 특허를 냈다. 그 과정은 더 나은 시각 해상도를 재생성하기 위해 영상의 사전 필터링과 후처리에 의존하게 된다. 이 경우 해상도의

90%가 보전된다고 주장한다. Sensio 부호화는 전송 산업에서 가장 진보하고 효율적인 FCF 포맷으로 인정받고 있으며, 3D 서비스를 제공하는 대부분의 전송 공급자 설비에 배치되어 있다.

프레임 패킹

30fps 스테레오스코픽 콘텐츠의 2개 스트림은 단일 60fps 모노스코픽(monoscopic) 포맷으로 함께 포갤 수 있다. 그것은 메이저 할리우드 스튜디오의 합작 회사인 Digital Cinema Initiatives(DCI)가 48fps 콘텐츠로 부호화하여 전송하는 방법으로 3D 영화분야에서 사용하고 있다. 왼쪽과 오른쪽 영상이 적절하게 원래 영상으로 되돌아갈 수 있도록 보조 메타데이터의 프레임을 적절하게 표시하는 것이 중요하다. 그렇지 않으면 그들은 하나의 프레임만큼 동기화되지 않을 것이다.

라이브 3D 감독하기

대부분의 라이브 3D 제작에서의 경험은 스포츠 경기에서이다. 이것은 확실히 업계를 이끌고 있으며 콘서트가 뒤를 따르고 있다. 스포츠 방송은 높은 지대에 있는 메인카메라가 방송 시간의 80%까지 차지하고 몇몇 동작에서의 클로즈업, 그리고 수많은 재생과 그래픽을 처리하는 의례화된 스토리텔링 과정을 따른다. 3D 제작은 마법과 스토리를 해치지 않으면서 자체의 와우 효과를 가지고 와서 TV 스포츠 이 막대한 시장을 재방문 하려고 한다.

> "3D는 굉장했지만, 게임을 이해하지 못했어"라고 관중이 말한다면, 우리는 실패한 것이다.
>
> Vince Pace

라이브 3D 스포츠 감독하기

Derek Manning과의 인터뷰

3D 과시와 경기 연출 사이의 적절한 균형 찾기

Derek Manning은 Fox에서 3D TV 미식축구와 야구 경기를 감독하였다. 인터뷰 하는 동안 우리와 공유한 내용이 여기에 있다.

카메라 위치는 좋은 3D 스포츠의 핵심이다. 최적의 카메라 위치를 찾는 것은 좋은 3D 스포츠를 만드는 비결입니다. 카메라가 너무 높이 있다면, 좋은 3D 장면을 얻을 수 없습니다. 그리고 너무 바싹 붙어 있다면, 멋진 3D를 얻을 수는 있지만 경기의 전략을 보여줄 수 있는 최고의 시야를 얻지 못할 것입니다. 높고 넓은 실황 장면의 경우, 중간 높이의 촬영 위치에 있는 카메라가 더 낮고 경기장에 더 가까워지길 바라게 되죠.

연출 속도를 늦출 필요가 있다. 3D에는 2D보다 더 많은 함정이 있습니다. 2D에서 나는 구석에 흑백 모니터가 있다고 하더라도 좋은 장면을 볼 수 있고, 그것을 찍을 수 있죠. 순간도 놓치지 말고 촬영해야 합니다. 2D 미식축구 경기에서 편집은 상당히 소모적인 것입니다.

3D에서는 그렇게 할 수가 없습니다. 그것은 관객의 눈을 힘들게 할 거예요. 두 가지 이유로 그렇게 할 수 없습니다. 첫째, 장면을 미리 봐야 하기 때문입니다. "ready seven"를 요청하세요. 그러면 장면을 찍기 전에 3D에서 당신이 확인할 수 있도록, TD가 3D 모니터에서 장면을 미리 볼 겁니다.

둘째, 3D에서 모든 장면은 경험이기 때문입니다. 좋은 3D 영상에는 더 많은 것들이 있습니다. 2D에서처럼 많이 편집할 필요가 없죠. 쇼를 하는 동안 나는 하나의 3D 장면을 보고 있었던 것을 기억합니다. 나는 거기에 너무나도 빠져 있어서, 내가 현재 연출하고 있다는 것을 거의 망각하고, TV처럼 그것을 보고 있었죠.

카메라 조작자도 학습곡선을 가지고 있다. 더 긴 시간의 카메라 미팅을 계획하세요. 당신의 팀원이 새로운 것에 대해 배워야 할 필요가 있기 때문입니다. 우리가 나아가고 있는 것처럼, 그들 또한 학습 과정을 경험하고 있습니다.

당신은 그들이 3D를 과시하기를 원하죠. 평소보다 더 긴밀하게 촬영하기 위해 더 높고, 더 넓은 카메라를, 그리고 더 넓게 촬영하기 위해 지면에서 더 낮은 카메라를 원하게 됩니다. 일반적으로, 이러한 카메라는 사람의 얼굴에는 적합할 수 있습니다. 하지만 전신 또는 상반신 장면을 요청해야 할 수도 있습니다. 선수 뒤에 배경이 없이는 3D를 보는 것이 실제로 불가능하기 때문입니다. 게다가 당신이 그렇게 붙어서 촬영하고 있을 때 스테레오그래퍼가 3D 수정을 하는 것은 어렵습니다.

프레임에 들어간 사람들이나 프레임 측면의 밝은 물체와 같은 에지 바이얼레이션(edge violation)을 주의하도록 가르쳐야 합니다. 그들은 어떤 식으로든 그것을 제거해야 합니다. 그것을 프레임 안으로 가져오던가, 아니면 밖으로 내보냅시다. 그렇지만 그것을 활용하도록 하세요. 일부 카메라 위치에 대해 그들의 도움이 필요할 수도 있습니다. 예를 들어, 미식축구 경기의 낮은 위치 촬영시, 끝 쪽 영역에서 선수가 경기장으로 다가오고 있다면, 그는 프레임을 가로지를 것이며, 그것이 당신의 눈에는 괴로울 것입니다. 카메라맨은 이것을 미리 보고, 감독이 그 장면을 그만 두도록 인터콤으로 감독에게 경고할 수 있습니다.

쇼에서 당신이 원하는 장면을 촬영하자. 좋은 3D 장면은 공간을 채우고 있는 사람이나 물체와 더불어 많은 깊이 층을 가지고 있습니다. 이것은 각각의 선수가 개별적인 위치를 갖고 있고 선수들이 흩어져 있으며, 선수 뒤로 관중이 있는 야구장에서는 특히 사실이죠. 미국의 미식축구에서 깊이 층은 더 함께 꽉 찹니다. 카메라에서 공을 든 선수가 터치다운하는 장면, 카메라를 향해 뛰어가는 다른 선수들, 그리고 배경을 가진 경기장이 있습니다. 이런 종류의 장면은 멋진 3D 장면을 만드는 깊이 층 즉, 전경, 중간 위치, 그리고 배경을 가지고 있습니다.

반면, 우리가 스포츠에서 자주 방영하는 장면과 같은 긴밀하고 가까운 장면에서는 훌륭한 3D 장면이 나오지 않습니다. 2D에서 쿼터백의 눈을 클로즈업하는 것은 흔한 일입니다. 3D에서는 그러한 장면으로부터 어떠한 깊이 효과도 얻을 수 없을 것입니다. 하지만 그것은 당신이 원하는 강렬한 영상이기 때문에, 뭐가 됐든 상관없죠. 이것이 3D 쇼와 경기 사이에 균형이 필요한 곳입니다. 나는 스테레오그래퍼가 몇몇 장면은 좋은 3D를 만들 수 없을 것이라고 나한테 경고하던 것이 기억납니다. 그는 영화적 견해를 가지고 있었고, 그것이 그의 경력이었죠. 나는 그러한 머리가 나오는 장면을 찍었고, 그는 머리를 흔들었죠. 나는 그에게 말했어요, "나는 그렇게 해야겠어. 그것이 그의 얼굴에서 경기가 어디로 가고 있는지를 포착하는 거라고!"

라이브 3D 제작을 위한 도구

스위처

대부분의 대형 HD 스위처들은 3D 업그레이드 옵션을 소프트웨어 업그레이드로 간주한다. 중간 범주의 제품의 경우에 상황은 덜 명확하다. 하지만 Panasonic, Sony, FOR-A는 이미 다양한 솔루션을 제공하였다.

NAB 2010에서 Panasonic은 자체 스테레오스코픽 카메라와 디스플레이에 덧붙여, AG-HMX100이라는 스테레오스코픽 비디오 스위처를 소개하였다. 비디오 스위처는 스테레오스코픽 2개 채널로 실행되도록 소프트웨어의 수정을 받은 출시 예정의 4개 채널 제품을 기반으로 하고 있다. 당신이 진짜로 4개 채널이 필요하다면, 2개의 믹서를 함께 연결할 수 있으며 4×3D 스위처를 갖게 된다. Panasonic은 그러한 작은 믹서가 현장 모니터링과 FX 미리보기에 가장 유용한 도구가 될 것으로 생각하고 있다. IBC 2010에서 FOR-A는 3G와 3D 성능을 가지고 있는 비디오 스위처, HVS-4000HS를 소개하였다. Sony는 MVS-8000G 스위처를 소개하였다.

스테레오스코픽 재생 및 슬로우 모션

즉각적인 재생과 슬로우 모션은 스포츠 방송에 있어서 중요한 자산이다. 그들이 나란히 실행하고 잘 되길 바랄 순 없다. 그들은 기본적으로 이중 채널 입력, 녹화, 재생, 출력을 갖춘 스테레오스코피 영상이어야 한다. 다행히도, 2D에서 사용되던 디지털 녹화 장치는 3D가 경기에 도입되었을 때 이미 멀티채널이었다. 다수의 카메라는 재생 기술자가 설정한 신호에 따라 수집하고 기록하고 재생하게 된다. 3D 업그레이드는 입력과 출력을 함께 연결하는 것, 그리고 한쪽 시야에서 다른 시야로 EDL을 복제하는 것으로 이루어진다.

슬로우 모션과 스틸 장면에서 완벽한 3D를 얻기 위해 수정된 영상을 즉시 재생 DDR에 공급해야 한다. 3D 결함은 슬로우 모션에서, 특히 스크린 위에 전형적으로 추가되는(갱신된 점수나 선수 통계와 같은) 그래픽에서 더욱 두드러진다.

3D 변환

실시간 3D 변환은 현장 사용에서 큰 진전을 이루고 있다. 이러한 성공의 일부는 3D 카메라 위치의 부족 또는 특정 장면으로부터 좋은 3D를 끌어낼 수 없는 무능력에서 기인한 것이다. 수요에 의해 주도됨과 더불어, 실시간 3D 변환은 빈약한 3D에 대한 현재 관객들의 용서로부터 혜택을 받는다.

"쇼는 계속되어야 한다"라는 주문을 따르면서, 실시간 3D 변환이 만족스러운 결과로 사용될 수 있는 3가지 사례를 살펴보자. 변환의 품질은 생성된 깊이의 강도와 반비례한다.

- 거의 또는 전혀 알아차릴 수 없는 깊이 특징을 갖는 대형 풍경
- 이미 알고 있는 기하학적 구조를 갖는 중간 장면
- 알려진 "세계의 규칙"을 따르는 결정적인 3D 변환

사례 1: 대형 풍경

매우 큰 풍경을 3D로 제대로 촬영하기 위해서는, 작은 광축 간격을 갖는 깊이 없는 세부 묘사를 할 것인지, 또는 장면에 대한 축소 효과를 희생하고 좋은 깊이의 특징을 만들어 내는 큰 광축 간격을 가질 것인지에 대해 선택을 해야 한다. 기본적으로, 당신이 테니스 코트를 찍고 있다면, 결국 탁구장처럼 보이는 것을 얻게 될 것이다. 하지만 이것을 피하려고 한다면, 당신이 얻을 수 있는 것은 카메라 리그의 주시각(convergence angle)에 따른 광축 거리에 위치한 일반적으로 평평한 화면이다. 이것을 얻으려고 2대의 카메라를 힘들게 작동할 필요가 있을까? 대신 컴퓨터가 처리하게 하자.

도시 풍경의 빠르고 저렴한 3D 변환의 경우, 영상을 스크린 뒤로 밀어 넣기 위해 단순한 DVE(digital video effect, 디지털 비디오 효과)을 사용하자. 지면의 일반적인 방향에 약간의 뒤틀림을 주고 싶다면 영상을 구부리거나 방향을 틀도록 하자. 재능 있는 시각효과 기술자와 일하는 숙련된 스테레오그래퍼는 단일 시야의 2D 변형을 사용하여 3D에서 경치를 대략적으로 구체화할 수 있다.

사례 2: 이미 알고 있는 기하학적 구조

스타디움, 스포츠 경기장 또는 콘서트 장소 내부를 3D로 찍을 때, 대부분의 알아차릴 수 있는 깊이 특징은 주인공이나 관객이 아닌, 건축물에 의해 만들어 진다. 카메라에서 100미터 떨어진 선수, 아티스트, 팬, 후원자들은 어떠한 중첩의 효과도 생성하지 않는다. 따라서 그들은 그들이 있는 지면이나 좌석과 동일한 깊이로 보인다. 변환 시스템으로 공급되는 제대로 획득된 빈 장소의 3D 형태는 좋은 스테레오스코피를 만들어 낸다.

이 기술에서 유일한 문제는 이것을 즉시 사용할 수 있도록 솔루션으로 제공할 수 있는 업체가 현재 없다는 것이다. 그래도 이것은 구성하기에 어려운 효과가 아니고, 깊이 지도를 생성하고 그것을 대치 맵 자료로 사용하면 단순화할 수 있다. 깊이 지도를

모션 컨트롤이나 영상 도메인의 지점 추적(point tracking)을 통해 카메라 움직임에 동기화할 수 있다면, 역동적인 3D 변환을 얻을 수 있다. 깊이 획득 장치 그리고 GC 모델링과 영사 기술을 포함하는 더 진보된 프로세스는 이것을 완전하게 만들 것이다.

사례 3: 알려진 세계적인 규칙

실시간 3D 변환에서의 문제는 아무것도 없는 거래에서 보편적인 것을 이루어내려고 하는 시도이다. 우리는 수많은 다른 카메라, 렌즈, 크레인, 컨버터, 그리고 시각효과 상자를 사용한다. 어떠한 쇼도 다음의 다른 쇼와 같지 않기 때문이다. 3D로 전환하는 것은 당신이 2D를 이해하고 있다는 것을 의미한다. 그리고 그것은 VFX 컴퓨터에 당신이 넣을 수 있는 현재의 인공 지능에서 몇 십 년은 떨어져 있다. 즉, 보편성의 복잡성을 줄이는 경우에, 컨버터가 그것을 처리할 수 있기를 원할 것이다.

SterGen:
http://www.stergen.tv/

IBC 2010에서 SterGen(Stereo Sports Video Generator)은 만족스러운 결과를 줄 수 있을 것으로 보이는 첫 번째 실시간 컨버터를 선보였다. 시스템은 스크린 상에서 일어나고 있는 것을 이해할 수 있는 경기 규칙을 탑재하고 있다. 시스템에는 선수가 뛰어다니고 있는 평평한 녹색 경기장이 있으며, 경기장은 관중석으로 둘러 싸여 있다는 것을 알고 있다. 그것은 심지어 공이 있다는 것도 안다. 이 시스템은 제대로 된 실시간 전환을 만들어 내며, 축구, 럭비, 테니스, 농구와 같은 다른 경기장 게임에까지 확대될 것이다. 이러한 모든 새로운 스포츠들은 원래 제품에 추가 기능으로 사용할 수 있다. 어쨌든 SterGen의 실시간 컨버터를 콘서트, 자동차 경주, 또는 다큐멘터리를 전환하는데 사용하고자 한다면, "보편적인" 3D 컨버터에서 얻는 것과 같은 대단한 결과를 얻게 될 것이다.

깊이 연속성을 위한 미래의 도구

컷 쿠션(cut cushioning)이라고도 알려진 **능동형 깊이 컷**(active depth cut)을 사용하지 않는 3D 영화는 거의 없다. ADC는 컷을 진행 할 때 동일한 깊이 공간으로 그들을 가져오기 위해 인 샷(in shot)과 아웃 샷(out shot)을 재 수렴시킨다. 그러나 그러한 시각 효과는 아직 생방송 3D 도구 세트에까지 적용되지 않았다. 기능의 유용성에는 문제가 없지만, 실제적인 구현은 아직 현실화되지 않고 있다.

재 수렴은 영상 도메인, 3D 영상 처리기, 또는 카메라 장치에서 원격 제어를 통해 실행된다. 그것은 컷의 명령과 실행 간의 지연을 유발하며, 비디오 믹서, 영상 분석 도구, 카메라 모션 컨트롤의 상호 연계에 의존한다. 재 수렴이 영상 도메인에서 처리된다면, 그것은 약간의 확대와 크로핑(cropping)을 생성할 것이다. 우리가 보게 될 가장 가능성 있는 구현은 보조 채널의 영상 분석기에 의해 내장된 깊이 메타데이터를 사용하는 비디오 스위처에 있다. 이것은 일반적으로 아웃 샷을 더 빠른 속도로 재 수렴시킬 것이다.

3D 야외 방송

3D 제작을 위해 HDTV 중계차를 준비하는 것은 기술적으로 쉽다. 다음의 세 가지 옵션이 있다.

- 깨끗하게 유지하고, 들어가서, 프레임 호환 가능한 3D를 제작한다.
- 기존의 HD 차량을 3D 제작을 위해 일시적으로 이용한다.
- 아주 새로운 3D/HD 트럭을 하나 빌린다.

주된 문제는 스테레오 스태프를 위한 자리 배치일 것이다. 일반적으로 메인 트럭에는 스테레오그래퍼, 두 번째 트럭에는 3D 피드를 다듬는 소위 컨버전스 풀러 자리로 배치한다.

프레임 호환 가능한 3D 제작

3D로 완전히 전환할 예산이 없는 HD 트럭을 이용해야 하는 수밖에 없다면, FCF 수단으로 가게 될 것이다. 첫째, 사용하고자 하는 FCF를 선택하자. 인터레이스 비디오와 더 나은 호환성을 위한 SBS 방식이나 더 높은 재구성 해상도를 위한 오점형(quincunx) 방식이 있다. 그래픽과 타이틀을 포함하여 모든 소스를 FC 포맷으로 부호화하자. 모든 카메라 피드를 3D 멀티플렉서를 통해 보내고 그들을 2D로 처리하자. 오점형 방식에서 작업한다면, 즉각적인 재생 시스템에서처럼 비디오 압축, 부호화, 프로세싱에 문제나 아티팩트가 없는지 확인하자.

선택한 FCF와 호환 가능한 방식으로 영상을 처리하는 변환을 선택하자. 가공하지 않은 오점형 포맷은 대부분의 변환 방식과 호환할 수 있다. Sensio는 “유연한 리트로핏팅(retrofitting)” 처리에 대한 실제적인 지식을 개발한 몇 안 되는 회사 중 하나이다. 대부분의 3D 디스플레이는 프로그램과 시연 모니터링을 위해 즉시 FCF를 디코딩 할 수 있다. 오점형 부호화의 경우 일부는 외부 디코더가 필요할 수 있다.

중계차를 3D 차량으로 전환하기

트럭에 투자할 시간과 자금이 좀 있다면, 중계차를 3D 차량으로 전환하는 것은 상대적으로 쉬운 일이다. 다음과 같은 일을 하면 된다.

- 하나는 프로그램용 그리고 하나는 시연용으로, 적어도 2개의 3D 모니터를 설치한다.
- 모든 링크를 이중으로 하면서 패치(patch) 부분에 신경 쓰도록 한다.
- 비디오 스위처를 3D 프로세싱용으로 재 프로그램 한다. 즉, 2개의 고선명 스트림이 병행해서 작동할 수 있도록 한다.
- 이중 스트림을 처리할 수 있도록 EVS를 재 프로그램 한다.
- DVR이나 DDR을 Sony SRW-5000과 같은 이중 스트림 기능으로 업그레이드한다.

기존의 3D 차량

미국에서 사용가능한 300개의 HD 트럭 중에서 3D인 것은 약 10대이다. 역사적으로, 3D 트럭을 배치한 첫 번째 회사는 유럽의 AMV(All Mobile Video)와 Telegesic, 그리고 미국의 NHK CosmoMedia America였다.

3D에서의 그래픽

3D 그래픽을 사용하는 것은 간단해 보인다. 모든 TV 쇼가 현재 3D 모델에 기반 한 완전한 CG 그래픽을 구현하고 있으며, 2개 채널에서 아주 쉽게 렌더링 할 수 있고, 체적형의 라이브 화면 안으로 3D가 쉽게 포함될 수 있기 때문이다. 하지만, 장편 애니메이션 후반 작업에서 이것은 오늘날 할 수 있는 어려운 작업 중 하나이다. 따라서 TV 스태프들이 그것을 쉽게 할 수 있을 리가 만무하다. 한가지, CG 3D를 렌더링 하는 것은 정말로 쉽다. 어려운 부분은 그것이 진짜 살아있는 화면으로 될 수 있도록 하는 것이다. 우리의 시각은 서로에 대해 완벽하게 안정적이 될 수 있는 양쪽 영상의 기하학적 구조가 필요하다. 또한, 뇌는 우리가 살아가는데 사용하고 있는 광학 세계에 관한한 일관성 있는 두 눈의 3D 세계가 필요하다. 이러한 요건이 절대 쉬운 것이 아니다. 스테레오스코픽 문제와 3D 문제가 가지고 있는 상황을 생각해 보자. 스테레오스코픽 문제는 왼쪽과 오른쪽 2개의 화면을 볼 수 있도록 해야 한다는 것이며, 3D 문제는 그것을 볼 때 CGI와 라이브 액션이라는 2개의 세상이 잘 어울려 보이길 원한다는 것이다.

라이브 영상이 있는 일관된 공간에서의 편안한 3D 배치

라이브 3D를 찍고 있다면, 당신은 스테레오스코픽 영상의 "충분하고 좋은" 측면에 있는 것이다. 즉, 영상의 기하학적 구조와 사진술은 눈의 피로나 두통 없이 쇼를 즐길 수 있는 지점에서 일치한다. CG 3D를 만들 때에는 영상 품질을 거의 완벽하게 만들 수 있다. CG 카메라는 키보드를 흔들 때 조차도 안정적으로 유지된다.

그러나 둘을 섞게 되면, 라이브 영상은 CG와의 비교를 견딜 수 없기 때문에, 라이브 영상의 결함은 더할 수 없는 추악함으로 변한다. 일관성 없는 키스톤 효과가 그 좋은 예이다. 약간의 광각(wide angle) 수렴된 3D를 촬영하고, 모서리의 영상을 반대편 방향으로 이동시킨다. 그리고 모서리에 3D 로고를 추가해 보자. 어떠한 기하학적 구조가 당신의 시각계에 유지될까? 이것은 시작에 불과하다. 이제는 3D를 완벽하게 해주는(물론, 이것은 현재 진행 중이다.) 영상 처리를 통해 3D를 촬영하였다고 가정하자. 이 경우, CG 그래픽을 도입하게 된다. 2D에서 그래픽은 배경과 무관한 것으로 용인되며 추가적인 레이어로 나타난다. 3D에서 그래픽은 기하학적 구조뿐 아니라 대상의 크기와 비율을 재구성하는 우리의 인식 과정에 간섭하게 된다.

스테레오스코픽 그래픽의 가장 큰 문제는 중첩(occlusion) 요인의 충돌이다. 스크린 앞에 점수판을 보여주고 있는데, 누군가 예상치 않게 카메라로 접근해 관중이 그래픽 위치보다 더 가까워지는 경우를 생각해보자. 순수 논리에 따르면 그 사람이 그래픽을 막아야만 한다. 이것은 현 세대 CG 타이틀의 경우가 아니기 때문에, 불쾌한 3D 경험을 하게 될 것이다.

2D TV에서 **안전 지역**(safe area)에 대한 협약은 화면의 안전하지 않은 가장자리에 어떠한 그래픽이나 동작도 표시되지 않도록 합의되어 있다. 그것은 언제나 다양한 저해상도 스캔 프로세스에 의해 잘라질 수 있기 때문이다. 3D에서는 그래픽에 대한 **안전한 볼륨**(safe volumes)으로 동일한 개념을 추정할 수 있다.

그래픽을 위한 안전한 볼륨 설정

그래픽을 어디에 위치시킬 것인가는 흥미로운 논쟁이 될 것이다. 순수하게 읽는 목적을 위해서는, 그래픽을 스크린 평면에 위치시키고 싶을 것이다. 그들은 초점/주시점 분리가 없어 보기에 더 편할 것이며, 안경을 쓰지 않은 누구도 보기가 쉽다. 이것은 이상한 필수 요건처럼 들리겠지만, 3D TV가 항상 3D를 보도록 미리 약속된 매체는 아니다. 시청자들이 안경을 쓰기를 기대할 수 있지만, 그들이 썼다고 가정할 수는 없다. 단순히 "일반적인 2D에서와 같은" 그래픽 위치를 넘어서는 당신의 선택은 무엇인가?

수동적인 볼륨 분할

안전한 스테레오스코픽 그래픽을 위한 최고로 간단한 공간 분할이 있다. 동작은 스크린 평면 뒤에 그리고 모든 그래픽은 그 앞으로 유지하도록 하자. 이것은 창의적이지는 않지만 확실한 방법이다. 경기장의 넓은 시야를 확보하고 관객 얼굴 앞에 깃발과 점수를 띄우자. 기술적으로는 실제 잘못될 수가 없다. 창의적인 측면에서 당신은 곧 좌절하게 될 것이다.

더 공격적으로 승부를 걸고 싶다면, 연속적인 레이어보다 더 복잡한 레이아웃에서 인접한 볼륨의 장면 박스를 자르도록 하자. 프레임의 상단과 같이, 스크린 안으로 그래픽을 밀어 넣을 수 있는 공간을 만들고, 그 공간을 선수 위의 공간이 있는 전신 샷으로 사용하자. 또는 카메라 조작자가 어떠한 침입으로부터도 빈 공간을 비어있게 해줄 것이라고 믿으면서, 선수 옆에 팀 깃발을 띄우자. 어렵지만, 탁월한 방법이다.

미래의 도구: 능동형 중첩 처리

영상 처리기는 테두리와 불균형을 감별할 수 있으며, 몇 년 내로 상호 작용가능한 3D 알파 채널이 그러한 시스템에서 생성될 것이다. 그래픽 키어(keyer)는 선수가 팔을 흔들게 되었을 때, 능동적인 삭제를 위해 보조 데이터에 삽입된 동일한 깊이 정보를 사용하여 선수 옆에 떠다니는 CG 깃발을 제거할 수 있을 것이다. 2장에서 설명한 깊이 획득 기술을 사용하는 또 다른 옵션도 가능하다.

3D 그래픽 디자인 및 적용

3D 그래픽을 디자인하는 예술가를 만날 때, 그들이 깊이 지각에 대한 기본적인 이해가 있는지 확인하라. 그들은 적어도 깊이 지각에 대한 색상의 영향을 알고 있어야 한다. 기본적으로, 밝고 어두운 표면과 마찬가지로, 따듯한 색상은 앞으로 나오고 차가운 색상은 들어간다.

술집과 같은 공공장소에서 당신의 쇼를 보는 관객 구성원을 고려하도록 하자. 그들은 절반의 수직 해상도를 갖는 수동형 텔레비전에서 보게 될 것이다. 어느 정도의 안티-에일리어싱(anti-aliasing) 발생은 환영한다.

능동형 스테레오로 쇼를 즐기고 있은 관객 구성원들의 경우, 움직이는 로고의 표시 지연 효과를 주의하자. 하나의 눈이 약간 지연된 영상을 보기 때문에 상이한 깊이로 해석된다. 왼쪽 또는 오른쪽 영상 중 먼저 보이는 것에 따라 그 움직임은 다르게 지각될 것이다. 즉, 타이틀이 좌측 혹은 우측으로 움직임에 따라 예상하는 것보다 더 가깝게 또는 더 멀게 인지될 수 있다. 윈도우의 어느 측면에 타이틀을 올려놓아야 할까? 3D TV에서 프레임 순서가 표준화될 때까지 이것을 예측할 방법이 없다.
쇼 프로그램에서 로고, 브랜드 명, 광고를 삽입할 때, 스크린을 벗어나는 3D 장면에 그것을 삽입하지 않도록 주의하자. 확실한 해결책은 그러한 영상을 스크린 평면 앞에 위치시키는 것이다. 그것은 괜찮아 보이고 놀라운 3D효과를 제공하게 될 것이다. 그래도 내장된 깊이 메타데이터에 의존할 수 있을 때까지, 그들을 얼마나 끌어 당겨야 하는지를 계산해야 한다.
또 다른 재미있는 스테레오스코피 분야의 노력은 3D로의 **사진 속 사진**(picture-in-picture) 여정일 것이다. 평평한 소스를 3D 피드 속으로 융합시키려 한다면, 예를 들어 3D 카메라가 없는 멀리 떨어져 있는 리포터를 융합시키려 한다면, 몇 개의 픽셀을 갖는 시차에 의해 앞으로 당겨진 프레임으로 영상을 감싸도록 한다. 이것은 긴 방향으로 나아가는 3D 환상을 만드는 데 효과가 있을 것이다. 멀리 떨어진 스튜디오로부터의 스테레오스코픽 소스가 있다면, 키인(key-in) 시도를 해보자. 훌륭한 홀로그래픽 비디오폰 효과를 뽑아낼 수 있을 것이다.

Gerhard Lang, Vizrt

Gerhard Lang은 Vizrt의 CTO이며 ESPN과 BSkyB 라이브 3D 스포츠 제작을 위한 스테레오스코픽 그래픽을 제공하고 있다. 그는 이러한 제작에서 얻은 교훈을 우리와 공유하였다.

Gerhard Lang과의 인터뷰

Vizrt Stereoscopic SolutionAll 3D TV 프로젝트는 대중의 관심이 높은 제품입니다. 이것은 비전 믹서를 통해 왼쪽과 오른쪽 카메라를 위한 하나의 HD-SDI 채널로 작동합니다. 그리고 배포를 위해 멀티플렉서를 이용한 사이드-바이-사이드 영상을 전송하거나 상하 프레임 호환 포멧을 제공합니다.
비전 믹서를 사용할 때, 왼쪽과 오른쪽 시야를 위해 2개의 분리된 필과 키 신호를 전달해야 합니다. Vizrt 초창기부터 우리가 해온 모든 것은 언제나 openGL 기반이기 때문에, 그것은 이미 3D였습니다. 2D 제품에서 3D 스테레오스코픽 작동으로의 진화는 상당히 간단했습니다.
필수적인 동기화. ESPN과 BSkyB가 S3D 콘텐츠를 만들어내기 시작했을 때, 그들은 자신들의 기존 그래픽을 사용했습니다. 모든 것인 이미 CG-3D였기 때문에, 이것은 타당한 것이었죠.
우리에게 있어, 그것은 렌더링 속도를 2배로 만든다는 것을 의미했습니다. 쿼드 버퍼 스테레오(quad buffer stereo)는 사람들이 익숙한 성능의 절반만 보낼 수 있기 때문에 너무 느릴 수 있습니다. 따라서 우리는 그림 4.7에서 보는 것처럼 렌더링 단계를 2배로 했습니다.

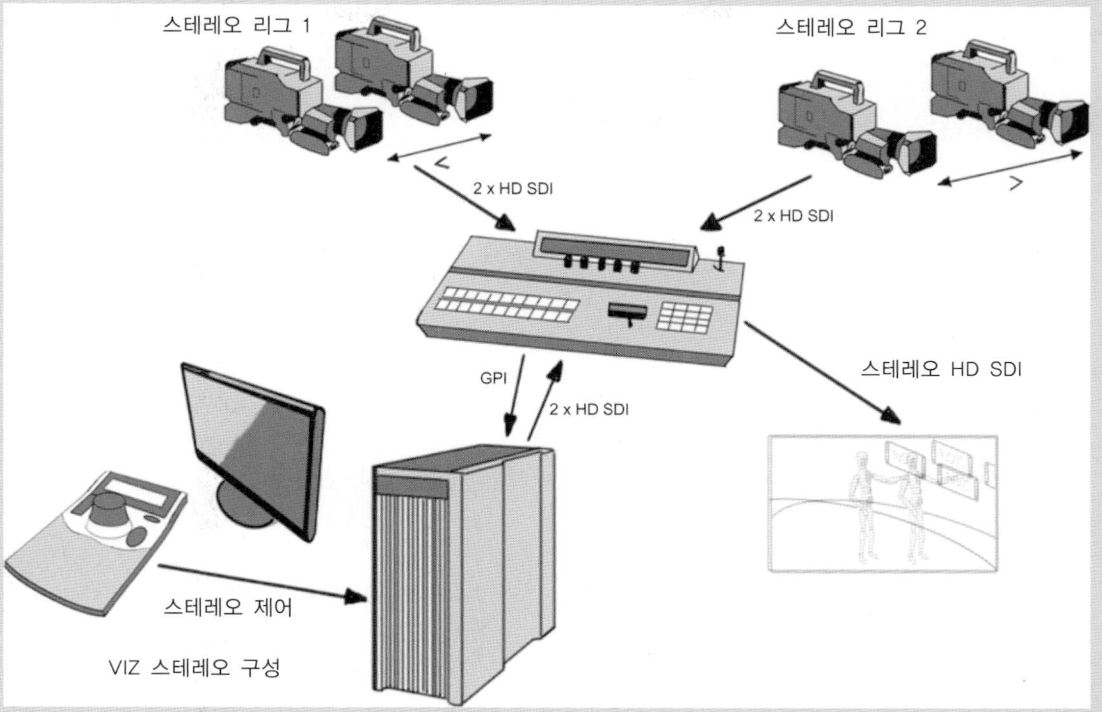

그림 4.6
중계차 환경에서의 스테레오스코픽 그래픽. 비전 믹서는 각각의 카메라로부터 2개의 HD-SDI를 얻는다. 그래픽 엔진은 GPI 신호를 받고 2개의 필(fill)과 키(key) HD-SDI를 돌려보낸다.

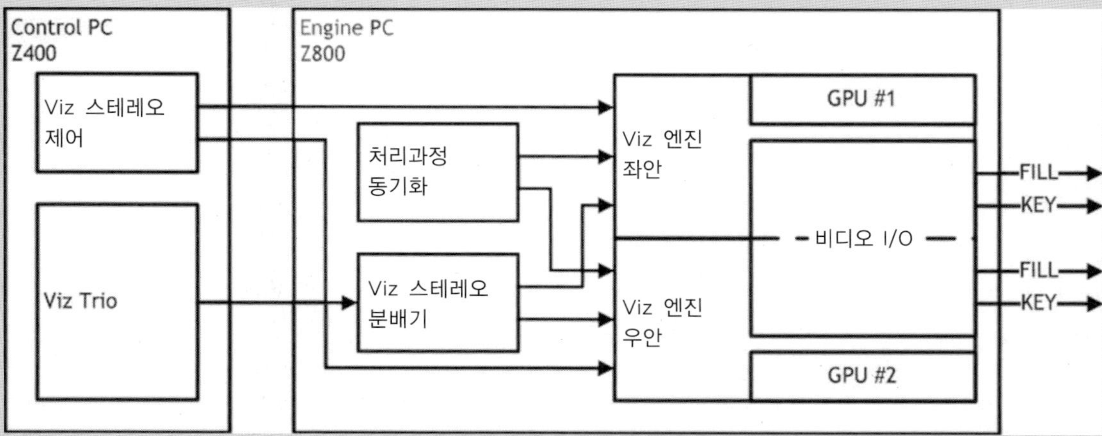

그림 4.7
스테레오스코픽 그래픽 시스템. 컨트롤 어플리케이션은 2개의 렌더링 GPU를 분배하는 스테레오 컨트롤러에 애니메이션 순서를 보낸다. 동기화 엔진은 4개의 HD-SDI 링크를 통해 제작 매트릭스로 보내지는 S3D 필, 키 신호의 젠락, 프레임락(frame-lock)을 보장한다.

여기서 2개 영상의 동기가 100% 일치하는 것은 매우 중요합니다. 애니메이션의 하나가 너무 빨리 혹은 늦게 시작하게 되면, 인간의 뇌를 교란시키기 때문입니다. 우리는 단일 엔진을 위한 명령을 받고 명령을 왼쪽과 오른쪽 엔진에 동일하게 분배하는 일반적인 스테레오 분배기를 개발하였습니다. 양쪽 GPU가 언제나 정확하게 동일한 영역을 렌더링 할 수 있게 하는 동기화 처리 장치도 가지고 있습니다. 그들은 애니메이션이 동시에 시작되도록 하고, 애니메이션이 작동되면 왼쪽과 오른쪽 시야에 정확하게 동일한 타임스탬프를 위한 필드가 제공되도록 해주는 2개의 메커니즘 입니다.

그래픽의 깊이 설정. Vizrt 엔진에서, 우리는 뒤쪽, 중간, 전면 3개의 독립적인 그래픽 층을 가지고 있습니다. 현재 대부분의 스테레오 스포츠 제작에서는 뒤쪽 층이 거의 사용되지 않습니다. 일반적으로 중간 층이 표, 분석 그래픽스, 스타팅 그리드(starting grid)와 같은 것을 하단 1/3에 그래픽으로 보여주기 위해 사용됩니다. 전면 층은 점수나 시계 박스와 같은 것에 사용됩니다. 각각의 층은 자체 카메라를 가질 수 있으며, 따라서 자체의 스테레오 매개 변수를 가질 수 있습니다. 리그나 픽셀 처리 장치로부터 최상의 정보를 얻지 못한다 하더라도, 우리는 카메라를 수정할 수 있습니다.

스테레오그래퍼는 일반적으로 각각의 단일 카메라로부터 3개의 층을 위한 스테레오 매개 변수를 조정하면서, 모든 카메라를 제작에 앞서 검토합니다. 감독이 비전 스위처에서 카메라 1을 선택하면, 리그 1번에서 촬영된 비디오에서 지금 우리가 보고 있는 것을 나타내는 신호를 받습니다. 그러한 정보는 GPI를 통해 받으며, 카메라의 설정에 따라 그래픽을 렌더링 합니다.

중심 층에서는 하단 1/3에 대한 그래픽을 제공합니다. 대부분 이들 그래픽은 스크린의 앞에 잠깐 나타나며, 일반적으로 짧습니다. 현재, 스테레오 리그 1번이 스포츠 제작의 주 카메라라고 생각해 봅시다. 일반적인 시나리오에서 카메라는 경기장 쪽으로 바라보고, 다른 특별관람석을 훑어볼 수 있는 특별관람석 위쪽에 있습니다. 이것은 전면 또는 거의 스크린 수준에 배치하는, 하단 1/3을 위한 상당한 공간을 우리에게 제공해 줍니다.

사람들은 시계를 상단 오른쪽 모서리에서 보는 것에 익숙합니다. 그것은 사람들이 점수와 시계를 찾는 방향이죠. 하지만 스테레오 제작에서, 시각은 일반적인 흐름을 따를 수 없습니다. 점수와 시계를 보기위해, 당신이 보고 있는 곳에서 상단 오른쪽 모서리로 단지 이동할 수도 있습니다. 지금 공을 보고 있는데, 몇 분이 남았는지 보기 위해 상단 오른쪽 모서리로 이동했다고 합시다. 스테레오 영상을 보면서 그와 같은 행동을 할 때, 당신의 두 눈은 경기장에서, 그 다음은 아마도 특별관람석에서 수렴될 수 있습니다. 그 다음에는 윈도우에 나타난 점수와 시계를 보기 위해 다시 수렴되어야 하죠. 이것은 아주 골치 아픈 경험입니다. 이것을 피하기 위해 사실상 3D 점수와 시계 요소를 150 미터 뒤로 밀어야 합니다. 그것은 특별관람석 주변입니다. 이것은 필요한 정보를 찾기 위해 장면에 있는 무엇이라도 따라갈 수 있기 때문에, 관람을 더욱 편안하게 해줍니다.

하지만, 스테레오 리그 2번으로 갔을 때 이러한 위치 설정이 효과가 없을 수 있습니다. 예를 들어, 스테디 캠이 경기장 가장자리에 위치해 있고, 선수들이 가까이 오면 그들이 스크린으로부터 나올 수 있도록 수렴 매개 변수가 설정되어 있다고 합시다. 이것은 상당히 흔한 경우입니다. 이 경우, 해야 할 일은 점수를 내내 밖으로 끄집어내서 50센티만큼 모니터 앞에 얹어 두는 것입니다. 좀 더 미묘한 변화를 주면서, 하단 1/3에서도 동일한 작업을 할 수 있습니다. 그라운드에서 매우 가까운 카메라를 사용할 때 뒤쪽 층이 나타나지 않도록 하기 위해 전면 층을 무력하게 할 수 있습니다. 이것은 그래픽이 경기장 위의 선수나 어떤 대상에 구멍을 내게 하는 것을 막을 수 있습니다. 이것은 현재 일반적인 관행입니다.

기존 그래픽을 스테레오용으로 개조하기. 당신은 고객들 중에 S3D에 종사하면서 기존의 스테레오스코픽 제작에서 가지고 있던 장면을 사용하길 원하는 사람을 만날 수 있습니다. 이 작업을 수행하기 위해서 고객들은 실수가 발생할 수 있는지 보기 위해 설계를 확인해야 합니다. 예를 들어, 일반적인 실수는 대상을 잘못 위치시키고 나서 그들은 재변경하는 것입니다. 100 미터 떨어져 있지만 5배 커진 대상은 0.5배 작아져서 매우 가까와진 대상과 동일한 스크린 크기를 가질 수 있습니다. 이것은 스테레오스코피에서 본다면, 완전히 잘못된 것으로 보이죠.

이런 종류의 것은 그래픽 스테이션 같은 것에서 먼저 테스트를 해야 합니다. 그래픽 스테이션에서 유저 인터페이스는 2D이지만 렌더링 맥락은 풀 openGL 쿼드-버퍼링 3D입니다. 이것은 잘못된 것을 수정하는 동안 스테레오에서 그것을 확인할 수도 있습니다. 게다가, 어떤 자동 애니메이션이 관람을 불편하게 만들면서 가장자리를 건드리는지 확인할 수 있습니다. 결국, 컨트롤 PC는 그래픽 요소의 위치와 방향을 조정하기 위해 6개의 자유도(degree of freedom)를 갖는 CG-3D 마우스와 S3D 디스플레이를 사용합니다.

3D에서의 가상 스튜디오. 스튜디오에서의 작업 중 광축 간격과 주시점 매개 변수는 실제로 변경되지 않습니다. 그것은 스튜디오가 매우 한정된 공간이기 때문이죠. 내부에서 촬영을 할 때, 역동적으로 초점을 다시 맞추지는 않습니다. 기본적으로 한번 설정을 하고 그냥 내버려 두지요. 가상 스튜디오에서는 앵커의 위치를 맞추기 위해 시야 분리와 주시점 같은 매개 변수를 역동적으로 조정할 수 있습니다.

스테레오스코픽 가상 스튜디오를 위한 카메라 조정. 스튜디오 조정은 2단계 과정이며, 하나의 독립체로써 렌즈를 조정합니다. 기본적으로 다음 사항을 설정합니다.

- 렌즈의 줌과 초점 사이의 관계
- X와 Y에서 가상 카메라의 시역(field of view)
- 렌즈의 중심 이동
- 이 렌즈를 위한 K1과 K2의 변형 매개 변수

렌즈 왜곡은 오른쪽과 왼쪽 시야 사이에서 특히 중요합니다. 아주 정확하게 하기 위해서, 렌즈의 왜곡에 따라 영상을 왜곡해야 합니다. 예를 들어, 서양 장기판을 찍고 있다면, 와이드 샷(wide shot)은 휘어진 테두리에 라인을 야기한다는 것을 알게 될 것입니다. 이것을 수정하기 위해, 가상 스튜디오를 20% 큰 사이즈로 렌더링 해야 합니다. 그리고 이 결과를 텍스쳐(texture)로 사용하여 렌즈 수차를 복제하기 위해 왜곡된 그리드 위에서 그것을 다시 렌더링 해야 합니다. 이것은 하나에서 두개의 픽셀을 만들려고 할 때 왜곡된 영상에서 발생하는 모든 아티팩트를 나타나지 않게 해줍니다.

스테레오스코픽 가상 스튜디오를 위한 카메라 추적. 스테레오스코픽 카메라 추적은 고전적인 카메라를 위한 카메라 추적과 동일합니다. 적외선 추적 또는 모션 분석을 사용하고 있다면, 가상 카메라의 중앙이 2개의 실제 카메라 사이에 있도록 목표 위치를 정하십시오. 스튜디오를 조정하기 위해 사용되는 소프트웨어 안에는 많은 매개 변수가 있습니다. 카메라를 목표와 일치시키기 위해 3개의 축 주변으로 회전과 이동을 적용할 수 있으며, 그러한 매개 변수를 가지고 왼쪽 시야와 오른쪽 시야를 위한 가상 카메라가 실제 카메라 위치와 일치하도록 할 수 있습니다. 전반적으로 그것은 매우 복잡한 설정입니다.

스테레오스코픽 가상 스튜디오에서 3D 카메라 모조하기. 기존의 가상 스튜디오 인프라를 사용하고 싶고 하나의 앵커 진행만 있다면, 3D 스테레오스코픽 가상 스튜디오를 만드는 아주 간단한 방법이 있습니다. 당신 비디오를 Vizrt 엔진에 공급하는 것입니다. 그러고 나서 앵커로부터 가상 카메라까지의 거리를 일치시키기 위해 수평 방향으로 카메라 간격을 조절합니다.

그렇게 하면서 앞뒤로 1미터 미만으로 폐쇄된 환경에서 앵커가 움직이도록 할 수 있습니다. 또는, 조명 그리드에서 아래를 내려다보는 감시 카메라를 설치하여 앵커의 위치를 측정할 수 있습니다. 이것은 앵커의 깊이 위치를 제공합니다.

여기서 실로 재미있는 부분은 그 또는 그녀가 서있기를 원하는 정확한 그 장소에 앵커를 세울 수 있다는 점입니다. 더 재미있는 것은, 대부분의 사람에게 있어, 앵커가 평면으로 보이지 않는다는 것입니다. 이것은 단지 왼쪽과 오른쪽 시야의 분리보다는 3D 영상을 재구성하려고 노력할 때 인간의 뇌가 더 많은 정보를 알아채기 때문이죠.

우리가 처음으로 이런 실험을 할 때, 녹색 스크린 환경 안에 서 있는 대상은 기술에 대해 전혀 아는 바가 없었습니다. 그녀는 그것이 3D라는 것을 알았기 때문에, 와우 효과를 만들어 내기 위해 손을 뻗었죠. 그녀의 손이 스크린 밖으로 나오는 것을 기대한 관객은 실제로 뒤로 물러섰습니다. 이것은 몇 초 동안만 일어났고, 그녀는 재빨리 손을 뒤로 가져왔습니다. 관객들은 손이 밖으로 뻗었는지 아닌지 알지 못했습니다. 하지만 그들은 실제로 그랬던 것처럼 반응을 했습니다.

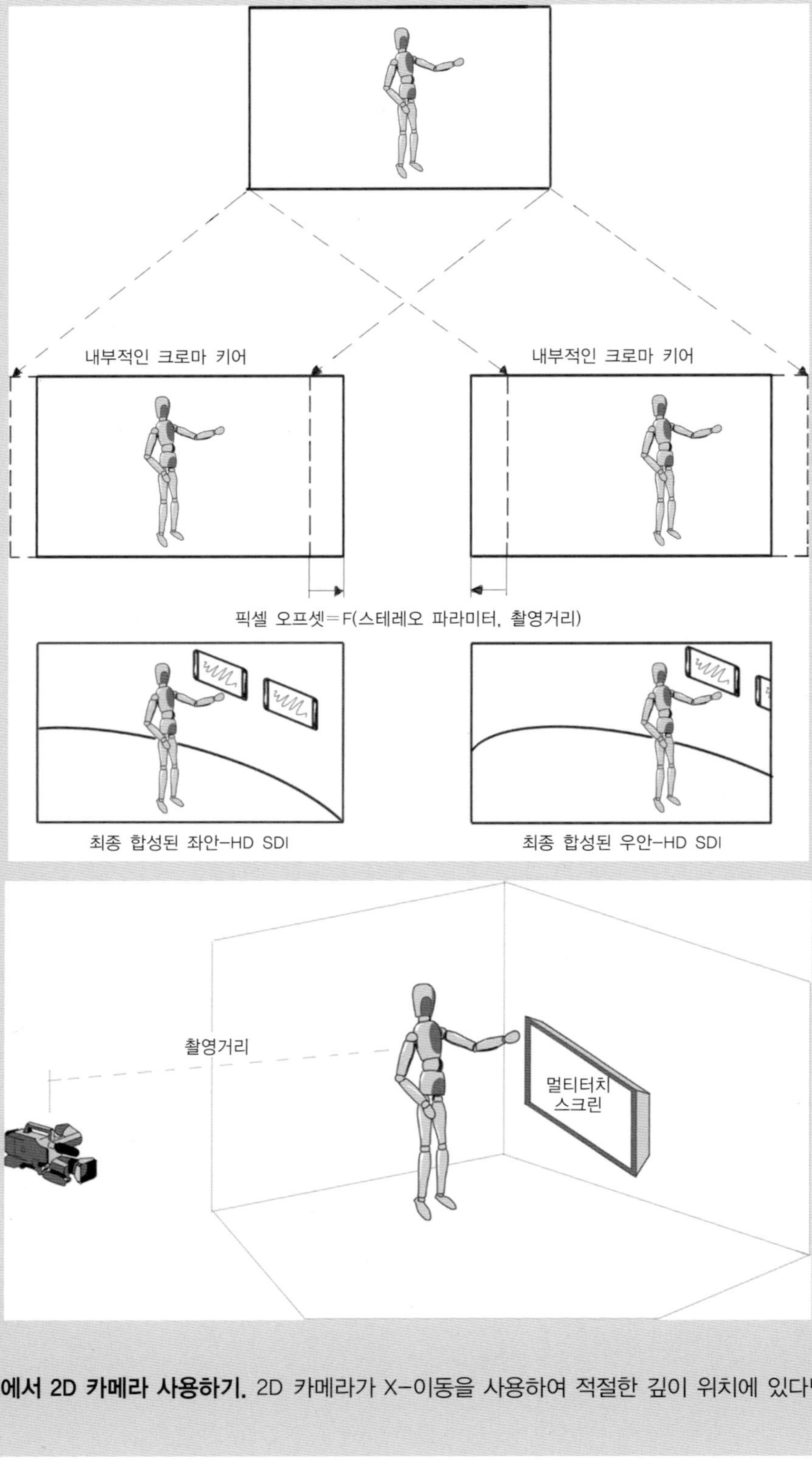

그림 4.8

3D 가상 스튜디오에서 2D 카메라 사용하기. 2D 카메라가 X-이동을 사용하여 적절한 깊이 위치에 있다면, 진행자는 3D로 인지된다.

3D 녹화하기

대부분의 3D 테이크는 라이브로 방송되기 보다는 후반 작업을 위해 녹화된다. 2D에서처럼, 데이터의 녹화된 품질과 결과적인 양은 영상의 최종 사용을 위해 설정된다. 스테레오스코픽 녹화 절차는 최종 제작물에 따라 다양하다. 강렬한 FX 장편의 경우, 얻을 수 있는 모든 메타데이터와 보조 데이터를 보존하고 싶을 것이다. 이것은 영상 분석기로부터의 깊이 정보, 모션 제어 명령과 해독으로부터의 리그 구조, 깨끗한 전면 삽화(plate)와 헬퍼(helper) 영상을 포함할 수 있다. 강렬한 VFX 처리를 할 예정인 영상은 압축을 하지 않거나 손실 없는 압축을 이용하여 풀 칼라 해상도에서 녹화한다.
독립 영화나 TV 다큐멘터리를 위해 직접적으로 컷될 장면은 압축된 4:2:2 포맷으로 녹화할 수 있다. 이것은 손상되기 쉬운 마그네틱 테이프나 드라이브보다 반도체를 이용한 드라이브를 사용하여 녹화 기간을 최대화 할 것이다.
장편 다큐멘터리 또는 저예산, 저 품질 FX 영화의 경우, 단일 센서 Bayer 필터 카메라를 이용한 무가공(raw) 저장을 바탕으로 하는 워크플로우가 많이 있다.

3D 녹화장치에서 기대할 수 있는 기능

동시에 2개의 리코더를 가지고 하는 옛날식 3D 녹화가 끝난 것은 분명하다. 현대의 스테레오스코픽 리코더는 2배의 2D 대역폭을 자랑하며 3D 스트림을 한 번에 녹화한다. 정말 중요한 것은 보이지 않는 기능이다. 양쪽 카메라와 조화를 이루는 능력, 메타데이터를 기록하는 능력, 스테레오스코픽 자산을 관리하는 능력이 있다. 실제로 그 모든 것을 할 수 있는 한 개의 3D 리코더로는 Panasonic AG-3D가 있으며, 아직 2개의 분리된 보조 장치 상에서 기록한다. 거의 모든 리코더는 일반 컴퓨터 하드웨어를 중심으로 설치되며, 일부는 DI 또는 현장 사전시각화(previsualization) 소프트웨어에서 실행한다.
파일 기반 영역에서, 스테레오 장면에 대한 녹화 모드는 여러 가지가 있다.

- 폴더 안의 스틸 프레임, 개별 폴더 안에 좌우 각각의 스틸 프레임
- 폴더 안의 스틸 프레임, 동일 폴더 안에 좌우 양쪽 스틸 프레임
- 비디오 파일, 개별 폴더 안의 좌우 파일
- 비디오 파일, 동일 폴더 안의 좌우 파일
- 비디오 파일, 함께 다중화된 하나의 파일

- 비디오 파일, 개별 보조 장치에서의 좌우 파일

리코더의 기본 기능은 다음과 같다.

- 각각의 카메라에 대한 동일한 장면/화면/테이크로서의 파일 이름 붙이기.
- 양쪽 녹화를 동시에 시작하고 정지하기.
- 3D 테이크의 동시 재생 제공하기.

리코더의 선택적 기능은 다음과 같다.

- SDI를 통해 감지된 카메라 녹화 트리거에 반응하기, 그리고 양쪽 녹화 시작하기.
- 카메라의 동기가 일치하지 않으면 경고하기.
- 시연이나 대용물을 위한 FCF 출력 제공하기
- 사전시각화(Previz), 3D 포맷팅, 칼라 타이밍이 가능한 GPU 이용하기.

Bruce Austin과의 인터뷰

Cinedeck에 대한 실제 경험

Bruce는 그가 일주일 전에 아마존 정글에서 사용했던 카메라인, Cinedeck 리코더가 달린 Element Technica Neutron 리그 상의 2개의 Silicon Imaging SI-2K를 들고 2010 NAB 3D 컨퍼런스 무대에 올랐다. 여기에 시스템에 대한 그의 논평이 있다.

Cinedeck은 내가 최근에 작동해 본 가장 놀라운 장비 중 하나입니다. 우리는 40도의 기온, 100%의 습도와 비, 먼지, 바람이 있는 장소에 있었지만 장비는 여전히 작동했습니다. 환한 조명에서 애너글리프를 볼 수 있을 정도로 밝지 않았지만, 3D 스크린을 볼 수 있었습니다. 그것은 파일명 붙이기를 하며 "3D 작동" 버튼도 갖고 있습니다. Red나 Phantom에는 그러한 기능을 주는 독점적 녹화장치가 없습니다. 이것이 SDI 출력이 3D 장비에서 중요한 이유입니다. 2개의 영상 스트림을 어떠한 3D 인식 장비로 공급할 수 있을 때까지, 느려빠진 평면 콘텐츠를 만들고 있는 것입니다. 당신이 3D 제작을 시작할 수 있는 것은 3D 리코더, 모니터 또는 멀티플렉서를 가지고 있을 때입니다. 그리고 좋은 스테레오만을 테이프를 넣어야 한다는 것을 기억합시다. 그렇지 않으면 2D에서 대략적인 편집을 하고, 후반 작업을 하거나 재편집을 해야 합니다. 이 둘은 커다란 좌절감을 불러일으킬 것입니다.

메타데이터 기록하기

메타데이터 기록은 3D에서 가장 중요한 문제이지만, 해결책이 있는 문제는 아니다. 표준이나 아직 발표된 조정도 없는 판매업체의 솔루션이 여전히 전시회를 지배하고 있다. 현재로서, 리그의 기하학적 메타데이터는 전용 장치를 가지고 USB 드라이브와 같은 개별 보조 장치에 기록한다. 업계가 일관성과 통일성을 위해 왼쪽과 오른쪽 스트림을 기록하는 것에 모든 노력을 경주하는 것을 고려할 때, 메타데이터를 영상과 함께 기록해야 한다는 것은 분명하다. 현재 우리가 가장 근접한 것은 하나의 오디오 채널에 메타데이터를 기록하는 것이다.
세트장에서 기록할 수 있는 메타데이터는 3가지 유형이 있다.

- 줌, 초점, 광축 간격, 주시점에 관련하여 두 카메라와 리그에 보내진 명령.
- Cooke 5/i와 같은 디지털 인코더가 있는 렌즈에서 읽어 들인 값 뿐만 아니라 광축 간격과 주시점 같이 모션 컨트롤 인코더로부터 카메라와 리그가 읽어 들인 값.
- 권장된 기하학적 수정과 같은 영상 분석기로부터의 연산 결과.

3D 리코더의 예

3D를 기록하는 것은 2D의 2배 대역폭을 필요로 한다. 높은 데이터 처리량을 제공하는 반도체 디스크(Solid State Disk, SSD) 기록 장치는 3D를 기본적으로 저장할 수 있다. 하드 디스크 드라이브(HDD) 디스크의 수를 늘리는 것은 시스템에서 있어 쉽고 명확한 일이다. 그러한 디스크는 대역폭을 모으기 위해 계속 추가할 수 있다. 테이프 기록 장치에서는 테이프 속도를 늘리거나 기록 밀도를 증가시켜야 한다. 이것은 일반 컴퓨터 상점에서 장비를 구입하여 할 수 있는 일이 아니다. 이러한 이유로, 대부분의 3D 기록 장치는 단지 하나의 고성능 3D 테이프 리코더를 가지며, RAID 서브시스템을 사용하는 SSD 리코더나 최첨단 HDD 리코더를 사용한다.
충격 방지, 헤드 보호, 극한 온도 저항성을 위해 플래시 드라이브를 야외 촬영지에서 사용한다. 드라이브의 한정된 용량(약 40분)으로 인해, 백업과 재활용 절차를 담당하는 전용 기술자가 있어서 그것을 필름 롤처럼 다루게 된다. 이것은 두개의 영상 사본과 때때로 하나의 프레임 호환 가능한 3D 프록시를 포함한다. 재활용은 간단히 삭제할 수 있지만, SSD의 일부 세대는 최적의 성능 수준을 유지하기 위해 재 포맷이 필요하다.
세트장이나 스튜디오에서는 대용량의 RAID 디스크를 사용한다. 디스크가 이동을 해야 한다면, 충격을 흡수하는 상자가 있는 장치를 선택하는 것이 좋다. 디스크 오류가 보기 드문 것이 아니라는 것을 알고 있을 것이다. 최첨단 시스템에서, 가장 최근의 테이크와 같이 최고의 가치가 있는 데이터는 하나의 오류가 기록을 손상시킬 경우를 대비하여, 실제로 지능적으로 많은 디스크에 나누어 저장해야 한다,
데이터를 백업하고 저장할 때, 테이프 보조 장치의 노력과 밀도에 비할 수 있는 것은 아무 것도 없다. 오랜 시간 동안 촬영을 할 계획이라면, 드라이브에 의존하지 마라. 그러면 조만간 그들을 옮기는데 트럭이 필요할 것이다.

내장형과 탑재형 3D 기록 장치

내장형과 탑재형 3D 리코더는 모두 리그에 직접적으로 장착하여 SSD 드라이브에 기록한다. 그들은 고정되지 않는 스테디-캠 촬영이나 어깨 리그 카메라의 경우에 필수적이다.

이러한 리코더는 2D와 3D 미리보기가 가능한 내장형 PC를 중심으로 설치되며, 일부는 터치스크린 인터페이스를 통해 카메라를 조정할 수 있게 해 준다. 예를 들면, SI-2K 카메라를 위한 Silicon Imaging의 SiliconDVR 소프트웨어 통합이 있다.

몇 가지 유형의 탑재형 기록 장치는 다음과 같다.

- Convergent Design nano3D: http://www.convergent-design.com/
- Codex Onboard: http://www.codexdigital.com/stereoscopic/
- S.two OB-1(FlashDock에서 백업 및 재사용에 이용되는 플래시 드라이브에 비압축 4:4:4 3D를 18 인치로 녹화): http://www.stwo-corp.com/
- Panavision SSR-1(3D를 녹화하기 위해 도킹 스테이션이 필요): http://www.panavision.com/

몇 가지 유형의 내장형 기록 장치가 있다.

- Cinedeck: http://www.cinedeck.com
- 1 Beyond Wrangler Mini3D: http://www.1beyond.com

소프트웨어 3D 기록 장치

전문적인 획득 소프트웨어를 사용하여 자신만의 3D 기록 장치를 구축하거나, 완성물로 모든 것을 구성한 기록 장치를 구입할 수 있다. 그들의 대부분은 데스크탑에서 작동하며 AJA Kona 3 또는 Blackmagic DeckLink 차량을 통해 풀-프레임으로 기록한다. 이들 중 일부는 노트북에서 실행할 수 있으며, Matrox MOX2 또는 Blackmagic HDLink 인코더를 통해 FC-3D를 기록한다. 3D 포맷으로 전환하기 위해서는 FC-3D 멀티플렉서가 필요하다.

- SiliconDVR(Microsoft Windows에서 작동): http://www.siliconimaging.com/
- SpecSoft Rave(Linux Ubuntu에서 작동): http://www.spectsoft.com/
- QtakeHD(Apple OSsX에서 작동): http://www.qtakehd.com/

몇 가지 유형의 인제스트(ingest) 하드웨어는 다음과 같다.

- AJA Kona 3: http://www.aja.com
- Matrox MXO2 Mini와 LE: http://www.matrox.com/
- Blackmagic Design: http://www.blackmagic-design.com

그림 4.9
Qtake 소프트웨어 스테레오스코픽 리코더.

테이프와 디스크 기록 장치

테이프와 HDD 리코더는 이중 스트림을 기록 할 수 있는 최첨단 2D 제품이다. 유용한 하드웨어를 중심으로 구축된 RaveDuo는 네트워크 운영 센터(network operation center)의 비디오 장치로써 통합될 수 있으며, 세트장에서의 모니터링을 위한 스테레오스코픽 멀티플렉서로도 사용된다. 사본 기록 장치는 최상위 제작에 사용되며, 그곳에서 공급 가능한 제품을 생성하기 위해 렌더링 팜 및 데이터 센터와 접속한다. 테이프와 HDD 기록 장치의 몇 가지 예는 다음과 같다.

- Codex 휴대용 및 스튜디오 기록 장치: http://www.codexdigital.com/stereoscopic/
- SpecSoft RaveDuo HDD 기록 장치: http://www.spectsoft.com/
- Sony SRW-5000 및 SRW-1 CineAlta 테이프 기록 장치: http://pro.sony.com/

3D 편집과 포스팅

3D를 촬영하는 도구가 많은 연구로 이득을 보고 실습을 통해 수많은 지식을 양산해 낸 반면, 3D를 편집하는 기술은 여전히 많은 조잡한 도구가 개입되며 약간의 새로운 예술적 표현을 만들어 내었을 뿐이다. 3D 편집 기술을 탐구하고자 하는 독자들은 6장으로 건너뛰기 바란다. 거기에서 실험적인 스테레오스코픽 시네마 감독, 제작자의 기여를 확인할 수 있다.

이 책은 주로 이벤트 획득 및 생방송에 집중하기 때문에, 여기에서는 후반 작업의 간단한 개요만을 제공하기로 한다. 스테레오스코피 영상의 후반 작업은 복잡하고도 매력이 있다. 그 주제만으로도 책 한 권을 제작할 가치가 있다.

여기서는 3D 편집, 사용 가능한 도구의 소개, 추적용 3D 카메라와 관련된 문제 탐구, 그리고 3D 변환이라는 논쟁의 소지가 있는 주제 고찰과 관련된 주제에 대해 간단히 논의하기로 한다.

3D 편집

3D 편집이 가능한 세 가지 유형의 제품이 있다:

- 2D 편집 제품군을 위한 3D 플러그인(CineForm 코덱 또는 Stereo3D Toolbox)
- 3D 편집 제품군(Avid 또는 Sony Vegas)
- 디지털 매개 제품군(Assimilate의 Scratch, Iridas의 Speedgrade, Quantel의 Pablo)

이들 도구들은 3D 편집의 가장 중요한 4가지 업무를 처리한다.

1. 왼쪽과 오른쪽 장면을 편집 스테이션으로 일관되게 입수(ingest).
2. 편집에서 왼쪽과 오른쪽 장면의 일관된 처리.
3. 편집 결정을 위한 3D에서의 즉각적인 시각화.
4. 실시간 일괄 처리를 이용한 변환과 제품의 렌더링.

편집 제품군의 반응성 및 최종 렌더링의 영상 품질에 대한 요구 사항에 따라 예산에 적합한 이런저런 솔루션을 찾게 될 것이다.

CineForm Neo3D 코덱은 자산, 디스플레이, 편집 소프트웨어 사이에서 자체적으로 인터페이스 된다. 스테레오스코픽 장면이 입수되면, Neo3D는 그것을 함께 연결하여 편집 제품군에 단지 단일 2D 영상으로 나타낸다. 그러한 2D 영상은 작은 스크린 컨트롤러에서의 선택에 따라 균일한 시각(flat-eye)이나 프레임 호환가능 3D가 될 수 있다. AJA Kona 3와 같은 이중 스트림이 가능한 하드웨어 카드를 사용하고 있다면, 코덱은 그것이 풀-프레임 3D를 재생할 수 있도록 해줄 것이다. 기억해야 할 중요한 점은 편집 제품군이 실제로 스테레오스코픽 콘텐츠를 조작하고 있다는 것을 알고 있을 필요가 없다는 것이다.

왼쪽과 오른쪽 자산은 **라이브 메타데이터**라고 불리는 메타데이터와 함께 연결이 되어 있는데, 그들이 실시간으로 적용되는 영상에 대한 작업을 표시하기 때문이다. 이것은 색상 보정이나 색상 관찰과 같은 전형적인 2D 작업 이상의 것이다. 영상 플립 플롭, 기하학적 수정, 프레임 동기화, 깊이 균형과 같은 3D 작업 또한 가능하다. 이러한 작업은 편집 되고 있는 동안 장면을 수정하기 위해 멀리 떨어진 스테이션에서 장면에 접근할 수 있는 CineForm의 First Light 같은 보조 어플리케이션에서 제어된다. 장면 전환 및 플러그인은 Neo3D 시스템에 대해 기록이 가능하며, 3D 장면의 양쪽 스트림에 접근하게 된다. 이것은 깊이 전환 또는 깊이 효과와 같은 3D 관련 영상 조작을 허용한다.

선택한 편집 시스템이 Apple Final Cut Pro라면, 지금까지는 어떠한 Apple 제품에서도 3D가 지원이 안 된다고 걱정할 수도 있다. 현재는 FCP를 3D 편집 제품군으로 갱신시켜주는 Stereo3D Toolbox 플러그인과 결합하여 사용하면 된다. 이것은 접근은 쉽게 가격은 가볍게라는 Neo3D와 동일한 철학을 따른다.

Sony는 소비자용 수준의 편집 제품군인 Vegas Pro를 가지고 있다. 이것은 자신의 10번째 버전으로 스테레오스코픽 기능을 업그레이드 한 것이다. 3D 제작에 대한 SMPTE 회의에서 Sony는 11번째 버전이 곧 출시될 Sony 3D 캠코더와 함께 발매될 것이며, 그것은 3D 균형과 시점 보간 기능을 갖고 있다고 발표했다. 우리는 NAB 2011에서 이것이 실제로 그러한지 보게 될 것이다.

모든 Avid 편집 시스템은 스테레오스코픽 콘텐츠를 처리할 수 있다. 최첨단 제품군은 동시에 양쪽 스트림을 입수 및 재생하는 반면, 저가의 비선형 편집기(nonlinear editor, NLE)는 "오프라인 스테레오스코픽" 편집을 하기 위해 프레임 호환 가능한 프록시에 의존하게 된다.

그림 4.10
Stereo3D Toolbox.
Tim Dashwood 사진 제공.

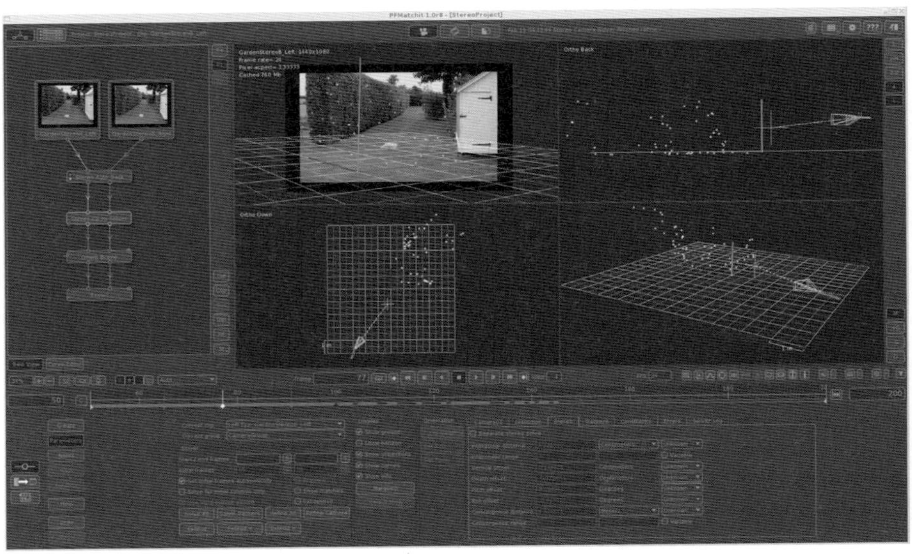

그림 4.11
PFMatchit Stereo Node.
Pixel Farm 사진 제공.

2002년, Iridas는 자신의 첫 번째 스테레오스코픽 어플리케이션을 만들었고, 결국 이중 스트림 기술을 자신의 전체 제품에 적용했다. SpeedGrade와 FrameCycler는 현재 완전한 스테레오스코픽 응용 제품이다.

3D 카메라를 이용한 추적

3D에서 스테레오스코픽 카메라를 이용하여 추적하는 것은 2D에서보다 더 많은 정확

도를 요구하기 때문에 쉬운 일이 아니다. Simon Gibson은 최근에 발표되어 이미 명성을 얻고 있는 Pixel Factory사의 3D 추적 도구인 PFTrack과 PFMatchit의 고안자이다. 3D에서 추적 도구에 대한 그의 전문가적인 의견이 여기에 있다.

Pixel Farm의 Simon Gibson과의 인터뷰

PFTrack과 PFMatchit가 특별히 3D에서 적용 가능하게 만든 것은 무엇인가?

그것은 스테레오 카메라 모델입니다. 그 모델은 양쪽 카메라의 위치를 동시에 계산하여 동일한 추적 지점이 사용되도록 해 주기 때문에, 축간 거리와 같은 매개변수가 촬영 내내 지속되도록 해 줄 수 있습니다. 만일 2개의 카메라가 개별적으로 추적된다면 이러한 것은 이용할 수 없습니다. 장면의 왼쪽과 오른쪽 시계는 서로 독립적으로 추적할 수 있습니다. 그러나 노이즈와 다른 오류로 인해 두 카메라 사이의 관계가 무시되었을 때, 2대의 카메라에 획득된 영상이 스테레오 리그에서 실제 카메라 위치와 정확하게 일치하지 않을 수 있습니다. 스테레오 카메라를 이용한 추적은 축간 거리가 일정하게 유지(이것이 필수적이라고 가정할 때) 될 수 있도록 해주어야 합니다.

두 번째 가상 카메라는 첫 번째 카메라의 위치를 변경하여 만들 수 있습니다. 하지만, 두 번째 카메라를 주시점의 변경에 일치시키기 위해 손으로 움직여야 하기 때문에, 주시점 거리가 촬영 내내 바뀐다면 문제가 될 수 있습니다.

마찬가지로, 공간의 고정된 장소(예, 삼각대)에서 캡처된 모노스코픽 장면의 경우, 카메라로부터의 각각의 추적 지점에 대한 거리는 촬영의 시차 부족으로 추정할 수 없습니다. 스테레오스코픽 촬영의 경우 왼쪽과 오른쪽 시야 사이에는 언제나 시차가 있기 때문에, 각각의 추적 지점에서의 3D 위치는 여전히 추정 가능합니다.

마지막으로, 하나의 스테레오스코픽 카메라 모델을 사용하여 동시에 양쪽 카메라가 추적할 때, 실제 장면에서 서로 상대적으로 올바른 크기와 방향에 대한 영상이 나타나도록 해야 합니다. 각각의 카메라가 측량 데이터 없이 독립적으로 추적된다면, 다른 하나와 비례하여 서로 정확한 위치에 있도록 수동적으로 위치를 재설정할 필요가 있게 됩니다.

수렴된 3D보다 평행한 촬영을 추적하는 것이 더 쉬울까?

그것은 카메라로부터의 주시점 거리를 알고 있는지 모르는지에 달려 있습니다. 그렇지 않다면, 이 값은 또 다른 "미지의 값"을 시스템으로 끼워 넣는 해결사를 통해 반드시 측정해야 합니다. 이미 알고 있는, 고정된 그리고 한정된 주시거리를 가지고 추적하는 것은, 실제로 주시 거리가 무한인 것으로 알려진 평행 카메라를 이용하여 추적하는 것과 다를 것이 없습니다.

주시 거리가 변한다면, 추적 문제는 더욱 복잡해집니다. 이 경우 전체 장면에 대한 하나의 미지 값보다는, 각각의 프레임에 대한 추가적인 미지의 값이 존재합니다. 이것은 초점 거리가 변하는 장면을 추적하는 것과 유사한 문제입니다.

스테레오 3D 추적을 돕기 위해 세트장도 신경 써야 할 것이 있는가?

스테레오 리그의 매개변수와 세트장의 물품 위치에 대해 가능한 많은 데이터를 측정하고 기록하십시오. 다른 건 다 실패하더라도, 사용가능한 일련의 측정된 추적기의 위치를 가지고 있는 것은 모노스코픽 카메라 추적과 마찬가지로 도움이 될 것입니다.

2개의 카메라를 독립적으로 추적하는가, 아니면 특징점(feature point) 식별이나 쌍 맞추기 확인과 같은 연산 매개변수의 일부를 공유하는가?

대개 하나의 접근 방법이 모든 상황에서 효과가 있는 것이 아니기 때문에, 양쪽에 대한 메커니즘을 제공합니다. 카메라를 독립적으로 추적하는 것은 고정된 카메라 간의 간격 유지, 또는 고정되지 않았을 때 촬영 내내 주시 거리가 원활하게 변경되도록 보장하기와 같은 문제를 야기하게 됩니다.

자동적으로 식별되는 지점을 추적하는 것도 하나의 시야에서 다른 시야로 자동적으로 전이됩니다. 수동으로 위치시킨 추적 지점의 경우, 다른 시야의 위치는 자동 또는 수동으로 명시될 수 있습니다.

재구성 후에 일종의 깊이 지도를 만드는가?

이것은 우리가 살펴보고 있는 것이지만, 스테레오 카메라에서는 만들지 않습니다.

미래의 도구와 미래의 절차 측면에서 볼 때 현장에서는 무엇을 예상하는가?

추적 관점에서 보면, 우리는 제작 집단이 스테레오를 촬영하기 위해 사용하는 것은 무엇이든지 지원하려고 할 것입니다. 최종 쇼가 스테레오 영상이 아니더라도, 세트장에서 부가적인 스테레오스코픽 카메라를 보유하는 것은 VFX 시점에서 더 일반적인 것이 될 수 있습니다. 스테레오 카메라는 모션 캡처와 세트 재구성과 같은 다양한 VFX 업무에 대해 광범위한 데이터를 획득할 수 있게 해주기 때문입니다.

스테레오스코픽 영상 추적에 대한 마지막 참고는 다음과 같다. 영상을 이동시켜 영상의 기하학적 구조를 수정할 때, 영상의 중심을 프레임의 중심으로부터 멀리 가져간다. 이것은 광학 중심이 프레임의 중앙에 있다고 가정하는 영상 계산에 있어서는 매우 혼란스러울 수 있다. 영상을 따라 작업할 때, CG 요소와 그들을 혼합할 가능성이 높다. 2가지 옵션이 있다. 하나는 영상의 기하학적 구조를 수정하고, CG 영상을 뒤틀린 실황 장면에 적용하는 것이다. 이것을 하기 위해서는 좋은 트래커(tracker)가 필요할 것이다. 두 번째 옵션은 CG를 불완전한 실황 영상에 일치시키고, 사전 혼합된 영상 분석을 바탕으로 혼합된 장면을 수정하는 것이다.

3D 변환

3D 변환은 엔터테인먼트 언론에서 많은 보도와 논쟁이 되고 있다. 그리고 대부분의 해설자들은 그들이 무슨 말을 하는지 이해하지 못하는 것 같다. 업계는 3D TV 수상기의 터무니없는 실시간 3D 변환을 홍보하거나, 3D를 망쳐놓은 영화를 감히 개봉함으로써 이런 허튼 수작의 바다로 가는 길을 열었다.

변환은 그 자체로는 좋은 것도 나쁜 것도 아니다. 그것은 시각 효과 도구이며, 그 이상도 그 이하도 아니다. 시각 효과의 품질은 당신이 쏟아 붓는 시간과 돈의 직접적인 상관관계이다. Jeffrey Katzenberg가 말한 것처럼, "품질은 그림을 그리는 붓에 있는 것이 아니라, 화가에게 있는 것이다."

앞으로 몇 년 동안, 수준 미달의 3D 변환에 대한 수요와 제공이 있을 것이다. 배급업체는 변변찮은 영화를 배제하고 3D에서 이익을 올릴 것이고, 일부 TV 채널은 3D 콘텐츠가 절실히 필요할 것이며, 다큐멘터리는 저렴한 3D 자본을 이용한 촬영을 해야 하기 때문이다. 3D를 원하는 곳은 많다. 그러나 진지한 프로듀서와 영화 제작자는 3D 변환과의 경쟁에 관여하지 않기 위해 최선을 다할 것이다.

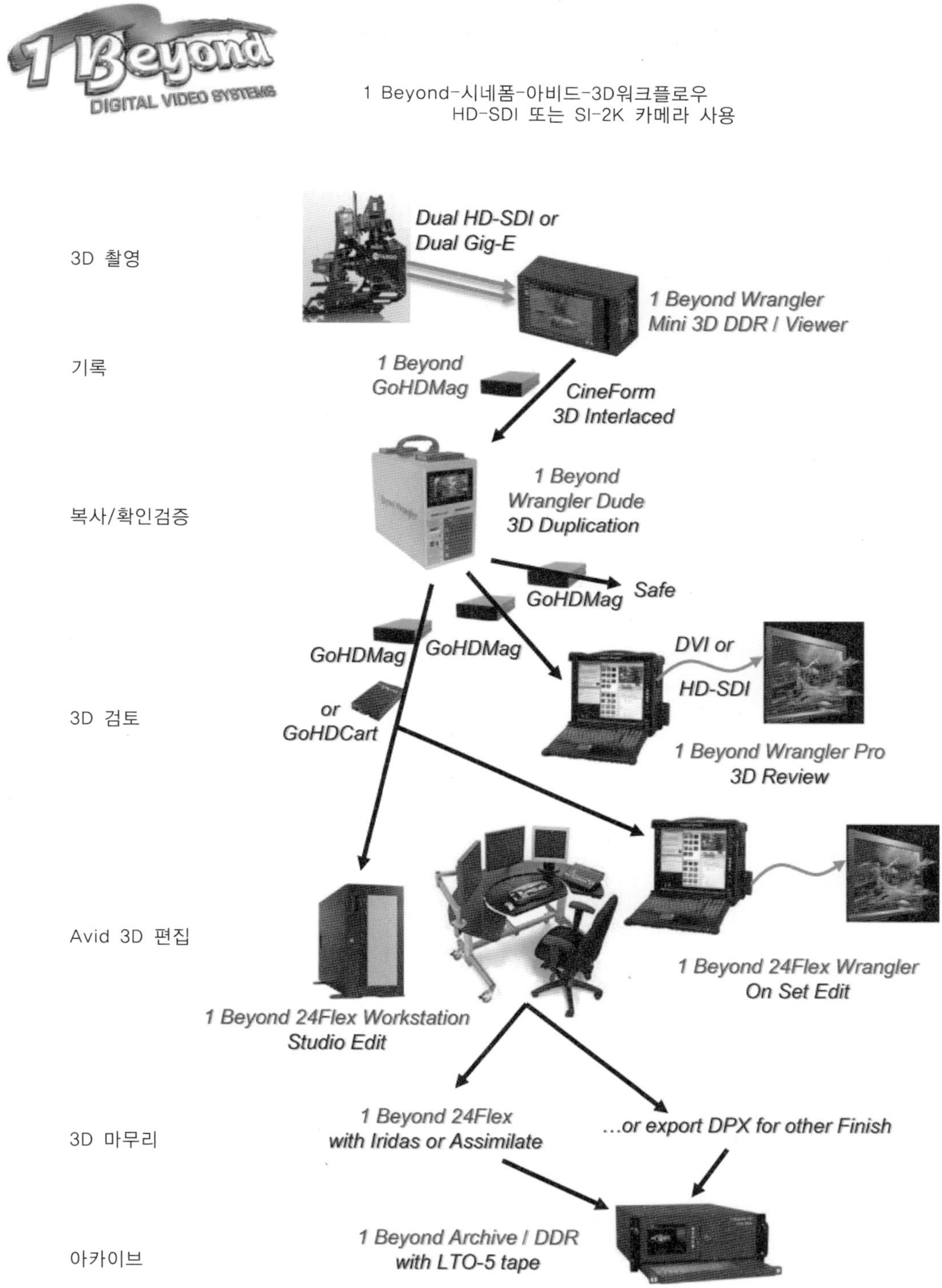

그림 4.12
스테레오스코픽 후반 작업 워크플로우의 개요.
1 Beyond 사진 제공.

영역의 또 다른 마지막 과정인 전문화된 포스트 하우스가 그러한 품질의 변환물을 배달할 수 있기 때문에, 그들을 식별하기 위한 훈련받은 눈이 필요하다. 그들은 변환이 후차적인 것이 아닌 창의적인 작업의 일부로 생각하는 감독들과 일할 수도 있게 될 것이다. 즉, 도구로서의 변환은 괜찮지만, 수단으로서의 변환은 그렇지 않다.
여기에 당신이 명심해야 할 몇 가지 핵심 사항이 있다.

- 실시간 변환을 위한 일반적인 솔루션은 잊어라. 이것은 공상 과학이다.
- 2D/3D 변환은 완전한 FX 작업이며 시간과 돈이 요구된다.
- 약간의 "도와주기"로써의 솔루션은 괜찮을 수 있다.

BARRY SANDREW, LEGEND FILM의 CEO

스테레오스코픽 촬영과 비교하여 3D 변환을 반대해서는 안 됩니다. 변환이 깊이를 만들어 낼 때 카메라는 깊이를 포착합니다. 영화 사업에서, 우리는 CG나 다른 수단을 통해 많은 가짜 현실을 만들어 냅니다. 그리고 그것은 관객과 예술가들에게 용인됩니다. 궁극적으로, 그것은 실제로 누가 그것을 하느냐에 대한 것입니다. 지능 머신(컴퓨터), 아니면 인간 예술가? 그러한 질문에 직면하게 되면, CGI와 시각 효과에 대한 크레딧에 누가 있는지를 기억합시다. CPU가 아닌 예술가입니다. 그리고 결국, 그것을 위해 돈을 지불하는 관객을 누구입니까? 기계가 아닌 인간입니다.
좋은 3D 변환은 자산의 용도변경이나 촬영의 단순화 차원을 넘어서는 것입니다. 그것은 다음과 같이 사용될 수 있습니다.

1. 편집하는 동안 인 샷과 아웃 샷을 일치시키기 위한 양안 거리 조정.
- 광축 간격이 너무 좁은 경우에 대한 깊이 압축.
- 광축 간격이 너무 넓은 경우에 대한 깊이 확장.

이것은 사용가능한 깊이 예산을 맞추기 위한 것으로, 때때로 선형적인 깊이 압축(linear depth compression)이라고 불린다.

2. 전체 장면의 깊이 느낌(depth feeling)에 영향을 미치기 위한 장면 볼륨 변경.
- 대상이 "불룩"하다고 느껴지면 볼륨 압축.
- 대상이 평평하다고 느껴지면 볼륨 구축.

비선형적인 깊이 기능으로써 깊이 와핑(depth warping)이라고도 한다.

3. 대상(또는 인물) 볼륨 변경.
- 더 강력하게 보이게 하기 위해 하나의 인물을 밀어낸다.
- 더 약하게 보이게 하기 위해 하나의 인물을 압축한다.

이것은 아직 사용되지 않은 새로운 기술로써 HDR-Z로 명명할 수 있다.

4. 강렬한 FX 장면에서의 3D 생성으로, 종종 다음과 같은 이유로 사용된다.
- 촬영에서의 비용 통제를 위해.
- 어떤 장면은 3D로 촬영하는 것이 불가능하기 때문에.

5. 3D 장면으로부터 깊이 지도 만들기.

6. 한쪽 시야가 손상되었을 때 3D 장면 복원하기(3D-3D 변환).

3D 마스터링, 공급 그리고 배급

관객에게 보낼 3D 프로그램을 얻는 것은 2D에서처럼 거의 동일한 사업이다. 대안 콘텐츠로써 극장에 접촉 하거나, 아니면 네트워크 운영 센터에서 당신의 제휴사에게 공급 피드(contribution feed)를 보낼 수 있다. 그리고 나서 가입자에게 전달된다.

업계가 3D 표준을 동의하고 장비를 업그레이드할 때까지, 앞으로 몇 년 동안 배급된 콘텐츠는 2D 채널을 통해 돈벌이를 해야 한다. 3D 채널로의 이행은 이벤트 야외 촬영과 방송 설비에서 아주 조만간 시작될 것이며, 모든 공급 및 배급 채널에 배치될 때 까지는 최대 10년이 걸릴 것이다. 물론 이미 블루레이를 통해 공급되고 있는 완전 3D인 패키지 콘텐츠는 제외한다.

3D 포맷팅

3D 배급에 대한 격언이 있다. "해상도, 동기화, 비용: 이중 2개만 골라라." 알다시피, 동기화는 3D에서 타협할 수 없다. 손실된 프레임은 손실된 3D 방송이다. 그리고 동기화는 유지하는데 비용이 가장 많이 들기 때문에, 해상도가 일반적으로 이 방정식에서 한쪽에 남아 있게 된다.

3D 압축

3D 포맷팅과 패키징의 복잡한 내용으로 들어가기 전에 압축에 대해 이야기해보자. 모든 3D는 더 많은 대역폭이 필요하다. 하나 대신 2개의 화면을 보내는 풀-프레임 3D에서는 자명한 것이지만, 프레임 호환 3D의 경우는 더더욱 사실이다. 영상의 비정형적 압축(anamorphic compression)은 정보의 밀도를 증가시킨다. 다른 말로 하면, 주파수를 증가시키는 것이다. FC3D 각각의 매크로 블록(macrobloc)은 2D에서의 대응보다 두 배나 많은 정보를 호스팅 한다. 동일한 수준의 양자화(quantization)에 이르기 위해서는 인코더의 출력에 더 많은 비트 스트림을 할당해야 한다.

2개의 추가적인 요소가 있다. 첫째, 압축 손실(artifact)은 시각령(visual cortex)에서 일치하는 영상에 불리한 영향을 미친다. 둘째, 희미한 영역의 손실된 해상도는 매칭 기능을 제거하고, 급격한 변화의 반향은 망막 경쟁을 유발한다. 이것은 풀 해상도 3D에도 적용된다. 여기서도 다시, 3D는 2D의 2배 이상이다. 공급 단계에서는, 각각의 3D 채널에 20 Mb를 할당하는 게 좋다.

최종 단계에서, 케이블의 프레임 호환 3D 채널의 경우 15 Mb가 필요하다.

대부분의 MPEG 인코더는 약간의 소프트웨어 업그레이드만 있으면 3D 콘텐츠를 처리할 수 있다. 자유롭게 작동하는 인코더를 사용하는 경우 채널 간에 프레임이 잘못 동기화되는 것을 특히 주의하라. 적응적인 GOP(group of picture)는 일관성 없는(incoherent) I-프레임으로 정보를 삽입할 수 있다.

3D 글자 상자 만들기

프레임 호환 포맷에서, 글자 상자 만들기는 왼쪽 시각과 오른쪽 시각 영상에 동일하게 적용되어야 한다. 그림 4.13에서와 같이 상하 영상에서, 전체 검은 부분은 1/4, 1/2, 1/4로 약간씩 분할된다. 그렇지 않으면, 재구성된 영상은 3D 디스플레이에서 적절하게 겹쳐지지 않는다.

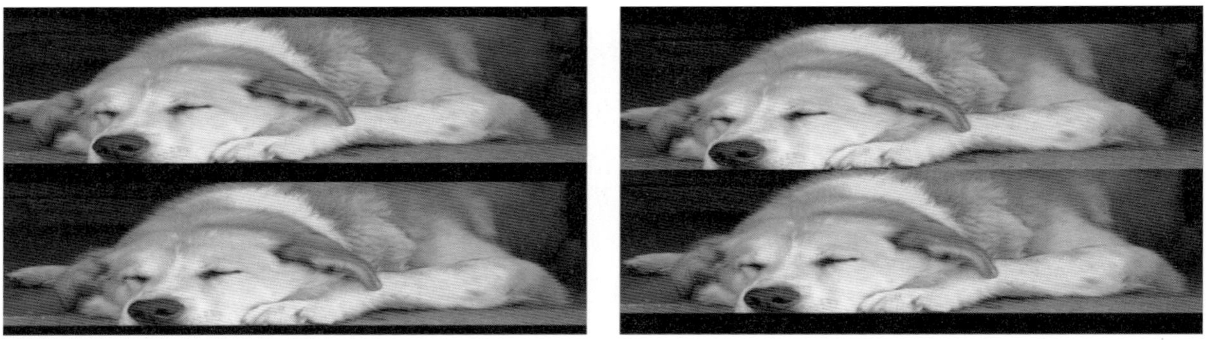

그림 4.13A와 4.13B
올바르고 틀린 글씨 상자 만들기. 글씨 상자 만들기는 왼쪽과 오른쪽 영상에 균형적으로 영향을 미쳐야 한다.

SMPTE 3D 홈 마스터

이미 2008년에 SMPTE는 2009년 진정한 실무진이 뒤따른 프로젝트팀을 데리고 3D의 표준화 작업을 시작했다. **홈 마스터**(Home Master)라는 계획의 명칭에 혼란스러워하지 말자. SMPTE는 모든 배급 포맷과 시장을 위해 수십 개의 마스터가 만들어져야 하는 현재의 3D 시네마 상황을 피하기 위해 노력하고 있다. 목표는 콘텐츠를 교환하는데 유용하고, 결국 배급 채널이 요구하는 차후의 모든 제작물을 만들게 될 일련의 3D 포맷과 관례를 정의하는 것이다. 이 홈 마스터는 "모든 가정에 배급할 수 있도록, 만들어 질 수 있는 포맷에 제공될 수 있는 보편적인 전문 마스터"로 이해해야 한다.

일련의 관례는 영상 서술(기하학적 구조, 선명도, 프레임 률), 포맷 시그널링, 그리고 전송 스트림을 포함하게 된다.

피어(peer)를 통해 3D 공급하기

지금까지 3D 콘텐츠의 진정한 피어 교환이 없었다. 대부분의 라이브 3D가 제작물을 배급하는 네트워크에 의해(또는 FIFA의 경우, 국제 컨소시엄을 통해) 처음부터 끝까지 관리되기 때문이다. 그러나 다양한 대륙의 새로운 3D 채널 운영자에 의해 3D 콘텐츠가 제작되고 배급되기 시작하면, 이러한 운영은 조만간 작업 방식이 어떻게 될 것인지를 접할 수 있는 기회를 줄 것이다.

배급에서의 3D 포맷

당신의 프로그램이 관객에게 도착할 때까지 얼마나 많이 재 부호화되고 재 프레임 될지 알 수 없다. 상하 또는 사이드-바이-사이드, 720 또는 1080, 인터레이스 또는 프로그레시브 간의 전환은 국제 이벤트 NOC에서 그리고 결국에 디스플레이 수준에서 발생하는 모든 프레임 률과 보간(interpolation)될 것이다. 완벽한 재난의 조합으로 손상된 3D 화면을 당신에게 가지고 와서 아날로그 NTSC가 더 좋아 보이게 만들 것이라는 것이다. 본래의 풀 프레임으로 3D를 오래 유지할수록 좋다. 하나의 프레임에 의해 이동할 수 없는 2개의 스트림과 작업하는 것은 쉽지 않은데, 대부분 그것이 지금까지 의무적인 문제는 아니었기 때문이다.
그 결과, 당신이 신호의 품질을 제어하고 포맷이 호환 가능한 3D에 의지하는 한, 현재의 최첨단 기술에서는 풀 해상도에서 3D를 보전하는 것이다. 위성 연결은 일반적인 한계를 가지고 있다. 2010년 여름, FIFA 월드컵 3D 신호는 분리된 왼쪽과 오른쪽 JGPEG 2000 영상으로 경기장에서 International Broadcast Centre(IBC)로 보내졌고, MPEG2 HDTV에서 사이드-바이-사이드 프레임 호환 3D로 업링크 되었다.
ESPN 3D는 경기장에서 Connecticut주 Bristol의 자체 네트워크 운영 센터로 풀-프레임 3D로써 자신의 3D를 보내고, 배급 네트워크를 위해 프레임 호환가능 3D로 그것을 부호화하였다.

3D 재동기화

스트림 동기화는 원천에서 제어하기는 쉽지만, 네트워크를 따라서 유지하기는 까다롭다. 하나의 장치가 고장이나 과부하를 경험하면, 이것은 하나의 프레임이 동기화에서 벗어나는 원인이 된다. 당신은 버그를 추적해야 한다. 경험에 따르면, 음향은 화면보다 동기화에서 더 빨리 벗어난다. 특히 카메라에서 TV로의 전형적인 3D 설정에 대한 모든 추가적인 영상 처리 단계에서는 더 하다. 따라서 소비자 산업 표준 HDMI 1.4는 디스플레이에서 3D 영상에 대한 추가 처리 시간을 처리하는 음향 지연 플래그를 포함한다.

대부분의 경우, 타임 코드(time code, TC) 동기화는 그렇게 도움이 되지 않는다. 영상 지연이 한 프레임보다 적을 수 있기 때문이다. 때때로, 표류하는 몇 개의 라인이 나중에 라인에서 프레임 드롭(frame drop)을 야기하게 된다. 전송하는 동안 링크에서 왼쪽과 오른쪽 피드에 일관된 TC를 설정할 수 있으며, 수신국에서 그것을 재조정(retime) 할 수 있다. 하지만 일하고 있는 누군가가 TC를 망쳐 놓으면 그것은 실패할 수도 있다. 더욱이 처음에 동기가 맞지 않으면 라인을 따라 불완전한 전파가 진행될 것이다.

Evertz Microsystems는 3D 스트림을 수정하기 위해 상관관계에 의존하는 3D 동기화 시스템을 개발하였다. 그 시스템은 왼쪽과 오른쪽 프레임을 비교하고 더 높은 상관관계를 찾는다. 경험에 따르면, 이 방법은 3D 동기화를 해결하는데 쓸 수 있다. 이전 프레임이나 다음 프레임 보다는 왼쪽과 오른쪽 시야 간의 상관관계가 언제나 더 효과가 있다. 양안 거리와 동등한 방향과 속도의 회전(panning) 촬영은 제외한다. 이것은 3D 변환에서 잘 알려진 효과이다.

가정으로 3D 배급하기

온라인 콘텐츠 배급이 가져온 혁명은 가정으로의 3D 배급을 구현한 것이다. 가정에는 케이블과 위성 가입자가 있다. 그리고 동축케이블, 광섬유, 구리선, 무선 링크 상에서의 합법적인 VoD와 불법적인 P2P가 있다. 이들 모두는 광학 디스크와 반도체를 이용한 패키지 미디어와 싸워야 한다. 좋은 소식은, 판매용 3D 콘텐츠를 가지고 있거나 3D 콘텐츠를 찾는 3D 디스플레이가 있다면, 그들을 연결하기 위한 방법이 한 가지 이상이 있다는 것이다.

케이블과 위성

케이블과 위성 기술 모두는 상대적으로 자유롭게 대역폭을 할당할 수 있는 자율성을 갖고 넓은 대역폭으로 자원을 관리하고 있다. 그리고 둘 다 그들이 약간의 제어를 할 수 있는 셋톱박스(set-top box, STB)를 통해 디코딩 한다. 새로운 3D 서비스의 전개는 대개 시장 점유율이 새 하드웨어를 정당화하지 않는 경우, STB 소프트웨어의 업데이트라는 저렴한 옵션이 붙는 마케팅을 결정한다.
조작자는 3개의 단계에서 그들의 3D 미래를 보게 된다.

- 1단계: 네트워크 유지, STB 유지, 프레임 호환 가능한 포맷 사용.
- 2단계: 네트워크 유지, STB 변경, 서비스 호환 경비 부담 배급.
- 3단계: 2단계가 한계에 도달했을 때만 네트워크 변경.

1 단계 서비스는 이해하기 쉽다. 3D 채널은 2개의 화면이 함께 포개지는 단순한 2D 채널이다. DVR 조차도 이것을 사랑한다. 3D TV는 영상을 스테레오스코피로 디코딩하는 것을 처리한다. 권장하는 포맷은 1080i의 SBS와 720p의 TAB이다. 기본적으로, 당신은 3D TV를 책임지면 되고 포맷은 케이블 회사의 몫이다. 사업은 만족스럽고 현재 시작되고 있다.
2 단계 서비스는 케이블 회사에 있어 더 까다롭다. 개념은 인프라에서 아무것도 바꾸지 않고(거실의 STB는 제외) 3D 배급의 마법에서 기존 네트워크를 한계까지 밀어붙이는 것이다. 목표는 1 단계와 동일한 하드웨어를 바탕으로 한 STB를 통해 3D로 디코딩하는 배급 창구로 데이터 비용 부담을 밀어 넣는 것이다. 여기에서의 매직 트릭은 NC(non-canonical) **프레임 크기**로 불린다. 2개의 NC 프레임은 기존 칩의 하드웨어 디자인의 계산 한계에 머물러 있기 위해 하나의 2D 영상처럼 동일한 수의 매크로블록을 갖는다. 여기에 수치가 있다.

- 1080i는 2개의 비정형 960 × 1080 프레임보다는 2개의 1344 × 768 프레임으로 포맷한다.
- 720p는 2개의 비정형 1280 × 360 프레임보다는 2개의 960 × 544 프레임으로 포맷한다.

디코드 된 프레임은 정규 HD 포맷으로 높여지고, 완전한 3D로써 3D TV에 보내진다.

일괄 미디어: 블루레이 3D

블루레이는 크고 작은 콘텐츠 제작자들 사이의 강력한 지지로써, 3D 배급용 포맷으로 선택 될 것으로 예상된다. 2D 수익의 50%를 DVD 판매에서 얻고 있는 대형 스튜디오는 홈 시장에서 자신의 3D 영화를 통해 빨리 수익을 창출하고 싶어 한다. 2.5배 수익 증가를 얻던 3D 극장 상영이 갑작스럽게 25 % 증가로 바뀌었다. 소형 독립 3D 필름 제작들의 희소한 3D 스크린을 위한 싸움은 치열한 것이며, 3D의 비디오 직배급(direct-to-video) 채널에 대한 요구가 있다는 것을 깨닫는다.

오늘 현재, 실제적으로 2개의 공식 그리고 비공식 3D 블루레이 표준이 있다. 공식적인 3D-BD(3D Blu-ray Disc)는 블루레이 디스크 협회(Blu-ray Disc Association)가 설계하고 홍보하는 새로운 포맷이다. 이것은 3D 인코더와 3D 저작(authoring)이 필요하며 풀-프레임 3D를 제공한다. 비공식적인 3D 포맷은 프레임 호환 3D이다. 일반 2D 디스크에 기록되는 사이드-바이-사이드 또는 상하 포맷 영상이다. 그 경로로 선택하려고 하면, TV에서 3D 모드를 켜거나 끌 필요가 없도록 3D 메뉴 설정에도 주의를 기울이도록 하라. 또한, 사용자가 어느 것을 선택해야 할 지 추측하지 않아도 되도록 버튼의 왼쪽과 오른쪽 모두를 활성화 시키는 것도 필요하다. Sony Vegas Pro 10은 SBS 블루레이로 당신의 3D 편집을 내보낼 수 있다.

다음은 풀 3D-BD 인코더와 오서링(authoring) 제품군이다.

- NetBlender Encoder: http://www.netblender.com/main/
- Sony Blu-print: http://www.sonycreativesoftware.com/bluprint
- Main Concept MVC Encoder: http://www.mainconcept.com/products/sdks/3d/blu-ray-3dmvc-sdk.html

이 외에 Roxio도 자체 도구의 3D 버전을 가지고 있다.

인터넷 전송

3D 비디오는 인터넷에서 들불처럼 번지고 있다. TubePlus는 2009부터 3D 플레이어를 가지고 있다. Netflix는 3D 주문형 비디오 시스템을 제공하고 있으며, Next3D는 전용 서비스이다. 그리고 Sony PlayStation 또한 곧 3D 채널을 갖게 될 것이다. Samsung은 3D 콘텐츠를 배급할 것이라고 발표했고, Nvidia는 인터넷 상의 실황 경기 방송을 통해 이미 배급을 하고 있다.

지하 유통은 이미 모든 적법한 수준의 수백 기가바이트 3D 콘텐츠를 관리하는 북부 유럽의 FTP 서비스로 시작되었다.

3D 매체는, 대단히 신기술을 좋아하는 사람이면서 연계되어진 관객의 밀도가 낮은, IP 전송에 완벽한 콘텐츠이다. YouTube 3D는 현재 Google 비디오 수익 창출 서비스의 일부이다. 가장 먼저 백만 관람을 달성하는 첫 번째 3D 비디오는 무엇일까? 3D lolcat of Puss in Boots 일 것이다.

우리의 요점은 3D 매체가 괴짜 문화의 일부이기 때문에 인터넷 상에서 자리싸움을 하지 않을 것이며, 그 이상 어디에서든 자리 잡을 것이라는 것이다.

Roxio와 Sony의 소비자용 2D 편집 도구는 타임라인(timeline)에서 YouTube로 직접 비디오를 올릴 수 있는 옵션을 제공한다. Avid에서 인터넷 서버로 풀 해상도 3D 트레일러를 올릴 수 있기 까지 얼마나 걸릴까?

극장 배급

디지털

디지털 3D 필름 배급은 DCI 사양을 따른다. 3D DCP는 프레임이 대체 가능한 45fps jpeg-2000 영상 스트림이다. 인코딩 서비스는 일반적으로 DI(Digital Intermediate) 기관에 의해 제공되며, 그곳에서 마스터를 color-time 하게 된다. 단편 영화, 트레일러, 또는 암호화(encryption)나 적절한 처리가 필요 없는 콘텐츠를 부호화하고자 하는 경우를 위해, Clyde de Sousa는 그의 블로그 RealVision에 손수 3D DCP 만드는 법을 게재하였다.

The DCI spec sheet: http://www.dcimovies.com/speciÞ cation/
ClydeÕs DCP recipe: http://realvision.ae/blog/2010/09/free-unencrypted-3d-movie-dcp-mastering-for-digital-cinema-servers/

필름 기반

미국에는 디지털 3D 프로젝터가 수천 개 있으며, 다양한 방식의 3D 프로젝터가 수만 개 있을 수 있다. 미국에는 필름 프로젝터가 수십만 개 있고, 전 세계에는 수백만 개가 있다. 3D 콘텐츠는 이러한 고객들에게 어떻게 다가갈 것인가? 몇몇 업계 리더들은 그러한 시장에 공급하기 위한 혁신적인 3D-on-film 배급 기술에 기대를 걸고 있다.

2010년, Technicolor는 스크린에 영상을 편광시키고 재조정하는 잠망경 렌즈를 부착한, 35mm 지원의 상(above)/하(below) 영상 포맷을 사용하는 필름 기반 3D 프로젝션 시스템을 소개하였다. 이러한 시스템은 이미 1950년대 소위 3D의 황금시대에 사용되었다. 그러나 필름 파열이 발생할 경우, 영사 기사가 하나의 프레임을 잘래내서 지점을 수정할 때 문제가 발생한다. 이것은 영상의 왼쪽과 오른쪽을 뒤집고, 결과적으로 관객에게 **뒤집어진 스테레오**를 제공하게 된다. 2010년 이러한 두통을 유발하는 위험 요소를 처리하면서, 3D 발명가 Lenny Lipton은 Technicolor 이후 몇 달 만에 또 다른 시스템을 소개하였다.

이 시스템에서 영상은 영사 슬라이드에 나란히 기록되며, 특허를 받은 3D 렌즈 부착을 통해 적절히 회전하고 재조정된다.

Occulus: http://www.oculus3d.com

Technicolor: http://www.technicolor.com/en/hi/3d/3d-in-the-theatre

Panavision: http://3d.panavision.com/

이와 같은 2개의 솔루션은 완벽한 디지털 교체 비용의 일부를 가지고 미국에 있는 기존의 수만 개 35mm 프로젝터의 갱신을 돕는 것을 목표로 하고 있다. 이 솔루션은 디지털 3D 프로젝션 시스템을 갖출 자금이 없는 전 세계에 3D 르네상스를 확산시키는데 도움이 될 것이다.

이러한 프로세스를 가지고 3D 영화를 포맷하고 프린트 하는 것은 다양한 판매업자들과 상의해야 한다.

IMAX: http://www.imax.com/impact/imax-3d/

완전한 마무리를 위해, 이중 스트립 70mm 15퍼포레이션(perforation, 필름 구멍)을 갖는 IMAX 3D 프로세스를 언급하고자 한다. IMAX는 독점적인 디지털-프린트 마스터 시스템 DMR(digital re-mastering)을 사용하고 있다.

CHAPTER 5

현장에서의 스테레오스코픽 체험

FX가 적은 3D 장편

Derriere les Murs

Celine Tricart, Binocle, 프랑스

Celine Tricart는 최근 파리의 ENS(Ecole Natioanle Superieure) Louis Lumiere 영화 학교를 졸업했다. 그녀는 스테레오스코픽 시네마를 위한 스토리텔링에 특히 관심이 있는 독립 영화제작자이다. 그녀는 이미 여러 개의 작품을 감독하였다. 그중 2개는 2k 3D로 촬영하였으며, 전 세계에서 많은 상을 받았다. 현재 그녀는 자신만의 새로운 이야기식의 스테레오스코픽 프로젝트를 준비하고 있으며 다른 영화 제작자를 위해 스테레오그래퍼로서 3D를 촬영하고 있다. 그녀는 현재 Julien Lacombe와 Pascal Sid(Sombrero Films) 감독의 첫 번째 프랑스 3D 장편 영화 Behind the Walls에서 스테레오그래퍼로 일하고 있다.

그림 5.1
Celine Tricart.

당신이 작업했던 3D 제작을 간단하게 설명해 줄 수 있습니까?

Derriere les Murs는 장르 영화 전문 프랑스 제작 회사인 Sombrero Films가 제작하는 4백만 유로 예산의 장편입니다. 1920년대의 Huis clos[No Exit, 1954] 세트이며, 프랑스 오지에 사는 여성 소설가에 대한 내용입니다. 우리는 그 영화를 2010년 6월과 7월 8주에 걸쳐 Auvergne와 Poitou 지역에서 촬영했습니다. 장면의 1/4은 야외이며, 3/4은 집, 기차역, 지하 동굴을 포함한 실내입니다.

카메라 설치 절차에 대한 경험은 어떠했습니까?

아침에 트럭이 야외 촬영장에 도착해서 촬영 준비가 될 때까지 약 30분에서 45분 걸렸습니다. 조명의 설치와 조정이 필요한 내부 촬영이 많았습니다. 외부 촬영의 경우, 그건 이야기가 전혀 다르죠. 준비해야 할 조명이 없었습니다. 카메라 위치는 보통 제일 마지막에 결정됩니다. 따라서 팀원들은 기본적으로 우리가 준비될 때까지 기다려야 했죠. 그것은 촬영에서 FX 감독관이 되는 것과 같은 경험입니다. 우리는 촬영이 진행되기 전에 설정을 점검해야 하는 마지막 사람이고, 모두가 무엇을 하고 있는지 궁금해 한다는 것을 느낄 수 있습니다.

우리는 결국 스스로 시간을 조절했고, 7분 정도에 렌즈를 교환할 수 있었죠. 그러나 장 초점(long focal)의 경우, 그것은 더 복잡한 것이기 때문에 우리의 평균 시간은 거의 20분에 가까웠습니다. 가장 복잡한 리그 조작은 반사 카메라가 거울을 아래로 보고 있는 low mode 였습니다. 땅에 아주 가깝게 카메라를 접근시키기 위해 30cm 보다는 5cm 아래의 구성이 필요했습니다. 거울에 먼지가 더 묻기 때문에 일반 촬영에서는 이것을 피하고 싶을 것입니다. 전체 리그를 거꾸로 돌리고 렌즈를 재조정하는 데는 초점 거리에 따라 15분에서 30분이 걸렸습니다. 정상적인 구성으로 되돌리기 위해 그것을 2번 하게 되면, 평균 40분의 시간이 허비됩니다. 어쨌든, 우리는 시간 낭비를 절반으로 줄일 수 있도록 그러한 촬영을 아침의 제일 처음이나 밤의 제일 마지막에 실행하였습니다.

그림 5.2
Derriere les Murs 촬영.
Binocle Brigger III 3D 장치 위에 2대의 Genesis 카메라가 있다.

당신의 카메라 장치는 어떻게 구성되었는지요?

우리는 Binocle Brigger III에서 Panavision Genesis, Primo 렌즈를 가지고 촬영했습니다. 대부분의 장면은 Panavision Solid State Recoder인 SSR 1 플래시 디스크에 녹화했죠. 그 장치들은 3D에 아주 적합하였습니다. 테이프나 디스크에 복사를 위해 전송하기 전에 도킹 스테이션에서 4:2:2 3D로 25분 녹화할 수 있습니다.

Codex에서 이중 스트림 4:4:4로 녹화한 몇몇 녹색 스크린 장면도 있었습니다. 이 부품은 거대합니다. 1 입방미터에, 시끄럽고, 무겁죠. 그래도 완전한 색상 깊이에서 압축하지 않은 풀 해상도를 몇 시간 녹화하려면 하나가 필요합니다.

모니터링에 있어서, 우리는 영상 균형의 문제를 경고해 줄 수 있는 Binocle의 Disparity Tagger를 사용했습니다. 그것은 스테레오그래퍼와 감독이 깊이 설정을 논의하는데 사용되는 22인치 3D 디스플레이를 갖추고 롤링 테이블에 놓여 있었습니다. 우리는 촬영 할 때 최종 영상 영역을 보여주는 "최종 수정된 프레임" 화면 디스플레이를 자주 사용했습니다. 영상은 후반 작업에서 스테레오 균형을 잡는 것이 필요합니다. 또한, 분할 화면 모드와 위글(wiggle) 3D 미리보기 모드는 3D에서 언제나 골치덩어리인 반사 조명을 검출하는데 매우 유용했습니다.

그림 5.3
야외 촬영장에서의 Binocle Tagger 영상 처리기.

3D 팀원들은 몇 명 정도 이었습니까?

2명의 스테레오그래퍼, 1명의 감독관, 1명의 조수로 구성되었습니다. 2개의 Genesis를 담당하는 보조 카메라 조작자가 3명 그리고 리그를 담당하는 1명이 추가로 더 있었습니다. 전체 무게로 인해 이 정도의 팀원들이 필요했습니다. 리그 슬레이트와 미러 박스, 2개의 카메라, 기록 장치, 전체가 46kg이었습니다.

영화제작 팀원으로 합류한 스테레오그래퍼의 경험을 설명해 줄 수 있나요?

영화제작 팀원 안에서 당신의 적절한 위치를 찾는 것은 매우 흥미로운 도전입니다. 1세기에 걸쳐 끈임없이 조정되어 온 복잡한 계층 구조의 중심에서 당신 자리를 찾아가야 합니다. 감독과 DP 간의 관계는 매우 미묘한 것입니다. 게다가 어느 날 아침 두 사람 모두를 간섭하면서 당신이 나타나는 거죠. DP와 긴밀한 관계를 형성해야 합니다. 그는 보통 당신이 얼마나 그의 창의력 도구를 방해할 것인지, 3D가 얼마나 촬영, 조명 등을 지시할 것인지를 궁금해 합니다. 사실 첫째 주는 좀 힘들었습니다. 그리고 나서는 잘 지내기 시작했습니다. 왜냐하면 3D가 누구의 일도 방해하지 않았기 때문입니다. 사실은 그 반대였지만요. 3D는 모두가 한 걸음 더 나아가도록 하고, 노력에 대해 보상을 해줍니다. 나는 전체 팀원들에게 도전을 제시했던 스테레오스코피의 추가적인 요구 조건에 대해, 반대로 팀원들이 감사해하기 시작한 것을 느끼게 되었죠. 이것에 대한 한 가지 재미있는 예는 소도구 배치였습니다. 광택이 나고 빛나는 표면은 3D에서 문제가 됩니다. 이것은 소품 스태프에게 성가신 것이 되었죠. 하지만 아주 빨리 그들은 그것에 익숙해졌고, 발견한 좋은 질감에 광택이 없고 3D에 잘 어울리는 새로운 소품을 우리한테 가지고 오는 것을 주저하지 않았습니다. 그들은 새로운 보물찾기 처럼 그것을 즐기는 것 같았습니다.

스테레오스코픽 창의력에 대해서는 어땠나요?

태양 아래 새로운 것을 없다라는 말이 있는데, 우리는 더 큰 규모에서도 그 이론을 확인하였습니다. 반면에, 우리는 2달 만에 엄청난 양의 경험을 축적하였습니다.

나에게 있어 3D 효과는 3가지의 감정으로 구성됩니다. 몰입, 사실성, 감탄 요인(wow factor)입니다. 모든 영화는 3가지에 대한 자신만의 조합을 가지고 있습니다. Derriere les Murs는 와우 효과가 전혀 없습니다. 그것은 몰입적이고 현실적인 3D입니다. 그러나 나머지 시퀀스에서는 여전히 다른 스테레오스코픽 영화에서처럼 더 강력한 3D로 대체하려고 합니다.

초점거리에 있어서, 우리는 27mm를 많이 사용했습니다. 투샷(two-shot)과 오버 더 숄더 샷(over-the-shoulder shot)에서 50mm는 흡족하지 못합니다. 이것은 DP에게 있어 패러다임의 이동이죠. 2D에서 50mm는 황금 숫자이고, 뷰티 샷(beauty shot)이며, 인간의 시각과 일치하는 완벽한 시각입니다. 3D에서 그것은 35mm에서 45mm의 어딘가 입니다. 문제는 이것을 모두에게 확신시킬 수 있는 충분한 영향력을 가지는 것입니다. 우리는 데일리(dailies)에서 전체 규모로 그것을 볼 수 있을 뿐이고 3D 프로젝션을 이용할 수 없었기 때문에, 이것이 어려웠습니다. 나는 DI 제품군에서 장면을 확인하기 위해 파리로 하루 돌아가는 시간을 내었습니다. 그리고 이것이 나머지 팀원들이 어떻게 생각하든 우리가 처리해야 하는 문제가 될 것이라는 것을 확인한 방법이었습니다. 어쨌든 그것을 야외 촬영장의 팀원들에게 다시 전달하는 것이 쉽지 않았습니다. 이러한 이유로 인해 모든 감독관, 조명 및 소품 매니저들과 함께 리허설과 테스트 촬영을 하는 것이 필수입니다.

무엇을 다르게 하고 싶은지요?

3D 데일리입니다. 이것은 필수적이죠. 우리는 디지털 프로젝터를 옮기거나 3D 극장을 빌릴 예산이 없었죠. 그래서 그것이 너무나 아쉬웠어요. 다음에는 제작에 적합한 솔루션이 있기를 희망합니다.

그림 5.4
Derriere les Murs 촬영.

라이브 3D TV 스포츠 방송

RIP Curl 서핑 월드컵

Jordi Alonso, MediaPro, 스페인

그림 5.5
Jordi Alonso.

Jordi Alonso는 스페인 바르셀로나 출신이다. 그는 컴퓨터 과학 학사학위와 컴퓨터 애니메이션 기술 석사학위를 가지고 있으며, 포토닉스(photonics) 석사 과정을 밟고 있다. 그는 또한 1985년 컴퓨터 사업을 시작한 기업가이다. 그는 1990년대 말부터 신문, 잡지와 웹사이트에 컴퓨터 그래픽과 3D에 관한 글을 쓰고 있는 기술 전문 저술가이다. 그는 다양한 라디오 프로그램에 참여했으며, 2009-2010년에는 스테레오스코피에 관해 이야기하는 주 1회짜리 프로그램의 사회를 봤다. 그는 시네마 학교 교사로도 일했다. Softimage, Avid, Brainstorm reseller, 웹사이트 개발자, 제작자, 프리랜서 CG 아티스트, VFX 감독관, 장편 영화의 기술 감독관으로 일했다. 2006년과 2007년 그는 VoD 서비스를 제공하기 위해 2002년에 공동 창립한 cine.com의 CEO가 되었다. 2007년 말 웹사이트 cine3D.com을 시작하면서, 라이브 액션 스테레오스코피에 모든 시간을 할애하기로 결심하고, HD-3D 장면을 촬영하기 시작했다.

2008년 말 Jordi는 MediaPro에 합류하고, 그곳에서 선임 연구원으로서 개발부서와 함께 3D 계획을 이끌었다. 팀과 함께 그는 유럽의 연구 프로젝트 IP-Racine, 2020 3D Media, Apidis, Project FINE, 그리고 스페인의 프로젝트 i3media와 Immersive TV에 참여하고 있다.

2009년 이후, Jordi는 기술 파트너인 Kronomav, 포르투갈 기반의 회사 Medialuso와 함께 MediaPro 그룹의 3D 라이브 제작을 위한 3D 기술 고문과 제작자로서도 참여하고 있다. 그의 주된 일은 3D 도구 개발, 3D 워크플로우, 3D 중계차 설계, 스태프 훈련이다.

그림 5.6
포르투갈 Peniche에서 RIP Curl 서핑 월드컵 촬영.

당신이 작업했던 3D 제작을 간단하게 설명해 줄 수 있나요?

2010년 9월 11일부터 14일까지, 우리는 Medialuso를 위해 포르투갈 Peniche에서 RIP Curl 서핑 월드컵을 제작하였습니다. RIP Curl **서핑 월드컵** 2010-3D **경험**은 매일 최대 5시간 동안 SD, HD, 그리고 3D로 동시에 촬영되고 방송됐습니다. 해변 옆의 부스에 설치된 별개의 3D TV 스크린들 사이의 관객들은 이벤트에 참가한 사람들뿐 아니라 MEO의 케이블 가입자, 포르투갈의 케이블 공급업자들 이었습니다. 우리는 TV 스크린 크기로 촬영했습니다. 해변에서 우리의 큰 스크린은 52인치 3D TV였죠. 이벤트는 MEO 가입자에게만 3D로 생방송되었습니다. 이후에 녹화 경기로서 방송이 될 것이고, 아마도 전자 상거래를 통해 아니면 3D 블루레이 디스크로 팔릴 수도 있습니다.

이벤트를 준비하기 위한 사전준비 시간은 얼마나 됐나요?

우리는 바람과 파도에 영향을 미치는 기후 변화로 인해, 매일 즉석에서 대처해야 했습니다. 12시간 이내에 우리는 모든 짐을 싸고 중계차와 와이어를 이동하고 이전 현장에서 몇 킬로미터 떨어진 또 다른 해변으로 모든 것을 배치해야 했습니다. 우리의 전반적인 셋업 시간은 2시간 미만이었습니다.

당신의 제작 기반 시설은 무엇인가요?

메인 HD 중계차, 3D 중계차, 그리고 위성 연결 차량이었습니다. 3D 카메라의 배치는 다음과 같았습니다.

- Grass Valley LDK 8000 Elite가 있는 5개의 포지션(카메라 10대)
- Toshiba의 3 CCD Mini가 있는 1개의 포지션(카메라 2대)
- 한 대의 Panasonic 3D 카메라

리그는 Kronomav의 완전 동력화 된 사이드-바이-사이드 리그를 사용하였고, 뷰티 샷을 위해 하나의 고정된 리그를 사용하였습니다. LDK는 아주 원거리에 대한 촬영을 위해 준비하였고, 따라서 강력한 줌과 듀플리케이터(duplicator)를 설치하였습니다.

3D 위치는 서퍼의 동작으로부터 최대 350m 떨어져 있었습니다. 와이어의 경우, 중계차에서 1 Km 떨어진 곳에 3D 포지션이 하나 있어서, 리그에서 중계차로 데이터를 전송하기 위한 광섬유가 필요했습니다. Panasonic 3D 카메라는 독립적이었으며, 이중(dual) RF를 통해 중계차로 연결되었습니다. 그것은 서퍼와의 인터뷰 그리고 해변에서의 대중 반응을 촬영하는데 사용했습니다.

재생과 슬로우 모션의 경우 Grass Valley HD 믹서에서 혼합하고 EVS XT[2]+에서 녹화했으며, 파일 보관을 위해 Sony HD Cam을 사용하였습니다. 모니터링은 3D 안경을 착용하고 Samsung의 능동형 모니터를 사용했습니다. 위성 업링크는 사이드-바이-사이드 프레임 호환 가능한 방식으로 포맷되었고 25 Mbps의 MPEG4로 부호화되었습니다.

스테레오스코픽 제작을 담당한 팀원을 설명해 주겠습니까?

우리 제작 스태프는 다음과 같이 구성되었습니다.

- 스테레오그래퍼 1명(Ramon Dolz, Kronomav)
- 연구 엔지니어 1명(Mediapro Research)
- 컨버전스 풀러 5명(Medialuso와 Kronomav)
- 감독 1명(Gustavo Fonseca, Medialuso)
- EVS 재생 1명(Medialuso)
- 카메라 조작자 6명
- Medialuso에서 온 엔지니어링과 커뮤니케이션을 담당하는 모든 보조 스태프

이번 제작을 통해 무엇을 배웠습니까?

장비에 대해:

내가 이 부분에 대해 광범위하게 이야기할 수 없는 것을 이해해 주시기 바랍니다. 하지만 줌과 듀플리케이터 장비에서는 어떠한 미세한 진동도 확대되며, 심지어 사소한 진동들도 3D에서는 감지된다는 것을 언급하고 싶습니다. 카메라맨의 뷰파인더 위치에 도입된 몇 가지 변화도 있습니다.

절차에 관한 한, 우리는 세부 점검 사항을 상세하게 만들고, 각각의 위치를 설정하고, 렌즈 보정을 해야 했죠. 우리가 점검표를 충분히 엄격하게 따르지 않았기 때문에 약간의 실수가 발생했습니다. 그 결과, 새 항목을 목록에 추가해야 했습니다. 예를 들어, 이동과 매우 울퉁불퉁한 모래 도로로 인해 컴퓨터 카드는 슬롯에서 분리되었고, 전 날에 그들이 잘 작동되었다고 하더라도 스테레오 처리기 케이스를 다시 한 번 확인하는 것이 중요하다는 것을 배웠습니다.

창조적인 스테레오스코피에 관해:

우리는 창조적인 스테레오스코피에 관해 3 가지를 배웠습니다.

- 슬로우 모션 촬영 장면은 최고의 장면입니다.
- 긴 줌의 사용으로 인한 카드보드 효과(cardboarding)를 예상했지만, 3D 영상은 정말 훌륭했습니다.
- 파도와 서퍼를 클로즈업하기 위해 물속에 3D 카메라맨을 배치했었어야 했습니다. 주관적인 장면은 포기했죠. 서핑 보드나 서퍼에 카메라 설치를 허용 받지 못했습니다.

무엇을 다르게 하고 싶습니까?

나는 Toshiba Mini 카메라의 품질에 만족하지 못했고, 그들을 다시 사용하지는 않을 것입니다. 게다가, 그렇게 짧은 시간에 긴 거리에 와이어를 배치하는 것은 쉽지 않았죠. 다음번에는 와이어를 현장에 내버려 두고 파도 조건에 따라 이쪽 해변에서 다른 해변으로 이동할 수 있기를 바랍니다.

관객과 의뢰인의 반응은 어떠했는지요?

비디오 클립을 보세요 - 그들은 매우 만족하고 있습니다.

그림 5.7
포르투갈 Peniche에서의 RIP Curl 서핑 월드컵 촬영

(http://www.youtube.com/watch?v=zEckoGCYMkY).
서퍼들은 자신들의 파도 타는 모습을 보고 감명을 받았습니다.
(http://www.youtube.com/watch?v=zEckoGCYMkY).
대체로 이벤트는 굉장한 언론의 관심을 받았습니다.

라이브 3D 콘서트 녹화

Doc Walker 콘서트

Al Caudullo, 3DGuy.tv, 필리핀

그림 5.8
Al Caudullo.

Al Caudullo는 자신의 삼십 수 년간의 동영상 제작 경험을 스테레오스코피 영상 제작의 기초로 활용하였다. 3D 산업의 아이콘이자 3ality Digital의 CEO인 Sandy Climan은 Al을 "3D 전도사"라고 부른다.

3D 제작 기술을 숙달한 후, Al은 방콕의 Mahidol University에서 3D 제작 수업을 만들어서 가르쳤다. 훈련 이외에, 그는 회사의 3D 하드웨어 및 소프트웨어 도구를 진전시키는 것에 대해 주요 업체와 상담하는 것에 자신의 방대한 3D 노하우를 사용하고 있다. 그가 상담하고 있는 고객에는 Panasonic Singapore Labs와 Spatial View가 포함된다. 그는 또한 회사의 전 세계 3D 교육 계획에 관해 Panasonic Japan과 함께 일하고 있다.

Al Caudullo 프로덕션의 수장으로서 Al은 영화, TV, 기업 제작물 등 많은 프로젝트에서 3D 스테레오그래퍼와 3D 편집자로 일했다. 그의 고객은 Panasonic, Hitachi, NVidia, Imagimax Studios, Spatial View, Toyota, Wealth TV 등이다.

당신이 작업했던 3D 제작을 간단하게 설명해 줄 수 있나요?

캘리포니아 샌디에고의 Wealth TV에 있는 Charles Harring이 2010년 7월 20일에 캐나다 Kelowna에서 열리는 Doc Walker 콘서트를 촬영하도록 우리를 고용했습니다. 저녁 8시부터 자정까지 열리는 야외 콘서트는 특별히 DVD와 BD 촬영을 위해 제작된 무료의 관람 음악 이벤트였습니다.

그림 5.9
야회 촬영장에서의 사이드-바이-사이드 리그. 캐나다 Kelowna의 Doc Walker 콘서트를 촬영하는 한 쌍의 Sony EX3.
Al Caudullo 사진 제공.

이벤트를 준비하기 위한 사전준비 시간은 얼마나 되었나요?

쇼를 준비하는데 18일 밖에 없었죠. 우리는 현장에 19일째에 도착했고, 촬영 당일 날 카메라 셋업을 했습니다.

당신의 제작 기반 시설은 무엇인가요?

우리는 2대의 Sony EX3와 2대의 Panasonic AG-3D를 가지고 있었습니다. 빔-스플리터 리그는 사용되지 않았습니다.

포지션 1은 배경 카메라로 언덕꼭대기에 있었죠. 거기에서 우리는 32Gb SDHC 카드에 녹화를 하고, 삼각대에 나란히 장착된, 트라이 레벨 외부 동기 신호 생성기(sync generator)가 있는 2대의 EX3를 설치하였습니다. 모니터링은 2개의 LCD와 편광을 선회시키는 하나의 반투명 유리로 구성된 직접 만든 3D 모니터에서 했습니다. 제가 그 자리를 맡았습니다.

포지션 2는 무대였습니다. 우리는 반원의 달리 트랙(dolly track)에 하나의 Panasonic AG-3D를 놓았습니다. 그것은 32 Gb SDHC 카드에 녹화되었고, 모니터링은 카메라의 LCD로 하고, Tim Dashwood가 그 자리를 맡았죠.

포지션 3은 민첩성이 요구되는(run and gun) 카메라였습니다. 무대와 백 스테이지를 가서 관객과 밴드 장면을 담았죠. 그것은 우리의 2번째 Panasonic AG-3D였고, 32 Gb SDHC 카드에 녹화했습니다. 그리고 모니터링은 카메라 LCD에서 했습니다. Mark Bone을 그 자리에 배치했습니다.

당신은 제작에서 무엇을 배웠나요?

장비에 대해:

AG-3D는 1/4 인치 센서에도 불구하고 인상적인 비주얼 품질을 가지고 있습니다. 이것은 매우 유능한 카메라입니다. 해상도의 관점에서 보면, 이것은 1/2인치 센서에서 유래된 EX3 화면과 잘 혼합됩니다. 그럼에도 불구하고 우리는 현재 일치가 필요한 영상을 가지고 있는데, 그들은 매우 상이한 색상 작용을 가진 카메라로부터 나온 영상이기 때문이죠. 하지만 그것은 실황 촬영에서 상이한 공급업체에서 나온 카메라를 혼합하고 일치시킬 때 예상할 수 있는 일입니다. 그것은 2D에서는 할 필요가 없는 일이지요. 하지만 3D에서는 사용가능한 장비를 사용해야만 합니다.

Tim은 개발에 비범한 재능을 가지고 있으며, 이번 쇼에서 몇 가지 베타 시스템을 시험했습니다. 나는 그에게 시간과 장소를 결정하여 이들 도구를 공개하도록 하겠습니다. 당신은 놀라운 소식과 함께 전시회에서 그를 볼 수 있을 것입니다. 불행히도 모든 조명과 음향 시스템이 의지하고 있는 그곳의 전력원이 충분히 믿을만하지는 않았고, 우리는 프리쇼(preshow) 테스트 동안 약간의 작은 결함을 경험했습니다. 그 결과, 우리는 그의 도구를 실제 촬영에 사용하지 못했습니다. 유감이었죠. 많은 세부 사항을 말해줄 순 없지만, 도구 하나는 3D 카메라를 짝 짓기 위한 놀라운 화이트 밸런스 시스템입니다. 2대의 3D 카메라는 동일한 색상 작용을 가지지 않습니다. 거울 효과에 의해서 뿐만 아니라 그들의 내부 LCD가 일치하지 않기 때문입니다. Tim의 것과 같이 3D용으로 설계된 조정 도구를 사용하지 않는 한, 그들의 색상을 맞추는 것은 끊임없는 전쟁입니다.

창의적인 스테레오스코피에 관해:

Tim은 고정된 주시점을 가지고 움직이는 배경의 놀라운 장면을 만들어 냈습니다. 달리(dolly)는 반원 트랙에 있었기 때문에 밴드와의 거리는 일정했고, 대부분의 경우 후반 작업에서 재 수렴할 필요가 없었습니다. 자유로운 카메라는 3D 리그로 얻기 어려운 백 스테이지와 관객 장면을 담을 수 있었습니다. 이와 같이 자유롭게 이동 가능한 카메라는 다큐멘터리와 라이브 TV 같은 3D 제작을 위한 놀라운 도구가 될 수 있습니다.

카메라 위치에 관해:

제작 업체가 우리에게 준 통계를 바탕으로, 처음에는 언덕 꼭대기에 AG-3D를 배치할 계획이었습니다. 그러나 그들의 거리 추정이 너무도 잘못되어서 결국 IOD를 맞추지 못했고 3D는 너무 얕았습니다. 우리는 달리에 부착할 것으로 계획한 리그 장치를 분리하고, 2개의 EX3를 사이드-바이-사이드 설치대에 장착했습니다. 이것은 놀라운 3D를 만들어 냈고, 관중과 무대의 소형화는 실제로 관객이 진짜 관객 수보다 더 많은 것처럼 느끼게 해주었습니다.

조명 상황에 대해서?

쇼는 저녁 8시에 시작하여 대략 자정 무렵에 끝났습니다. 우리는 저녁 9시 10분의 일몰을 포함해서 상당히 광범위한 조명 상황을 겪었습니다. 실제로 일몰 이후 무대 조명을 바꾸기 위해 휴식시간을 가졌습니다. 관중에게 조명을 쏘는 거대한 조명이 있었습니다. 우리는 반사광을 포함한 모든 종류의 직접 조명 문제가 영상을 망칠 까봐 걱정했습니다. 그러나 밴드와 관객에 대한 후광 효과로 인해 3D 효과를 층층이 쌓는데 많은 도움이 되었습니다.

그림 5.10
달리에서의 AG3D-A1. 캐나다 Kelowna에서 Doc Walker 콘서트 촬영. 조작자: Tim Dashwood. Al Caudullo 사진 제공.

무엇을 다르게 하고 싶은가요?

배경 카메라로 더 큰 JIB를 가지고 왔었어야 했습니다. 우리가 가져 간 것은 Panasonic AG-3D를 다룰 수 있었지만, 한 쌍의 EX3를 관리하기에는 역부족이었습니다. 관객에서 무대로, 그 반대로 스위핑 샷(sweeping shot)을 하고 싶었습니다.

그림 5.11
Doc Walker 와이드 샷. 캐나다 Kelowna에서 Doc Walker 콘서트 촬영.
Al Caudullo 사진 제공.

CHAPTER 6

창의적인 스테레오스코피에 대한 의견

RAY ZONE

Ray Zone은 3D 영화 프로듀서이며 수상 경력이 있는 3D 아티스트이다. Zone은 130개가 넘은 3D 만화책을 제작하거나 발간했으며 Stereoscopic Cinema and the Origins of 3D Films: 1838–1952(University of Kentucky, 2007)와 3D Filmmakers: Conversation with Creators of Stereoscopic Motion Pictures(Scarecrow Press, 2005)의 저자이다.
Zone의 웹사이트 www.ray3dzon.com에서 적청 안경 3D(anaglyphic 3D)로 많은 영상을 볼 수 있다.

그림 6.1
Ray 3D Zone.

결함이 있는 시네마: 교정에 대한 기록

Ray Zone

1933년 발성 영화의 발명과 확산 직후, 철학자이자 비평가인 Rudolph Arnheim은 Film as Art(University of California Press, 1957)에서 "스크린 크기를 키우고자 하는 유혹은 컬러 영화, 스테레오스코픽 영화, 그리고 발성 영화에 대한 욕망과 같이 간다. 그것은 예술적 효과가 매체의 한계와 밀접한 관계가 있다는 것을 모르면서 질보다는 양을 원하는 사람들의 소원이다. 그들은 본질에 계속적으로 접근하고 싶어 하며 그들이 점점 더 영화가 예술이 되는 것을 어렵게 만들고 있다는 것을 깨닫지 못한다"라고 썼다.

영화 예술의 초기 이론가인 Arnheim은 스테레오스코픽 시네마의 근본적인 예술 문제를 구분하고 있다. 간단히 말해서 보다 큰 리얼리즘으로 이어지는 기술 진보는 그에 상응하는 예술성의 손실을 야기할 수 있다는 것이다. Raymond Spottiswoode는 1933년 Grammar of the Film(University of California Press, 1950)에서 "영화 영상의 비현실성"에 대한 글을 쓸 때 유사한 관심사를 공유했다. 그는 "색상의 장점에 대해 극도로 신중했는데(애니메이션 제외), 그것이 삶의 단순한 모방에 이르는 낙후된 길에 대한 또 다른 단계를 증명할 것이라는 것을 두려워했기 때문이다." 하지만 일부 예외적인 칼라 영화는 "추상과 현실의 경계 세계에 들어가서 양쪽의 장점을 공유할 수 있었다"고 언급했다.

3D 영화에 관한 그의 나중 작업을 예고하면서, Spottiswoode는 또한 다음과 같이 썼다.

> 스테레오스코픽 영화가 언젠가 실현된다면, 그것도 이러한 장점을 즐길 수 있을 것으로 보인다. 섹시한 인물과 멋진 인테리어에서 제외된 3차원 형태의 세계가 있다. 할리우드가 스테레오스코픽 영화로 채워질 것이다. 그리고 3차원을 넘어서 4차원도 어렴풋이 보인다. 심지어 현재 공간의 한계 내에서 입체 광학(stereoptics)은 현실을 그저 모방하는 것이 아니라 초월하기 위한 강력한 도구가 될 수 있다.

발성 영화 기술이 시네마 서술기법(narrative)의 필연적인 재창조를 만들어 가고 있었기 때문에 Arnheim과 Spottiswoode는 1933년 영상 문법(visual grammar)에 관한 이러한 미적 논평을 썼다. 게다가 새로운 서술기법은 무성 영화의 보편적인 회화 언어를 대체하는 점진적인 과정에 있었다. 주로 사용되는 무성 영화의 주된 예술적 아름다움은 몽타주였다. Spottiswoode는 몽타주를 "다른 개념이나 센세이션의 상호 영향을 통한 개념이나 센세이션" 그리고 "장면, 시리즈, 시퀀스의 병렬 배치를 통한 생산

방식 "으로 정의하였다. D.W. Griffith, Sergei Eisenstein, 등의 영화 제작자들은 몽타주의 현란한 사용을 통해 무성 영화를 영화 예술의 수준으로 올려놓았다.

하지만 Arnheim은 평평함의 단점이 몽타주 사용을 위한 영화 스토리텔러에게 주는 이점에 대해 매우 분명히 했다. "색상의 부재, 3차원 깊이의 부재, 스크린 여백에 의한 뚜렷한 제한, 기타 등등으로 인해 영화는 자신의 리얼리즘에 대부분 만족스럽게 노출되었다"라고 그는 썼다. "그것은 항상 한 번에 그리고 동시에 평면 그림엽서이자 살아 있는 동작의 장면이다. 이로부터 몽타주라고 불리는 것에 대한 예술적 정당성이 발생한다." 실제로 몽타주 사용을 필요하게 만든 것은 영화 스크린의 평평함이었을 수 있다. "영화 사진이 아주 강렬한 공간적 인상을 주었다면, 몽타주는 아마도 있을 수 없었을 것이다. 그것을 가능하게 만든 것은 영화 화면의 부분적인 비현실성이다"라고 그는 말했다.

특히 글을 쓰고, 감독하고, 촬영하고, 편집하는 분야의 전문가와 관련한 영화 커뮤니티에서 현재 중대한 투쟁이 눈에 띈다. 이들 전문가들은 평면 영상 언어를 말하는 법을 배웠다. 그들은 전문적인 경력을 쌓았고, 시네마의 근본적인 결함을 가지고 작업하기가 쉬워졌다. 그러한 결함은 영화 스크린의 평평함이다.

디지털 기술이 결함이 있는 시네마의 수리를 용이하게 하였기 때문에, 서술식의 예술적 기법은 당황해 하고 있다. 그것은 더 이상 친숙한 도구에 쉽사리 도움을 청할 수 없다. z축 스토리텔링을 위한 새로운 언어와 새로운 언어학이 필수적이다. 그리고 역설적이게도, 이러한 새로운 언어의 중요성을, 개략적으로, 아마도 가장 분명하게 말한 사람은 시네마에서 몽타주를 사용한 최고 창조자 중 한명인 Sergei Eisenstein이었을 것이다. "수세기에 걸친 연극 역사의 전체 과정은, 사실상 모든 단계에서, 언제나 변함없이 일관되게 - 자신의 형태에서 명확하게, 하지만 목적이 일치되고, 틈을 '매우고', 관객과 배우를 분리하는 격차를 가로지르는 '다리를 던지는' 경향을 드러내고 있다"고 Eisenstein은 썼다. 그가 쓴 마지막 에세이에서, 몽타주의 대가는 스테레오스코픽 영화를 "관객과 배우 사이의 조화의 꿈"이라고 묘사하였다.

영화 스토리텔러가 현재 사용할 수 있는 스테레오스코픽 리얼리즘은 시네마에서 이러한 조화의 꿈을 강화할 수 있다. 그리고 그것은 추상이나 현실을 사용하여 서술기법을 동일하게 잘 몰아갈 수 있다. 몽상가 공화국의 성장을 위해 필수적인 것은 스테레오스코픽 스크린에서 새로운 이야기를 하는 추상적 개념과 리얼리즘에 대한 z축 매개 변수를 사용하는 것이다.

그림 6.2
시네마 스크린.
Ray 3D Zone 사진 제공. 영화 스크린의 평평함은 시네마의 결점이다. Ray 3D Zone 사진.

The flatness of the motion picture screen is a defect of cinema. Photo by Ray Zone

YVES PUPULIN

Yves Pupulin은 스테레오스코픽 3D 영상의 창조적인 잠재력에 일찍이 관심을 가진 몇 안 되는 영화 전문가 중 한 명이다. 그는 AC로서 1980년대 장편 영화 작업을 시작했고, 그 후 프랑스 회사 Excalibur에 합류하여 그곳에서 시각 효과를 감독하였다. 진정한 프랑스 스테레오스코픽 시네마 개척자인 Yves Pupulin은 전용 카메라 모션 컨트롤과 같은 새로운 도구를 개발하는데 12년의 세월을 보냈다. 그는 첫 번째 모션 컨트롤 3D 카메라 개발자 중 한 명이며, 인간의 뇌와 스테레오스코피 연구에 공을 들였다. 그는 산업연구 특별 단체(ad-hoc group) 3DLive 애니메이터의 한 명이기도 하다. 1998년 그는 스테레오스코픽 3D 영화와 TV 제작에 관한 유럽의 선도적 회사인 Binocle을 설립하였다.

그림 6.3
Yves Pupulin, Binocle 회장.

Binocle은 효율적인 스테레오스코픽 제작 도구를 만들기 위해 카메라맨과 엔지니어들이 설립하였다. 그들이 개발한 도구 세트는 3D 피드의 실시간 분석과 처리를 위한 6개축의 동력 카메라 장치와 소프트웨어 제품군을 포함한다. Disparity Tagger는 3D TV와 3D 시네마 제작 전용의 GPU 기반 3D 모니터링 및 보정 시스템이다. Disparity Killer는 3D 후반 작업을 위해 설계된 소프트웨어만으로 구성된 솔루션이다.

스테레오스코피를 위한 연출에 대해

Yves Pupulin

다음은 연출에 약간의 구체적인 초점을 둔, 오늘날의 스테레오스코피 상태에 대한 소견들이다. 이러한 소견은 주제에 대한 다양한 미팅과 회의에서 나온 것이다. 우리의 목적은 이러한 기술이 다른 기술과 어떻게 연결되는지를 명확히 하고 미학적, 역사적, 경제적 관점에서의 발전을 예측하는 것이다. 스테레오스코피가 미술사에 남을 수 있을까? 시네마와 더불어 발전할 것인가 아니면 자체 연출을 습득할 것인가? 완성을 위한 특정 팀원들이 필요한가? 마지막으로, 미래의 전망을 구상하기 위해 현재의 맥락에서 스테레오스코피를 고려할 것이다.

스테레오스코피: 3D 촬영 기술 인가?

입체적이고 공간적인 외형에 대한 탐색이 예술사를 강조하고 있지만, 스테레오스코픽 예술 형태의 존재에 대한 조건은 불분명한 상태이다. 오늘날 우리가 스테레오스코피에 대해 이야기할 때, 그것이 영화의 진화로 구성되어 있는지 아니면 자신 만의 시네마로 구성되어 있는지를 잘 알지 못한다. 이러한 이유로, 우리는 이전 또는 최근의 예술 형태가 스테레오스코피와 2D 사이의 관계를 밝혀줄 수 있는지에 대한 검토부터 시작할 것이다.

존재를 위해 시네마가 입체적인 외형을 필요로 하지 않는다는 것은 누구나 알고 있다. 홀로그래피 작업으로 유명한 Fihman과 Eyzikman은 Walter Benjamin의 뒤를 이어 그것을 산업 예술(industrial art)이라고 정의하였다. **산업 예술**을 대규모로 배급하기 위해서는 기술적 장치가 필요한 것으로 간주하도록 하자. 시네마, 라디오, 비디오의 경우가 그러하다. 스테레오스코피의 세부 사항을 정의하기 위해, 우리는 스테레오스코피와 홀로그래피가 그들 사이에서 어떠한 특정 지위를 유지할 수 있는지, 그들 서로가 어떤 관계인지, 그림이나 조각과 같이 기술적으로 상당한 거리가 있는 시각 예술 형태와 어떠한 관계를 가지고 있는지를 우리 자신에게 물어보아야 한다.

그림 6.4A
얕은 돋을새김(bas-relief)의 예. 왼쪽 벽기둥의 하반부, 지옥의 문, Auguste Rodin.
로뎅 박물관, 파리.
사진 Richard Kirsch.

그림 6.4B
연인. 얕은 돋을새김의 예, 지옥의 문 세부 양식, Auguste Rodin.
로뎅 박물관, 파리. 사진 Richard Kirsch.

그림 6.4C
얕은 돋을새김의 예. 지옥의 문 세부 양식, Auguste Rodin.
로뎅 박물관. 파리. 사진 Richard Kirsch.

그림 6.5A
생각하는 사람. 높은 돋을새김(haut-relief) 조각의 예, 지옥의 문 팀파눔(tympanum), Auguste Rodin.
로뎅 박물관. 파리. 사진 Richard Kirsch.

그림 6.5B
추락하는 남자. 높은 돋을새김(haut-relief) 조각의 예, 팀파눔의 하단 왼쪽 부분, 지옥의 문, Auguste Rodin.
로뎅 박물관, 파리, 사진 Richard Kirsch.

스테레오스코피에서, 기술적 장치와 관객 시스템은 시네마의 그것과 아주 유사하다. 두 경우 모두 어두운 방에서 스크린을 보고 있기 때문이다. 이것이 스테레오스코피가 매우 빈번하게 2D 시네마의 자연적인 진화라고 여겨지는 이유이다. 시네마 기술의 새로운 단계인 것이다.

그러나 스테레오스코피의 가치를 인정하는 것으로 보이는 이러한 인식이 2D 시네마처럼 모든 세트에서, 모든 편집실에서, 모든 관객석에서, 혹은 모든 칼라 타이밍 장치에서 확실하게 존재하고, 끊임없이 새로워진 연출을 위한 활동 무대, 매순간 재창조되는 관행이 될 수 있는 기회를 주고 있는가?

홀로그래피와의 비교가 이 질문 해결에 도움을 준다. 3D를 이야기할 때, 우리는 실제로 스테레오스코피를 이야기하는가? 아니면 오히려 무의식적으로 진정한 입체적 외형을 갖는 홀로그래피를 이야기하고 있는가? 시네마와 3D 사이의 명확한 단절은 홀로그래피 편에 더 가까울 것이 분명하다.

홀로그램 영상에 대한 우리의 경험은 그러한 영상이 스테레오스코피의 예술적 관행과 결합할 수 있을지를 알려주지 않는다. 우리가 여전히 잠재적이고 예술적인 연속성의 관점에서 스테레오스코피와 홀로그래피 간의 연계 성격을 확신하지 못하지만, 2D와 홀로그래피 또는 홀로그래피의 스테레오스코픽 시도 사이에 단절이 있다는 것에 관해서는 의심의 여지가 있을 수 없다.

그림 6.6
칼레의 시민들 동상. 기념비적 조각품의 예, Auguste Rodin. 로뎅 박물관, 파리. 사진 Richard Kirsch.

표 6.1 입체적인 영상 예술의 단절

예술		차원		연속성	
전통적인 예술	산업적인 예술	차원	시점	생리학적	예술적
그림	사진	2D	개인	원근법 중심	공간기준
그림	영화촬영술	2D	개인	CP + 임계주파수	공간기준
얕은 돌을 새김	스테레오스코피	2D½, 또는 S3D	개인	CP + CF + 2D와 불연속성을 갖게 되는 스테레오스코피	연속성
높은 돌을 새김	음의 시차를 갖는 스테레오코스피	2D½, 또는 S3D	개인	2D와 강한 불연속성	2D와 불연속성을 갖게 됨
기념비적인 조각	홀로그래피	3D 물체 또는 3D 영상	다수	2D와의 완전한 불연속성	2D와의 완전한 불연속성

결국 우리 모두는 진정한 3D 구도를 꿈꾸기 때문에 이러한 질문을 제기하는 것은 흥미롭다. 하지만 홀로그래피 형태의 영상을 만들려고 하면서 스테레오스코피를 하는 것은 너무나 많은 침략적인 술책을 갖는 도전적인 3D를 만드는 것이 된다. 단편 영화에서 사용되는 이러한 관행은 보는 사람의 뇌를 손상시킬 수 있다. 스크린의 프레임에서 스테레오스코피를 제거하는 것을 불가능하다. 검은 배경위의 "스크린을 벗어난" 스테레오스코픽 영상에 의한 홀로그램 영상의 환영은 이러한 관행의 한계로 계속 남아 있을 것이다.

스테레오스코피와 2D 시네마

2D 시네마와 홀로그래피 사이에 대한 작동의 차이는 이미 명확하다. 하지만 이 두 기술과 관련하여 스테레오스코피의 자리는 무엇인가? 그것은 입체감의 환상을 준다. 어떠한 종류의 입체감인가?

회화는 동굴벽화, 르네상스 또는 현대적이던 간에 명백하다. Rainer의 비행기 잔해, 또는 렘브란트의 **유대인 신부**에서의 소매 표현처럼, 그것이 캔버스를 벗어난 양각이 들어 난다고 할지라도 회화는 조각과 혼동될 수 없다. 여러 가지 색채의 얕은 돋을새김과 혼동이 있을 수 없다.

조각은 두 가지 범주로 나눌 수 있다. 한편으로는 얕고 높은 돋을새김, 또 한편으로는 기념비적인 조각이다. 조각과 3D 간에 유사점을 만들 수 있다면, 우리는 얕고 높은 돋을새김이 스테레오스코피와 더 밀접하게 관련이 있고 기념비적 조각은 홀로그래피와 관련이 있다고 제안하고 싶다.

사실, 회화와 얕고 높은 돋을새김은 시네마와 스테레오스코피에서처럼 180도 보다 낮은 각도에서만 볼 수 있다. 게다가 또한, 그들의 가시성(프레임, 구성, 영사 스크린)에 대해서는 특정 조건이 존재하며 작품의 일부는(지지물의 뒷면과 연관되어) 관객에게 "볼 수 없는" 부분으로 남는다.

어떤 의미에서, 스테레오스코픽 영상은 신경 생리학자 David Marr가 우리의 의식에 도달하는 2D 망막과 3D 해석 사이의 중간 뉴런 단계로 설명한 2½D 영상(깊이가 있는)과 유사하다. 파리의 Louis Lumiere National School에서 야심찬 카메라맨들에게 스테레오스코피를 가르치는 Claude Baible은 2D나 2½D에서 모두 영상은 자신의 원래 시점에 연관된 채로 남아 있다는 것을 지적한다. 스테레오스코픽 영상은 3D 현실을 모방하지만 그것을 동일시하지 않는다. 관객은 고개를 움직이고, 목을 내밀 수 있지만 시각 정보는 동일하게 유지될 것이다. 이것은 물론 매번 시점이 이동하고, 환경 중심적이거나 시점보다는 대상에 집중하는 O3D 현실로 즉시 바꿀 수 있다. 그러나 시점의 이동에 따라 새로운 감지(glimpse)가 만들어 지는 즉시(direct vision)는 발생하지 않는다.

2½D에서 3D("자기중심적 시야"에서 "우리 앞의 현실") 로의 통로는 실제로 우리가 눈을 굴리거나 움직여서 연속적인 영상과 별도로 물체대상(O3D)의 불륨있는 시각에 접근한다는 것을 암시하고 있다. "내가 보고 있는 것은 공간화 된 현실(O3D를 둘러싼 I3D)이며, 나의 중복안(cyclopean eye)에 연결되어 있는 반투명 홀로그램(I3D)이나 스테레오스코픽 영상(I2½D)이 아니다." 시네마에서 머리를 움직이는 것은 입수한 영상에 어떠한 영향도 미치지 않는다. 따라서 영상은 2½D 묘사의 단계를 벗어날 수 없으며, 게다가 이전에 부과된 시점에 완전히 종속되어 있다.

이 주제에 대한 자세한 내용을 보려면, 프랑스어가 유창한 독자는 Claude Baible의 "En relief, l'image et le son," Cahier Louis-Lumiere 4(2007년 6월)를 참조할 수 있다.

스테레오스코피: 단절 또는 연속?

일반적인 도구와 기술이 종종 공유되는 반면, 이 기준은 예술 형태를 차별화하는데 충분치 않다. 우리는 물체, 다른 차원, 시간과 관련하여 이러한 도구와 기술의 사용을 고려해야 한다. 사진은 그들이 가지고 있는 공통적인 관행이 무엇이건 간에, 그림의 형태로 축소될 수는 없다. 사진은 새로운 예술 형태의 출현을 가능하게 한 기술 발명의 결과이다.

시네마의 발명은, 결국 뇌에서는 구분이 안 되지만 필수적인 작업이 이루어지는 제작 사슬은 기존의 사진에 추가된 결합 기술 중 하나이다. 파이 효과(phi effect)인 고정 이미지의 빠른 영사로 인해 사람을 현혹하는 움직임이 생겨났다. 주제를 좀 더 조사하려면, 프랑스어가 유창한 독자는 Jacques Aumont과 Michel Marie의 Dictionnaire theorique et critique du cinema(Paris: Nathan, 2002), 65페이지를 참고하기 바란다. 또한, 이것은 대략 40 Hz에서 50 Hz의 중요한 주파수 임계값의 발견이다. 이 임계값에서 두뇌는 더 이상 영화 장치의 깜박임을 인지하지 못한다. 그리고 이것은 영화의 영상이 촬영되고 영사되는 주파수를 결정한다. 무성 영화 시대에, 영상은 초당 16개 영상으로 촬영되었고 48 Hz에서 영사되었다. 이것은 스크린에서 영상 스트리킹(streaking, 가려지지 않은 또는 부적절하게 가려진 영상의 이동으로 인해 스크린에 보여 지는 수직선)을 인지하지 않고 영상 경로에서 하나의 프레임에서 다음 프레임으로의 이동을 은폐하도록 만들어 준 2개의 셔터막(shutter blade)을 간헐적 스프로켓(intermittent sprocket)에 추가한 결과이다. 따라서 관찰을 위한 주파수는 48 Hz, 또는 3×16 영상/초 였다.

발성 영화로의 이행은 영사기에서의 사운드 릴(sound reel)의 읽기 속도 때문에 초당 24 프레임을 촬영할 수 있게 되었다. 2개의 셔터 막 중 하나가 사라지고 주파수는 관객의 뇌를 위해 48 Hz에서 머물렀다. 따라서 동작의 환상은 유지되었고 활동 영상 예술로서의 시네마는 자신의 조건을 유지하였다. 시네마는 고정된 프레임과 빛, 초당 24번의 자신만의 예술을 가지고 있는 사진술이며, 사진의 활용을 줄일 수는 없다. 고정된 영상 예술인 사진술 또한 시네마로 인해 사라지지는 않는다. 하나의 단독 영상의 관조(contemplation)와 연계된 사진술의 시간을 초월한 측면은 Roland Barthes가 La Chambre Claire(Camera Lucida)에서 설명하고 있다. 그 책에서, 우리는 한 세기 전에 자신의 처형을 기다리는 미국 젊은이의 사진을 보게 되고, 우리는 그를 "계속 걱정한다." 사진술은 시간에 대한 독특한 관계를 만들어 냈고, 그 관계는 영화 촬영술과 더불어 재정의 되었다. 영화 촬영술은 시간의 차원에 동작의 차원을 추가하였기 때문이다.

특정 기법은 또한 상이한 개별 예술 형태에서 실행될 수 있으며, 보는 사람의 생리적인 기능에 특별한 영향을 주지 않는 새로운 예술 양식이 출현할 수 있도록 결합될 수 있다. 무성에서 발성으로의 시네마의 흐름은 실로 영화 예술과 더불어 녹음 재생

(radiophonic) 예술을 첨가한 것이다. 라디오와 시네마 둘 다 살아남았지만, 시네마는 별도로 이러한 통합에서 음향과 함께 제공된다. 음향과 영상의 관계는 영상의 기술적 매개 변수를 변경시키지 않고 그것을 풍부하게 만들면서, 시네마의 내부에 새로운 차원을 만들었다. 연극은 영상과 음향 사이에서 시작한다. 사실, 시네마 편집은 라디오 프로그램 편집에 기여했으며, 그 반대도 마찬가지이다. Alain Resnais같은 영화 제작자들이 라디오 듣는 것을 즐긴다면, 이것은 단지 즐거움과 지식 때문만이 아니라 라디오의 음향 편집(다른 것들 중에서 시간적 편집)의 끝없는 발명 때문일 가능성이 높다. 흑백에서 칼라로의 이동도 마찬가지이다. 하지만 이것은 되돌릴 수 없는 것이었다. 시네마는 때때로 모든 예술의 종합체로써 묘사된다. 오늘날, 그것은 자신의 2D 형태 속으로 사라지지 않고 스테레오스코피로 강화될 수 있다. 스테레오스코피가 움직임과 시간의 마술에 깊이와 입체감의 인공적인 재생산을 추가한다면 시네마가 스테레오스코피의 조상이 되어야 할 이유는 전혀 없다.

어쨌든 우리는 음향과 색상이 보는 사람의 대뇌 기능과의 관계를 변경시키지 않고 시네마를 변환시켰다는 사실을 강조할 필요가 있다. 스테레오스코피의 경우, 우리는 두뇌의 기능과 우리가 영상을 찍고 비추어야 하는 조건을 재고해야 한다. 이러한 문제가 발생한 것은 시네마의 발명 이후 처음이다. 하나의 스크린에 왼쪽과 오른쪽 영상의 애너글리프 사진을 영사함으로써 1세기 동안 우리는 3D 영화를 만들 수 있었다. 하지만 색상의 손실, 고스팅(ghosting), 그리고 엄청난 시각적 피로과 같은 결점으로 인해 애너글리프는 뇌를 만족시키지 못하고 있다. 1950년대에 시작된, 시야를 부분적으로 분리하기 위해 동기화 된 이중 영사와 편광은 부분적으로 이 문제를 해결하였다. 그래도 불균형 없이 스테레오스코픽 결합을 만들어 내는 것이 불가능했고 뇌를 위한 영사의 부동성이 부족하였다. 픽셀별로 영상을 체계적으로 수정하기 위한 능력과 현재 영사처럼 완벽한 부동성을 얻어야 했기 때문에 스테레오스코피의 발전을 위해서는 디지털의 출현을 기다려야 했다.

스테레오스코피 역사의 이 단계에서, 우리는 모순을 확인할 수 있다. 그것은 시네마의 연속성에서 미적이고 기술적인 수준에 안착하지만, 아직 자체로는 예술이 아니다. 순수한 스테레오스코픽 미학 같은 것은 없다. 실제로 우리는 지속적으로 스테레오스코피에 접근하기 위해 시네마로부터 빌려온 용어집과 개념을 사용한다.

그럼에도 불구하고, 사진과 영화의 차이가 그랬던 것처럼, 그것은 생리적인 불화를 야기한다. 여기서, 다양한 구조의 깊이 재생은 감독의 상상에 의한 공간 해석을 재창조한다.

지금까지 영화를 제작하는 과정으로, 우리는 이러한 모순을 어떻게 생각해야 할까? 생리적인 불화가 연출 관행의 불화도 암시하는가? 2D와 스테레오스코피의 촬영 과정 사이에 연속성은 있는가?

스테레오스코픽 연출에만 있는 특별한 기술 매개 변수가 있다. 주시점과 광축 간격이다. 오늘날, 이러한 구체적인 스테레오스코픽 매개 변수를 마음대로 관리하고 숙지할 수 있도록 해주는 도구가 있다. 그러나 오직 경험만이 3D 제작 내에서 2D 연출 요소를 사용하는 것의 한계를 예상할 수 있다. 이것은 당신의 2D 연출 팔레트 도구의 재사용 가능성을 제한하거나 억제할 수 있다.

문제는 관객에 대한 시각적 불편함의 출현이다. 이것은 2D와 3D 연출로부터 매개 변수의 결합된 사용을 제한하는 것이다. 디지털 기술은 이러한 불일치의 일부를 회피하거나 해결해 줄 수 있다. 스테레오스코피의 생리적 특이성에 내재된 한계 내에서 이러한 매개 변수의 조합에 노력함으로써, 스테레오스코피를 이용한 예술적 표현이 등장할 수 있다. 어쨌든 이러한 일이 일어나는 경우, 2D와 3D 기술 매개 변수와 그들의 결합된 사용에 대해, 스테레오스코픽 연출에 제공된 가능성을 결정하기 위해 주어진 한계를 식별하는 것이 필요하다.

2D 시네마, 3D 스테레오스코피, 3D 홀로그래피를 위한 매개 변수

영상 매개 변수에 있어서, 2D 시네마는 주로 다음과 같이 정의된다.

- 시점.
- 대상의 움직임을 공간적 데쿠파주(decoupage)로 통합하는 프레임과 프레임의 움직임.
- 틀을 잡은 대상의 조명.
- 시각적이고 규칙적인 양상을 고려한 편집.

이러한 논의를 위해 Guinot와 Pommard가 측광 수업 Ecole Nationale Superieure Louis Lumiere 에서 정의한 것처럼 “대상”을 “빛에 던져진 물체”라고 간주한 범주 하에서 분류된 연기, 세트와 장신구, 의상, 메이크업, 기타 등등과 같은 무대 배경 매개 변수는 언급하지 않도록 한다.

어떻게 이러한 2D 영화 촬영 기술의 매개 변수가 스테레오스코피나 홀로그래피와 공존하거나 이들에 의해 형성된 3D 시각 예술로 변화할까?

시점

시네마는 첫 번째이자 가장 중요한 **시점** 문제가 남아 있다. 우리가 틀을 잡고, 조명을 비추고, 촬영하려고 하는 개체를 관찰하는 장소가 시점이다. 그것은 감독이 관객으로 하여금 세상을 관찰하길 바라는 장소이며, 특히 카메라 앞에서 일어나고 있는 장면이다. 카메라의 움직임이 개입될 때 시점의 진화는 물론이고, 또한 조명과 그림자의 표면 변동에 의해 2D 영상에 그래픽 리듬이 추가된다.

야외 촬영지를 찾아다니거나 3D 영화를 준비하는 동안, 2D에서와 같이 다른 축과 초점 거리를 찾을 수 있도록 뷰 파인터를 준비하는 것이 필요하다. 입체적 풍경 자체를 살펴보는 것도 중요하고, 이 단계에서는 시각적 관찰 이상의 다른 도구는 필요하지 않다. 우리가 얻고자 하는 깊이 있는 연속적인 입체감과 카메라 움직임 시뮬레이션의 진화를 살펴보기 위해, 자연적으로 동시에 무한대에서 발생한 대상의 위치에 수렴할 필요가 있다. 이러한 입체감 관찰이 필수적이다.

체적감은 종종 우리가 대상에 가까울 때, 그리고 다소 짧은 초점 거리를 가질 때, 이동하는 동안 더 잘 식별할 수 있다. 하지만 클로즈업 없이 영화를 만드는 것은 불가능하다. 따라서 세트의 입체감을 살피는 것은 배우의 배치에 있어 결정적인 것이 되고, 시점은 깊이와 프레임의 테두리에 따른 입체감 분배에 있어 결정적인 것이 된다.

홀로그래피에서 우리는 모든 측면에서 관찰할 수 있는 빛을 가지고 재구성한 대상을 본다. 보는 사람의 위치는 중요하지 않으며, 홀로그램 영화 제작자는 하나의 단일 시점을 더 이상 지정하지 않는다. 그러나 스테레오스코피의 경우 보는 사람의 위치로 인해 시네마 자체의 관객 시스템이 문제가 되거나, 방치되는 경우가 발생한다.

프레임

영화 프레임의 정밀도는 촬영의 필수 매개 변수 중 하나이다. 그들이 무시되던 아니던 간에 그 규칙들은 매우 정확하며 종종 그림에서 유래된다. 수세기 동안 그림은 전신 또는 초상화에서 묘사된 대상의 신분 증명에서, 프레임과 아웃 오브 프레임(out-of-frame)의 유희로써 연상을 유발하는 신체 조각 절단까지 진화하였다.

프레임은 화가가, 그리고 현재는 감독이 관객에게 볼 수 있도록 제공하는 것이다. 2D 시네마에서의 정확성은 영상의 기본 매개 변수 중 하나이다. 그들이 전문가이던 관객이건 간에 아무도 피해갈 수 없다. 그것은 프레임에 속하지 않는 요소들로 넘쳐날 수는 없으며, 그 값은 언제나 계획된 것이다.

스테레오스코피에서 프레임은 부정확하다.

스테레오스코피가 2D 스크린에 영사되지만, 스테레오스코픽 영상을 허용하는 양안 촬영으로 만들어진 깊이 주변의 불균형 영역 때문에 프레임의 정밀도는 2D 보다 떨어진다. 프레임의 테두리 영역에 들어가는 것이 서로 다른 시야에서 보여질 수 있다. 이것은 일반적으로 체적 측정이 유연하고 대상이 적정한 대비 영역에 있을 경우 무관하다. 이러한 시각 불일치는 오늘날 쉽게 수량화 할 수 없다. 시각불일치는 그것을 받아들이게 만들거나 받아들일 수 없게 만드는 매개 변수의 축적 결과로써 발생한다. 모든 경우에, 얕고 높은 돋을새김에서처럼 프레임의 테두리는 부정확해 진다. 튀어나와야 하는 요소들은 플로팅 윈도우(floating window)의 사용이 요구되기 때문이다. 많은 역사적인 건물에서 볼 수 있는 것처럼 재료를 주조한 얕은 돋을새김과 같이 프레임 테두리에 있는 개체의 경우는 조각한 프레임의 밖으로도 나갈 수 있는 깊이의 다양한 디테일을 제공한다. 조각가가 첫 번째 프레임 안에 프레임을 위치시켰다면, 여전히 프레임 안에 포함된 테두리의 망설임에 직면할 것이기 때문에, 이 부정확성을 해결할 방법은 없다.

스테레오스코픽 프레임은 유사한 부정확성을 보여준다. 피사체가 영상의 깊이를 방해하고 직선 요소가 영사 윈도우의 테두리에 서 있다면, 프레임은 완벽한 환상을 제공할 수 있다. 하지만 해로운 것이기 보다는 이 부정확성이 스테레오스코픽 연출의 요소 중 하나가 될 수 있다. 언덕 전경이나 나무껍질에서의 하이앵글 줌(high-angle zoom)은 영사 프레임 자체에 둘러싸인 변화의 느낌을 줄 수 있다. 마지막으로, 프레임의 부정확성은 영상 보정과 연계된 프레임의 변화와는 다르다.

일부 스테레오그래퍼는 스테레오스코픽 프레임의 부정확한 값을 감추는 방법으로, 관객이 지속적인 몰입 경험을 생각해 내도록 만들고 있다. 예를 들어, 프레임의 인지 가능 한계를 뒤로 밀어내어 줄이기 위해 영사 스크린을 확대할 수 있다.

홀로그램 기술에 있어서, 스크린으로부터의 프레임은 사라졌다. 우리는 구조화된 조명 덕분에 만들어진 대상을 보고 있다. 기념 조각에서처럼, 우리는 이론적으로는 그 주위를 걸어 다닐 수 있다. 숨겨진 측면이 더 이상 없다. 우리는 프레임의 측면에서 데쿠파주를 상상할 수 있고, 관객 가운데 놓여 진 흉상을 쉽게 상상할 수 있다. 하지만 아웃 오브 프레임은 여전히 존재 하는가?

2가지 유형의 홀로그래피가 있을 수 있다. 극장이나 서커스에서처럼 밖으로부터 관찰할 수 있는 것, 그리고 어떠한 설치가 되어 진 스노우 볼 안에 우리가 들어가 있는 경우처럼, 몰입된 공간에서, 즉 내부로부터 관찰할 수 있는 것이 있다.

조명

시네마에서, 빛나는 개체로서의 대상은 영사의 지원에 의해서만 제한되는 콘트라스트와 시간적 변조를 통해 표현된다. 그것은 한 편으로는 백색광 그리고 다른 한 편으로는 백색광으로부터의 완벽한 차단으로 구성되어 있다. 이것은 관객이 스크린의 콘트라스트 비율로 알 수 있다. 거의 완전히 투명한 영상 또는 거의 완전한 밀폐를 야기하는 검은 영상으로써 감광 유제(emulsion) 필름은 시네마의 모든 시대에 사용되었다. 예를 들어, 전쟁터나 화재의 반복적인 폭발은 폭풍을 암시했다. 조명의 켜짐과 꺼짐의 연속적인 긴 반복을 금지하는 블라인딩 효과(blinding effect)가 있거나, 조명과 영사 스크린에서의 콘트라스트에 대한 규범이 존중되는 한 생리적 수준에서 손상을 야기하는 것은 아무 것도 없다. 블라인딩 효과는 연출의 일부이며, 그것의 목적은 보는 사람의 시야를 손상하는 것이 아니라 감정을 제공하는 것이다.

2D 사진술에서, 조명과 콘트라스트는 영사 규범과 영사기의 전원에 의해서만 제한된다. 그러나 스테레오스코피에서는 상황이 매우 다르다. 3D에서, 잎을 통과하는, 백라이트를 통한, 또는 피사체의 상이한 구성 요소를 통한 고대비 촬영, 특히 가장자리 쪽으로의 높은 콘트라스트 촬영은 보는 사람으로부터 실제적인 대뇌 불편을 유발할 수 있다. 이것은 또한 두 개의 분리된 시점과 고스팅으로 인한 스테레오스코픽 중첩효과(occlusion)에 연관되어 있다. 이 중첩은 촬영된 대상의 콘트라스트, 깊이 브래킷, 그리고 관객의 두뇌에 대한 영사 장치의 결과이다. 빔-스플리터 미러의 편광 효과나 상이한 표면에 대한 빛의 상호작용과 같은 현상은 이러한 분석을 더 복잡하게 만들 수 있기 때문에 그들을 측정하는 것은 매우 까다롭다.

오늘날 아직 얼마만큼으로는 계량화할 수 없지만, 콘트라스트를 낮추는 것이 좋다. 우리의 도구는 촬영에서 영사로 진화해야 한다. 촬영을 하는 동안 센서는 하이라이트와 그림자의 볼륨을 유지할 수 있는 영상을 얻기 위해 더 많은 역학을 다루어야 한다. 이들 센서로 스테레오스코픽 영화의 칼라 타이밍을 하는 동안 더 나은 콘트라스트 조정이 가능할 것이다. 3D를 인지하기 위한 재료도 진화해야 하며, 특히 안경이 그러하다. 제조업체는 이를 위해 노력하고 있다.

홀로그래피에서는 구조화된 빛이 피사체 자체에서 나오며, 영사 프레임은 더 이상 없다. 한 대상의 홀로그램 재생은 우리가 오늘날 거의 상상할 수 없는 형태와 물질의 리얼리즘에 도달할 수 있다.

편집

시네마에서, 가장 짧은 클립은 하나의 영상의 영사 길이에 의해서만 제한된다. 텔레비전에서, 그것은 인터레이스 필드의 디스플레이에 의해 제한된다. 반면, 가장 긴 클립은 프로그램의 길이나 필름 자체의 길이에 의해 제한된다. 즉, 거의 알아볼 수 없는(quasi-indiscernible) 짜깁기를 통해 몇 개의 장면으로 구성되어 있는 Hitchcock의 Rope(1948), 상트페테르부르크의 에르미타슈(State Hermitage Museum) 박물관에서 Aleksandr Sokurov이 하나의 96분 시퀀스 장면으로 촬영한 Russian Ark(2002)가 그것이다.

새로운 장면에서, 장면의 깊이를 탐험할 새로운 세계를 뇌가 이해하는데는 약 1초가 걸리기 때문에, 스테레오스코피에서 편집하는 것은 자연적으로 느리게 하여야 한다. 편집은 존재하지만, 짧은 장면의 지속 제한은 그것으로 인한 대뇌 부담에 직접적으로 연결된다. 관객은 보는 과정 중에 3D에 더 익숙해지기 때문에, 장면의 각각의 변화에 대한 적응 시간을 줄일 수 있다는 가설이 있다. 이것은 믿기 어렵지만, 이 시점에서 확실하게 아니라고 말하는 것은 어렵다.

후반 작업에서 디졸브(dissolve)는 아주 다른 입체 풍경에 있어서, 한 장면에서 다른 장면으로의 매끄러운 전환을 가능하게 한다. 이러한 관행을 일반화하는 것은 대뇌 불편을 완화하고 각각의 장면 사이의 적응 시간을 단축시킬 수 있다. 그것을 제거하면 대뇌에서의 인식은 더욱 힘들게 된다.

실제로, 스테레오스코픽 편집은 기하학적 구조 수정 영상으로 이루어져야 한다. 그러나 일반적으로 재정적인 이유나 도구의 가용성으로 인해 이것이 항상 가능한 것은 아니다.

2D 편집 과정에서 색상 연속성의 부족으로 인한 시각적인 불편함은 클립과 커팅 지점을 선택하기 위한 편집자의 결정에 방해가 될 수 있지만, 피로감과 작업에 미치는 영향은 알려져 있고 제한되어 있다. 스테레오스코피에서 커팅 지점의 선택은 영상 간의 상이한 깊이 값으로 인해, 그리고 영상 간의 수정되지 않은 불균형으로 인해 더 많이 영향을 받을 수 있다. 편집된 지점을 검토할 때 깊이, 동작에 추가된 수정되지 않은 양안경쟁, 균형 잡히지 않은 비색법과 같은 요인으로 시각적 불편을 경험할 수 있다. 이러한 이유로, 우리는 바로 처음부터 수정되지 않은 불균형으로 인한 요인을 제거해야 한다.

홀로그래픽 연출이 무대 연기나 로마 서커스 쇼의 촬영 대본을 줄일 수 있다면, 그것은 시간과 장소의 통일성에 대한 연극적 규칙을 준수하는 것이다. 홀로그램 간의 이행을 경험하지 않고 몽타주가 발생할 수 있는지를 상상하는데 어려움이 있다. 따라서 우리는 페이드 투 블랙(fade-to-black)의 체계적인 연속성 대신, 장면 별 편집의 측면에서 몽타주가 남아있는지를 알 수 없다. 또한, 새로운 인물의 등장은 어떻게 관리할 것인가?

양면가치와 촬영 결정의 예: 피사계의 심도

Binocle이 1997년과 1998년 줌의 동력화, 스테레오스코픽 매개 변수, 실시간 디스플레이의 특징을 포함하는 최초의 모션 컨트롤 카메라를 만들었을 때, 그것은 매우 흥미로운 현상을 보여주었다. 광축 간격과 영상이 정확하게 동일할 때, 우리는 안경의 여부와 상관없이 2D 영상을 보았다. 그러나 광축 간격이 카메라에서 멀어지자마자 3D가 나타났다. 그것은 관찰자에 따라 어느 정도 신속하게 감지되지만, 불과 몇 mm의 광축 간격이라는 놀라운 방법으로 보이게 되었다. 2D 장면이 낮은 광축 간격을 갖는 3D 장면 사이의 몽타주에 삽입되었을 때, 일부 시청자들은 스테레오스코피에서 2D로 갔다가 다시 스테레오스코피로 돌아 올 것으로 예상했던 불연속보다는 입체감의 연속성을 인식하였다. 이 현상은 깊이 연속성을 가지는 장면에서 더욱 강렬하다. 2009년 Julien Clerc 콘서트를 촬영하는 동안, 관객과 무대의 극단적인 와이드 샷을 프레밍한 2D 카메라는 리옹의 스카이라인을 드러냈고, 연속성 효과는 스테레오스코픽 영상 사이에서 편집된 2D 장면에서 3D 비젼을 창조할 수 있는 두뇌의 능력 내에 있다는 것을 분명히 했다. 이 효과는 전문가나 관객 구성원으로서의 자신의 지위와 상관없이, 모든 개인이 인식하지는 못한다.

3D 시퀀스의 내부로 삽입된 수많은 2D 장면에 대해, Hitchcock의 3D 영화 Dial M for Murder(1954)를 본 관객들은 유사한 관찰을 했다. 3D 시퀀스의 일부는 일부 관객에게 보이지 않았다. 영상 수정 소프트웨어의 사용으로 인해 이 현상은, 2D에서 3D로의 완만한 진행과 상이한 3D 장면 사이의 완만한 진행을 만들어 내는 영상간의 우발적 불균형이 거의 없기 때문에 매우 적절하다. 이러한 경우에 두뇌는 두 기법 사이의 실제적인 분할보다 연속성을 더 잘 인식한다.

이러한 질문을 더 깊이 생각하기 위해, 우리는 스테레오스코픽 촬영 경험을 숙고해야 한다. 예를 들어, 피사계 심도는 2D 영상의 매우 중요한 요소인데, 그것은 대상에 대한 연출의 중심 조정을 가능하게 해주기 때문이다. 피사체가 단순히 하나일 경우 이것은 더욱 설득력이 있다. 여배우의 얼굴처럼 촬영하는 개체에서 피사계 심도를 제한하는 것은 사진을 잘 받는다는 이유로 또는 프레임으로 얼굴 컷의 일부를 부드럽게 하기 위해 종종 요구된다. 하지만 이것은 주로 연기와 시야의 집중을 높이기 위해 사용된다. 따라서 카메라 조작자는 피사계의 심도를 제한하기 위해 렌즈 앞에 중성 농도(neutral density) 필터를 추가한다.

스테레오스코피에서는 초점 안 맞음(focus blur)에 대한 악영향이 기록되었다. 11개 조리개를 가지고 모든 영화를 촬영하는 것이 바람직하지 않다는 사실 외에, 이에 대한 진짜 이유는 무엇인가? 경험은 특정한 관찰을 분명하게 해 준다. 대상의 볼륨이 부드러운 경우, 높은 불균형의 영역에서 콘트라스트가 합리적이고, 관객의 시선이 모호한 영역이 끌리지 않으면, 이것은 완벽하게 허용된다. 여배우의 클로즈업에서, 선명한 볼륨은 물론 촬영에 적합하지 않을 것이다.

Binocle은 곧 개봉될 Frederik Du Chau가 감독한 The Krostons와 같은 영화를 위한 장편 예고편에서 피사계 심도를 제한하는 몇 가지 테스트를 했다. 결과는 두뇌가 참을 수 있는 불연속 또는 단절이 실제로 있는 지점에서, 일정 한도까지는 만족스럽다는 것을 증명하였다.

2D에서 피사계 심도를 제한하는 것은 미적일 뿐만 아니라, 또한 서술적이거나 의미를 갖는다. John Cassavetes 감독의 영화 Husbands(1970)에서, 한 남자와 여자가 런던의 침실 침대 가장자리에 앉아있다. 우리는 그들을 정면으로 본다. 그들은 차례로 침대에 눕는다. 그들이 다시 일어날 때 제한된 피사계 심도를 만난다. 이 흐름은 인물 간의 관계를 알려주며, 따라서 여성과 남성의 관계를 떠올려준다. 피사계 심도를 제한하는 것은, 얼굴의 경우와 같이 피사계 심도를 통해 행동을 중심에 놓기 원할 때 외부 촬영에서도 사용된다. 또한 장면을 꽉 들어차게 하고 방해가 되는 중요하지 않은 디테일을 피하는 것은 말할 것도 없다.

예술적 매개 변수로서 2D의 기술 매개 변수 사용에 대한 중요성은 3D에서 필수적이다. 2D가 0으로 낮춰진 심도 브래킷을 가지고 있는 것을 고려해 보자. 결과적으로, 우리가 점진적으로 촬영의 다양한 변수에 대한 부드러운 진화의 단계를 따른다면, 2D에서 유효한 모든 것은 스테레오스코피에서도 유효할 수 있다. 관객이 자기 뇌의 편안함에서 분리되거나 종료되는 것을 나타내는 그래픽 곡선은 다양한 관객과 매개 변수에 의존하며 다소 가파르다.

한 번에 하나의 매개 변수를 연구할 때 분리의 요점은 쉽게 식별되지만, 그들을 함께 놓았을 때는 그렇게 쉽지 않다. Disparity Tagger와 같은 연출과 제어를 위한 도구들은 이러한 점에서 필수적이다. 그들은 평균 관객의 편안함 설정에 따라 실시간으로 수정된 영상에 대한 기하학적 한계나 콘트라스트 한계를 통합하는 것을 가능하게 해주기 때문이다. 이 소프트웨어는 또한 감독의 예술적 감수성에 따라 각각의 시퀀스에 대해 또 다른 한계가 포함될 수 있도록 해준다.
실용적인 시점에서, 같은 장면이 두 가지 경우에 사용할 수 있도록, 2D와 3D의 촬영 관행 간의 연속성을 유지하는 것이 필수적이다. 그러나 이 경우 다른 편집 관행이 필요하다. 반대가 될 경우, 불연속성은 자주 일어나며 관객의 편안함도 영향을 받게 된다. 이러한 문제는 빠르게 움직이는 돌리나 크레인을 사용하여 스포츠 이벤트를 촬영할 때 특히 까다롭다. 스포츠 이벤트 촬영 경험은 2D의 전통적인 관행이 완전히 스테레오스코피에 적용될 수 없다는 것을 보여준다.

스테레오스코피 직업

우리는 시네마에서 탈피하고 자체의 수단을 발견해야 하면서도, 시네마에 따라 달라지는 스테레오스코피의 모순에 대한 질문을 제기하였다. 스테레오스코피가 연출과 촬영 관행의 재평가, 그리고 편집 과정을 넘어서는 후반 작업영상을 만들어내기 위한 필요성을 유발한다면, 제작과 단기적인 발명에 관여하고 있는 팀원들과 기술자에게서 요구되는 새로운 기술을 무엇일까? 스테레오스코피와 2D 간의 완전한 불연속성은 아니지만, 변화의 필요성은 있다. 우리는 뇌의 편안함과 축적 효과의 한계를 인식하면서 2D의 모든 변수를 테스트하고 사용해야 한다.
스크린에서 스테레오그램을 벗겨내고 그것을 홀로그램으로 변형하는 것 또한 불가능하다. 스테레오스코피가 시네마의 영역에 포함되지만, 스테레오스코피 자체의 매개 변수와 관련하여 관객의 뇌가 참을 수 있는 불균형을 만들지 않고서는 2D가 제공하고 사용하는 모든 가능성을 포함하지 않는다. 따라서 스테레오스코픽 연출에 대한 기술적 촬영 매개 변수의 사용은 이러한 한계 내의 운용 안에 자리 잡고 있다. 그 개념은 시퀀스 단위 별로, 장면 단위 별로, 과정 내내 깊이 값을 조절함으로써 만들어진다. 그리고 이러한 전체적인 개념에 의미를 주어야 하는 사람은 스테레오그래퍼가 아니라 감독이다. 오직 감독만이 자신이 관객에게 전달하고자 하는 미학, 감정, 의미에 따라 영화 내내 입체감에 대해 생각할 수 있다.
3D 영화가 스테레오스코피를 위해 작성되어야 한다는 것은 일반적으로 용인된 개념이다. 감독이 스크립트 작성에 참여하고, 촬영하는 동안 사용하려고 하는 원칙을 이미 상상하고 있는 경우 이 의견은 논란이 될 수 있다. 즉, 감독은 자신의 마음속에 가지고 있는 스테레오스코픽 지시에 따라 시퀀스의 연속성을 구성할 것이다.

감독이 그렇게 결정한 경우 2D 영화를 고무하지 못할 주제는 없다. 스테레오스코피도 마찬가지이다. 스테레오스코픽 형태로의 예술적 렌더링은 감독의 마음에서, 동료에 의한 기술 실현의 과정에서만 존재한다.

스테레오스코피에 대한 지시가 극에 들어오는 것은 촬영 스크립트 그리고/또는 스토리보드를 만드는 동안이다. CST(Commission Superieure Technique du Centre National de la Cinematographie) 회의에서 제기된 "시나리오가 3D를 위해 작성되었는지 여부를 보여주는 것은 무엇인가?"라는 질문에 우리가 어떻게 답을 해야 할까? 유일하고 일관된 대답은 "감독이 3D에서 그의 영화를 상상했기 때문에"이다.

스테레오스코퍼의 직업과 가장 유사한 직업은 특수 효과(SFX) 감독이다. 제작 전반에 걸친 개입의 유사성으로 인해 둘 사이의 평행선을 설정할 수 있다. 스테레오그래퍼는 촬영 조건, 후반 작업, 디지털 실험실에서의 후속 작업과 같이 영화 영사를 위한 모든 방법을 알고 있어야 한다.

SFX 감독처럼, 스테레오그래퍼는 무엇보다도 먼저 감독의 고문이다. 그의 역할은 팀원과 도구들이 마지막까지 전체 영화에서 감독이 원하는 분위기를 만들도록 하는 것이다. 따라서 그는 영상에 대한 책임을 지는 DP의 말을 들어야 하고, 헤드세트 전문가, 의상 디자이너, 영화 제작에 기여하는 모든 팀원들과 함께 일해야 한다.

촬영에서의 스테레오그래퍼 팀원

스테레오그래퍼는 리그, 시각 장치, 스튜디오 후속 작업과 관련된 실질적인 작업을 담당하는 기술자의 도움을 받는다. 이들은 영화 스태프로 추가되며 순수하게 스테레오스코피와 관련된 업무를 관리한다.

기술자 스테레오그래퍼는 리그를 조정하고 모든 광학축과 입체 매개 변수가 감독의 바램과 일치하는지 확인한다. 보통 그는 첫 번째 보조 조작자이지만, 영화를 위한 조작자로 대체하지는 않는다.

3D 영상 엔지니어는 준비 중인 장면에 필요한 시각적 결함이나 변화에 대한 경고를 주기 위해 스테레오스코픽 영상을 위한 도구를 관리한다. 그는 왼쪽과 오른쪽 영상이 최소한의 결함을 보여주도록 하고, 현장에서 또는 후반 작업에서 필요한 수정은 소량의 영상에만 결부되도록 한다. 게다가 또, 3D 수정은 중요한 불균형을 정정할 때 인공물을 다시 프레밍하거나 도입함으로써, 최종 영상 품질을 떨어트릴 수 있는 위험을 고려하면서 좋지 못한 장면을 바로잡는 대신 카메라 시스템에 의해 처리할 수 없는 결함을 제거하는 것을 목표로 하고 있다.

작업에서 아주 바쁜 후속 작업을 담당하고 있는 보조 스테레오그래퍼는, 큰 스크린에서 감상을 한 후 스테레오그래퍼와 전체 영상 및 후반 작업 스태프에게 서면 보고서를 제출하는 책임을 지고 있다. 상당히 기술적인 회고록인 이 보고서는 후반 작업을 예측할 뿐만 아니라, 그들의 감시를 벗어난 결함을 스태프에게 경고하는 것을 목표로 한다.

스태프에서 스테레오스래퍼의 위치

Binocle이 스테레오스코피를 담당한 첫 번째 장편 영화에서, 모든 3D 영화에서 일하는 기술자들이 스테레오스코피에 민감해지는 것이 필수적이기 때문에, 영상 기술자들이 구체적인 훈련을 받는 것이 필수적이라고 생각했다.

첫 번째 스테레오그래퍼는 감독이어야 하지만, 전체 팀원들은 모든 프로세스가 3차원을 통합하고 관객의 뇌에 미치는 결과를 고려할 수 있도록 이 독특한 영화 분야의 기술을 습득해야 한다.

우리는 장편 영화를 촬영하기 전에 예고편이나 단편을 찍으라고 체계적으로 충고한다. 이유는 간단하다. 감독이 3D를 가능하게 하는 기술 매개 변수, 반사와 연출 적용을 이해하지 못하는 경우, 볼륨감이 더해진 실제적인 2D 영화를 만들 것이다. 즉, 감독은 영화의 통일성을 위한 기술 매개 변수의 전체적 효과를 결합하는 영화 제작자와 반대되는, "3D 제작자"가 기술 단계를 추가하도록 하는 감독이 될 것이다. 이것이 스테레오그래퍼가 제일 먼저 그의 지식을 감독과 전체 팀원에게 전달해야 하는 이유이다. 다행히도, 이러한 매개 변수는 매우 빠르게 배울 수 있다. Orson Wells가 농담으로 시네마 기술을 하루아침에 배웠다고 주장한 것처럼, 현 시대의 감독들은 이것을 빨리 파악할 수 있다. Orson Wells가 실제 하루아침에 배운 것은 카메라 뒤의 Greg Toland를 교체하는 방법이 아닌, 촬영 매개 변수의 사용을 반영하는 방법이었다. 따라서 스테레오그래퍼는 감정과 의도를 표현하기 위한 스테레오그래피와 그것의 사용을 고려하기 위해 감독과 함께 일하면서 감독을 도와줄 수 있다. 규칙은 간단하지만, 2D의 매개 변수가 그러한 것처럼 응용과 발명을 조합함으로써 가능해지는 것들은 무한하다.

모든 영화 기술자들은 특정 시퀀스에 대해 이러한 매개 변수를 사용할 때 그들의 의도를 반영하지만, 각자는 그의 전공에 따라 기여하게 된다. DP는 볼륨과 깊이에 대한 경관의 공간 배치 구조와 관련된 빛의 구조를 반영한다. 실제 위치를 들어내는 위험을 감수하지 않는 효과에 의존할 수 없다. 예를 들어, 교회 창문의 역광 표면과 창문을 통해 들어오는 광선을 분리하는 것과 같은 효과이다. 이러한 이유로, 후반 작업에서 효과를 추가하는 것은 피할 수 없다. 기하학적으로 수정된 영상을 검사하는 것은 그가 이러한 이중 영상의 함정, 프레임 가장자리에 미치는 영향의 함정, 영상 콘트라스트의 함정, 그리고 더 많은 함정을 살펴보는 데 도움이 되어야 한다.

한편, 카메라 조작자와 촬영 기사는 스트로보스코피(stroboscopy)에 대한 이동 대상의 속도와 관련된, 또는 프레임에 들어가 스테레오스코픽 윈도우를 위반하는 배우에 의한 대뇌 스트레스를 해결해야 한다. 그들은 또한 입체감을 수정하기 전이 아니고, 수정 한 후에 프레임을 시각화해야 한다. 수석 데코레이터는 그들의 스테레오스코픽 값을 걱정하지 않고, 뒤따라올 깊이를 밝히지 않고서는 트롱프 뢰유(trompe l'eoil), 착시(false perspective), 배경을 사용할 수 없다. 메이크업 아티스트, 헤어 스타일리스트, 의상 디자이너들은 그들이 사용하는 제품에 주의해야 한다. 다시 말하면, 모든 전문직들은 이러한 재고(rethinking)에 관련되어 있으며, 모든 기술자들은 자신의 전문 영역의 스테레오그래퍼가 되어야 한다. 마지막으로, 세트의 깊이를 통해 이동할 때, 배우들은 그들이 움직이고 있는 입체감을 이해해야만 한다. 양쪽 시점을 고려하면서 그들의 시선이 떨어지는 위치를 알고 있어야 한다.

결국 스테레오그래퍼는 현장의 모든 사람을 훈련시킬 필요성이 적어지지만, 스테레오그래퍼는 여전히 스테레오그래퍼의 팀원을 관리하고 제작에 관련된 전체 팀원들과의 관계에서 영화의 입체감 연속성을 보장하는 사람으로 남아 있을 것이다.

후반 작업 동안 스테레오그래퍼는 수정, 병렬로 촬영되는 시퀀스에 대한 윈도우 위치(흔히 특수 효과가 있는 장면), 그리고 전체 영화의 균일한 품질화를 감독하게 된다. 예를 들어, 장면의 디졸브가 아닌 깊이 값의 디졸브를 생성하게 된다.

스테레오스코피 역사에서의 전환점?

스테레오스코피의 발명이 사진술에 있어서는 1800년대 중반으로(1850년에 제작된 Nada의 에로틱한 사진 증거물) 그리고 시네마에 있어서는 1900년대 초반으로 거슬러 올라간다. 반면, 예술적 관행은 테마공원을 위한 짧은 프로그램과 부적절한 도구로 만들어진 일부 장편 영화 이상으로 숙련되지 않았다. 이것은 만들어진 영화가 나쁘다는 것을 의미하는 것이 아니다. 사용가능한 기술들이 아직 뇌가 받아들일 수 있는 것에 항상 양립할 수 있는 결과를 만들어 낼 수 없었다는 것이다.

20세기의 스테레오스코피 부활은 미국 스튜디오가 인식한 위험에 직면한 필요성과 연계되어 있다. 1950년대에는 그것이 텔레비전이었다. 오늘날, 그것은 인터넷 유통에 대한 통제의 역부족이다.

이전의 시도와 당대 시도의 차이는 기본적으로 3D의 기술 명령에 연결되어 있다. 컴퓨터에 의해 수립된 카메라 설정, 디지털 영상에 의해 가능해진 촬영에서 극장 영사까지의 운영이다. 각각의 단계에서, 관객의 대뇌 편안함과 더불어, 3D 영상의 품질은 진정으로 우리가 스테레오스코피 연출에 숙달되도록 해준다. 표 6.2에 보여준 이러한 가설은 Roland Thepot과 Binocle의 다른 스테레오그래퍼가 1990년대 초부터 제안한 것이다.

표 6.2	스테레오스코피는 2 개의 혁신으로 활성화된 새로운 영화 형태이다		
	예술적 명령	+	모션제어
	= 픽셀 레벨 정확성	+	정확한 세팅
	= 뇌의 편안함	+	예술적 명령

시네마와 텔레비전을 위한 촬영

3D 텔레비전의 출현을 가능하게 하는 전제 조건은 스테레오스코픽 시네마의 기술 제작 조건뿐 아니라, 그것의 경제적 가치를 포함하고 있다. 라이브 쇼를 제작할 수 있는, 즉 실시간으로 제작할 수 있는 능력을 수반하는 텔레비전은 혁신적인 도구의 개념을 필요로 한다는 것이 당시에는 명확해 보였다. 한 때 시네마에 적용된 이러한 도구들은 사실상 스테레오스코피 영화가 2D 영화만큼 빠르게 촬영할 수 있도록 해주었다. 이것은 Binocle이 Thomson, 현재의 Technicolor, 그리고 Thomson의 R&D 카메라 부서인 현재의 Grass Valley and Angenieux가 첫 번째 디지털 모션 컨트롤 스테레오스코픽 카메라를 만들도록 확신한 이유이다. 그것은 이미 양쪽 CCU에 대한 하나의 단일 명령, 실시간 3D 플레이가 되는 디지털 시스템, "디퍼런스", 애너글리프 등에 의한 불균형의 영상화, 모션 제어에 의한 축, 주시점, 광축 간격, 줌, 초점과 홍채의 조절 등의 특징을 가지고 있었다.

1990년대 말 암스테르담 IBC에서 소개된 이 카메라는 대형 스크린에서 관객들에게 콘서트 캡처를 보여줌으로써, 오늘날의 라이브 텔레비전 스트림을 시뮬레이션 할 수 있도록 해주었다.

마지막 의견

1980년대, 텔레비전 전자 채색(colorization)의 자동 시스템 발명과 함께, 흑백으로 촬영한 영화 작품의 대규모 전자 채색이 시작될 것이라는 예측이 있었다. 다행히도, 이것은 일어나지 않았다. 하지만 기술 프로세스의 개념은 채색 전환보다, 예를 들어 Zmap의 도움에 따른 스테레오스코픽 전환과 함께 더 쉽게 깨달을 수 있다. 이것은 과학적 응용에 있어서 유용하지만, 예술적 수준을 요구할 것이 기대되는 관객들에게 공급하고자 하는 욕구가 있는 시네마나 텔레비전에서는 결코 유용하지 않다.

오늘날, 새로운 경쟁 시장의 요구는 디지털 상영실로의 전환 가속화와 시청뿐 아니라 새로운 미디어의 사용자에게 새로운 기술을 확보해주면서, 3D 시네마의 발전을 짊어지는 것이다. 물론, 이 추진력은 새로운 시각 또는 필요한 충분한 단계에 도달한 것에 대한 만족 정도에 따라 중단될 수 있는 가능성은 여전히있다.

3D에 의해 정당화된 디지털 시네마 영사기의 극장 배치는 영화의 디지털화를 활성화하였고 필름 운반의 필요성을 없앴다. 그것은 또한 워터마킹(watermarking) 덕분에 디지털 복사 방지를 가능하게 하였다. 텔레비전의 경우, 3D 영상을 3D로 자동으로 전환하는 기술 능력은 만족스럽게 보이지만, 그 결과 3D TV의 점진적 파괴를 가지고 올 수도 있을 것이다. 그리고 동일한 과정에서 창조적인 스테레오스코피의 예술적 가능성에 대한 진정한 반영의 포기를 가져올 수도 있을 것이다. 스테레오스코픽 혁명은 2가지의 주요 수입원인 텔레비전과 시네마 모두에서 갑작스러운 죽음을 경험할 수도 있다.

표 6.3 2D 및 3D 스포츠 경기 연출 비교: 2D에서 3D 효과로의 전환, 카메라 위치에서 편집으로의 전환

	HDTV, 모노스코픽	3D TV, 스테레오스코픽
현재 카메라 위치로부터의 시점	이벤트 상연에 의해서 정해지지만, 상당한 초점거리 영역까지 줌이 가능하다.	창조적인 스테레오그래피에는 적합하지 않다. 촬영 영역으로 가까이 접근해야 하며, 이 경우 다른 영역의 끝부분에 대한 볼륨을 유지하기 어렵다.
프레밍	모션 블러(motion blur)와 스트로보스코픽(stroboscopic) 효과가 발생하지만 장면의 중심에 위치한다.	시네마에서와 같이 영역과 속도에 있어서 제한된 움직임을 갖는다.
명암 대비	강한 명암 대비를 수용할 수 있다.	고스팅을 피하기 위해 명암 대비는 제한되어야 한다.
심도	깊이 단서를 발생시키기 위해 줄인다.	관객의 눈이 탐험할 수 있도록 증가시킨다.
줌 영역	전제 줌 영역이 사용된다.	기술적, 예술적 한계에 의해서 제한된다.
모션 블러와 스트로보스코픽 효과	이 효과가 허용되며 예술적인 목적으로 사용되기도 한다.	기술적, 예술적 한계에 의해서 제한된다.
높은 지대 카메라 위치에서의 광각 촬영	대부분의 장면을 다룰 수 있는 새의 눈으로써 사용된다.	축소되거나 낮은 깊이감을 생성한다. • 3D 편집을 고려한 2D 촬영 • 2D에서 3D로의 변환 • 낮은 깊이감의 3D 촬영
중간 높이위치의 촬영	현장의 전체적인 폭에 대한 촬영에 적합	리버스 앵글을 사용하여 촬영현장의 양쪽 면에 카메라를 위치시켜야 한다. 편집은 원형 동작에서와 같이 점차적으로 동일한 방향으로 이동해야 한다. 배우가 z축으로 움직이면 모션 블러를 줄일 수 있다.
이동 속도와 움직임	• 10 m/s가 일반적이고 안정됨 • 배우의 동작 이전에 이동 • 전체 장면을 다루는 것이 가능	• 10 m/s는 전경에 대해 너무 빠름 • 배우의 동작을 따라가며 이동 • 장면의 반대 쪽 끝에서의 동작을 따라가는 것은 불가능 선택적인 해결방법: 장면을 따라 2개의 트레블링을 사용함

당분간, 스테레오스코피의 최근 성공은 3D가 종종 너무 스펙터클을 향해 조정되고 있다고 비난받더라도 부정할 수 없이 증가하고 있다. 우리는 스테레오그래퍼와 관객

의 꿈도 똑같이 새로워진 예술 매체와 다른 예술 형태에서처럼 새로운 아이디어를 촉발시킬 수 있는 새로운 서술 기법의 엄청난 가능성을 포함하기를 희망한다.

STEVE SCHKLAIR

Steve Schklair는 그의 경력 대부분을 새로운 기술의 최전선에서 종사 하였으며, 영화, 특수 효과와 인터랙티브 미디어에 발자취를 남겼다. Steve는 현재 새로운 디지털 S3D 모션 사진 기술과 S3D 프로그래밍의 실시간 방송 개발과 생산에 초점을 맞추고 있다. 그는 디지털 및 실사 S3D 분야의 세계 최고 전문가 중 한 명이자 할리우드 영화에서 S3D의 최근 부활을 이끈 주요 촉매 역할을 한 사람 중 한 명으로 국제 클라이언트의 많은 존경을 받고 있다.
Steve는 3ality 디지털의 U23D 영화에서 3D 및 디지털 영상 프로듀서로 재직하였다. 제작 감독 이외에도, Steve는 Burbank의 3ality Digital 스튜디오에서 후반 작업의 완성을 감독하였다. 최근의 프로젝트는 동쪽과 서쪽 해안의 모든 극장에 위성을 통해 전달된 전체 NFL 게임의 첫 번째 라이브 S3D 방송이었으며, BSkyB S3D 채널의 개시를 위한 훈련과 기술을 제공하였다. 3ality 이전에, Steve는 아폴로 13호, 제5원소, 타이타닉, 터미네이터 2 : 3D와 같은 영화를 담당한 특수 효과 스튜디오인 Digital Domain의 수석 임원이었다. R/Greenberg Associates의 크리에이티브 디렉터(creative director), 컴퓨터 그래픽과 인터랙티브 미디어 선구자 Robert Abel에 대한 The Columbus Project의 집행 프로듀서이다.
Steve는 중요한 국제적인 디지털 및 엔터테인먼트 기술 이벤트에서 S3D와 새로운 엔터테인먼트 기술에 대해 자주 연설하는 발표자이다. 그는 Visual Effects Society(VES)의 수상 경력 회원이며, American Society of Cinematographers(ASC)의 준회원이다. 그리고 University of Southern California(USC) School of Cinematic Arts의 석사 과정 동문이다.

그림 6.7

Steve Schklair, 3ality Digital Systems의 창립자이며 CEO.

창조적인 스테레오그래피를 위한 도구 개발

Steve Schklair

현대적 3D의 발단

나는 FCC가 디지털 TV를 요구한 1990년대의 중반에 3D 카메라 개발을 생각하기 시작했다. 당시 나는 디지털 TV에 대한 최선의 사용이 스테레오스코픽 상연이라고 예견하였다. 그러나 현실적인 도구로, 그리고 어느 정도 실시간으로(텔레비전은 방송 매체이기 때문임) 현실적인 제작 일정에 따라 콘텐츠를 만들 수 있는 경로가 있어야만 했다. 1990년대 중반부터 말까지는 3D 텔레비전이 없었고, 실제 2000년대 초반에도 없었다. 따라서 내가 텔레비전을 위한 장비를 만들고 있지만, 그것은 장편 영화에서도 사용될 수 있어야 했다. 이것은 언제나 계획이었다. 텔레비전에서 작동하는 것은 실시간적으로 작동할 수 있다. 즉, 실시간 방송에서는 편집 시간표가 없기 때문에 장편에서 훨씬 더 유용하다는 것을 의미한다.

테마 파크 영역에서 벗어나기

나는 3D 카메라 시스템 개발을 시작하기에 앞서 수많은 3D 촬영을 작업했다. 촬영감독으로서, 나는 3D 프로젝트 촬영을 위해 거의 2년마다 요청을 받았다. 그러나 프로젝트들은 모두 테마 파크나 상업적인 기반을 둔 것이었다. 내가 한 첫 번째 프로젝트는 Six Flags의 Sensoreum인 것 같다. 우리는 두개의 왼쪽 퍼포레이션, 두개의 오른쪽 퍼포레이션, 그리고 다양한 주시점을 갖는 고정 광축 간격을 만들어 내는 렌즈 어댑터인 Arri 시스템으로 촬영했다. 그것은 나의 첫 번째 프로젝트였고, 따라서 나는 무엇을 해야 하고 하지 말아야 하는지에 대한 개념이 없었다. 하지만 Arriflex는 가장 가까운 대상과 가장 멀 대상이 있어야 할 장소를 기반으로 하여 당신의 세팅이 어떠해야 하는지를 정확하게 알려주는 주시점 깊이 도표(피사계 심도 도표와 유사)를 내놓았다. 나는 실제 내 사무실에 도표를 하나 걸어 놓았다. 그것은 흥미로운 역사의 단편이며, 제안된 설정은 나쁘지 않았다. Sensoreum을 촬영하고 나서, 나는 오스트레일리아의 새로운 테마 파크인 Adventure in the Fourth Dimension을 위한 Warner Brothers 영화를 재촬영해달라는 요청을 받았다. 그리고 2년 후, 다는 또 다른 테마 파크 작품을 만들었다. 그들은 언제나 테마 파크 작품이었다.

ArriVision 3-D™

3D 수렴차트
싱글 렌즈 시스템

수렴의 "깊이"

18 mm			32 mm		
FEET	OBJECT DIST		FEET	OBJECT DIST	
CONV.	CLOSE	FAR	CONV.	CLOSE	FAR
3′	2′4″	3′10″	3′	2′6″	3′6″
4′	3′0″	5′5″	4′	3′3″	5′3″
5′	3′3″	7′10″	5′	3′8″	6′3″
6′	3′6″	10″	6′	4′4″	8′4″
7′	3′9″	16′0″	7′	5′2″	10′9″
8′	4′5″	26′0″	8′	5′4″	13′8″
9′	4′8″	30′0″	9′	5′17″	19′0″
10′	5′1″	36′0″	10′	5′11″	22′0″
12′	5′5″	130′0″	12′	6′7″	37′0″
13½′	5′7″	∞	14′	7′0″	80′0″
15′	5′11″	*∞-1/3	16′	7′4″	∞
25′	7′2″	*∞-2/3	21′	7′9″	*∞-1/3
			80′	12′0″	*∞-2/3

가까운 수렴 영역에
물체가 없는 장면의 경우

ARRI
Arripleox corporation

500 Route 303,
Blauvelt, New York 10913
(914) 353-1400

ArriVision 3-D™

3D 수렴차트
싱글 렌즈 시스템

수렴의 "깊이"

50 mm			85 mm		
FEET	OBJECT DIST.		FEET	OBJECT DIST.	
Conv.	Close	FAR	Conv.	Close	FAR
3′	2′8″	4′3″	7′	5′8″	8′0″
4′	3′0″	6′1″	8′	6′6″	10′0″
5′	4′6″	7′6″	9′	7′1″	11′4″
6′	4′8″	7′9″	10′	7′5″	12′6″
7′	5′4″	9′4″	11′	8′2″	15′2″
8′	5′8″	11′2″	12′	8′11″	16′5″
9′	6′1″	13′9″	13′	9′3″	17′6″
10′	6′8″	16′4″	14′	9′9″	19′9″
12′	6′10″	20′2″	16′	10′5″	24′0″
14′	7′8″	28′0″	18′	11′2″	31′0″
16′	8′5″	38′0″	22′	12′9″	46′0″
18′	9′4″	55′0″	36′	14′6″	75′0″
24′	10′3″	120′0″	40′	18′5″	∞
30′	11′6″	∞	52′	19′1″	*∞-1/5
48′	13′0″	*∞-1/3	68′	20′4″	*∞-1/3
90′	14′8″	*∞-2/3			

ARRI
Arripleox corporation

600 North Victor Boul evar ,
Burbank, Call ornie 91502
(213) 841-7070

그림 6.8
Arri 깊이 도표

그리고 나서(나는 다른 프로젝트를 하고 있었기 때문에 직접 관여하지는 않았지만) Digital Domain과 함께 우리는 **터미네이터 2 : 3D**를 만들었다. 그 후, 3D가 대체로써 살아남거나 주류가 되기 위해서는 많은 문제를 처리해야 한다는 것이 명확해 졌다. 첫째, 커다랗고 성가신 장비의 크기와 무게를 처리해야 했다. 테마 파크 프로젝트를 하는 사람들은 모든 종류의 실험 장비를 사용하는데 익숙했기 때문에 그것을 사용할 수 있었다. 하지만 주류의 할리우드는 그러한 장비를 결코 사용하지 않는다. 둘째, 우리는 디지털을 기반으로 한 캡처 시스템이 필요했다. 그렇지 않으면 결코 주류로 갈 수 없었을 것이다. 아날로그 영화와 3D는 예산과 일정을 고려할 때 양립하지 못한다.

테마 파크는 종종 촬영 전에 카메라를 준비하는데 2주나 3주가 소요되며, 모든 장면과 촬영 사이에 카메라를 재조정해야 하기 때문에 하루에 5장면만을 얻을 수 있다. 그것은 까다로운 작업이었고, 그 당시 우리는 우리가 있는 곳을 알려주는(영상 오버레이와 같은) 도구가 없었다. 우리는 도표에서 하나의 카메라를 준비하고, 또 다른 카메라도 준비될 수 있도록 했다. 오늘날의 기준에서 보면, 그것은 매우 조잡했으며, 정렬에 근접하지도 않았다.

3D의 현대적 이론 창조

당시, 사람들은 긴 시간 3D를 보는 것이 두통을 일으킬 수 있기 때문에 테마 파크 영화는 단 15 분이라는 이론을 세웠다. 실제로, 모든 이전의 3D 영화가 그러했다. 나는 이것에 대한 많은 이론을 알고 있는데, 그 중 하나는 두통을 일으키는 것은 영화 상영 시간이 아니라 영상 디퍼런스라는 것이었다. 그것은 정렬 불량, 색상 차이, 오른쪽 시각 대 왼쪽 시각의 긁힌 자국, 동기화 차이, 기하학 구조 차이였다. 즉, 그것은 우리가 현재 수정하는 모든 것들이었지만, 1990년대 말과 2000년대 초에는 모두 급진적인 개념이었다.

이론 1: 3D 편집은 두통의 원인이다

테마 파크 프로젝트에서 편집자는 카메라맨이 촬영하는 데로 정확하게 영화를 자른다. 카메라맨은 편집 지점이 될 것이라는 것을 알고 촬영을 하며, 따라서 그는 그 주변으로 깊이의 도약이 없는지를 확인한다. 테마 파크 프로젝트의 경우, 당신이 영화를 만들기 전 스토리 보딩에 2년을 소요할 수 있기 때문에, 이것은 잘 작동된다. 그러나 장편 영화에서 그것은 다른 이야기이다. 당신의 영화 촬영 감독이 촬영 감독인 이유가 있고, 편집자가 편집자인 이유가 있다. 이 때문에, 편집 지점은 사람들에게 두통을 주는 깊이 도약을 포함하기 시작했다.

HD 물결 편승

따라서 3D 영화 제작 기술 개발에서 우리는 많은 문제를 해결해야 했다. 우리는 디지털로 이동해야 했고, 도구를 가볍게 해야 했고, 그것을 실제 영화 장비처럼 느껴지도록 해야 했으며, 극도로 정확해야 했다. 즉, 우리가 2D와 같은 동일한 스케줄에서 그리고 상당히 동일한 예산에서 촬영할 수 있을 때까지 3D는 성공하지 않을 것이다.

그것은 궁극적인 목표가 되었다. 또한, 3D는 기존 인프라 내에서 텔레비전 일을 해야 했다. 방송사는 수백만 달러의 비용이 들지만(그들은 모든 SD 장비를 던져 버리고 HD 장비를 구입했다) 그들에게 추가 수익을 얻어주지는 못한(그 과도기에서 돈을 번 유일한 사람들은 전 세계의 Sony, Panasonic, Grass Valley와 같은 장비 공급업체였다.) 표준 화질에서 고화질로의 과도기를 막 통과했기 때문에 이것은 특히나 중요했다.

우리가 고화질 세계에서 3D로 성공하기 위해서는, 방송사가 새로운 것에 추가적으로 돈을 투자하고 그들이 방금 구입한 것을 버리려고 하지 않을 것이기 때문에 기존의 인프라에서 작업을 해야 했다. 그것은 사업계획으로써 애당초 가능성이 없었다.

따라서 이것은 팀 회의에서 논의된 매개 변수였다. 우리는 이러한 문제를 모두 해결해야 했고, 우리가 하고 있었던 방법과는 다르게 정렬을 해결해야 했다. 어떠한 장편 영화나 텔레비전 쇼도 첫 번째 정렬을 하기 위해 3D 장치를 설정하는데 5일이 걸려서는 안 된다. 기껏해야 몇 시간 내에 수행되어야 한다. 3D 영화 카메라에서 모든 것은 수동이었다. 모든 것은 상당한 시간이 걸렸다. 그것은 비즈니스가 될 수 없었다.

현대적 3D 카메라 장치 개발

이러한 모든 문제들은 우리의 첫 번째 대형 영화 U23D에서 고려되었다. 이 제작은 이러한 모든 이론을 실행으로 옮길 수 있는 곳이었다. 우리의 첫 번째 초점은 정렬에 관한 것이었다. 우리가 세트장에서 정렬할 수 없으면 후반 작업에서 해야 한다는 것을 이해했다. 게다가 또, 정렬되지 않은, 불균형의, 부조화된 영상을 보여줄 수는 없었다. 이것은 관객에게 두통을 유발하는 것이기 때문이다. 당신은 5분 동안 무언가를 볼 수 있다. 당신은 10분 동안 정말 많은 졸작을 볼 수 있다. 당신은 15분 동안 경계선 상의 것을 볼 수 있다. 하지만 15분 후 상당히 지치게 된다. 당신의 눈은 피곤해 진다. 눈이 일단 피곤해지면, 이미 너무 늦었기 때문에 영화의 나머지 부분이 좋아 보일 수 없다. 당신은 사람들의 눈을 통해 살펴보아야 했다. 그들의 눈은 지금 휴식이 필요하다.

따라서 당신은 모든 것이 시작하기에 좋은 상태인지 확인해야 한다. 우리는 궁극적으로 원격으로 카메라를 정렬하고 모든 색상 밸런스를 확인하는, 우리가 현재 하고 있는 것을 할 수 있게 해주는 기술을 구축했다.

영상 처리가 현대 3D의 핵심이다

몇 년 전, 나는 오토스테레오 기술을 개발하여 베를린의 대형 소비자 가전제품 쇼 IFA에서 그것을 선보인 소비자 가전제품 회사인 독일의 Grundig를 위한 프로젝트에서 일을 했다. 그들이 하고 싶었던 것은 실시간으로 8개의 시야를 공급하는 모니터였다. 이것을 하기 위해 우리는 축간 주시점 수치와 같은 일부 메타 데이터를 출력할 수 있는 3D 카메라를 만들었다.

우리는 두 달 만에 카메라 시스템을 구축했다. 한편, 독일 회사는 개체나 건물을 측정하기 위해 스테레오 비전을 사용하는 현재의 알고리즘 중 하나를 기반으로 영상 처리 시스템을 구축하였다. 그들은 우리의 두 시야와 메타 데이터 피드를 얻을 수 있는 상자를 만들었고 그리고 나서 그것으로부터 깊이 지도를 만들었다. 그런 다음, 그들은 깊이 지도로부터 전혀 가공하지 않은 다각형 그물망을 구축하였고, 그물망에 카메라의 시야를 결합하였다. 그리고 그들은 그것으로부터 8개의 시야를 만들었다. 그들은 이것을 3 프레임, 어쩌면 그것보다 적은 프레임의 지연을 가지고 있었는데, 나는 그것이 내가 보아온 가장 놀라운 일이라고 생각했다.

SIP 만들기

나 혼자 막 시작했음에도 불구하고 결국 우리는 회사를 인수했다. 그들이 하고 있는 것이 내가 하고 싶은 것의 핵심이라고 깨달았고, 이것은 3D 촬영의 프로세스 속도를 높이기 위해 영상 처리에 진보된 컴퓨터 작업을 사용하여 시작하는 것이었다. 우리는 계산기를 들고 현장으로 가서 거리를 측정하고 적절한 설정이 어떤 것인지를 알기 위해 계산을 하곤 했다. 하지만 그것은 너무나 시간 소모적이었기 때문에 우리는 이 문제를 해결하는 방법을 찾아야 했다. 이 회사는 영상 처리와 영상 인식을 너무나도 빨리 할 수 있어서 영상 인식은 우리가 입체를 찍고자 하는 경우의 핵심이 되었다. 우리는 그들을 인수하였고, 실제로 3~4년 전에 베를린의 IFA를 위해 그들이 구축한 동일한 보드와 박스를 사용하고 있는 SIP(system in package)를 희망을 가지고 개발하였다.

이론 2: 더 자동화될수록 더 좋다

3D의 두 번째 이론은 더 많은 자동화를 넣을수록 사업에서 더 용인된다는 것이다. 우리는 창조적이지 않은 모든 기능을 자동화했다. 수학을 설정하는데 창조성은 없다. 하지만 수학에서 벗어난 창조성이 있다. 우리가 컴퓨터와 3D의 비창조적인 측면의 모든 것을 할 수 있는 영상 인식을 제안할 수 있다면, 우리는 창조적인 측면에 대한 시간을 절약할 수 있다. 부산물은 처리 속도를 엄청나게 올릴 수 있다는 것이다.

카메라 설정의 빠른 추적

우리가 오래된 카메라 시스템을 사용했기 때문에 U23D는 3일의 준비가 필요했다. 후속 프로젝트는 2일의 준비로 줄일 수 있었다. 이제 우리는 전동 시스템과 영상 처리기를 사용하기 때문에, 야외촬영장에서 장비를 작동시킬 수 있으며, 한 시간 미만으로, 일반적으로 30분 안에 촬영을 준비할 수 있다. 이것은 주류 산업의 일부가 되는데 도움이 되고 있다. 우리는 이제 거의 동일한 시간에, 아니면 2D 카메라보다 몇 분 더 걸려서 3D 카메라를 설정할 수 있다. 거기에 도달하는 방법은 과거에 수동으로 할 때 너무나 많은 시간이 걸렸던 모든 것, 특히 엄청난 시간이 걸렸던 정렬을 자동화하는 것이었다.

방송을 해결할 수 있도록 카메라가 자체 정렬한다는 사실은 영화 제작 일정에서 아주 중요한 일이다. 카메라는 하루에 40개나 50개의 설정을 촬영할 수 있으며, 우리는 신경 쓰지 않는다. 장치는 2D만큼 빠르다.

줌 렌즈 길들이기

3D를 실용적인 매체로 만드는 것에서, 우리는 실시간 텔레비전에 필요한 줌 렌즈도 고려해야 했다. 라이브 TV 방송은 줌 렌즈를 사용하며, 당신이 3D를 촬영하고 있기 때문에 이벤트를 촬영하는 방법의 전체 패러다임을 변경할 것인지는 갑자기 결정할 수는 없다. 그리고 당신은 확실히 그러한 클로즈업을 얻기 위한 카메라를 가지고 운동장 한 가운데로 들어갈 수는 없다. 따라서 줌 렌즈는 우리의 다음 작업이었다. 결국, 우리의 첫 번째 일이 사람을 다치지 않게 하는 것이라면, 우리의 두 번째 일은 창조성을 활성화하는 것이다. 그리고 이것을 하기 위해 우리는 감독에게 전체 범위의 도구를 제공해야 한다.

일단 기본적인 영상 처리를 해결하면, 줌 렌즈 만드는 작업은 최고의 가장 중요한 작업이 된다. 전자적으로 박스에서 영상을 이동시키는 것과는 대조적으로, 우리는 물리적으로 장치가 줌의 반대가 되도록 조정하여 이 작업을 해냈다. 나는 여전히 이 방법의 신봉자이다. 내가 영화 스크린을 위한 데이터를 촬영할 때, 내가 원하는 마지막의 것은 내 데이터의 크기를 재조정하여 정렬할 수 있는 기능을 갖는 전자 박스를 갖는 것이었다. 당시, 우리는 1920×1080을 촬영하였으며 그리고 나서 영화 개봉을 위해 최대 4000까지 부풀렸다. 그것은 엄청난 증가였다. 확대나 해상도 상승은 시각 효과에 있어 최악이 될 수 있다.

이러한 이유로, 우리는 영상 처리 능력을 가졌음에도 불구하고, 전자적으로 이것을 하지 않기로 결정했다. 대신, 우리는 가능한 높은 품질의 영상을 기록할 수 있도록 리그에서 물리적으로 그것을 하기로 결정했다. 그것이 우리가 줌 렌즈를 추적하는 기능으로 생각해낸 방법이고, 그것은 필수적이었다.

색상 균형 잡기

우리는 세 가지 원색이 아니라 매우 정교한 9×9 컬러 매트릭스를 통해 색상 균형 잡기를 수행했다. 이 때문에, 우리는 빔-스플리터에서 발생할 수 있는 모든 수차(aberration)를 제거할 수 있었다. 그때 깊이 단서의 일부를 잃게 되기 때문에 모두를 제거할 수 없다는 것을 명심하도록 하자. 수차의 일부를 유지하는 것이 중요한데, 그들은 깊이 인지에 필수적이기 때문이다. 깊이는 단지 주시점과 광축 간격을 기반으로 판단되지 않고 다른 것들에서도 판단된다. 색상, 모양, 작아지는 크기, 폐쇄, 그리고 기타 등등(2D에는 약 20개에서 30개의 깊이 요인이 있다)이다. 우리는 핵심 깊이 요인의 어느 것도 잃고 싶지 않아서 거의 모든 기하학적 수차 제거에 집중하였다.
우리가 처리하고 싶었던 또 다른 문제는 하나의 카메라 앞에 누군가가 들어오고 다른 카메라에는 들어오지 않는 가능성이었다. 이것을 방지하기 위해, 우리는 끊임없이 스테레오 영상을 살펴볼 수 있는 시스템을 구축하였다. 누군가 하나의 시각을 가리고 다른 한쪽을 가리지 않는 경우와 같이, 영상이 보는 것을 손상시킬 수 있는 것의 종류인 경우, 영상 처리기는 한 프레임의 공간 내에서 그것을 감지하고 차단이 끝날 때까지 좋은 시각을 위해 2D 버전으로 전환될 것이다. 그리고 나서 그것은 3D로 다시 전환된다. 대부분의 경우, 당신은 전환을 감지할 수 없는데, 그것은 좋은 시각을 선택하고 그것에 대해 약간의 상쇄를 하고 스크린에서 곧바로 보여주기 때문이다. 그리고 그것은 모두 실시간으로 일어나고 있다.

복수 카메라에 대한 필요성 처리하기

열대의 카메라 방송에는 10명의 컨버전스 풀러가 있다. 이것은 이들 컨버전스 풀러가 앉기 위한 열개의 자리가 필요하며, 그들이 머물기 위한 열개의 호텔방, 열 장의 왕복 항공권이 필요하다는 것을 의미한다. 즉, 그것은 돈이 많이 든다. 그래서 개발된 소프트웨어의 다음 작품은 복수의 카메라가 일치하는 깊이를 촬영할 수 있게 하는 것을 목표로 삼았다. 이것은 베타 버전이지만, 여전히 도움이 된다. 신속하게 대화 장면에 이르러야 하기 때문에 스턴트 촬영 또는 두개 또는 세 개의 스턴트 촬영으로 인해 세트장에서 지금 다섯 개나 여섯 개의 카메라를 가지고 촬영하고 있다면, 카메라는 자동적으로 일치된다.

3D 중계차

2D OB 트럭과 3D OB 트럭 사이에 차이가 많은 것은 아니다. 둘 다 그래픽, 오디오, 엔지니어링과 리코딩을 할 수 있는 시설, 감독, 그래픽 작업자와 제작자가 앉을 수 있는 제작 구역을 가지고 있다. 장비와 모니터링의 관점에서 몇 가지 차이가 있지만, 차이보다는 유사성이 더 많다. 그리고 실제 더 기본으로 들어가면, 유일한 차이는 3D 모니터이다(그것에 대해서는 잠시 후에 이야기할 것이다).

3D 트럭을 만들기 위해서 우리가 할 일은 카메라의 스테레오 관점을 가질 수 있도록 영상 처리기를 추가하고, 그래픽 오프셋을 할 수 있도록 추가 영상 프로세싱 채널을 추가하는 것이었다. 제어 가능한 오프셋을 통해 우리는 2D 카메라에서 장면을 도용해 올 수 있다. 더 많은 영상 컨트롤러를 가지고 즉시 재생을 하는 사람들은 그들이 3D로 보고 있는 것의 빠른 미리보기를 받을 수 있다. 그들이 편집을 하기 때문에 그들이 함께 편집하고 있다는 것을 결코 모르게 되며, 내용의 급격한 깊이 변화를 원하지 않는다. 최종적으로 모니터링을 제외하고는 그렇게 다르지 않다.

모니터링은 일부 특정 사람들에게 중요하다. 첫째, 기술 모니터를 보는 컨버전스 풀러에게 중요하다. 우리의 방송에서, 그들은 디퍼런스 보기(difference view)라고도 알려진 가감 보기(subtractive view)를 하고 있다. 그 위로는 라인 컷(line cut)을 보여주는 3D 모니터가 있는데, 이것은 장면이 실제로 스테레오에서 어떻게 보이는지를 확인하는 가장 신뢰할 수 있는 모니터이다.

둘째, 재생을 담당하는 기술자들은 그들이 재생 패키지를 볼 수 있도록 모니터가 있어야 한다. 예를 들어 축구에서, 재생은 종종 플레이가 끝난 지 몇 초 내로 만들어지고 준비된 패키지를 갖게 된다. 그것은 얼마나 빨리 장비가 이러한 빠른 편집을 구축하는가이다. 당연히, 문제가 있는 방송을 피하기 위해 재생 담당 기술자들이 3D에서 한 번에 볼 수 있다면 더 나을 것이다.

셋째, 감독은 3D에서 프로그램과 미리보기를 할 수 있어야 한다(그는 3D로 모든 작은 카메라 모니터를 볼 필요가 없다. 그는 그들이 어떻게 보이는지를 이해할 수 있다).

매체를 이용한 실험

3D가 확실하게 사람의 눈을 다치게 하지 않도록 하는 방법을 배운 후, 우리는 "너무나 많은 발산(divergence)은 얼마 만큼인가?" 그리고 "너무 많은 음의 시차는 얼마 만큼인가?"와 같은 질문을 하면서 많은 실험을 하기 시작했다. 초기에, 우리는 테스트를 많이 촬영하고 많은 자료를 조사했다. 또한 다른 사람들이 한 연구에도 주목했다. 궁극적으로, 좋은 3D를 만드는 것에 대한 우리 자신만의 개인 공식을 찾아냈다. 특히, 편안한 깊이 총량을 확립하고 음의 시차와 양의 시차의 측면에서 깊이 총량을 배치할 위치를 결정하였다. 이것은 우리 촬영의 핵심이 되었다.

이론 3: 4%의 깊이 총량

우리는 불과 2%의 음의 시차와 불과 2%의 양의 시차에 대한 일반적인 원리를 발견하였다. 물론 장면에 따라 이 규칙에 예외는 항상 있다. 하지만 대부분, 우리는 4%의 깊이 총량을 가지고 작업하며, 음보다는 양으로 좀 더 유지하려고 노력한다.

우리는 멀티카메라 제작을 하고 있는 다음 기술로 옮겨갔다. 여기서 우리는 장편 영화와 방송 사이에 대해 여러모로 검토를 하지만, 또 다시 장편 영화는 방송을 위해 우리가 만들었던 모든 기능으로부터 혜택을 받게 된다.

비창조적인 팀원 해고하기

스테레오그래퍼는 창조적인 일을 가지고 있지만, 컨버전스 풀러의 작업은 초점을 당기는 것과 같이 매우 기계적이다. 당신이 적중했거나 아닐 수도 있다. 초점을 어디에 둘지를 결정하는 영화 촬영 감독에게는 창조성이 있지만, 그것은 초점을 유지하기 위해 손잡이를 돌리는 실제 행위와는 별개의 것이다.

당신이 규칙을 알고 있다면[예를 들어, 각각의 장면이, 가장자리 위반 (edge violation)이 없는, 가장 먼 대상에서 2%가 배경 시차이고, 가장 가까운 대상에서 2%가 음의 시차이다], 광축 간격과 주시점 제어를 가지고 그 자리를 차지하기 위해 스테레오에 대해 알 필요는 전혀 없다. 당신은 누구나, 심지어 컨트롤러를 익힌 적이 없는 사람도 데리고 올 수 있다. 그들은 축간 주시점을 설정할 수 있다. 그들은 단지 단어를 읽고, 숫자판을 익히고, 손잡이로 곧장 가서 설정을 한다. 그들은 그것을 이해할 때까지 약간이 조작을 해야 할 것이다. 그들이 그러한 측정 가능한 설정을 가질 때야 비로소 축간 주시점 설정을 균형 잡게 된다.

당신이 하고 있는 모든 것이 측정된 설정을 일치시키는 것이라면 영상 인식 기술이 이들 카메라를 조정하지 못할 이유는 없다. 스테레오그래퍼의 일에 대해서도 어느 정도 똑같다. 스테레오그래퍼가 공간의 깊이를 정의하고 그의 요구를 충족시키기 위해 소프트웨어가 카메라를 조정하도록 하지 못할 이유는 없다.

결국, 나는 기계와 영상 처리가 모든 비창조적인 작업을 대신할 것이라고 믿는다. 하지만 기계는 창조적인 것을 할 수 없다. 사람만이 그렇게 할 수 있다. 그리고 3D는 창조적인 매체로 남아야 한다.

스테레오그래퍼의 종말

스테레오그래퍼의 작업은 현재 매우 필수적이고 중요하지만, 이것은 아마도 시간이 지남에 따라 그렇지 않게 될 것이다. 스테레오그래피가 시각적 스토리텔링의 일부이고, 시각적 스토리텔링을 하는 것은 실제로 영화 촬영 감독의 일이기 때문이다. 즉, DP가 스테레오그래피에 대해 정통하게 되는 순간, 그들은 스테레오그래퍼가 되고 싶을 것이다.

모든 여타의 시각적 창조적 결정을 내리는 사람의 손에 결정권을 주면 깊이는 창조적으로 익숙해지기 시작하고, 스테레오그래퍼의 역할은 어떤 시점에서 변경될 것이라는 것은 피할 수 없을 것이다.

3D 모니터링

데일리를 볼 수 있을 때인 촬영 후 하루나 이틀까지 결코 아무것도 볼 수 없기 때문에, 스테레오를 촬영하는 것은 부두(voodoo)와 블랙 매직으로 간주되기도 했다. 카메라 설정을 확립하는 것은 거의 일부에게만 알려져 있는 마술 계산을 포함한 마법이었다. 누군가가 도구의 사용법 즉, 그것이 50/50 혼합인지, 플리커 뷰(flicker view)인지, 체크보드인지, 가감방식인지 알고 있다면, 거의 모든 사람은 좋은 스테레오 장면을 만들 수 있다.

분명히 말하지만, 당신이 3D 안경을 써야 한다는 것을 아니다. 당신의 3D 모니터는 가장 신용할 수 있다는 것이다. 내 생각에 3D 장면을 얻기 위한 최선의 방법은 안경을 쓰지 않고, 대신에 내가 촬영한 음과 양의 영상 시차를 보는 것이다. 이 데이터는 사람의 눈이 피곤한지 아닌 지와는 무관하기 때문에, 피로 변수를 완전히 제거할 수 있다. 3D 장면이 사람들을 아프게 하는 경우, 제일 먼저 할 일은 안경을 벗고 장면 요소를 보는 것이다. 안경을 쓰고는 이러한 것들을 볼 수 없다.

정말로, 나는 스테레오를 촬영할 때 안경을 써야 한다는 미신을 폭로하고 싶다. 실제로는 그 반대가 사실이라고 생각한다.
그러나 우리가 다양한 방송을 촬영할 때 보면 모두가 안경을 쓰고 있다. 하지만 이러한 경우, 우리는 실제로 2D 모니터를 보고 있는 것이며, 신뢰할 수 있는 3D 모니터와 일반 2D 사이의 전환을 쉽게 할 수 있도록 안경을 쓰고 있는 것이다. 당신은 그러한 신뢰할 수 있는 3D 모니터링을 포기하고 3D 촬영을 할 수 있지만, 영상 처리기에서 오는 화면을 포기해서는 안 된다. 되풀이하자면, 안경은 신뢰를 위한 것이다. 3D를 촬영하는 가장 좋은 방법은 안경을 쓰지 않고 당신이 캡처한 두개의 영상을 보고 그들이 일관적이고, 편안하고 사람들을 다치게 하지 않도록 영상을 조정하는 것이다. 대부분의 사람들은 3D 영상을 볼 때 많은 세부 사항을 놓치는데, 때때로 깊이를 보는 신기함이 화면에서 관객들이 어떠한 문제를 못 보도록 하기 때문이다. 하지만 당신이 문제를 지적하면, 문제는 명확해진다. 그리고 어쨌든, 관객은 15분 후에 효과를 **느낄** 수 있을 것이다. 이러한 이유로, 사람들이 무엇을 보고 있는 것인지를 알 수 있도록 고객들을 교육시키는 것을 약간은 찬성한다. 나는 교육 중에 잘못된 3D의 모든 것을 보여주는 부분을 항상 할애하며, 그 부분은 약 5분 정도가 된다. 영상을 측정하는 방법과 그것을 보는 방법을 당신이 알게 되는 순간 영상의 문제가 무엇인지 이해하는 것은 복잡하지 않다.

수렴 촬영과 평행 촬영

나는 언제나 수렴 촬영을 했는데 그것은 배경을 볼 수 있도록 해주기 때문이다. 물론 배경이 너무 발산하는 위험도 있지만, 배경 시차와 전경 시차가 무엇인지 정확하게 보면서 주의하여 촬영하는 한 이것을 피할 수 있다. 내 생각에, 수렴 촬영이 평행 촬영보다 더 나은 깊이 총량을 제공한다.
최근 장편에서, 나는 Sony Pictures의 Rob Engle과 평행 카메라로 촬영된 **캐러비안의 해적** 4에 대한 오랜 논의를 하였고, 영상이 환상적이라는 소리를 들었다. 평행 촬영 과정은 수렴 촬영 과정과 실제 거의 동일하다. 후반 작업에서 무한 지점을 조정만 하면 된다. 하지만, 그러나 나는 당신에게 완전하게 동일한 결과를 가져올 것이라고는 생각하지는 않는다. Rob과 나는 의견이 달랐기 때문에, 우리는 수렴 촬영 방식에서만 작동할 것이라고 생각하는 일련의 테스트 장면을 촬영하고, 그는 평행에서만 작동한다고 그가 생각하는 일부 장면을 추가할 것이다. 그리고 우리는 어떤 이론이 실제로 잘 작동하는지 보려고 한다.

나는 실제로 답을 모르지만, 이것은 알고 있다. 당신이 극장에서 영화를 볼 때, 그들이 후반 작업에서 수렴되었다고 하더라도 당신은 수렴된 영상을 찾게 된다. 따라서 당신이 왜 세트장에서 수렴을 하고, 후반 작업에서 시간 낭비인 것을 없애고 싶지 않겠는가? 그런데, 그것의 대부분은 그것이 실사 촬영 영화인지 특수 효과 영화인지에 따라 달라진다. 당신이 어쨌든 몇 주 동안 컴퓨터에서 재촬영할 것이라면, 후반 작업에서 수렴할 수 있다. 하지만 실사에서는, 당신이 세트장에서 수렴을 했다면 후반 작업에서 며칠이 걸릴 수도 있다.

당신은 영상을 날려 버릴 필요가 없고, 데이터를 위태롭게 할 필요도 없고, 많은 시간을 낭비하지 않아도 된다. 후반 작업에서 3D를 조정하는데 약간의 시간을 보내고 싶을 것이고, 확실히 편집에서 깊이 균형을 잡아야 하지만, 적어도 작업의 80%에서 85%까지 완료된 상태에서 촬영을 완료한 것이다.

하지만 다시 특수 효과 영화에서, 당신은 어쨌든 모든 장면을 개방하고 있으므로 평행 촬영은 효과 과정을 단순화하는 일관성을 제공한다. 궁극적으로, 결국 수렴된 영화를 얻게 되지만, 적어도 특수 효과 팀에게 일할 수 있는 약간의 여지를 제공하게 된다.

현재 사용할 수 있는 새로운 도구를 가지고, 우리는 실제 현장에서 3D를 볼 수 있다. 경우에 따라, 당신이 병렬 촬영을 할 때 이것은 깊이를 손상시킬 수 있다. 실제로 모든 사람들은 3D 모니터를 쳐다보고 있으며, 당신이 병렬 촬영을 할 때 모든 것은 음의 시차가 된다. 당신은 모두 모니터를 쳐다보면서 "왜 이 장면은 편안하지 않은가?" 라고 물어보는 감독과 고객을 만나게 될 것이다. 따라서 스테레오그래퍼는 장면이 좀 더 편안해질 수 있도록 약간의 조정을 할 것이다. 당신이 병렬 촬영을 했기 때문에, 그가 하는 모든 것은 깊이를 압축하는 광축 간격을 좁히는 것이다. 모두가 장면이 불편하거나 좋아 보이지 않는다고 말하면 당신은 깊이를 손상시키게 될 것이다.

깊이 전환

U23D 쇼 작업을 할 때, 감독은 많은 삭제와 많은 다양한 요소의 겹치기를 원했다. 그러나 우리가 촬영한 자료를 사용하여 여러 요소의 겹치기를 하면 시각적 혼란을 야기할 수 있었다. 따라서 우리는 빠르게 재 수렴할 수 있도록 해주는 도구를 만들었다. 오늘날, 대부분의 도구를 그러한 기능을 한다. 하지만 그 도구는 우리의 제작 도구의 일부가 될 만큼 신속하게 재 수렴을 하게 해 준다.

우리가 하고 싶은 것은, 클로즈업은 더 음의 시차가 되는 반면 와이드 샷은 더 양의 시차를 가질 수 있도록 장면을 재 수렴하는 것이었다. 즉 우리는 와이드 샷의 영상이 더 멀리 있고 클로즈업이 더 가까이 있기를 원했다. 이것은 이 영화에서, 특히 겹치기의 관점에서 우리가 했던 일반적인 재 균형 작업이었다. 하지만, 모든 세트의 측면에서, 이 새로운 도구가 제공한 가장 중요한 것은 편집에서 이러한 조정을 할 수 있는 기회였다.

우리가 사용하는 기술은 모니터를 플리커 모드에 넣고 나서 두개의 장면을 덮어씌우는 것이었다. 우리는 움직임이 얼마나 큰가에 따라, 마지막 1초나 1과 1/2초에서 돌아가는 장면의 깊이 조절을 시작할 수 있도록 하기 위해 24프레임에서 36 프레임까지의 공간에 걸쳐 장면을 조정했다. 이것은 어느 중간 지점에서 수신되는 장면을 만날 것이고, 수신된 장면은 영화 제작자가 의도한 곳으로 돌아갈 때까지 조절을 계속한다. 우리는 기본적으로 약 2초 안에 매끄러운 깊이 전환을 하고 있었다. 그리고 급격한 변화가 많이 없다면, 삭제 전이나 후의 1초에서 무엇이든지 편집을 할 수 있다. 와이드 샷에서 와이드 샷으로의 문제가 없다면, 전환은 훨씬 더 빠를 수 있다.

빠른 편집이 도움이 되었다. 깊이가 비약되지 않고 빠른 삭제가 도움이 된다. 깊이를 건너뛸 수는 없다. 그것은 너무나 쉬워서 그것에 대해서는 많이 이야기할 게 없다. 이 일은 믿을 수 없이 쉬운 일이다.

창조적인 스테레오스코피: 깊이 촬영의 예술

당신의 카메라맨 팔레트에 깊이 올려놓기

촬영감독으로서, 나는 스토리텔링을 돕기 위해 모양, 색상, 질감 등의 많은 도구들을 사용한다. 그리고 3D는 또 다른 예이다. 영화의 디자인은 스토리에 커다란 영향을 줄 수 있다. 무슨 일이 일어날 것이라고 관객들이 두려워하기를 원한다면, 당신이 정확하게 이를 위해 사용할 수 있는 시각적 단서가 있다. 이것은 영화 제작자의 기술의 일환이다. 예를 들어, 특정 배경 모양을 특정 인물과 결합시켰다고 해보자. 하나의 인물은 항상 자신의 장면에서 직각의 물체를 가지고 있는 반면, 다른 인물은 둥근 물체만 가지고 있다. 그 인물들 중 한명에게 끔찍한 무엇가가 발생할 것이라고 관객들에게 느끼게 하고 싶다면, 둥근 물체를 엉뚱한 인물과 결합하거나 그 반대가 되도록 하기 위해 배경 물체를 바꾸자. 관객들은 특별히 무엇이 다른지 깨닫지 못하지만, 그들은 무언가 잘못됐다는 느낌을 **갖게 될** 것이다. 동일한 기술을 카메라 촬영에 사용할 수 있다. 예를 들어, 한 인물을 머리에서 허리까지 찍기 위해 상당한 와이드 샷(30

mm)을 언제나 사용하고 있다면, 그것을 60mm 또는 80mm 또는 90mm로 바꾸자. 당신이 여전히 인물의 머리에서 허리까지 찍고 있다고 하더라도 관객들은 무언가가 잘못됐다는 것을 알게 된다. 마지막으로, 최후의 예는 색상이다. 인물과 관련된 색상을 바꾼다면, 관객들을 그것을 알아챌 것이다.

이제 3D가 추가하는 더욱 강력한 요소인 깊이를 상상해 보자. 인물이 갑자기 인식될 때까지 하나의 인물에 매우 얕은 깊이를 항상 연계시키고 있는 경우, 그리고 갑자기 모든 세상이 그의 뒤로 열린다면? 우리가 양의 시차를 갖는 인물만을 볼 수 있다면? 우리가 이 인물을 보게 되는 때와 상관없이, 그것이 단독 샷이라고 하더라도, 그것은 수렴 평면에는 어울리지 않는다. 그것은 스크린에서 2~3피트 뒤쪽으로 앉아 있고, 항상 양의 시차를 가지고 있다. 그리고 갑자기 이 인물이 활기를 띤다. 그는 이해력을 가지고 있다. 그는 무엇인가를 깨닫는다. 인물의 변화가 생기고, 이제 갑자기 이 인물은 항상 약간의 음의 시차 속에 있다. 관객은 절대적으로 그것을 느끼게 된다.

우리는 몇 가지 방법으로 깊이를 사용할 수 있다. 예를 들어, 상충하는 2명의 인물이 있다고 하자. 이것을 상징화하기 위해, 당신은 그들 사이에 거대한 깊이의 격차를 만들 수 있다. 하나의 인물을 택해서 그를 내내 2%로 밀어 넣고, 다른 인물은 2% 앞쪽에 위치하는 음의 시차를 갖게 할 수 있다. 그리고 나서 그들이 화해를 하면, 두 인물을 스크린 평면의 동일한 공간에 함께 넣으면서, 4% 깊이의 거대한 격차로 클로즈업 할 수 있다. 배경은 음과 양으로 가게하고, 전경 개체는 음으로 가게 한다. 여전히 일관된 깊이를 유지하고 있지만, 그들은 근본적으로 관객들과 다른 공간적 관계에 있기 이전인 반면, 인물들은 이제 유사한 공간을 차지하고 있다.

당신은 18mm 렌즈에서 모든 것을 촬영하기로 선택하고 나서 갑자기 60mm 렌즈로 이동할 수도 있다. 깊이 설정을 하려면 어떻게 해야 할까? 깊이 설정을 위해 무엇을 해야 하는지를 알지만, 스토리를 이야기하기 위해 그것을 사용할 수 있을까? 가능할 것 같다. 그 18mm에서 깊이의 전체 세계를 갖는 반면, 60mm에서는 깊이를 많이 압축해야 한다. 하지만 인물의 영상 크기는 변하지 않는다. 따라서 당신이 영상 크기와 시야를 섞어서 인물을 가두지 않고 그것을 좁히면, 공간도 클로즈업이 될 것이다. 그것도 나름 괜찮다.

스토리를 분석하고 이야기하는 것을 돕기 위해, 또는 관객이 느끼고, 예상이 들어나도록 하는 것을 돕기 위해 깊이를 사용할 수 있는 방법이 많이 있다. 당신이 이미 사용하고 있는 도구에 깊이를 추가하여 앞으로 일어날 일들을 예고할 수 있다.

공동적인 깊이 창조

깊이를 창조적으로 사용하는 것은 시각 디자인의 일부이다. 그리고 시각 디자인이 정확히 고급은 아니지만, 그러한 생각의 수준까지 이어지는 프로젝트는 많지 않다. 세트 디자이너, 예술 감독과 감독의 깊은 협력이 필요하다. 모두가 동의해야 한다. 세트 디자이너는 신중하게 고려하고, 신중하게 보여줘야 하는 영화의 스토리보드 단계로 내내 돌아가는 깊이 설정을 달성하게 할 수 있는 세트를 제공해야 한다. 당신이 이러한 깊이 설정을 얻을 수 있도록 모두가 동의해야 한다. 의상과 예술 부서조차도 색상 팔레트가 제어되도록 협조해야 한다. 제작 디자이너는 당신이 배경에서 너무 많은 양의 시차를 피할 수 있도록 닫힌 벽을 갖고 있는 세트를 제공해야 한다. 또한, 당신이 스토리텔링에서 어디에 있는지에 따라 프레밍 요소로써 사용하기 위한 가까운 것과 먼 것 모두를 가질 수 있도록 매우 깊은 공간을 갖는 또 다른 영역도 당신에게 제공해야 한다.

깊은 것이 하나도 없는 세트를 가지고 있다면, 거기에는 움직일 수 있는 여지가 많이 없기 때문에 당신의 스토리를 말하기 위해 깊이를 사용하는 것이 매우 어렵다. 하지만 여전히 일부는 남아 있다.

제작하는 동안에는 시간이 지남에 따라 변화하는 색상 팔레트와 옷장에 대해 전반적인 논의하도록 하자. 지속적으로 깊이를 겪고 토론하자. 그리고 당신의 다양한 장인들과 디자이너들이 그러한 깊이 변화와 균형을 잡는데 그들의 요소가 도움이 될 수 있도록 하기 위해, 당신이 깊이 사용을 통해 전달하려고 하는 것을 모두가 잘 이해하고 있는지 확인하도록 하자.

조언

3D의 언어는 아직 개발되지 않은 언어이다. 우리가 여기서 논의한 모든 것은 아직 이론 단계이다. 나는 3D 상징을 가지고 약간의 실험을 해봤지만, 그것은 대부분의 프로젝트가 감당할 수 없는 엄청난 준비 시간이 든다. 그럼에도 불구하고, 우리는 발생한 모든 프로젝트에서 그것을 조금씩 얻고 있다. 그리고 촬영 감독들이 이 언어를 배우기 시작하면, 그것은 제 2의 천성이 되기 때문에 그것에 대해 점점 이해하게 될 것이다. 그것은 미리 보기에서 가장 흥미로운 것이다. 그것은 박스의 대단히 다른 도구이며 영화 언어가 무엇인지를 우리로 하여금 재 정의하게 한다.

라이브 3D TV에서의 창조적인 스테레오스코피

3D의 실제 놀라운 장면은 다양한 층의 깊이를 통해 보이는 것들이다. 경기장, 선수, 그리고 그들 뒤에 있는 팬들이다. 덜 강렬한 장면은 하이 50 카메라와 같이 높은 오버헤드 카메라를 가지고 찍은 것이다. 카메라는 본질적으로 평평한 필드를 본다.

와우(wow) 장면과 스토리텔링 장면 혼합하기

우리가 처음으로 배운 것들 중 하나는 게임의 스토리를 이야기하기 위한 장면이 필요하기 때문에, 대단한 와우 장면이 아닌 그러한 장면들로 가야 한다는 것이다. 모든 장면이 현장 수준에서 촬영되는 경우 팬들이 동작을 따라가는 것은 매우 어렵다. 3D 와우 요소는 머지않아 실제로 게임의 스토리를 이야기하기 위한 보조가 되어야 한다는 것이 명확해 진다.

우리는 3D가 되는 소수의 카메라를 창의적으로 사용한다. George Lucas Editing and Film School에서, 나는 모든 자신의 정보를 전달할 때까지 장면을 유지해야 한다고 배웠다. 그것이 당신에게 정보 제공을 완료하면, 다음 장면이 자신의 모든 정보 제공이 끝날 때까지 다음 장면까지 삭제한다. 즉, 당신은 단지 관객에게 전달되어야 하는 장면 안에 포함된 정보를 위해 충분히 길게 장면을 유지하면 된다. 그것이 사실이라면 그리고 이론이 받쳐주고 있다면 당신은 3D가 모든 장면에서 더 많은 정보를 가져야 한다는 것을 고려해야 하고, 따라서 당신은 장면을 길게 유지해야 한다. 이것은 왜 더딘 삭제(slow cut)가 더 효과적인지를 설명해 준다. 장면에 더 많은 정보가 있다면, 사람들은 장면을 보고 그 정보를 탐색할 수 있는 기회를 갖고 싶어 한다.

3D에서는 삭제가 적기 때문에, 당신은 많은 카메라가 필요하지 않다. 우리가 평소에 사용하는 카메라의 절반만을 가지고 이러한 큰 스포츠 이벤트를 보여주는 것은 예산 때문이 아니다. 단지 필요가 없기 때문이다. 2D에서는, 게임의 흥분이 많은 고속 편집을 통해 종종 인공적으로 삽입된다. 3D에서는, 흥분이 장면 안에 내재되어 있어서, 동일한 흥미로운 메시지를 전달하기 위해 빠른 필름 편집을 할 필요가 없다. 편집 속도가 느리기 때문에, 소수의 카메라가 필요하다.

다음을 기억하자. 대단한 와우 장면을 얻는 것보다 게임의 스토리를 이야기하는 것이 더 중요하다. 즉, 3D에서 와우 장면과 게임의 스토리를 이야기하는 일반 장면 모두를 조합해야 한다.

일관된 깊이를 갖는 윈도우에서의 작업

라이브 3D를 촬영할 때, 당신은 후반 작업에서 무언가를 수정할 수 있는 기회가 없기 때문에, 절대적으로 일관된 깊이 윈도우에서 작업해야 한다. 그리고 모든 카메라 간의 깊이 윈도우에 대한 균형을 잡아야 한다. 화면 내의 개체는 컷-투-컷(cut-to-cut) 기준에서 대략적으로 동일한 깊이여야 한다.

미국 미식축구에서, 쿼터백이 사라져서 희미해 질 때, 그리고 당신이 다른 카메라로 바꾸려고 준비할 때, 그의 위치를 급격히 움직이지 않도록 하는 것이 정말로 중요하다. 사람들의 눈은 이미 그 장소에 수렴되어 있기 때문에, 편안한 전환을 위해 정확한 깊이 위치로 바꾸어야 한다. 텔레비전의 모든 전환은 편안해야한다. 모든 장면이 편안하고 다음 장면과 균형을 맞추도록 해야 한다. 가장 감탄스러운 3D를 사용할 수도 안할 수도 있다. 그러나 반대는 최악이다. 그것은 관객들을 아프게 할 것이다.

그것들은 라이브 3D 텔레비전의 기본이다. 다음 질문은 그것을 어떻게 창조적으로 사용하는가? 우리가 어떻게 스토리텔링을 할까, 멋진 슬로우 모션 재생을 어떻게 얻을까 그리고 시청자들이 실제로 3D 경험을 느낄 수 있도록 충분한 수의 그라운드 카메라를 어떻게 보여줄까? 이러한 질문은 여전히 조사 중에 있으며, 답변도 여전히 습득하는 중이다.

VINCE PACE

유명한 카메라맨이자 Fusion 3D로 알려진 세계에서 가장 진보된 3D 입체 시스템의 공동 발명가인 Vince Pace는 엔터테인먼트 경험을 재발견하는 노력을 선도하고 있다. 그는 우리 시대의 세계에서 가장 매혹적인 제작의 일부를 캡처 하는데 중요한 역할을 했다. 그의 경력은 BBC의 수상 시리즈인 Blue Planet의 카메라 과제의 지원부터 The Abyss를 위한 혁신적인 조명 기술 설계와 3마일 바다 밑에 있는 Bismarck의 갑판에서 영상을 가져온 것에 대해 Emmy 촬영 부분에 후보로 오른 것까지, 업계 내에서 많은 중요한 업적을 남기고 있다. 엔터테인먼트에 대한 그의 공헌은 자연사, 장편 영화, 스포츠 및 콘서트 분야에서 남아있다.

거의 10년 전, PACE Patrick Campbell의 사장인 아카데미 수상 감독 James Cameron과 PACE 설립자 Vince Pace는 엔터테인먼트 경험을 혁신하는 욕구를 공유하였다. 그들은 오늘날 Fusion 3D로 알려진, 이전에 만들어진 것 중에서 가장 최첨단의 스테레오스코픽 획득 시스템에 대한 혁신적인 기술을 개발하기 위해 세계 최초로 함께 착수하였다.

오늘날, PACE/Cameron의 Fusion 3D 시스템은 업계 대다수의 최고 감독들과 엔터테인먼트 기업의 신뢰를 받고 있다. PACE의 혁신적인 기술의 사용은 40억 달러 이상의 박스 오피스 수령액 성과를 냈고 Avatar; Tron; Legacy; Resident Evil; Afterlife; U23D; ESPN Masters, NBA Finals, All-Star Games; Journey to the center of the Earth; Hannah Montana/Miley Cyrus: Best of Both Worlds Concert Film; The Final Destination을 포함하는 주요 3D 벤치마크는 업계 내에서 인정을 받고 있다.
캘리포니아 Burbank에 기반을 둔 Vince Pace의 회사 PACE에는 주요 영화, 라이브 스포츠 및 엔터테인먼트 경험, 콘서트, 뮤직 비디오 등에 "혁신을 통한 상상력"을 투여하는 최고의 창조적이고 기술적인 팀이 근무하고 있다.

그림 6.9
Vince Pace, 설립자, CEO, PaceHD.

2D와 3D의 오래된 언어와 새로운 언어

Vince Pace

많은 사람들은 2D 영상을 볼 때 우리가 이전에는 깊이와 차원을 해석하지 않았으며, 3D가 그것을 변화시켰다는 가정을 하는 실수를 범한다. 그러나 실제로 카메라맨들은 2D 프레임을 통해 깊이 차원의 시야를 강화시켜주는 원근법과 기술을 오랫동안 다루어 왔다. 3D로의 새로운 모험은 그것이 스토리텔링, 구성, 조명이나 촬영이던 간에 2D에서 성공적인 작업을 해왔던 전문가들의 성장을 보여주고 있다. 그리고 3D 매체에서의 작업을 위한 추가적인 혜택에 대해 현재 배우고 있다.
3D에서 우리가 배워야 하는 것이 거의 완전히 새로운 언어는 아니다. 나는 3D가 단지 아티스트의 작품을 관객에게 전달하기 위한 더 나은 방법이라고 생각한다. 나의

경우, 2D 비즈니스에서 최고인 사람들 몇몇과 같이 3D를 작업하였던 경험이 있다. 그들이 메시지를 전달하고 자신의 창조적인 재능을 적용하는 능력에 3D가 추가할 수 있는 것을 포용하는 것을 보고 흥분되었던 기억이 난다. 또한, 우리가 하룻밤 사이에 깊이와 차원을 만들어내지 않았다는 것을 파악하는 것이 중요하다. 그것은 언제나 카메라맨들이 가지고 있는 도구 모음의 일부였다. 그것을 관객에게 보여주는 방식으로 현재 우리는 3D를 더 강조하고 있는 것뿐이다.

라이브 제작은 장편 제작과 동일한 문제를 보여준다. 주요 장편 제작에서, 그들은 너무나 많은 돈을 지출해서 어떤 것도 두 번 찍을 수 있는 두 번째 기회를 갖지 못한다. 라이브 제작에서는 처음에 제대로 장비를 작동시킬 수 있는 능력이 더 중요하다. 세상의 모든 돈을 가지고도 그 촬영을 다시 사들일 수는 없기 때문이다.

불행히도, 대부분의 제작은 단순히 카메라보다 제작 시스템에 더 많은 것이 있다는 것을 경험에 의해 깨닫는다. 관여된 창조적인 전문가들도 시스템의 일부이다. 카메라맨, AC, 편집부서, 이동 장비 회사, 그리고 많은 여타의 것들이 있다. 이러한 이유로, 3D의 강점과 성장은 2D의 이면에서 시작될 것이다. 2D에서 잘 했던 사람들은 3D에서도 잘 할 수 있는 주요 후보이다. 완전히 새로운 일련의 규칙이나 완전히 새로운 사람들과 새 출발을 할 이유는 없다. 마찬가지로, Discovery나 ESPN 같은 회사들은 새롭거나 상이한 플레이어를 게임에 추가하는 것과는 대조적으로, 이러한 새로운 콘텐츠의 채널이나 스트림을 만들 수 있는 완벽한 회사들이다.

물론, 2D와 3D 사이에는 많은 차이점이 있다. 2D에서 간단한 렌즈 변경으로 해결되는 것이 3D에서는 미러 장치, 사이드-바이-사이드 장치, 양안 거리, 그리고 기타 등등이 연계된 전체적인 구성이 변경된다. 구성의 복잡성과 다양성은 3D에서 훨씬 더 크며, 미래에 우리는 제작의 특정 요구에 도움을 제공하는 더 많은 다양한 구성을 보게 될 것이다. 우리는 카메라맨이 요구하는 만큼의 수많은 상이한 구성과 다양성을 도입하는데 집중할 것이다. 그것은 모두 빔-스플리터와 사이드-바이-사이드 장치에서 시작하였지만, 곧 우리는 안테나, 케이블 카메라, 축구 경기장의 휴대 장비, 경기장에 걸쳐진 스카이캠(sky cam), 슬로우 모션 카메라, 500mm 롱 렌즈와 로봇공학을 기반으로 한 카메라를 갖게 될 것이다.

2D에서 성공했던 것은 3D에서도 성공할 것이다. 영상 품질은 여전히 문제가 된다. 3D는 우리가 더 이상 품질에 대해 걱정하지 않아도 된다는 뜻은 아니다. 결국, 우리가 관객들에게 더 지불할 것을 요구할 것이라면, 우리가 전달하려는 것을 확인해야 한다. 이러한 솔루션의 일부는 장면을 선택하거나 누군가를 탈의실로 보낼 필요가 있

을 때인 B-roll 환경에서는 잘 작동하고 있다. 제작 대부분에 대한 진정한 핵심은 최고의 품질을 관객들에게 제공하기 위해 현장의 영상을 획득하는 제작카메라에 집중되어 있다.

라이브 3D TV 편집

3D의 비결은 균형이다. 즉, 당신이 한 카메라에서 다른 카메라로 바꿀 때, 관객들을 기쁘게 하기 위해 카메라의 균형을 맞추어야 한다. 사람들은 단지 하나의 특별한 영상이나 하나의 고립된 이벤트를 보는 것을 싫어한다. 성공적인 3D에 대한 진짜 비결은 그들이 모두 함께 작용할 때이다. 이것은 모든 악기가 서로를 보완해야 하는 오케스트라와 비슷하다. 그들을 맥락에서 끄집어내면, 붕괴될 수 있다.
라이브 제작에 있는 사람들을 위한 비결은 그것을 완전한 전체로 보는 것이다. 사람들은 너무나 자주 하나의 카메라나 3D의 3D 효과에 흥분하지만, 당신은 관객의 경험이 하이라이트 릴(highlight reel)이 되는 것을 원치 않는다. 이벤트를 전달하기 위해, 서로를 보완할 수 있는 카메라가 필요하다. 업계의 일부 젊은 사람들은 강한 3D 효과를 주는 하나의 카메라에 너무 흥분하고 있다.
우리는 3D의 효과를 넘어서 2D보다 그것이 더 나은 보기 경험이라는 사실에 들어서야 한다. 질문은 "당신은 2D 공연보다 더 재미있었나요?"이다. 그에 대한 대답이 "예"이면 당신은 이긴 것이다. 대답이 "이런 저런 것들이 벌어졌을 때 정말 멋있었어요. 하지만 나는 점수를 놓쳤고, 경기장의 동작을 이해하지 못했어요"이면, 당신은 제작이 어떠했는지에 있어서 진 것이다.

3D에서 카메라 위치

3D가 할 수 있는 모든 것은 카메라를 동작에 더 가깝게 한다는 오해가 있는데, 이것은 잘못된 것이다. 3D 경험은 여전히 스토리를 이야기해야 한다. 하지만 이것을 하려면, 당신은 특히 우수한 카메라 위치가 필요하다. 즉, 2D 카메라가 있는 장소가 될 것이다. 3D 카메라를 구석에 둘 수는 없다. 우리는 최상의 위치를 얻기 위해 그리고 2D 피드와 3D 피드를 제공하기 위해 아주 열심히 노력하고 있다. 2D가 실제로 이야기되고 있는 곳에 이르는 것이 핵심이다. 때로는 3D를 향상시키기 위해 낮은 카메라 위치를 갖는 것도 도움이 되지만, 전체 3D 제작 가치가 있는 곳은 아니다. 나는 농구장의 어딘가에 있는 것보다는 농구 경기에서의 핵심 카메라 위치, 경기장 카메라나 슬래시 카

메라(slash camera)를 갖는 전투에서 승리하고 싶으며, 그것이 내가 원하는 전부이다. 나는 시청자들이 2D에서 보고 싶어 하는 모든 것을 3D에서 전달하고 싶다.
우리가 학습하고 있는 것은 확실하다. 3D 촬영과 방송의 정의는 처음부터 있어왔다. 영화 제작자와 영화 제작소 사람들은 얼굴이 도출되는 과장 효과를 끝내고, 약간의 3D가 효과를 관객들이 좋아한다는 것을 깨닫기 시작했다. 3D의 능력은 사람들이 깨닫는 것보다 더 대단해서 그것을 많이 사용하지 않아야 한다. 앞으로 3D는 엔터테인먼트를 보는 더 즐거운 방법으로 진화 될 것이다. 사실, 목표는 당신이 첫 5분 동안 그것이 3D라는 것을 잊게 만드는 것이다. 내가 원하는 것은 3D 프로젝트에 뛰어들라는 것이다. 당신이 단지 3D만을 생각하고 있다면, 우선적으로 3D 제작을 시작하라. 고급스럽고 창조적인 사업이 될 것이다. 3D영상이 사업을 도와 줄 수 있는 매체라는 것을 이해하자. 그러나 모두가 3D로 촬영되어야 할 필요는 없다.

3D 모니터링

3D 모니터를 갖는 것이 감독에 대한 필수 요건은 아니다. 카메라맨이 3D 모니터를 갖는 것이 더 중요하다. 그렇긴 하지만, 3D 모니터를 가지고 작업하는 내가 본 모든 감독들은 연기와 배우를 더 잘 설정하기 위해 그들을 활용하였다. 그것은 중계차 내의 모든 사람들을 돕고 흥분하게 한다. 현재, 감독들은 모니터에 집중하는데 얼마나 많은 시간을 보냈을까? 그들은 해야 할 일이 너무나도 많다는 것을 신속하게 깨닫기 때문에, 어쩌면 불과 3%일 것이다. 모니터의 3D 영상은 촬영의 결과이지 창조적 결과가 아니다.
같은 이유로, 대형 스크린에서 데일리를 상영할 필요가 없다. 좋은 3D는 확장할 수 있다. 나는 이것을 아바타에서 직접 경험했다. 나의 45인치 모니터에서 좋아 보이면, 그것은 나의 30피트 스크린에서도 좋아 보일 것이라고 보장할 수 있다. “나는 결정을 위해 30피트 모니터에서 봐야겠어”라고 사람들이 말할 때, 내 생각에 그것은 변명에 불과하다.
그리고 그것은 스테레오스코피에 대한 경험의 문제가 아니다. 일반적으로 필수적인 시각적 단서를 통해 3D를 판단한다. 3D의 올바른 조명에 대한 시각적인 단서는 작은 모니터뿐 아니라 큰 스크린에서도 보인다. 되풀이 하면, 당신이 시각적 단서를 알고 있다면, 좋은 3D는 바로 확장 가능한 것이다.

3D 창조성 도전

Bernard Mendiburu

스테레오스코픽 예술의 3가지 도전

영화 예술의 스테레오스코픽 형태로의 전환, 진화, 성숙은 매우 매력적인 지적 도전이다. 3D가 지난 15년 동안 나의 꿈의 직업이었다면, 그것은 내가 3D 마니아이기 때문은 아니다. 사실은, 나는 마니아가 아니다. 3D가 나에게 엄청난 할리우드 일자리와 급여를 가져왔기 때문이 아니다. 나는 이 세월 동안 오직 2개의 애니메이션 장편제작에 참여하였다. 나의 경우, 3D는 기술, 예술, 과학이라는 세 가지 지적 도전이 완벽한 조화를 이루고 있기 때문에 일하기에 훌륭한 장소였다. 모든 파괴적인 급증이 그러하듯이, 3D는 수많은 외교적인 기술도 수반하고 있다. 그것은 이 책의 주제가 아닌 듯 싶다.

기술적

고품질의 3D를 제작하고 보여주는 것이 기술적 악몽이 되곤 했지만, 최근에는 단순한 디지털 도전이 되어 버렸다. 케이블 미로와 과열된 전원 공급 장치에 대한 중독성을 갖고 있는 괴짜들은 디지털 스테레오스코피의 초기에 즐거운 시간을 보냈다. 당신이 모션 컨트롤, 광학, 데이터 논쟁에 관심이 있거나 엔터테인먼트 산업의 기술 또는 엔지니어링 직업 분야에 종사하고 있다면, 일상적인 활동에서 그러한 3D 도전을 경험하고 있을 가능성이 아주 높다.

이 도전의 대부분은 곧, 즉 몇 년 내로 표준화된 도구와 절차, 지능형 장치, 그리고 일류 영상 분석기의 배치와 함께 우리를 지원할 것이다. 새로운 영상 수집 및 처리 시스템이 개발되어야 하는 새로운 분야는 언제나 발생할 것이다. 그럼에도 불구하고, 우리는 3D 경로가 결국 무엇이 될까에 대한 로드 맵을 가지고 있다.

예술적

우리가 직면하고 있는 두 번째 도전은 의도적으로 3D 효과를 만드는 방법을 배우는 것이다. 스테레오스코픽 3D 제작에 대한 입문 강의는 보통 우리가 시각 예술을 재발견하려고 하고 있다는 개념으로 끝난다. 나는 때때로 다음 같은 구문으로 그것을 표현한다. “우리는 예술 규칙을 재작성하는 놀라운 기회를 갖게 된 아티스트 세대입니다.” 예술 형태는 언제나 규칙을 따르길 거부하고 대신에 새로운 경로를 창조하는 급진적인 예술가에 의해 확장되었다. 그들 중 일부는 입체파 화가나 **누벨바그**(nouvelle vague) 감독처럼, 자신의 예술에 급격한 변화를 가져왔다. 스테레오스코픽 3D는 모든 엔터테인먼트 전문가를 그러한 위치에 놓을 수 있는 가능성을 가지고 있다. 3D의 가장 중요한 규칙에 대해 누구나 참여할 수 있는 논쟁이 있다. "해를 끼치지 말아라" 인가 아니면 "모든 규칙을 깨부숴라" 인가? 전자는 엔터테인먼트 업계의 확실한 진술이지만, 후자는 예술적 창조성의 초석이다. 제약은 창의력에 대한 최고의 원천이다. 스필버그가 상어를 가지고 있었다면, 우리는 **죠스**(Jaws)를 결코 보지 못했을 것이다.

과학적

세 번째 도전은 설명하기가 더 까다롭다. 심지어 정의하거나 이름을 붙이는 것도 어렵다. 그것은 우리 귀 사이의 두뇌 어딘가의 생물학적 실현에서, 시각에서 감정으로 우리가 스테레오스코픽 영상을 처리하는 방법과 관련되어 있다. 도전은 우리가 자연스러운 3D를 볼 때와 인공적인 스테레오스코픽 3D를 볼 때 뇌의 시각령에 있는 눈에서 무엇이 일어나고 있는지를 이해하는 것이다. 이러한 이해는 "3D에서의 인간 요소"라고 불려야 한다는 합의가 있다. 이것은 의학, 신경학, 검안, 인지, 진화, 심리학, 그리고 수많은 다른 자연 과학과 소프트 사이언스 영역을 포함한다. 공중 보건 대상이 아니기 때문에, 이것은 널리 지금까지 해결되지 않은 완전히 새로운 연구 분야이다. 의료 연구가나 자동차 디자이너처럼 고도로 선택되고 숙련된 전문가만이 자신의 일상생활에서 3D 디스플레이를 사용한다. 일반 사람 중에서, 전문 검안사들 만이 환자의 양안시(binocular vision)에 관심이 있었다. 그리고 3D에서 보는 것이 삶에 있어서 중요하지 않기 때문에, 스테레오를 못 보는 사람(stereo-blindness)은 치료를 받을 만한 질병으로 간주되지 않았다. 우리가 아는 한에서는, 지금까지 기록된 최초이자 유일한 입체시(stereopsis) 치료는 2007년의 "Stereo Sue"이다. 자세한 내용은 수전 배리의 '3차원의 기적' 이라는 책과 http://www.fixingmygaze.com/를 참조하면 된다. 우리는 스테레오스코픽 3D 영상에 관한 광범위한 소개가 미연방 의무감(U.S. Surgeon General)이나 유엔 세계 보건기구(WHO)에 의해 입법되어야 하는 공중 보건 위험이라는 것을 암시하는 것은 아니다. 예비 연구가 반대의 것을 가리키고 있기 때문에, 오히려 그 반대이다. S3D는 잠재적인 사시를 감지하고 치료하는데 실제로 도움이 되는 것으로 보인다. 우리가 처리해야 할 것은 단지 시각적 피로의 문제이다. 우리가 알아야 할 것은 시각적 편안함과 시각적 활동, 공간 위치와 내부 감정, 움직임과 반사 운동 사이의 상호 작용이다.

기술적 도전: 조정된 여러 쌍의 화면 생성

스테레오스코픽 기술 필수 요건은 간단하게 정착되어 있다. 매우 편안한 시차를 제공하는 여러 쌍의 영상을 생산하고 재생산하는 것이다. 이것은 모든 촬영 매개 변수, 카메라 내부와 외부의 제어를 통해 이루어진다. 후반 작업과 전시 과정은 관객의 눈에 이를 때까지 지속적으로 그러한 필수 요건을 동일하게 따라야 한다. 이것은 이 책의 주제이며, 당신이 참석할 수 있는 많은 3D 강연의 주제이다.

관찰하기에 흥미로운 것은 이러한 필수 요건과 3D TV 제작 스태프에 대한 창조성 간의 현재 관계이다. 지금까지, 500파운드 고릴라는 기술적인 도전이며, 창조적인 기회는 자신의 걱정을 표명하기 위한 기회를 기다리는 침팬지 같다. 스테레오그래퍼가 조율하는 모든 것은 3D TV에서 창조성의 중요함에 대해 들려줄 것이다. 세트장 또는 중계차에서 그의 존재는 그러한 기술적 도전을 달성한 자신의 역할을 통해 정당화된다. 그는 스테레오그래픽 창조성에 대한 그의 관심으로 인해 다른 제작자들로부터 선택될 것이다. 그리고 크레딧 롤(credit roll)에서의 그의 존재는 3D TV의 단순한 표준 품질에 의해 정당화된다.

창조성에 대한 기술적 제약 조건의 영향

MediaPro Research/Medialuso의 관점에서, 3D 채택의 과정을 설명하고자 합니다. 우리는 매주 또는 매일 제작을 위한 비용과 설정 시간에 대해 학문적으로 정확한 3D에 초점을 맞추고 있습니다. 지금까지 대부분의 3D 제작은 상업용 영화를 촬영하거나 영화를 만드는 것과 유사한 인프라와 준비가 필요했었습니다.

모든 필요한 교육, 관련된 많은 사람들에 대한 예술의 참신함, 그리고 사용하는 도구의 미숙함으로 인해 많은 문제가 3D 라이브 제작에서 불쑥 나타날 수 있습니다. 따라서 라이브 3D TV의 첫 번째 단계에서, 우리의 초점은 스크린 크기에 대한 올바른 설정, 올바른 전환, 올바른 타이틀을 갖춘 스크린에서 편안한 3D를 얻는 것에 집중되어 있습니다.

3D 라이브 이벤트를 녹화한다는 사실이 우리 그룹에 있어서 HD 이벤트처럼 일상적인 것이 되면, 3D에 적용된 시청각 언어에서 창조적인 발전을 만드는 것을 생각할 것입니다. 우리가 이미 적용한 주요 변경 사항은 다른 감독, 다른 스태프, 다른 중계차, 다른 카메라 위치, 카메라 프레밍과 모션에서 다른 작동을 하면서 하나는 2D용 그리고 하나는 3D용으로 2개을 개별 제작 하는 것입니다.

Jordi Alonso, MediaPro

당신은 3D 전문가가 이러한 의견을 무시하고 있다는 것을 들어봤을 것이다. 세계 상위 5명의 스테레오그래퍼 중 한명과 이야기하지 않는 한, 그러한 현실을 무시하는 것은 심취한 자아이거나 불공정한 마케팅이다. 진실은, 우리가 여전히 도구를 만들고 있으며 그것의 사용 방법을 배우고 있다는 것이다.

창조성을 위한 기술적 도구

스테레오스코픽 장치와 영상 분석기의 설계는 현재 상당히 확립되었지만, 엔지니어들은 3D 제작 도구의 연구와 개발을 아직 마치지 못했다. 3D 제작에서 앞으로의 중요한 다음 단계는 깊이 수집 기술 분야이다. 이것은 코닥(Eastman Kodak)의 모노팩이 칼라 필름이 된 것처럼 3D가 될 것이다. Panoptic, LIDAR, 소형 리그 등에서 무엇이 최고의 기술이 될지에 대한 명확한 그림은 없다. 하지만 명확한 것은 단일 카메라 3D 촬영에 대한 요구이다.

또한, 우리는 깊이 재구성을 위해 더 나은 도구를 사용할 수 있다. 시각적 분석을 바탕으로 한 깊이 재구성은 원본 영상 해상도의 1/4에서 한계에 부딪힐 것 같다. 일본 U-HDTV 프로젝트를 위해 만들어진 33만 화소 시제품과 같은 슈퍼 고화질 카메라를 사용하는 것은 흥미로운 시도가 될 것이다. 우리는 동작 중간에 위치시킬 수 있는 가상 카메라를 가지고 현장의 완전한 재구성에서 동작을 재생할 수 있는 가상 카메라 시스템의 첫 번째 시제품을 만나고 있다. 곧 선수의 시야에서 또는 골기퍼의 위치에서 동작을 재생할 수 있을 것이다.

그러나 기존의 그리고 예상되는 제작 도구들은 우리가 이전에 하지 않았던 방식으로 관객들과 이야기를 하는데 사용할 수 있을 때 까지는 장남감에 불과하다. 그러나, 아직 경험을 저해하지는 않는다. 스토리는 핵심이며, 스토리텔링은 예술이다.

예술적 도전: 새로워진 영화 언어

우리는 3D 스토리텔링에 대해 무엇을 알고 있는가? 아무것도 모른다. 가장 뛰어난 전문가들만이 그것을 감히 인정할 것이다. 사실 그들은 아주 조금 안다고 생각할지도 모르지만, 가장 많이 알고 있는 것이다. 신사처럼 그들은 우리 모두와 같은 입장에 서서 우리 모두는 아무것도 모른다고 인정한다. 당신은 또 다시 다른 이야기를 들을 것이고, 제작자로서 당신은 현장 경험을 보여주는 누군가의 이야기를 듣는 것을 즐길 것이다. 한 시간 동안만 그들의 이야기를 들으면, 당신은 많은 것을 배울 수 있다. 불행히도, 당신은 그 시간의 후반 30분 동안 1년 이내, 최고 2년 이내에 무용지물이 될 스테레오스코픽 스토리텔링에 대해 듣게 될 것이다.

나의 스테레오스코픽 인생의 끝까지 고수하게 되는 유일한 한 가지가 있다. "스테레오스코픽 진실"과 같은 것은 없다는 것이다.

> 모든 스테레오그래퍼들은 다른 사람들이 잘못되었다고 주장하기 시작하는 지점까지, 저마다의 접근 방법에서는 옳다.

물론, 스테레오그래퍼 만큼 많은 스테레오그래피가 있다. 사진을 찍는 방법을 아는 지구상의 유일한 남자라고 주장하는 카메라맨에게 누가 귀를 기울일까? 내 경험으로는, 그가 3D 진실을 가지고 있다고 누군가 말할 때, 그것은 진정한 3D 대화에 대한 경고 사항이다.

3D의 창조성을 위한 영역

스테레오스코픽 창조성은 2 가지의 주요 도구 세트를 이용한다. 첫째, 3D 진화에 의해 크게 영향을 받은 기존의 2D 영화 제작 요소, 특히 스크린과의 연속성이다. 둘째, 아직 자신의 흥미로운 구역으로 이동하지 않은 3D 촬영의 모든 새로운 제약들이다. 촬영술은 단지 현실을 재현하는 것이 아니다. 사실 그것은 현실 재현으로부터 가능한 멀리 떨어져 있다. 스테레오 촬영술도 마찬가지이다. 당신이 그것을 재현하는 만큼 수많은 감정들이 세상의 수정을 통해 전달된다. 결국 스테레오그레피와 입체시의 기술 규칙은 새로운 효과를 모색하는 과제가 될 것이다.

기하학적으로 현실적인 깊이

카메라 배치, 초점 거리, 양안 거리와 주시점 선택을 통해 당신은 세상에 대한 자신만의 3D 해석을 만들어 낸다. 이와같은 기본적인 세계의 번역은 좋은 3D 강의와 책에서 설명되어 있다. 기본적인 설정은 당신 인물의 원만함, 당신 세계의 객관적 크기, 당신 관객의 주관적 크기 및 동작에 대한 거리나 거리 두기(distanciation)에 영향을 미친다. 모든 매개 변수는 설정의 통계를 통해 그리고 3D 장비의 한계를 통해 부가될 수 있다. 당신이 그것을 미리 보고, 카메라 위치와 렌즈 선택에 영향을 줄 수 있는 기회가 있다면, 그들도 창조적인 자유 지역이 될 수 있다. 모니터링 도구들은 이러한 예술 발전의 핵심 자산이다.

아직도 우리는 스케일링 결정에 대해서만 독립적으로 이야기하고 있다. 즉, 관객, 대상, 대상의 둥근 정도(roundness)나 평평함(flatness)에 관한 이야기이다. 이와 같은 모든 매개 변수는 서로 연결되어 있다는 것을 고려해야 한다. 예를 들어, 장면을 재 수렴하면, 동작에 대한 거리와 객체의 입체감에 영향을 미친다.
지금까지 CGI 애니메이션만이 적절한 가격에 이러한 요소를 여러모로 활용하는데 필요한 융통성을 가졌다. 이러한 이유로, 만화 영화로 된 3D는 스테레오스코픽 창조성의 최첨단에 있었고 다음과 같은 새로운 도구를 우리에게 가져왔다. 비현실적인 깊이(nonrealistic depth, NRD)와 플로팅 스테레오스코픽 윈도우(floating stereoscopic window, FSW)가 바로 그것이다.

비현실적인 깊이

다른 것에 영향을 주지 않고 하나의 스테레오스코픽 특성을 변경할 수 있으면 얼마나 좋을까? 즉, 인물을 팽창하거나 수축시키는 것이 그를 둥글게 또는 평평하게, 저 멀리에 있게 만드는 것이다. 물론 큰 차이가 나지 않는 경우에 해당한다. 이들 중 일부는 결코 가능하지 않을 것이지만, 의외로 얼마간의 시각적 속임수는 현재 CGI 스테레오스코피에서 가능하며, 곧 대형 VFX화 된 실제 영상에서도 가능할 것이다.
기본 효과는 배경에 대한 하나의 광축 간격과 전경을 위한 또 하나의 광축 간격을 갖는 이중 장치 렌더링이다. 이것은 입체감, 위치와 크기가 관련이 없는 비현실적인 3D 세계를 만든다. 그것은 녹색 스크린에서의 실제 영상 촬영을 통해 얻을 수 있는 깊이층이 있는(per-depth-layer) 스테레오스코픽 설정의 유형이다. Coraline(2009) 팀은 Z축을 따라 압축된 축소 세트 구축을 통해 이러한 위대한 적용을 구현 하였다. 그들은, 우리가 아는 한, 100% 실제 효과와 압축 깊이를 갖는 스테레오스코피 만으로 그들만의 마법 인형극과 장면을 실행했다.

스크린, 스테레오스코픽 윈도우, 그리고 관객 공간

사실, 3D에 스크린은 없다. 윈도우가 있을 뿐이다. 그리고 당신이 스크린을 보고 있다면 그것은 윈도우로 없애야 한다. 스테레오스코픽 촬영에서 스크린의 존재는 시야 절두체(viewing frustum)의 경계를 형성하는 것으로 축소되었다. 스크린의 네 개의 모서리와 관객의 눈에 의해 정의된 두개의 피라미드는 우리의 구성 요소들이다. 우리는 이러한 피라미드의 연장을 스크린 뒤의 막혀있는 공간에 추가하고, 측면이 중복되지 않는 볼륨을 오렌지색으로 칠 할 것이다. 이것이 당신의 스토리를 이야기하는 작업을 배치하게 될 체적 공간이다.

스크린은 왜 없는 것일까? 올바르게 설정된 스테레오스코픽 영사실에서, 당신이 멀리 있다면 스크린이 어디에 있는지 볼 수 없을 것이기 때문이다. 당신이 보는 것은 네 개의 모서리 공간의 위치이며, 그것으로부터 당신은 스크린이 있을 만한 장소를 추론하게 된다. 하지만 당신은 그것을 "볼" 수 없다. 당신이 보는 모든 것은 가장자리나 모서리에 의해 정의된 윈도우이다. 그리고 당신은 이 윈도우를 간파한다.
이 모서리를 스크린의 2D 공간에서 이동하면, 이것은 2D로 바뀐다. 모서리를 3D에서 움직이는 것은 훨씬 더 복잡하다. 그것은 스크린의 이동이 필요하다. 반면, 당신이 그것을 스테레오스코피에서 움직인다면, 그것은 상당이 간단하다. 왼쪽 시야 포인트를 수평 축을 따라 이동하자. 그리고 인식된 윈도우를 z축을 따라 움직인다. 이것은 듀얼 영사기 설치에서 잘 알려진 문제이다. IMAX 3D는 공개 단계에서 3D 공간을 재설정하기 위해 이것을 사용한다. 따라서 70mm 영사기의 범례는 65mm 거리에 의해 분리된다. 한 사람의 양안거리에 의해 재설정된 것은 스크린에서의 영사 구역이다.
다른 많은 훌륭한 아이디어 중에서, 스테레오그래퍼이자 3D 컨설턴트인 Brian Gardner는 디즈니의 Meet the Robinsons(2007)에서 스테레오스코픽 윈도우(SW)는 단순한 교체보다는 더 많은 측면에서 조정될 수 있다는 개념을 도입하였다. 첫째, 화소가 정밀한 디지털 제작과 전시에서, 그 개념은 후반 작업 과정에 SW를 포함하는 것으로 가능했다. 왼쪽이나 오른쪽 화면 측면의 몇 개 픽셀을 블랙 마스킹(black masking)하는 것은 극장 상영관의 윈도우를 대체할 수 있을 것이다. 그것은 부동 스테레오스코픽 윈도우(FSW)의 개념이었다. 이 효과는 8개의 모서리(4개 왼쪽과 4개 오른쪽)를 비대칭적으로 움직임으로써 더 멀리 확장되었으며, 이것은 모든 방향의 윈도우 조정을 가능하게 한다. 뒤, 측면, 휘기, 위나 아래로 기울기 등이 가능하다. 다음 단계는 장면 내에 윈도우 위치를 활성화하고, 그것을 컷에 따라 설정하는 것이었다. 실제로, FSW, 때로는 **역동적 스테레오스코픽 윈도우**(dynamic stereoscopic window, DSW)라고 재 명명된 것에서 당신은 무엇이던지 할 수 있다.
그것은 우리의 스토리텔링에 어떠한 영향을 미칠까? 그것은 3D에서 관객 공간과 스크린 공간의 사용을 완전히 재 정의한다. 감독으로서의 당신은 그 경계가 어디인지, 형태가 어떠한지, 그리고 장면 내에 아니면 시퀀스에 따라 그것이 어떻게 진화할지를 결정한다. 스크린을 모션 컨트롤을 가진 윈도우로 생각하자. 당신은 거실에서 3D TV를 옮길 수 있다.

깊이 연속성

연속성은 조명, 색상, 프레임, 동작, 이동 등 영화 예술 곳곳에 있다. 우리는 불신의 보류에 접하고 있는 그러한 얄팍한 임계값 이상으로 관객의 마음을 방해하지 않도록 끊임없이 조심해야 한다. 스토리의 깊이 설정에도 동일한 주의를 기울여야 한다. 깊이 연속성은 다른 연속성 만큼이나 중요하다. 이것은 우리의 스토리를 위해 가능한 그것을 존중하려고 한다는 것을 의미한다.

깊이 연속성은 장면 내에 그리고 장면에 걸쳐 있으며, 영상에 부과하는 깊이의 양은 **깊이 속도**(depth velocity)를 만들어 낸다. 그 깊이 속도를 관객의 눈과 뇌가 따라가야 한다. 이것은 색상 같은 것이 아니다. 이것은 관객을 불편함으로 기진맥진하게 할 수도 있고, 관객들의 정신을 들게 할 수 있는 음향이나 조명과 같은 역할을 할 수도 있다. 일치하지 않는 컷을 편집해야 하는 시점에서도 스테레오스코픽 속도를 통제 하며 유지할 수 있을 것이다. 이러한 형태의 컷은 **깊이 점프 컷**(depth jump cut)으로 알려져 있다. 깊이 점프 컷에 대한 최악의 예는 저멀리 풍경에서 클로즈업 토킹 해드(talking head)로 넘어가는 것이다. Steve Schklair는 6장 그의 부분에서 cut-cushioning 기술을 설명하였다.

당신이 관객의 시각계에 어떠한 스트레스를 부과하건 간에, 그들의 눈 근육 조직의 움직임이 요구되지 않는 깊이 휴식 장소(depth rest area)를 제공해야 한다는 것을 유념하자. 3D 영상 피로는 강도보다 효과의 지속 기간에 의한 근육 피로이다.

스토리텔링 도구로써의 스테레오 스트레스

스토리텔링 도구로서의 스테레오 스트레스(stereo stress)란 얼마나 이상한 개념인가! 적극적인 예술은 실제 주류 매체와 영화의 기호가 아니지만, 관객은 시끄러운 사운드트랙을 듣고, 유혈과 폭력이 난무하는 화면을 보고, 고통 받는 영웅들과 동질감을 갖는 것을 즐긴다. 스테레오스코피에서는 왜 다를까? 극장 내부로 튀어나오는 비행접시나 용의 머리가 없다면, 대부분의 관객은 그들이 3D에 지출한 추가적인 돈에 대해 속았다는 기분이 들 것이다. 하지만, 그들에게 "당신에게 덤벼드는" 3D를 제공한다면, 당신은 눈길을 끌기 위한 영화 제작자로 경멸받을 것이다. 출처가 불분명한 근거에 따르면 James Cameron은 **아바타**의 첫 번째 몇 초동안 관객 위로 떠 있는 물방울을 가지고 3D 효과를 만들었고, "제작하고 나서 제거하였다고 한다." 사람들은 내가 원하기만 하면 무엇이든 할 수 있다고 확신합니다. 그러나 사실 그렇지 않습니다. 따라서 우리는 다음 2시간 동안 그것을 고민하였습니다."

장대나 칼이 하는 것과 같은 동일한 반응을 생성하여 관객의 양안시를 괴롭히는 다른 방법은 없는가? 당신의 스토리를 눈에 들이밀지 않고 3D 피딩에 대한 관객의 열망을 충족시킬 다른 방법은 없는가? 관객이 3D 효과에 중독되었다면, 음의 시차 이외의 아드레날린 제공자는 있는가?

우리는 그 수단을 살펴보고 싶다. **외계인** 같은 스테레오 잡동사니는 어떤가? 너무나 많은 불륨 층, 너무나 많은 입체감, 대상, 트랙, 궤도로 인해 당신의 뇌는 도움을 청하고 있다. 시각적으로 복잡한 상황에서 뇌는 2D 시야로 떨어진다는 경험이 보여주듯이, 그러한 시각적 경험을 창조하는 것은 간단한 작업이 아니다. 우리는 절정의 사건 장면에서 깊이를 최대까지 설정하고 한다. 하지만 이것은 실제로는 비생산적이다. 추세는 현재 사건과 깊이, 2D와 3D 속도, 편집 속도와 광축 간격 간의 균형을 맞추는 것이다.

논쟁의 방향

좋은 스테레오그래퍼는 기존의 모든 3D 스토리텔링 도구를 사용한다. 하지만, 당신은 도구와 스테레오그래퍼의 전반적인 3D 스타일이나 현재 스토리 해석 사이의 관계에 따라 이것저것에 대한 다양한 강조를 보게 된다. 주요 창조적 요소로 사용될 때, 도구는 스타일을 정의한다. 다른 경우에, 그것은 국부적으로 편집을 부드럽게 하거나 담론을 바로하기 위한 단순한 기술적 솔루션으로 사용된다.

스크린은 있는가?

우리가 보았다시피, 스크린은 3D 영상이 적절하게 수행될 때 관객의 시야와 마음에서 사라진다. 하지만 음향이 나오는 상영관 끝에 있는 벽은 여전히 존재한다. 시네마 공간은 경계를 가지고 있으며 우리가 보고 있는 영상이 놓여 있는 스크린은 우리가 공간에 펼쳐진 스토리를 따라가고 있는 동안 우리의 눈이 고정되어 있는 매체이다. 그러면 스크린은 있는가, 아니면 없는가? 그렇기도 하고 아니기도 하다. 그것은 카메라맨에게 달려 있다. 한편, 당신이 제어할 수 없고 보조 역할을 가진 광학 개체인 스크린이 있다. 또 한편, 당신이 마음대로 배치하고 이동할 수 있는 강력한 스토리텔링 개체인 스테레오스코픽 윈도우가 있다.

2D 촬영에서 떨어지려는 의지에 따라, 그리고 새로운 3D 시각 효과 도구에 대한 당신의 신뢰에 따라, 당신은 “스크린” 패러다임에 머물거나 “윈도우” 패러다임에 뛰어들 수 있다. 여기에서 서두를 필요는 없다.

부드러운 또는 강력한 스테레오스코픽 효과

스테레오스코픽 창조성은 자신만의 스테레오스코픽 스타일의 발전을 이끌게 된다. 당신은 당신이 창조한 방법 즉, 유행을 만들고 결국 당신의 이름을 지닌 장르가 되는 방법에 따라 스타일을 사용하거나 균형을 맞출 수 있다. 구미가 당기지 않는가? 지금까지, 스테레오스코픽 스타일을 설명하는 매개 변수는 상당히 기초적이다. 그들은 기본적으로 강도와 배치로 이루어져 있다. 즉, 광축 간격과 주시점이다.

분명히 가장 유명한 현대 스테레오-카메라맨인 James Cameron은 시야 분열을 피하고 있는 측면에서 가장 보수적인 사람 중 한 명이다. 그의 작품 **아바타**는 광축 간격과 스테레오스코픽 효과의 가장 미묘한 사용을 보여주고 있다. 그는 동작을 화면 수준에 가깝게 유지하고, 대부분 스크린 수준 뒤에서 유지한다. 영사하는 동안 3D 안경을 벗으면, 당신은 초점이 맞지 않는 블러(blur) 부분에서는 스테레오스코픽 시차 주변부를 거의 구분 못한다. 안경 없이 **아바타**의 3D 사본을 2D에서 보는 것은 놀라울 정도로 편안한 경험이며, 이것은 실제로 어떠한 시각적인 어색함 없이 스토리로 몰입하게 해준다.

범주의 다른 한 쪽에 있는 Ben Stassen은 스테레오스코픽 장편의 강력한 3D 스태미나(stamina)로 잘 알려져 있다. 그는 매우 강력한 시차 값을 사용하며, 그의 인물은 저 멀리 스크린 평면으로부터 진화되는 거대한 장소와 입체감을 만든다. 3D 안경을 제거하면, 당신은 동시에 두 편의 영화를 보게 된다. 스테레오스코픽 스토리텔링으로 돌아가기 위해 가능한 빨리 안경을 쓰고 싶을 것이다.

동작과 인물의 깊이 위치

장면의 전체 깊이 크기가 3D에서 스테레오그래퍼의 스토리 해석을 설명하는 유일한 예술적 요소는 아니다. 스크린 크기에 비례하여 그러한 세계가 위치하는 곳 또한 중요하다. 주로 스테레오가 강렬한 영화인 Ben Stassen의 장편 3D 영화 **Fly to the Moon** (2008)에서, 감독은 극장을 채우기 위해 날개를 단 주요 캐릭터의 날아다니는 본성을 지속적으로 사용한다. 3D에 대한 그의 비전은 스크린과 당신 앞에 앉아 있는 두 관객의 어깨 사이에서 동작이 발생해야 한다는 것으로 보인다. 이러한 스타일은 IMAX 3D 단편과 테마 파크 놀이 기구를 만들었던 Stassen의 초기 경험에서 비롯된 것이다.

2010년, Zack Snyder의 **Legend of the Guardians: The Owls of Ga'Hoole**은 그때까지는 전례가 없는 숫자인 최대 3%, 즉 34 픽셀의 지속 시차까지 거의 모든 동작을 스크린 뒤로 놓는 것으로 구성하였다. 이와 같은 스크린 스테레오스코픽 처리에 대한 많은 부분에 있어서, 그는 3D 카메라맨의 전문 메일링리스트에서 기립 박수에 가장 가까운 찬사를 받았다.

또 다른 방법은 스크린 평면에 비례하여 당신의 동작이 있는 곳을 고려하지 않고, 인물의 크기와 입체감에 집중하는 것이다. 클로즈업에서 대형 장면까지 장면에 대한 값에 따라, 이것은 -1%(2K에서 - 25 픽셀)에서 +1/2%(+15 픽셀)까지의 어딘가에 인물을 위치시킨다. 그리고 당신은 프레밍을 수용하고 삭제를 매끄럽게 하기 위해 플로팅 윈도우와 컷 쿠셔닝(cut cushioning)을 광범위하게 사용한다. 이 접근 방식은 "캡틴 3D"인 드림웍스의 Phil McNally가 개발하였다. 이것은 두개의 후반 작업 3D 효과를 CGI 제작 도구에서 직접 구현해야 한다. Maya의 DreamWorks 3D Camera는 계획 중인 최종 편집의 3D 뷰포트(view port)에서 라이브 3D 미리보기를 제공하면서, 3D 레이아웃 수준에서 구현되고 활성화되는 이중의 효과를 가지고 있다.

아바타에서 관심의 대상은 언제나 스크린 평면에 있다. 이것은 특히 두 명의 인물이 번갈아 이야기하는 대화 장면에서 분명하다. 주시점은 우리의 눈이 스크린으로 계속 수렴되도록 지속적으로 이동한다. 두 주인공이 이야기 할 때 당신이 3D 안경을 벗으면, 당신은 화자의 또렷하고 선명한 영상과 듣는 사람의 흐릿하고 중복된 영상을 보게 된다. 역할이 바뀌자마자, 시각적 존재도 바뀐다.

자연 세계 표현 또는 시각 복제

이러한 모든 스테레오스코픽 특징은 이분법을 형성한다. 두 가지 옵션이 있다. 인간의 3D 시각을 복제하거나, 3D 세계를 복제한다. James Cameron이 주장한 것처럼, 그의 접근 방식은 "관객의 시선을 잡아서 그것을 두 시간 동안 사용"하는 것이다. 그는 인간의 시각을 복제하고, 우리는 시각적 3D 여행을 따라 그의 발자취 안으로 들어간다.

다른 방법은 대본이 있는 경험이 아닌 완벽한 시각적 환상을 만들고자 하는 의도로 3D 세계를 복제하는 것이다. 관객은 자유롭게 풍경을 검색하고 자신의 관심 지점을 선택할 수 있다. 전형적인 촬영은 화려한 풍경, 또는 스토리의 세부 사항으로 가득한 방 안에 고정된 카메라이다. 그러한 고정된 카메라 위치는 **아바타**에서 발생하지 않는다는 것을 알 수 있다. 메인 주인공이 판도라 행성이더라도, 우리는 그것이 혼자 있는 것을 보지 못하고, 어깨 옆이나 어깨 너머로, 인물과 함께 여행하거나 우주선 창문을 통해 본다. Cameron은 돌아다니기 위한 풍경을 제공하는 것이 아니라 우리의 시각을 이끌고 있다.

과학적 도전: 휴먼 팩터

세 번째 3D 도전은 우리의 몸이 스테레오스코픽 경험을 처리하는 방법을 이해하는 것이다. 3D로 세상을 보고 3D 영화를 시청하는 것은 두 개의 별개의 일이다. 카메라에 의해 기록되는 것보다 세트장에 더 많은 정보가 있다. 컬러 TV나 디지털 영화 표준이 설계되었을 때, 목적은 매체를 즐길 수 있게 하는 최소한의 시각 정보를 식별하는 것이었다. 결과는 우리의 전체 색상 스펙트럼을 재창조하기 위해 필요한 단 세 가지의 파장(빨강, 녹색, 파랑)을 분석하는 것이다. 인터레이스 스캔은 빠른 움직임에 대처하기 위해 설계된 반면, 25 fps나 30 fps의 최소한의 프레임 율에 머물렀다. 이론적으로, 우리는 더 높은 프레임 율에서 더 많은 색상을 처리해야 한다. 하지만 우리는 필요한 최소한도를 해결한다. 뒤늦은 디지털 및 고해상도 향상은 영상 안정성과 해상도를 증가시킬 뿐이다. 3D에 대한 현재의 접근 방식은 동일한 철학을 따른다. 2개의 시각으로 충분하다면, 귀찮게 더 기록할 필요가 있을까?

3D의 요점은 우리가 최소한의 기본적인 것만 제공하면서 우리의 시각계에 대해 충분한 공급을 해주지 않을 뿐 아니라, 자연적이지 않은 물리적 작업을 수행하게 한다. 이것은 언제나 3D 크리에이터들의 마음에 존재하고 있었다. 하지만 이것은 가정과 개인용의 3D 디스플레이의 대량 생산으로 새로운 인식을 얻었다. 공중 보건 문제의 공포로 인해 가전제품 제조업체는 3D 안전을 지원하기 위해 진지한 과학적 연구를 조사하고 있다. 당연히, 그들은 시각 효과 마술로 인해 전체 세대를 장님으로 만들고 싶진 않을 것이다.

지금까지, 1986년 일본에서 스테레오스코픽 3D 경험에 의해 시각계가 영향을 받은 아이들에 대한 단 하나의 문서화된 사건이 있었다. 이것은 전 세계 극장에서 수백만의 사람들이 3D를 보고 있다는 것을 생각하면 상당히 하찮은 것이다. 우리는 언론의 반복되는 경고를 보지만, 스테레오스코픽 3D가 인간의 시각계를 해칠 수 있다는 이론을 뒷받침하는 역학 데이터는 없다. 우리는 국방, 가상현실, 의료 연구, 지질 연구에 종사하는 3D 전문 사용자들이 몇 년 동안 3D로 작업하는데 아무 문제가 없었다는 것을 알고 있다.

그럼에도 불구하고, 우리 몸이 스테레오스코픽 3D에 어떻게 반응하는지 조사해야 하는 좋은 이유가 있다. 스테레오스코픽 영상을 시청하는 것은 3D 세계의 자연적인 양안시(binocular vision)가 아니라면, 그 차이와 영향은 무엇인가?

3D 피로

3D 피로에는 두 가지 주요 근원이 있다. 근육-안구 운동 그리고 대뇌 운동이다. 근육 피로의 원인은 시각 근육의 비표준적인 사용이다. 우리의 시력 방향을 제어하는데 사용되는 수정체와 추가적인 안구 근육, 대뇌 피로의 원인은 표면 일치와 스테레오스코픽 융합에 관련된 기타 요소를 손상시키는 영상 도메인의 모든 불일치이다.

초점(Focus)/초점조절(Accommodation) 반사 작용

당신이 3D에 관심이 있는 엔터테인먼트 업계의 전문가라면, **수렴 초점조절 반사작용**(convergence accommodation reflex) 문제에 관해 들었을 확률이 높다. 사실, 나는 이것을 내 첫 번째 책인 **3D 영화 제작**에서 언급했고, 3D에 대한 많은 강연에서 언급했다. 3년 후, 이것은 덜 중요한 요소로 생각된다. 우선, 반사 작용에 대한 개인적인 경험은 그것이 쉽지 않다는 것이다. 잠시 숨을 멈추자. 비행 물체를 피하기 위해 고개를 숙이지 말자. 누군가 당신을 꼬집으려고 할 때 손을 당기려고 하지 말자. 당신은 동의할 것이다. 이것은 어딘가 어렵고 불가능한 것 사이의 문제이다. 이것은 연습이 필요하며, 당신의 의식이 신체의 자동적인 행동과 싸워야 하는 명백한 지적 과제이다. 그것은 내가 3D 영화를 보고 있을 때의 나의 경험은 아니다.

당신이 초점/초점조절 반사 작용에 역행하는 것이 어떤 것인지 알고 싶다면, 3D 사진 무료보기나 오토스테레오그램(autostereogram)인 "매직 아이"를 보도록 해라. 내 머리와 눈이 서로에 대해 역행할 때를 알려줄 수 있으며, 내 눈이 포기하고 주시점 밖으로 수용되는 것을 받아들일 때까지 화면이 얼마나 흐릿한지를 볼 수 있다. 다시 한 번 말하면, 그것은 내가 3D 극장에서 한 경험은 아니다.

2010년 7월 뉴욕의 SMPTE 3D 회견에서 3D 전문가 John Merrit의 발표를 듣고 있는 동안 이러한 모든 것은 분명해졌다. 우리는 가상 물체를 보고(즉, 수렴) 초점을 맞춘다. 그리고 그 스크린은 우리 눈의 피사계 심도 내에서 생긴다. 즉, 우리가 방에 떠 있는 가상 3D 개체를 보고 수렴할 때 스크린이 충분이 선명하기 때문에 우리 초점을 스크린에 강제로 맞출 필요는 없다.

이것은 우리가 스크린에서 충분이 멀리 떨어져 있고, 피사계 심도는 모든 것이 초점이 맞춰지는 무한 초점 지점까지 시청 거리와 함께 증가하기 때문에 가능하다. 그러한 지점은 사진 렌즈의 초점 링의 맨 끝에 또렷하게 표시된다.

이것은 왜 3D 장면이 작은 스크린에서 매우 보수적이어야 하는지를 설명한다. 우리는 짧은 거리에서 작은 스크린을 보기 때문에 초점 범위는 작고, 따라서 가상 개체는 스크린에 가깝게 유지된다.

이 지점에 대한 자신만의 의견을 형성하기 위해, Peter Wimmer의 Stereoscopic Player 버전을 사용하여 당신의 일반 컴퓨터를 시작하고, 3D 영화를 로드하고, 수평 시차를 수정 하여 그것을 재생하자. 가상 영상을 내내 스크린의 안과 밖으로 가져가고 관찰하자. 동일한 실험을 스크린과 가깝게 그리고 멀리하여, 창을 띄운 플레이어, 전체 화면, 3D TV, 영사실에서 하도록 하자. 디스플레이의 밝기를 만지작거리는 동공의 크기에 의해 영향을 받는 당신 눈은 피사계 심도로 인해 결과에 영향을 미칠 수 있다.

수직 시차와 기타 요인

당신이 자신의 3D 스테이션에 있을 동안, 또 다른 실험을 해 보자. 하지만 우선, 한 가지만 명확하게 하자. 당신의 시각계를 활용할 때, 매우 신중해야 한다. Isaac Newton은 자신의 안구를 눌러서 그가 본 기하학적 그림의 변형된 영상 사진을 그림으로써 인간의 시각을 분석했다. 우리는 분명히 그러한 극단적인 행동을 권고하지 않는다. 다시 한 번 말하지만, 주의하도록 하자. 당신이 경험할 수 있는 지독한 두통에도 괜찮은지 확인하고, 맨해튼 다운타운의 거리를 횡단하고 있는 동안에는 하지 않도록 하자. 극단적인 경우, 실험을 중지하고 의사와 상담하도록 한다.

이제 3D 영화를 재생하는 3D 스테이션으로 돌아가자. 한쪽 눈을 아래로 아니면 위로 하고 당신의 통증 세포가 경고를 울리는지 귀 기울이자. 당신은 당신의 몸이 그것을 위해 만들어진 것이 아닌 무언가를 하도록 하고 있다. 불편함이 참을만한 설정을 찾고, 3D 안경을 벗고, 당신의 시각계가 상쇄를 위해 수직 시차를 얼마나 받아들이는지 관찰하자. 그것은 꽤 크다. 내 경우에는, 예술적으로 수용된 수평 시차 자릿수의 1%에서 2%이다. 당신의 눈과 시각 피질에서 어떠한 부분의 상쇄가 오는가? 한 가지는 분명하다. 우리가 카멜레온이라면, 우리는 우리의 눈이 개별적으로 내내 위와 아래를 조준하게 할 수 있다. 우리는 카멜레온이 아니다. 반면에 카멜레온은 3D 영화를 즐길 수 없다.

정확하게 제작된 3D 영화나 프로그램에서는 수직 불균형이 없어야 한다. 핵심 감응의 미묘한 수직 불균형의 수용, 또는 필요성에 대한 논쟁이 있다. 영상 기하학 구조에서의 다른 제작 오류는 회전과 더불어, 복잡한 패턴의 부적절한 수직 및 수직 시각의 다양한 조합을 생성한다. 그러나 우리가 시력의 위와 아래를 조준하는데 익숙하다면, 안구를 돌리기 위해 아니면 시야나 초점 거리를 바꾸기 위해 사용해야 하는 근육은 없다.

기타 망막 경합은 순전히 불균형한 색상, 휘도나 초점과 같은 사진의 손상에서 오는 것이다. 결국, 크로스 페이드(cross-fade)는 이중 노출이며, 2D 시각을 손상시키는 기술적 실수이다. 편집은 촬영하는 동안의 사고를 처리하기 위해 Georges Melies가 발명하였다. 발견되어서 결국 일반 관객들도 이름으로 알 수 있는 주요한 효과가 되는 불완전한 스테레오스코픽 영상의 비표준적인 사용이 어딘가에 있다.

지속성 효과

스테레오스코피에서 불편함의 임계값은 영상 디폴트와 시간 지속성의 복잡한 혼합이다. 스테레오스코피의 디폴트는 시간에 대해 다양한 반응을 갖는다.

일부 영상 디폴트는 거의 즉각적으로 수직 불균형과 같은 통증 영역에 이르게 된다. 일부는 잠시 동안은 참을 수 있지만, 그리고 나서 극도의 시차나 나쁜 3D 시퀀스 사이의 "휴식 공간"이 없는 깊이 불연속과 같이 더 고통스러워 진다. 반면에, 당신의 뇌는 몇 가지 디폴트에 대처할 수 있고, 점점 더 그들에게 익숙해진다. 왼쪽/오른쪽 바뀜(inversion)은 이것의 흥미로운 예이다. 당신이 그것을 감지하지 못하고 그것에 대처하기로 결정했다면, 결국 그것에 대해 잊게 될 것이다. 하지만 여전히 심각한 뇌 단절(brain shear)을 얻게 된다.

실제 대상과 3D 영상의 콘텐츠는 시간 요소에 영향을 미친다. 왼쪽과 오른쪽 영상이 적절한 동기(synchrony)에서 표시되지 않는 동기화 디폴트를 고려하자. 스테레오스코픽 불균형의 양은 시간 불균형의 직접적인 결과이다. 동작도 없고 디폴트도 없다. 그러나 어떠한 수평 이동도 깊이 인공잡음(artifact)을 생성하며, 수직 이동은 불쾌한 경합을 생성한다. 예를 들어, 걷고 있는 사람을 고려해보자. 그의 상체는 일정한 잘못된 깊이 위치에 놓여 있다. 그의 팔과 다리는 어깨와 엉덩이에서 상체의 잘못된 깊이에서부터 손과 발에서 앞뒤로 과장된 깊이 위치로 흔들린다. 서 있는 발은 올바른 깊이에 있는 반면, 움직이는 발은 다른 다리를 통과하거나 땅으로 파고들어 간다.

우리가 기술적 실수를 배제해도, 우리는 여전히, 예를 들면 강한 음의 시차, 무릎 위(on your lap) 3D, 그리고 기타 굉장히 놀라운 순간 같이 잠재적으로 불안한 3D 효과를 만들어 내는 기하학적으로 정확한 스테레오스코피를 처리해야 한다. 3D가 과도한 때는 언제인가? 결국 100dB 음압(sound pressure) 통증 수준의 스테레오스코픽 형제로 인정될 발산각(degree of divergence) 이상의 학술적인 답변은 없을 것이다. 서투르게 혼합된 사운드트랙은 법적 한계에 도달하기 전에 관객을 오랫동안 공격한다. 3D가 과도한 때는 언제인가?

스테레오그래퍼는 변함없이 얼버무려서 그러한 질문에 답변을 한다. 게임 및 3D 아티스트 Peter Anderson의 표어는 "상황이 지시한다"라고 한다. 3D 강의를 하는 내 자신의 경험에 의하면, 최고의 답변은, 솔루션은 당신이 프레밍 하고 있는 것과 당신이 그것을 어떻게 편집할 것인지에 달려 있다는 것이다. 잠시 후, 나는 그것이 악보와 관계가 있다고 말할 것이다. 적막이나 거대한 파열이 있다면, 당신은 무언가를 할 수 있고 그리고 할 수 없다. 결국, 참석자들은 그들이 기술적인 질문이 아닌 예술적인 질문을 하고 있다는 것을 깨닫게 될 것이다. 예술적인 질문에 대한 이론적인 답변은 없다. 우리가 단지 3D에 관여하는 크리에이티브의 무리라면 이 문제에서 교묘히 빠져나갈 수 있다. 우리 모두는 우리가 작업하고 있는 소재가 혼합되지 않을 때 좋은 영화 에디터, 컬러 타이머나 재능 있는 사운드 트랙 작가가 궁지를 벗어나기 위해 할 수 있는 마술 트릭의 범위를 알고 있다. 하지만, 그것은 새로운 매스 미디어 영상 형태의 배치를 감독하는데 있어 유효한 대답은 아니다.

스크린 크기와 인간의 두뇌

인간의 동공간 중심거리(inter-pupillary distance, IPD)는 화면 시차와 함께 3D 영상 기하학의 핵심 값이다. 모든 가상 영상은 보는 사람으로부터 스크린까지의 거리에 비례하여, 스크린 뒤에 있거나 스크린 앞에 있을 것이다. 이 규칙이 사실이라면, 이것은 지나친 단순화이다. 스테레오스코픽 영화 제작의 기술은 이러한 기하학적 관계에 대한 우리의 이해를 다시 논의하고 심화시키는 지점에 이르렀다. 분명히 이 규칙은 여전히 3D의 기초이다. 하지만 조정이 필요한 분야가 많이 있다.

이러한 지나친 단순화는 너무나 강력해서 우리는 여전히 카메라와 영사기는 65 mm 간격으로 배치해야 한다는 이야기를 듣는다. 우리가 실제로 동공간 거리와 광축간 거리(inter-optical distance)를 가지고 있음에도 불구하고, 이러한 모든 거리는 양안거리라고 불린다. 이것은 3D 기술이 엔터테인먼트가 아닌, 동식물 연구가에 의해 그림이 발명됐다면 동일했을 것과 유사한 인간 시야 복제 기술로 시작하였다는 것을 보여준다. 대부분의 3D 영화가 IMAX 극장의 과학 영화 또는 특별한 장소의 마술사 엔터테인먼트였을 동안에는 이것이 일리가 있었다.

스크린 크기와 최대 시차

이러한 현실적인 접근의 첫 번째 결과는 스크린 크기 규칙에 대한 최대 시차이다. 이것은 65mm의 동공간 거리 이상에서 가상 객체를 보여서는 안 되며, 발산을 생성하지 않아야 한다는 것을 강요한다. 스크린의 반대편에서, 음의 시차에서의 오프 스크린 효과는 스크린 자체와 같은 동일한 크기 증가를 따른다. 이것은 영화가 보여 지게 될 동일한 스크린 크기에서 항상 영화를 만들어야 한다는 규칙이 영감을 받은 것이다.

이러한 규칙은 테마 파크의 단일 전용 스크린을 위한, 통계가 알려진 IMAX 같은 전용 포맷을 위한, 또는 35mm 같은 단일 포맷에 위한 영화 촬영에 대해서는 의미가 있었다. 그러나 현대의 3D는 매우 다른 3D 콘텐츠 사용을 보고 있다. 영화는 대형 스크린, 일반 영화관, 홈시어터, TV, 컴퓨터, 그리고 곧 나올 휴대용 장치에서 보여 진다. 이론상으로, 이것은 분명히 불가능하다 그리고 그럼에도 불구하고, 동일한 사이즈 등급의 스크린의 경우, 이것은 작동한다. 왜 그럴까?

3D 경험을 스크린 사이즈에 따라 변경하는 방법

대화형 및 멀티미디어 게임 프로그래밍을 통해 3D에 안착한 영상 엔지니어로서, 나의 접근법은 픽셀 계산이 최고였다. 내가 영화 업체에서 디지털 조명을 받기 위해 나의 기괴한 동굴에서 나왔을 때, 픽셀 계산은 사실상 전문 용어가 되었다. 우리는 파일의 픽셀과 스크린의 인치가 최고였다. 하지만 이러한 방법의 한계는 우리의 시각계가 픽셀을 신경 쓰지 않는다는 것이다. 당신이 주위의 세상을 볼 때, 당신이 경험하는 것은 산란되고 굴절되는 광선이다. 즉, 삼각법(trigonometry)이 최고이다. 사실, 스테레오스코피에서 사용하는 수학은 거의 모두 삼각법이다. 동공간의 거리와 시청 거리가 있는 스크린의 시차는 우리의 시각 피질이 3D로 전환되는 각도를 생성한다.

첫 번째 결과는 스크린 크기와 상당히 밀접하게 관련된 시청 거리의 영향이다. 스크린이 작을수록, 거리는 더 짧아진다. SD 해상도는 스크린 대각선의 3-4배 거리에서 보도록 설계되었다. 많은 나라와 스튜디오에서 화면 크기 대 극장에서 좌석의 거리 비율을 조절한다. 프랑스에서는 비율이 0.6에서 2.9이다.

스크린 크기용으로만 3D를 만드는 것은 휴대 전화, 노트북, 그리고 TV 세트를 극장에 놓고, 중간 좌석 줄로 들어가 영상을 비교하는 것과 같다. 물론, 이것은 이치에 맞지 않는다. 대신, 이러한 모든 장치를 당신이 평소에 사용하는 거리에 놓고 나서, 그들이 제공하는 시야(field of view, FOV)를 비교하자. 내 휴대 전화는 내 노트북보다 다섯 배나 작지만, FOV의 50%를 제공한다. 이 호텔 객실의 TV 세트는 내 노트북보다 2.5배 넓지만, FOV의 50%를 제공한다. 즉, 이 TV는 너무 멀리 있다. 내 컴퓨터에서 영화를 볼 때, 이 TV와 같은 FOV를 차지할 수 있도록, 나는 타이핑을 할 때보다 더 멀리 컴퓨터를 밀어 놓는다.

특정 화면 크기만을 위한 3D를 만드는 것은, 표면이 아닌 FOV에 대해, 극장을 포함한 우리의 모든 전자 디스플레이를 설계하는 것과 같다. 그리고 이것은 실제로 사실이다. 그럼에도 불구하고, 휴대 전화가 우리의 시야를 가리는 것을 원치 않기 때문에 시야는 스크린 크기에 따라 증가하는 경향이 있다. 하지만 우리는 시네마가 몰입 경험이 되길 원한다.

이제 3D 스크린이 윈도우라는 점을 기억하자. 3 가지 전형적인 스크린 크기를 고려하면 시네마, TV, 휴대 전화이다. 기본적으로 유리벽인 10m 윈도우는 어디에 있을까? 하늘 리조트, 비치 하우스 또는 다른 멋진 풍경 즉, 그것이 이치에 맞는 어딘가이다. 추가적인 대형 윈도우는 예외적인 시야를 위한 것이다. 1m 폭의 창문은 어디서 가질 수 있을까? 빛이 필요한 아무데서나 이다. 좋은 시야는 좋지만 의무적인 것은 아니다. 마지막으로, 3인치 윈도우는 어디일까? 죄수를 감시하는 감방 문, 또는 적을 쏘기 위한, 들키지 않고 보고, 제어하고 해를 입히기 위한 강화 벽이다. 이러한 세 개의 윈도우는 화려한 휴가 리조트에서 철창 너머의 삶과 죽음까지, 해방감의 전체 스펙트럼을 설명한다. 그러한 다양한 매체를 통해 어떻게 같은 이야기를 말하는 척 할 수 있겠는가?

그것은 3D 삼각법에서 동일하게 발생한다. 우리는 시청 거리와 스크린 크기의 상호 작용하는 방식을 볼 수 있지만, IPD는 어떤가? 극장에서 우리가 무시하게 되는 지점이 있는데, 우리는 특정 각도, 즉 1도로 우리의 시각을 발산할 수 있는 능력을 가지고 있기 때문이다. 그리고 그것은 음악이 제일 문제라는 것을 기억하자. 어떤 시점에서, 1도의 발산각은 스크린에서 증가하는 양의 시차보다 점점 더 중요해 지고 있다. 그것은 당신의 발산 능력에 따라 다르지만, 당신이 언제나 편안할 수 있는 하나의 비율이 있다. 그것은 스크린에 대한 거리 대 스크린 크기 또는 크기/거리이다.

휴대용과 TV 두 개의 다른 등급의 스크린과 관련하여, 우리는 스크린을 대체하는 IPD 메트릭(metric), 또는 세력 균형에서 IPD와 스크린 크기를 갖게 된다. IPD가 이러한 크기/거리에 끼어드는 것처럼, 초점/수렴도 마찬가지이다. 우리의 피사계 심도(DOF)는 우리의 초점 거리에 비례한다. 우리가 무언가를 더 멀리서 볼수록, 초점이 맺히는 박스는 더 깊어진다. 반대로 더 가까운 것을 보게 되면 우리의 DOF는 더 작아진다. 극장 스크린 FOV를 모방할 수 있을 만큼 노트북을 가까이 유지할 수 있지만, 이것은 멀리 떨어진 대형 스크린의 편안함을 재현하지 않을 것이다. 3D도 마찬가지이다.

데스크탑 스크린에서 스테레오스코픽 무한대(65 mm 시차)로 영상을 혼합할 수 없다. 영상은 크기를 줄여야 한다. 음의 시차는 동일한 대치가 필요하다. 얼마간 스크린 크기와 시청 거리의 감소와 함께 오는 FOV의 감소는 John Merrit이 제시한 **굴절 광학 상자**(dioptric box)의 감소와 동일한 곡선을 따른다. 이것은 스테레오그래퍼로써 좋은 기회이다. 다양한 스크린 크기에서 작업할 수 있으며 화면의 품질을 판단할 수 있다.

A에서 Z까지의 3D 용어 해설

Richard W. Kroon

2D 호환성

콘텐츠를 손상하지 않고 표준 2D 장비로 처리될 수 있는 스테레오스코픽 콘텐츠의 확장성을 말한다.

3D를 위한 2D 촬영

스테레오스코피 기술을 최대한 적용하는 방식으로 2D를 촬영하고 편집하여, 나중에 2D to 3D 변환을 지원할 수 있도록 하는 촬영을 말한다. 결론적으로 말하면, 나중의 3D 변환 작업도 매우 어려우며 실망스러운 3D 결과를 얻는다.

2D에서 3D 변환하기

2D 원본 영상으로부터 3D 영상을 생성하는 과정을 말한다. 이것은 계산적으로 복잡한 처리 과정이다. 저품질, 저가의 변환 작업은 장면 내에서 서로 다른 거리에 놓여 있는 대상들이 일련의 평평한 물체로 보이는 카드보드 절단 방식의 작품 느낌을 줄 수 있다. 고품질의 상당히 값 비싼 변환 작업은 원본이 3D로 촬영된 것과 거의 동일하게 완전한 시각을 가진 형태로 제작될 수 있다.

3D 호환

스테레오스코픽 콘텐츠를 어떤 형태로든 변경하지 않으면서 검출하고 다른 장비로 전달할 수 있는 전자 장치를 발한다.

3D 디스플레이

좌우의 눈에 분리된 시각을 제공하여 3D 를 재현하는 영상 제공 시스템을 말한다.
상업적으로 구매 가능한 3D 디스플레이는 일반적으로 스테레오스코피(안경 필요) 방식과 오토스테레오스코피(안경이 필요 없음) 방식으로 나누어진다.

3D 메타데이터

디코딩과 디스플레이를 지원하기 위해 스테레오그램에 따라 기록된 부가적인 정보를 말한다.

3D 신호처리

스테레오스코픽 영상에 적합한 전자적인 데이터의 분석과 조작을 말한다. 처리 장비는 원하는 출력의 생산을 위해 적절한 단계를 거칠 수 있도록, 처리하는 신호가 2D인지 3D 인지에 대한 신호 형태를 파악할 수 있어야 한다.

3D 소스 마스터

스테레오스코픽 프로그램이 생산될 원본 자료를 말한다. 디지털 시네마로 발표되기 전에, 3D 소스 마스터는 처음에 비 압축된 사진, 음향, 데이터 요소(디지털 시네마 디지털 마스터, DCDM)의 집합으로 모이게 된다. 그 다음 영화관으로의 공급을 위해 디지털시네마 패키지

(DCP) 형태로 압축되고 보안 처리된다. 마찬가지로 홈 엔터테인먼트 시장에 출시하기 전에, 3D 소스 마스터는 처음에 비 압축되어 있고 보안되어있지 않은 3D 홈 마스터로 모아지게 된다. 그 다음 압축되고, 보안화가 이루어진 3D 배포 데이터가 만들어진다.

4D

시각적인 경험을 풍부하게 할 수 있도록, 영화관에 설치된 특수 효과를 느끼며 볼 수 있는 생동감 있는 3D 작품을 말한다. 연기와 레이저 빔 효과(Captain EO, 1986, 디즈니 테마 공원), 물, 바람, 쥐-꼬리(rat-tail) 효과(R.L. Stine's Haunted Lighthouse, 2003, 씨월드, 샌디에고, 캘리포니아)와 같은 실감 효과가 3D 영상과 동기를 맞추어 상영된다. 쥐꼬리 효과에 사용되는 쥐꼬리는 스크린 상에 일련의 쥐 때가 나타나는 장면 동안 쥐 꼬리의 감각을 느낄 수 있도록, 관중들의 다리를 앞뒤로 건드리는 관중석 각 의자 아래에서 팽창하는 얇은 고무 튜브이다.

A

초점 조절(accommodation)

움직이는 물체를 추적하며 자세히 보고자 할 때와 같이 서로 다른 거리에 있는 물체에 초점을 맞출 수 있도록 눈이 렌즈 형태로 변화하는 것을 말한다. 카메라의 렌즈에서 초점을 조절하는 것과 유사하다.

초점 조절/폭주(수렴) 간의 링크, 관계

눈의 초점조절과 폭주(輻輳: 보려는 대상물에 두 눈의 시축을 집중하는 것) 사이에서 발생하는 신경계의 연관 관계를 말한다. 일반적으로 약 200미터(스테레오 무한대)정도 이내의 거리에 놓여있는 물체에 대한 깊이를 판단하는 것에 유용하다. 스테레오 무한대보다 가까운 거리에 있는 물체에 대한 초점조절과 폭주의 일치는 눈의 피로를 줄이고, 깊이 지각을 향상시키며, 3D 영상을 지각하기위해 요구되는 시간을 줄여준다.

초점 조절/폭주(수렴) 반사 작용

두 눈이 수렴하거나 발산할 때에 자동적으로 초점 조절이 이루어지는 현상이다. 명백히 서로 다른 거리에 놓여있는 다른 물체를 볼 때에 폭주 값이 변화하더라도 스크린까지의 초점 거리가 일정하기 때문에, 이 반사적인 반응은 스테레오그램을 관찰할 때에 극복해야만 하는 현상이다.

초점 조절/폭주(수렴) 경쟁

3D 작품을 정확히 보기위해 수반되는 초점 조절(실제적인 초점 거리)과 폭주(분명한 물체거리를 기반으로 하는) 량 사이의 불일치를 말한다. 모든 물체들이 관찰자로부터 같은 거리(스크린 표면)에 놓여있기 때문에 다른 물체들이 다른 거리(양 혹은 음의 시차로 표현)에서 나타나게 되지만, 스테레오스코픽 영상을 관찰할 때에 이러한 현상은 당연한 것이다.

능동형 스테레오

디스플레이 상에 좌안과 우안 영상을 표현하기 위해 좌안과 우안 렌즈를 번갈아 가며 동기를 맞추어 개폐 시키는 능동형 안경을 관찰자가 착용해야 하는 스테레오스코픽 장치를 말한다. 무안경 스테레오스코픽 장치와 수동형 안경을 기반으로 하는 기술과는 다른 방식이다.

애너글리프

좌안과 우안 영상을 칼라로 부호화하여 한 장의 영상으로 조합한 프레임 호환 스테레오그램이다. 조합된 영상을 동일한 칼라의 필터 안경을 사용하여 관찰하면 3D 영상을 볼 수 있다. 서로 다른 보색 관계의 칼라가 조합되어 사용될 수 있지만. 가장 일반적인 것은 적색과 청록색(청색과 녹색의 조합)이다. 애너글리프 방식은 투사될 수 도 있고, 모니터에 디스플레이 될 수 도 있으며, 프린터로 출력하여 사용할 수 도 있다.

관객 공간

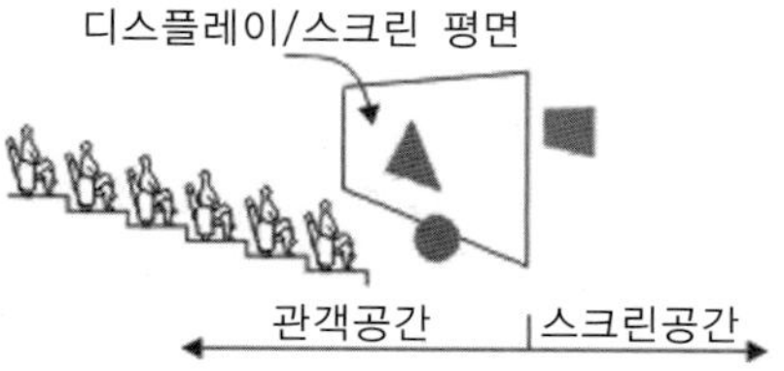

디스플레이/관찰자 공간 중에서 스크린 평면 앞의 3D 영상을 지각할 수 있는 영역을 말한다. 스테레오그램에서 물체들이 스크린을 벗어나 나타나거나 스크린 앞 공간에 떠 있을 때, 이를 관객 공간을 점유했다고 말한다. 그러한 물체들은 관객들의 주시점 중심에서부터 스크린 가장자리(스테레오 윈도우) 까지를 연장한 평면적인 측면을 갖는 피라미드 내부에 놓여야만 한다. 관객 공간을 개인 공간이나 영화 공간이라 부르기도 한다.

B

배럴 왜곡

직선이 이미지의 중심으로부터 바깥쪽으로 휘어지고 직사각형이 배가 불룩한 통 모양으로 보이는 렌즈 왜곡 현상이다. 렌즈 중심에서부터 바깥쪽으로 향하면서 초점거리가 감소하는 이유로 발생한다. 보통 초점거리가 짧은(광각) 렌즈에서 발생한다. 이 현상은 화면 비율이 증가함에 따라서 더욱 현저하게 생긴다. 배럴 왜곡의 정도는 왜곡되지 않은 이미지에 대한 높이의 백분율로 표시된다. 또한 어안 효과라고도 부른다.

빔 분할기(빔 스플리터)

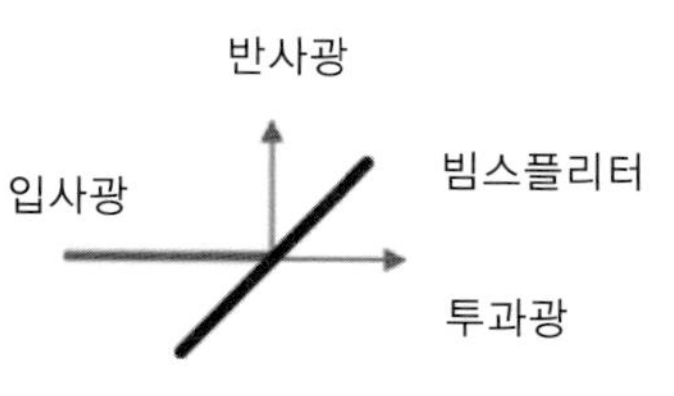

프리즘 또는 미러를 사용하여 입사광을 두 부분으로 나누는 광학장치이다. 양방향 미러는 반사와 투과를 50/50 으로 분할해 주는 장치이지만, 반드시 같은 양으로 반사와 투과를 해야 할 필요는 없다.

양안

두 눈을 가진 것과 관련된 혹은 두 개 눈의 사용을 조화시키는 것을 말한다.

양안 단서, 양안 깊이 단서

일반적으로 두 눈은 코의 너비 정도 떨어져있다. 이와 같이 다른 시야로부터 얻어지는 같은 시간 동일한 장면에 대한 2개의 영상 사이의 차이를 계산함에 의해서 단지 해석할 수 있는 깊이 정보를 말한다.

양안 깊이 지각

좌안과 우안에 입력된 영상의 차이(시차)와 두 눈 사이의 각도(폭주)를 근거로 하여 3차원 공간을 인식하고 거리를 판단할 수 있는 능력을 말한다.

양안 시차

두 눈의 물리적인 분리로 인해 좌안과 우안으로 상이하게 인지된 두 영상간의 차이를 말한다. 이와 같은 차이는 서로 다른 평면적인 영상들로부터 3D 깊이의 착각을 만들기 위한 스테레오스코픽 시스템에서 모방된다.

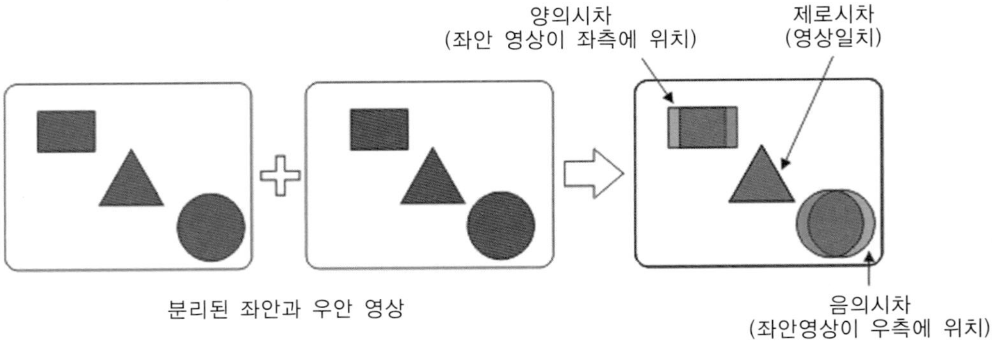

양안 경쟁

좌안과 우안 영상의 차이가 너무 커서 양안 융합이 불가능해지고, 결과적으로 혼란된 시각적 상태를 초래하는 경우를 말한다. 두뇌에서는 두 눈의 영상이 서로 교차할 수도 있으며, 각 눈의 일부로 영상을 선택할 수 도 있으며, 두 영상을 다양한 모자이크의 일종으로 혼합할 수도 있다. 또한 두 영상이 겹쳐진 정적인 것으로 해석할 수도 있다.

양안 억제

두뇌가 한 쪽 눈으로부터 온 영상의 일부분을 무시하고 단지 다른 눈으로 부터의 중첩된 영상만을 받아들이는 경우를 말한다. 한쪽 눈 영상의 억제가 그렇지 않으면 발생할 이중 영상을 제거하기 때문에, 복시(이중 영상)의 결과로 양안 억제가 발생하게 된다.

양안 시각

두 눈이 함께 작용하는 것을 기반으로 하는 시각 인식을 말한다. 양안 시각은 동물계 내에서 일반적으로 나타나는 현상과 같이 많은 진화적인 장점을 제공한다. 3D 시스템을 위한 양안 시각의 가장 중요한 특징은 깊이 지각이다.

양안 시각 장애

양안에 의한 깊이 정보를 적절히 해석할 수 없는 시각 체계에 있어서의 장애를 말한다. 대략적으로 인구의 5%정도가 스테레오스코픽 영상에서 깊이 지각을 방해받을 정도의 양안 시각 장애에 대한 고통을 겪는다.

지능 박탈

불완전하게 제작된 스테레오스코픽 영상을 3D로 적절하고 편안하게 융합하는데 어려움을 겪는 뇌의 무능을 말한다. 눈의 피로, 이중 영상, 심한 경우에는 고통과 구역질을 야기한다. 2009년에 미국의 영화감독 제임스 카메론이 만든 말이다.

C

카메라 좌표계

데카르트 좌표의 3축(x, y, z) 시스템에서 x, y, z는 각각 폭, 높이, 깊이를 나타낸다. 오른쪽으로, 위쪽으로, 떨어질수록 양의 방향으로 증가된다. 음의 방향은 그 반대이다. 카메라 좌표계는 3축 시스템을 카메라의 이미지 평면에 맞추어서 원점이 특정 포인트(렌즈의 광축이 이미지 평면을 교차하는 지점)에 정렬되도록 한 것이다.

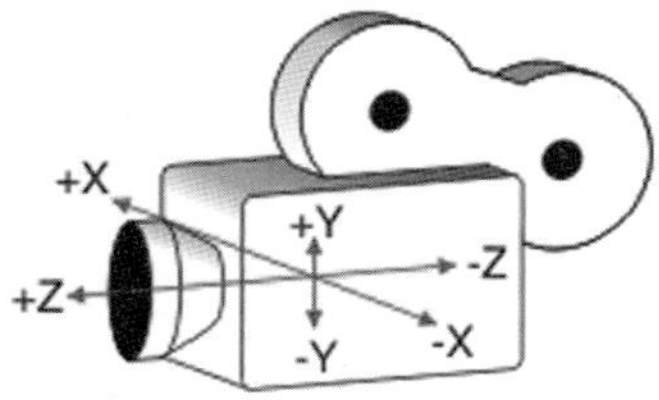

카드보드 효과

어린이들이 보는 팝업 북에서와 같이, 이미지를 판지로 오려낸 듯 일련의 평평한 형태로 영상이 나타나게 되어 사실적인 3D 효과가 부족한 스테레오그램을 말한다. 일반적으로 촬영 시 사용한 렌즈(혹은 가상 CGI 카메라)와 두 카메라의 벌어진 간격이 서로 적절히 매치되지 않음에 따른 영상의 부적절한 깊이 해상도로 인해 발생한다. 낮은 품질의 2D to 3D 변환 작업의 결과로도 발생하게 된다.

체크보드/CK 3D

좌안과 우안 영상의 픽셀들이 체크보드 형태로 조합된 영상을 만들기 위해 좌안과 우안 영상을 한 번에 한 픽셀씩 교대로 표시하는 시 분할 스테레오스코픽 디스플레이 시스템을 말한다. 체크보드 이미지는 디지털 마이크로-미러 디스플레이(DMD: digital micro-mirror display) 프로젝션 시스템 그리고 이 시스템과 동기를 맞춘 능동형 방식의 안경을 사용할 때 나타나게 된다.

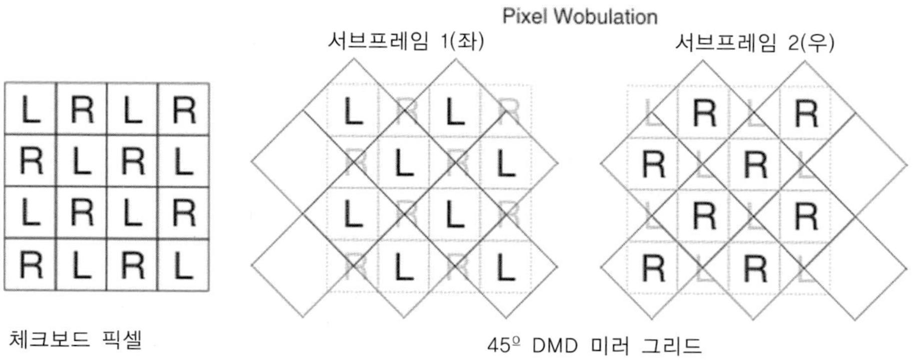

고립원(circle of isolation)

스테레오그램에서 완전히 초점이 맞지 않은 배경과 대비하여 메인 피사체 주변의 초점이 맞은 선명한 영역을 말한다. 2010년 인도의 스테레오그래퍼 Clyde DeSouza가 렌즈의 심도를 결정하기위해 초점이 정확히 맞은 부분을 묘사하는 개념인 착란원(CoC: circle of confusion)을 모방하여 만든 용어이다

원편광(CP)

가시광선과 같은 전자기파에서, 파의 전기 벡터는 공간을 통해 나선형으로 시계 방향 혹은 시계 반대 방향으로 시간에 따라 회전하며 진행한다.

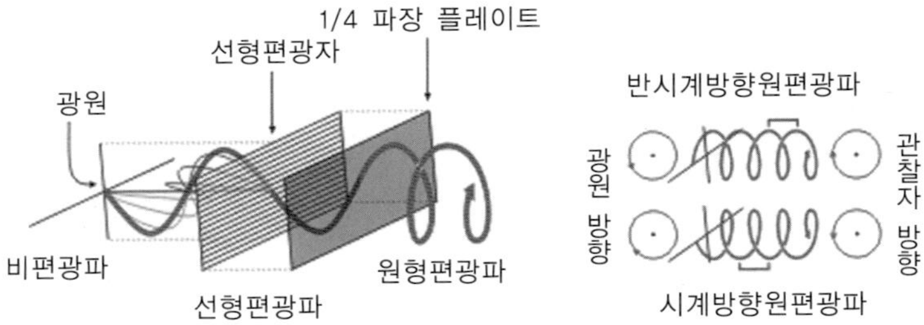

칼라 경쟁, 칼라 불일치

스테레오그램에서 두뇌가 시차 혹은 다른 유용한 깊이 단서를 전달하려고 할 때, 좌안과 우안에 대한 동일한 영상 지점(켤렛점)의 색상 불일치는 융합된 영상에 모순된 깊이 정보를 전달하게 된다.

칼럼인터리브드 3D

좌안과 우안의 스테레오스코픽 영상 정보가 한 영상 안에 행을 번갈아 가며 표현되는 3D 래스터 영상 포맷을 말한다. 일반적으로 좌안이 영상의 가장 왼쪽 행에서 시작하여 오른쪽으로 이동하며 표현된다. 인터레이스나 프로그래시브 스캔 영상에서 사용되며 일반적으로 렌티큘러 디스플레이에서 볼 수 있다.

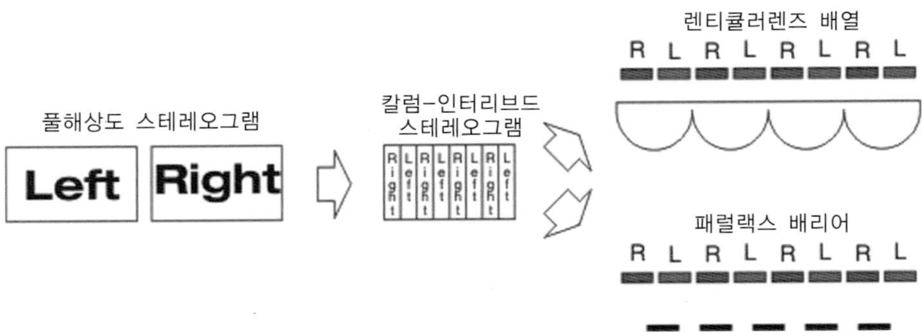

켤렛점

3D 공간에서 동일한 지점에 나타나는 좌안과 우안 이미지에 대한 한 쌍의 점을 말한다. 각각의 이미지를 좌우 일치하는 눈에서 볼 때, 두 이미지의 켤렛점 사이에 대한 위치 차이는 두뇌에서 시각적인 차이(시차)로서 해석되고, 깊이 정보로 바뀌게 된다. 또한 일치점(corresponding points) 혹은 상응점(homologous points)이라고도 부른다.

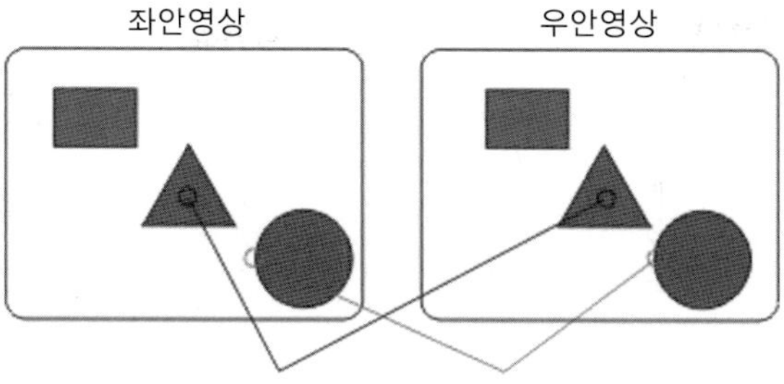

수렴

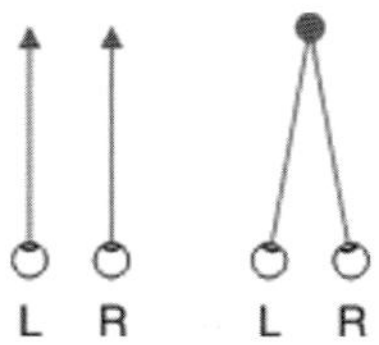

1. 책을 읽을 때처럼 가까운 물체를 볼 때 눈이 안쪽으로 모이는 것을 말한다. 적절한 수렴을 유지하지 못하게 되면(수렴 부족) 대부분 이중 영상(복시)이 나타나게 된다. 물체에 대한 깊이 단서로서 사용될 수 있도록 이미지를 융합하는데 필요한 수렴의 양은 관찰자로부터 약 6미터까지의 거리이다.
2. 평행한 왼쪽과 오른쪽 카메라에서 두 카메라의 끝이 동일하게 안쪽으로 모이는(toe-in) 각도를 말한다.
3. 양안의 스테레오스코픽 시각에 있어서 두 개의 분리된 이미지가 각각의 눈으로 입력되어, 관찰자의 지각으로 결합되고, 명백한 3D 깊이로 융합된 단일 영상을 구성하는 것을 말한다.
4. 상/하로 분리된 2개의 이미지를 분리-렌즈 3D 투영 시스템(예, Technicolor 3D)을 사용하여 스크린 상에서 수직 영상 시차를 제거하면서 상영하는 경우를 말한다.
5. 평행선이 한 이미지에서 평행하게 나타나지 않고, 서로에게 다가가고 있는 것처럼 보이는 것을 말한다.

수렴 각

두 렌즈의 광축이 평행인 상태로 부터 안쪽으로 모여지는 각도의 양을 말한다. 눈의 양안시각 혹은 교차식(toed-in) 배치 카메라에 적용된다. 스테레오스코픽 계산에 있어서 중요한 요소이다.

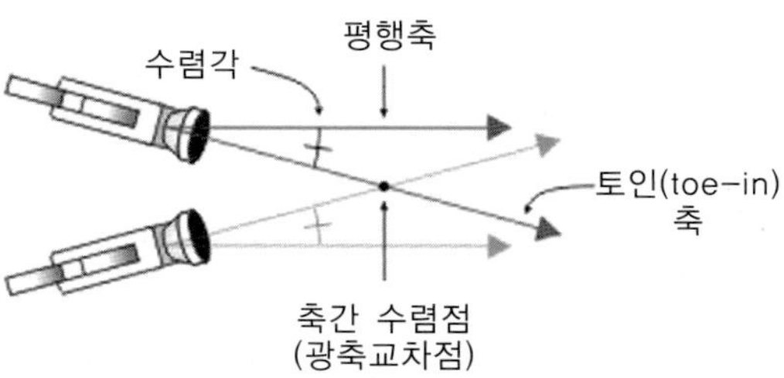

컨버전스 애니메이션

두 장면 사이의 컷을 부드럽게 만들기 위한 편집 기술로써 시퀀스시작 화면의 첫 부분 혹은 마지막 화면의 끝부분에서 이루어지는 미세한 영상 시차의 보정을 말한다. 이것은 보는 이에게 거슬릴 수 있는 화면 사이의 갑작스런 깊이 변화를 부드럽게 하는데 도움을 준다.

각 컷들 사이의 깊이 특성은 3가지 다른 방법으로 보정될 수 있다.

- 마지막 화면(혹은 hand-off)과 시작 화면(혹은 receiving) 모두 보정하고, 두 장면 사이 중간 지점에 컷을 위치시킨다.

- 마지막 장면(outgoing shot)만 보정한다.
- 시작 장면(incoming shot)만 보정한다.

조절되는 시간도 서로 다른 방법을 적용할 수 있다.

- Adjust: 장면 전체의 수렴(convergence)을 보정한다.
- Blend: 장면의 시작 혹은 마지막 부분에서 장면의 흐름에 따라 특정 프레임 X를 잡아 수렴을 보정한다.
- Drift: 전체 장면의 흐름에 따라 수렴을 보정한다.

'Legend of the Guardians: The Owls of Ga'Hoole' 를 제작하는 동안 실험했던 것은 다음과 같다. The Owls of Ga'Hoole(2010)에서는 단지 시작 장면을 조정할 때 가장 부드러운 전환이 이루어진다는 것을 알 수 있었다. 왜냐하면 각 컷 에서의 시각적 조정이 너무 자연스럽게 이루어져서 컨버전스 애니메이션을 적용하였다는 것을 전혀 알 수 없었기 때문이다. 대부분의 'Legend of the Guardians'에 있는 컨버전스 애니메이션 시퀀스는 단지 8프레임(1/3 초) 동안이었고, 길게는 약 40프레임($1\frac{2}{3}$초) 이었다. 컷 지점에서 정확하게 깊이 특성을 매치시키지는 않았고, 대부분의 컨버전스 애니메이션 시퀀스에서는 약간 컷에서 튀는 것을 남겨두고 단지 50%의 깊이 차이만 제거하였다.

수렴 거리

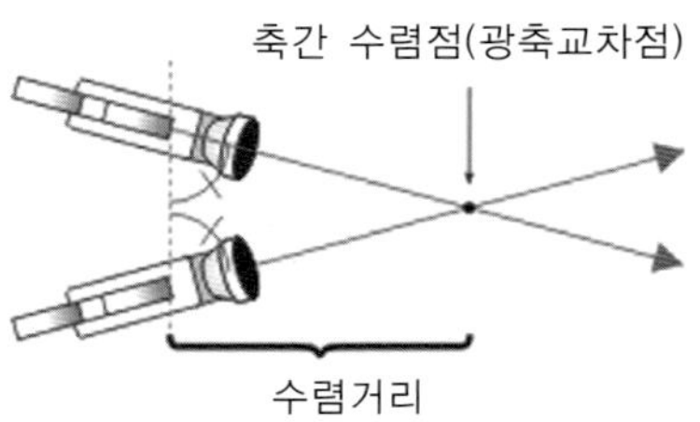

2대의 스테레오스코픽 카메라 사이의 중간 지점(광축간 거리 계산에 사용되는 지점)과 광축이 교차되는 점 사이의 거리를 말한다. 스테레오스코픽 계산에 중요한 요소이다.

단서 충돌

두 가지 혹은 그 이상의 깊이 정보가 영상에 모순되는 깊이 정보를 제공하는 경우를 말한다. 예를 들면 단안적인 깊이 요인(먼 것이 흐리게 보임, 중첩되는 이미지, 상대적인 크기 등)이 서로 일치하지 않거나 혹은 양안시 요인(특히 양안 시차)들과 서로 상충될 때를 말한다. 또한 깊이 단서 장애(depth cue confusion)라고도 한다.

D

깊이 총량

1. 시차의 한계 또는 가용 범위를 말한다. 즉, 스테레오스코픽 디스플레이 시스템에 의해 편안히 표현될 수 있는 최대 음의 시차(화면에서 앞으로 튀어 나오는 거리)에서 최대 양의 시차(화면에서 뒤로 들어가는 거리)까지에 해당하는 깊이의 전체적인 범위를 말한다.
2. 스테레오스코픽 작품을 통해 묘사될 수 있는 깊이 정보에 대한 누적 총량을 말한다. 즉, 대중의 과도한 정신력 사용을 피하기 위해 얼마나 많은 양의 깊이를 작품에 표현하느냐 에는 제한이 있을 수 있다. 따라서 깊이 정보가 많이 포함된 화면은 깊이 정보가 적게 포함된 그 밖의 다른 화면에 의해 균형을 이루어야 한다.

깊이 변화 스트레스

영상에서 너무 갑작스럽거나 크게 또는 너무 빠르게 깊이를 반복 변경함으로써 야기되는 불편함을 말한다. 이런 불편함은 일반적으로 변수 z-깊이 값을 가진 자막의 과도한 사용 또는 매우 차이가나는 깊이 특성을 가진 장면들 사이의 전환에 의해서 발생한다.

깊이 단서-지각

시각 시스템이 깊이와 거리를 결정하는 데 도움을 주는 정보를 말한다.

깊이 불연속성

이웃하거나 겹쳐진 객체들 사이에서 인식된 깊이에 대한 돌발적이고 부자연스러운 변화를 말한다.

깊이 점프 컷

스테레오스코픽 작업에서 장면과 장면 사이의 이미지 깊이에 있어서 돌발적이고 예상하지 못한 변화를 말한다. 대중은 새로운 장면에 적응하기 위해 추가적인 시간이 필요하다. 이를 3D 점프 컷이라고도 한다.

깊이 지도

관찰자(보통, 카메라) 와 장면의 각 시점 사이의 거리에 대한 그래픽적 묘사를 말한다. 2D의 3D 변환이나 무안경 스테레오스코픽 디스플레이를 위한 스테레오 시점을 생성할 때 사용되어진다. 대부분의 경우 양안 영상으로 스테레오그램을 표현하는 것보다 단안 영상과 깊이 지도로써 표현하는 것이 저장 용량과 전송 대역폭을 줄일 수 있다.

깊이 비선형성

화면에 기록된 선형 거리가 스테레오그램에서 선형적으로 인식되지 않는 스테레오스코픽 왜곡을 말한다. 즉, 물리적 깊이는 화면 평면(제로 시차 또는 이미지가 수렴되는 곳)에 정확히 기록되지만, 관찰자의 앞을 점진적으로 뻗어나가면 관찰자로부터 점진적으로 압축되어 진다. 이것은 움직임 뿐만 아니라 깊이를 왜곡하게 된다. 예를 들어, 카메라를 향해 앞으로 움직이는 물체는 비록 일정한 속도로 이동하더라도 마치 가속 되는 것처럼 보일 것이다.

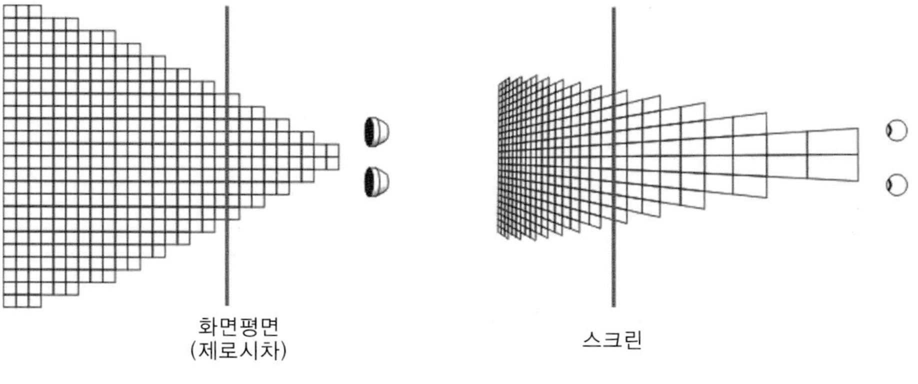

깊이 지각

단안시적인 깊이 요인(이동 시차, 기하학적인 시점, 차폐, 물체의 상대적인 크기) 또는 양안시적인 깊이 요인(시차와 폭주에 의해 가능한) 의 조합을 이용하여 객체사이의 거리를 판단하거나 3D 영상의 깊이를 인식하는 능력을 말한다.

깊이 평면 곡률

디스플레이의 중심축에서 벗어난 교차식(toe-in) 카메라는 같은 물리적 거리에서 기록된 축 상의 포인트 보다 관측자 입장에서 보다 멀게 나타나게 된다. 이러한 스테레오스코픽 왜곡 특성을 깊이 평면왜곡이라 한다. 이것을 키스톤 왜곡의 부작용이라고고 한다.

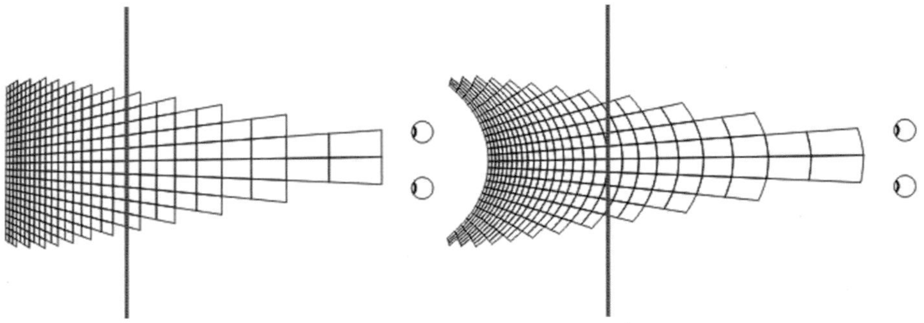

깊이 구상

하나의 촬영이나 장면으로부터 다음으로 넘어가는 작업에 있어서, 스테레오스코픽 영상의 깊이를 어떻게 할 것인지에 대한 결정들을 자세히 다루고 있는 문서를 말한다. 스테레오스코픽 작품을 제작하거나 기획할 때 사용된다. 또한 깊이 대본(depth script)이라고도 한다.

깊이 범위

실제 혹은 가상의 입체 카메라로부터 카메라 영상 내에서 가장 가까운 지점과 가장 먼 지점 사이의 거리 또는 최대 음의 시차와 최대 양의 시차를 나타내는 점들의 사이를 말한다.

깊이/크기 왜곡, 깊이/크기 확대

1. 하이퍼스테레오(hyperstereo)와 히포스트레오(hypostereo) 현상의 결과로 인하여 생긴 피사체의 크기에 대한 변화된 지각 반응을 말한다.
2. 영상의 깊이가 늘어지거나 압축되어 결과적으로 의도된 영상 환경과는 다른 스테레오그램이 나타나는 스테레오스코픽 영상의 기형성을 말한다. 이 효과는 피사체의 깊이(실제 세계에서 기록된 것 같은)와 영상의 깊이(스테레오그램에서 제시되는 것과 같은) 사이가 비선형적인 관계일 때 더 과장된다.

차이 지도

스테레오그램에서 좌안과 우안 이미지 사이의 시각적 차이들을 나타내는 일련의 데이터를 말한다. 양쪽 눈의 이미지들은 차이점보다는 유사점을 더 공유하고 있으므로, 차이 지도는 하나의 눈 전체 이미지보다는 적다. 그리고 스테레오그램 영상은 좌안이나 우안 하나의 이미지와 차이지도(2D delta)로서 효과적으로 저장되고 전송될 수 있다.

복시

각각의 눈으로 들어온 분리된 이미지들이 하나의 이미지로 통합되지 못하고 별도의 이미지로 인식될 때에 발생하는 이중 영상 현상이다. 종종 가까운 피사체를 보거나 왼쪽 눈과 오른쪽 눈의 이미지가 너무 많이 불일치될 때, 올바른 시각적 수렴을 유지할 수 없기 때문에 수렴이 불충분함으로 인한 부작용이 발생한다.

차폐 복원

인접 영역에서의 시각 정보에 기반 하여 피사체의 숨겨진 부분들을 복원하는 것을 말한다. 종종 2D를 3D로 변환하거나 스테레오그램에서 깊이 정보를 선택적으로 교정할 때 필요하다.

시차–양안

1. 스테레오그램을 만드는 좌안과 우안 이미지 쌍에서 켤렛점들 사이의 상대적인 거리를 말한다. 보는 사람의 눈으로부터 동일한 평면에서의 불일치(일반적으로 수평 불일치) 만으로 깊이 지각에 영향을 끼친다.
2. 보는 사람으로부터 더 가깝거나 더 먼, 스크린의 평면과 물체 사이의 분명한 거리를 말한다.
3. 시차에 기인하지 않은 좌안과 우안의 이미지들 사이의 차이를 말한다. 이런 차이들은 이미지 쌍에서 깊이 요인들과 충돌한다. 심한 불일치는 관찰자들에게 신체적인 불편을 초래하게 되며, 작은 불일치는 3D 효과를 방해한다.

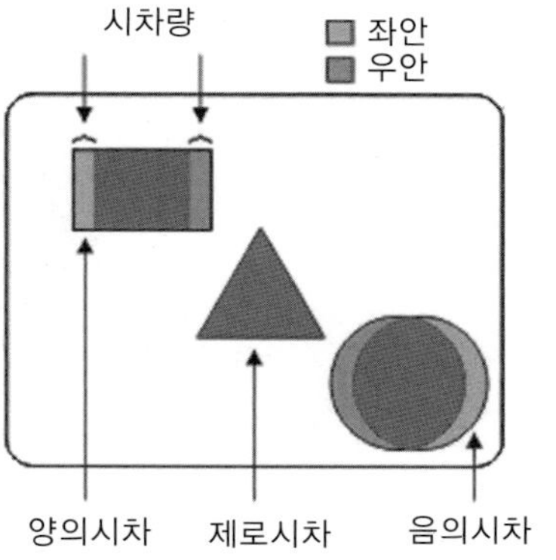

시차 지도

스테레오그램의 두 이미지에 대한 켤렛점의 위치 차이를 그래픽 적으로 묘사한 것을 말한다. 시차지도는 카메라 정렬 오류의 규명을 손쉽게 하고, 분리된 서로 다른 피사체들 간의 상대적인 거리를 판단하며, 양 또는 음의 시차 영역을 눈에 띄게 한다.

디스플레이 평면

스테레오그램에서 시차가 없는 일련의 켤렛점들의 집합을 말한다. 시차가 없다는 것은 좌안과 우안 영상들의 위치가 서로 동일하다는 것이다. 그리고 스크린의 표면 위에 놓여 있는 것처럼 보이는 2차원 평면에 표시된다. 이평면은 관객의 공간과 스크린의 공간 사이에 놓여있다. 모든 2D 이미지들은 디스플레이 평면 위에 놓여 있는 것처럼 나타난다. 스테레오그램은 스크린 평면(제로 시차), 스크린의 앞에 있는 관객 공간(음의 시차), 혹은 스크린 뒤에 있는 스크린 공간(양의 시차)에 물체를 묘사할 수 있다.

안정 지속시간

사람들이 불편함을 경험하지 않으면서 편히 스테레오스코픽 작품을 볼 수 있는 시간 양을 말한다.

시간에 따른 깊이 변화

시차의 변화를 의미한다. 영상의 깊이 변화량(dZ)을 경과된 시간(dt)으로 나누어 산출된, 시간에 따른 스테레오그램의 켤렛점 시차 변화량이다.

E

경계 위반(에지 바이얼레이션)

1. 음의 시차를 가진(화면 밖으로 튀어 나오는) 물체가 화면의 모서리에서 잘리는 현상을 말한다. 두뇌는 이런 시각적 모순을 어떻게 해석해야 할지 모른다. 두뇌는 멀리 있는 물체가 모서리에서 잘릴 수 있다고 생각하며 화면보다 가까운 물체들이 잘려서는 안 된다고 생각한다. 이러한 모순은 시각적/두뇌적인 불일치를 초래하여 영상에 있어서의 깊이에 대한 환영을 손상시키게 된다.
2. 스테레오스코픽 영상에서 좌우 영상 중 한쪽 영역의 가장자리 부분에만 물체가 놓여있을 때 발생한다. 즉, 한쪽은 보이지만 다른 한쪽은 안 보이는 것으로 나타나게 된다. 또한 프레임 위반(프레임 바이얼레이션), 윈도우 위반(윈도우 바이얼레이션)이라고도 부른다.

외적 카메라 변수

일반적으로 사용하고 있는 실세계의 좌표 시스템과 관련한 카메라의 포지션(위치와 방향)을 규정하는 변수를 말한다. T는 이동 파라미터이며 x, y, z 평면으로의 이동에 관한 것이다. 카메라의 주 지점(이미지 평면을 가로지르는 렌즈의 광축이 있는 점)을 실세계의 좌표 시스템의 원점으로 배치하기 위해 필요하다. R은 회전 파마미터이며 카메라 좌표의 위치와 실세계 좌표의 x, y, z축을 정렬하기 위해 필요하다. 카메라가 움직일 때 외적 카메라 파라미터는 변하게 된다. 이 용어는 컴퓨터 비전 응용이나 일련의 2차원 영상으로부터 3차원 물체를 재구성 할 때에 주로 사용된다. 외부 원점이라고도 한다.

F

원점(Far Point)

1. 스테레오그램에서 관찰자로부터 가장 멀리 떨어져 보이는 켤렛점을 말한다. 원점은 프레임마다 변할 수 있으나, 깊이 총량(depth budget)에 의해 지정된 최대 허용 거리를 초과할 수 없다.
2. 정확히 볼 수 있는 가장 먼 거리를 말한다.

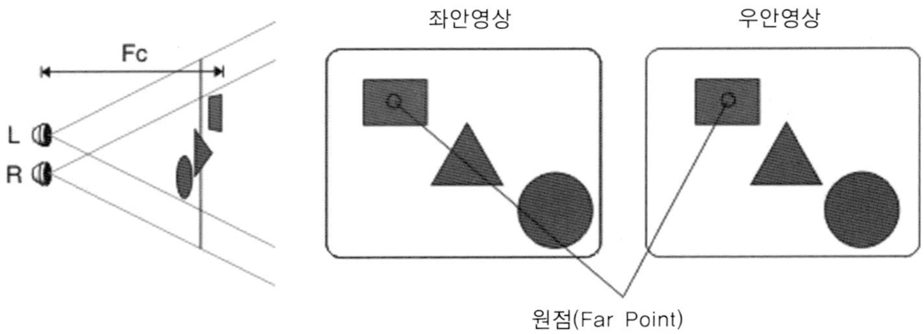

깊이 심도(FOD, field of depth)

실제적으로 생산된 제품의 스테레오스코픽 디스플레이가 구매 시청자에게 제공할 수 있는 상세한 복셀(voxel) 크기와 각도 분해능에 대한 깊이의 범위를 말한다.

시야각(FOV)

한 사람의 시각 내에 포함될 수 있거나 카메라 렌즈로 포착할 수 있는 가장 큰 입체각을 말한다. 일반적으로 좌우의 일정한 각도로 측정되며, 가끔 위에서부터 아래까지의 각도로 표현되기도 한다. 스테레오스코픽 계산에서 중요한 요소이다

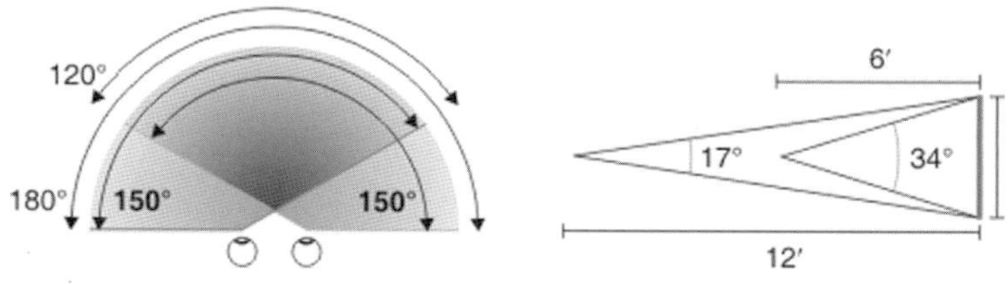

플로팅 윈도우

스테레오 윈도우의 동적인 조정을 말한다. 일반적으로 스테레오그램의 좌우 영상 가장자리에 대한 비대칭적인 확장 및 수축을 통해, 깊이 단서에 대한 혼란을 감소시키거나 가장자리 규칙 위반을 피하기 위해 사용된다(이미지의 영구적인 부분을 만들어). 사전에 녹화하거나(디스플레이 시스템에 맞는 메타데이터를 제공함으로써) 동적으로 생성해 내기도 한다. 영국의 스테레오그래퍼 Nigel과 Raymond Spottiswoode이 용어를 사용하기 시작하였다. 또한 동적 윈도우(dynamic window)라고도 한다.

초점 길이의 불일치

스테레오그램의 좌안과 우안 영상에 대한 크기의 차이 정도를 말한다. 촬영 내내 동일함을 유지하였을 경우 두 영상은 변화가 없다. 그러나 동일함을 유지 못하였을 경우 즉, 줌 인/ 줌 아웃 되는 동안 초점 거리의 동기가 일치하지 않았거나, 촬영하는 동안 의도되지 않은 초점 길이의 이동이 발생한 경우 줌의 불일치가 발생한다. 만일 두 렌즈가 정확히 동일한 초점 거리를 가지고 있지 않거나 근본적으로 렌즈 사이의 광학적 불일치가 있다면, 스테레오그램으로 기록된 두 영상은 적절히 정렬되지 않게 되어 영상 융합과 3D 효과에 방해가 된다.

초점 공간

초점이 맞는 장면 속의 영역을 의미한다. 카메라에 녹화될 때, 영상의 화면 비율을 측면으로 하고 깊이 영역과 동일한 깊이를 가지는 각뿔의 양끝이 잘린 형태로 기록된다

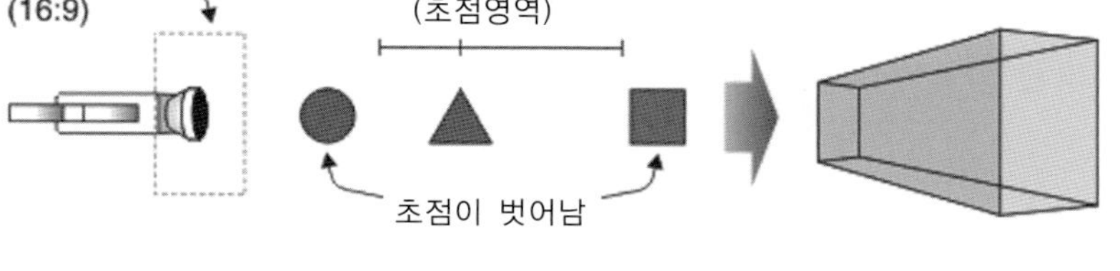

초점 불일치

스테레오그램에서 좌안 영상과 우안 영상에 대한 영상의 선명도(초점) 차이를 말한다. 영상을 기록하기 전 카메라 렌즈의 초점이 적절하게 맞추어져 있지 않거나, 초점이 촬영도중 조정되어서 두 개의 렌즈가 완벽한 동기화를 이루지 못했을 때 나타난다. 이것은 영상 융합과 3D 효과를 방해할 수 있다.

프레임 호환, 프레임 인코딩

좌안과 우안 이미지가 모두 하나의 표준 이미지 프레임에 나타나도록 하는 스테레오그램 기록 포멧을 말한다.

프리 뷰잉(양안적인 자유 관찰)

특수 안경을 착용하지 않고 자기 눈의 폭주를 조절하여 평면적인 스테레오그램으로부터 깊이를 인식하는 방법을 말한다.

전면 실버 미러

후면 반사소재로 만들어진 전통적인 가정의 거울이 아니고, 시선 면에 반사 소재를 적용한 거울을 말한다. 이것은 광학적으로 정밀하게 제작된 거울이며, 후면에 실버로 처리된 거울에서 일반적으로 나타나는 약간의 이중상(조명이 상단 유리표면과 하단 반사 표면을 모두 반사하였을때 발생)을 방지할 수 있다. 전면 실버 처리된 거울은 특별히 손상에 민감하고 깨끗이 유지하기가 어렵다. 최적의 성능을 유지하려면, 이러한 거울들은 주기적으로 표면처리를 다시 해야한다. 또한 고급 표면 미러(first-surface mirror)라고도 한다.

절두체

원뿔이나 피라미드를 두 개의 평행 평면으로 절단한 사이에 놓인 3차원 단면을 말한다. 투시 절두체(perspective frustum)를 참고한다.

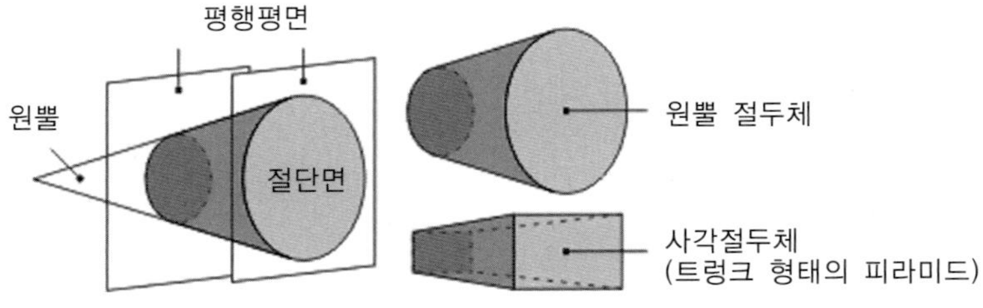

풀 HD

좌우의 눈으로 입력되는 영상이 고화질(High Definition) 비디오로 기록된 풀 프레임 스테레오 영상을 말한다

풀 프레임 스테레오

좌우 각각의 눈에 대하여 분리된 고해상도 영상을 기록하고 보여주는 스테레오스코픽 시스템을 말한다. 일반적으로 한 눈에 대한 영상이 1080라인의 해상도(2x1080p)를 갖는 비디오 영상

을 프로그레시브 스캔하거나, 각 스테레오 영상의 쌍이 표준 4개가 아닌 8개의 퍼포레이션으로 확장된 35mm 모션 픽쳐 필름으로 구성된다

융합-양안시

좌우의 분리된 2D 영상을 겹쳐서 하나의 3D 장면으로 조합하도록 두뇌에서 수행되는 처리과정을 말한다. 양안 융합은 감각 기관의 융합으로 나누어진다. 즉, 망막의 중심 근처에 입력된 영상을 처리하는 신경 프로세스와 망막의 중심에 관련 영상을 배치하기 위한 눈의 물리적인 움직임(폭주)인 운동신경의 융합으로 나누어진다.

G

기하학적 왜곡

배럴, 키스톤, 머스타시, 핀 쿠션 디스토션 등과 같이 영상에 발생하게 되는 비 균형적인 확대나 축소 왜곡을 말한다.

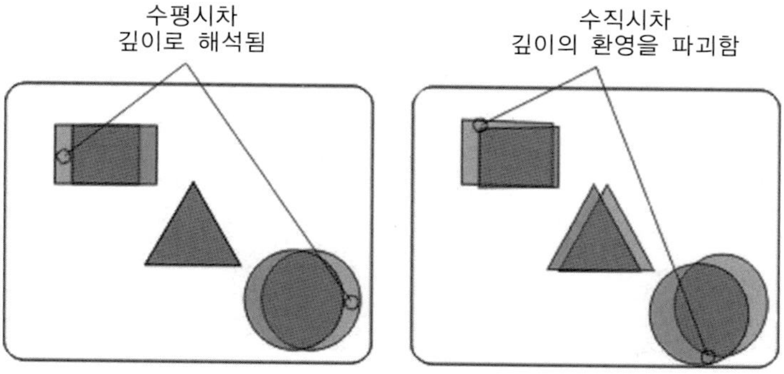

정확한 스테레오그램 정렬 기하학적 왜곡 현상

고스트 버스팅

고스트 현상을 줄이기 위해 후반작업 이나 프리젠테이션 동안 스테레오스코픽 기록물을 조정하는 과정을 말한다.

고스팅

한쪽 눈이 의도하지 않았음에도 불구하고 다른 한쪽 영상의 일부분을 보게 되어 영상이 이중으로 보이는 경우를 말하며 크로스토크(crosstalk)로 나타난다. 이 현상은 스테레오스코픽 인코딩과정에서의 불완전한 채널 분리, 프로젝션 혹은 디스플레이가 가진 문제점에 의한 프리젠테이션, 좌우 동기가 간헐적으로 일치하지 않는 능동형 안경을 착용하는 경우와 같이 선택 장비의 결함이 있는 수신 등의 원인으로 나타나게 된다. 또한 야간의 도시조명이나 금속의 태양광 반사에 의해 야기되는 밝은 번쩍임과 같이 분명한 대조가 있는 영역 주변에서 가장 많이 나타난다.

거대화 현상

물체가 부자연스럽게 크게 보이는 스테레오스코픽 효과를 말한다. 이 현상은 주어진 렌즈의 초점거리에 비해 지나치게 좁은 축간 거리(카메라 렌즈 축 사이의 거리)를 유지하고 영상을 기록

했을 때에 나타난다. 일련의 영상과 디스플레이 특성이 주어졌을 때, 스테레오 카메라 영상의 기록을 위한 이상적인 축간 거리를 계산하는 데 도움을 주는 도구는 www.binocularity.org 나 www.stereotec.com 와 같은 웹사이트를 방문하면 찾아볼 수 있다.

H

절반 해상도 3D

한쪽 영상이 수평 또는 수직 프레임의 절반만을 사용하는 스테레오스코픽 인코딩을 방식을 말한다. 좌안 및 우안 영상 모두 하나의 프레임에 포함되고, 각각의 영상은 유용한 공간의 절반만을 차지하게 된다. 최종적으로 스테레오그램 표현을 위해서는 특별한 디스플레이가 필요 하지만, 좌안 및 우안의 정보를 표준적인 2D 시스템 및 기술을 사용하여 처리, 기록, 전송할 수 있는 포멧으로 인코딩할 수 있다. 또한 분리-해상도(split-resolution) 라고도 한다.

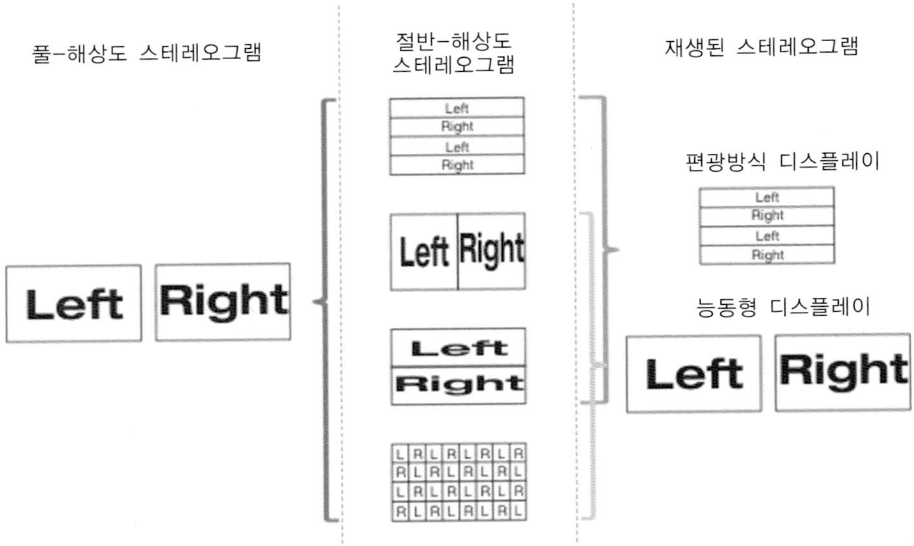

수평 시차

스테레오그램을 구성하는 좌안 및 우안 영상에 있어서의 켤렛점 사이의 수평적인 거리를 말한다. 관찰자의 눈(수평으로 가정)이 깊이를 지각할 수 있도록 기여를 하는 것으로써 동일한 평면에서는 시차가 유일하다. 과도한 수평 시차는 3D 영상의 융합을 방해하고, 관찰자를 불편하게 하며 복시를 일으킨다.

수평 이미지 이행(HIT)

스테레오그램을 구성하는 좌안과 우안 영상의 상대적인 수평 위치를 변화시키는 것을 말한다. 켤렛점 사이를 변화시켜 영상의 깊이 지각 정도를 조절할 수 있다. 동일한 양을 적용하여 영상 내에 있는 모든 켤렛점에 영향을 줄 수 있다.

과도 수렴

스테레오그램의 피사체가 관찰자에게 너무 가까워서(과도한 음의 시차) 적절히 영상을 융합하기가 어려운 경우를 말한다. 이 경우 두 눈의 과도한 수렴(내사시적인 눈, cross-eyed)이 필요하게 되며 결과적으로 시각적 불편함 혹은 복시를 유발하게 된다. 통상 관찰자로부터 스크린까지 거리의 중간보다 더 가까운 곳에 피사체가 존재하는 경우에 발생한다. 대부분 물체를 카메라에 너무 가깝게 놓고 촬영함으로써 야기되거나 교차식(toed-in) 카메라로 너무 급격한 수렴각을 사용하기 때문에 발생한다.

과도 발산

스테레오그램의 피사체가 관찰자와 너무 멀리 떨어져서(과도한 양의 시차) 적절히 영상을 융합하기가 어려운 경우를 말한다. 이 경우 두 눈의 평행선에서 1° 이상 발산(외사시적인 눈, wall-eyed)이 필요하게 되며 결과적으로 시각적 불편함 혹은 복시를 유발하게 된다. 통상 관찰자로부터 스크린까지 거리의 2배 보다 더 먼 곳에 피사체가 존재하는 경우에 발생한다. 대부분 너무 긴 초점 거리의 렌즈를 사용하거나 교차식(toed-in) 카메라로 너무 과도한 발산을 사용하기 때문에 발생한다.

최단 거리

렌즈 초점 거리를 무한대로 두었을 때, 피사체에 대해 허용할 수 있는 선명한 초점이 나타나는 이미징 평면과 최단 거리 물체 사이의 거리를 말한다. 최단 거리에 놓이거나 먼 곳에 있는 모든 물체는 동시에 초점이 일치할 것이다. 영상의 심도를 결정할 때에 중요한 요소이다.

축소 입체(하이퍼스테레오)

스테레오그램을 기록할 때 일반적인 관찰자의 축간 거리보다 더 긴 축간 거리를 사용하는 경우를 말한다. 이것은 스테레오 깊이를 증가시키는 반면 영상의 크기가 작아지게 되어, 피사체가 비정상적으로 작게 표현되는 결과를 초래한다. 풍경을 기록하거나 건축적인 응용에서 깊이의 세밀함을 표현하고자 할 때에는 주의해야 한다.

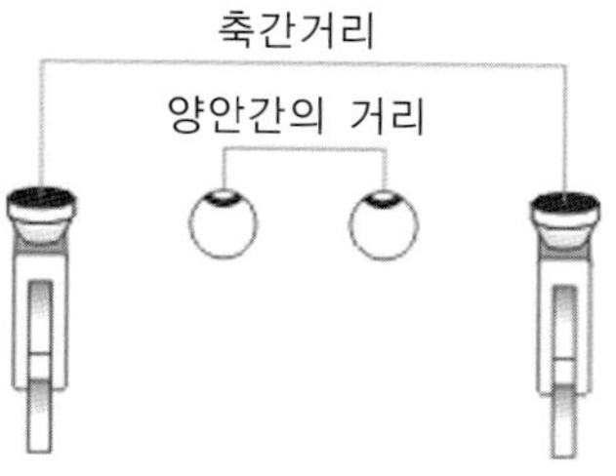

확대 입체(히포스테레오)

스테레오그램을 기록할 때 일반적인 관찰자의 축간 거리보다 더 좁은 축간 거리를 사용하는 경우를 말한다. 이것은 영상의 크기를 증가시켜, 피사체가 비정상적으로 크게 표현되는 결과를 초래한다. 축소 모형을 촬영하여 실제 크기의 모습으로 나타나게 할 때 사용할 수 있다. 또한 매크로 스테레오(macro stereo)라 부른다.

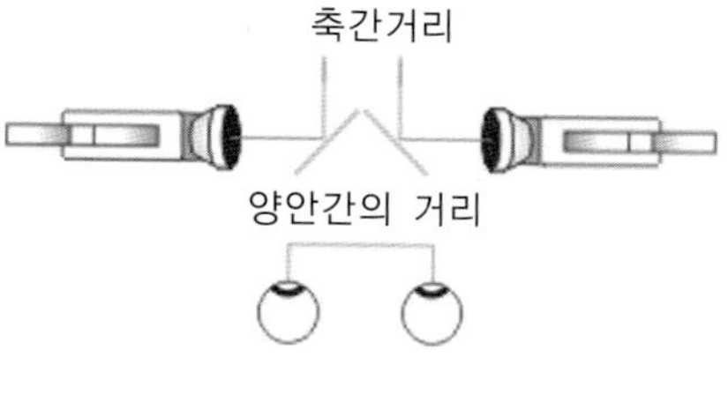

I

축 사이(IA)

문자 그대로 축 사이의 거리이다. 두 렌즈 사이의 일정한 특징을 비교하게 되며, 대부분 스테레오카메라 시스템의 축간거리(두 렌즈사이의 광축 거리)로 이야기한다.

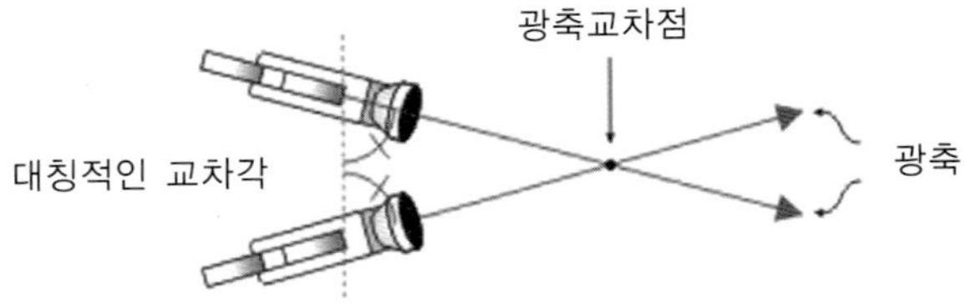

축간 거리(IAD, IA)

스테레오그램에서 좌안과 우안 영상 사이의 수평 간격을 말한다. 스테레오스코픽 계산에 있어 중요한 요소로, 수평 카메라의 렌즈간 광축 사이를 측정한다. 만일 광축이 평행하지 않으면, 축간거리는 렌즈의 입력 초입 또는 뒤쪽 초점 포인트의 중심사이를 좀 더 정확하게 측정해야한다. 이는 또한 렌즈 간 거리(inter-lens separation), 스테레오 베이스(stereo base)라고도 부른다.

인터레이스

절반의 영상 정보가 한 번에 캡처되는 비디오 영상 스캐닝 패턴을 말한다. NTSC와 PAL 같은 방식에서는 보통 홀수 라인(기수 필드) 다음에 짝수 라인(우수 필드) 순으로 주사된다. 이 결과 한 영상 프레임 당 2개의 필드가 주사되고, 필드 레벨의 이동이 이루어진다.

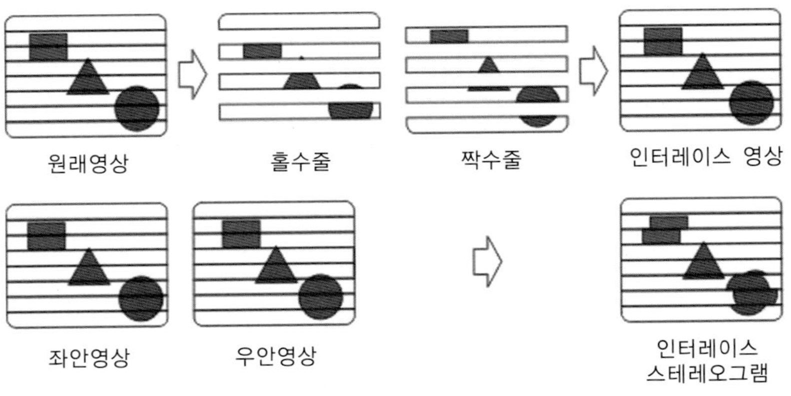

양 눈 사이(미간)

문자 그대로 두 눈 사이를 말한다. 일반적으론 양안 시력을 갖는 동물의 눈 사이 또는 입체경처럼 양안 관찰 장비의 두 광학요소 사이에서 일정한 특징을 비교하게 된다. 또한, 동공 사이(interpupillary)라고도 한다.

양안 거리(IOD, IO)

양안 시력을 갖고 있는 동물에 있어서 두 눈의 광학적 중심사이 또는 입체경과 같은 양안 관찰 장비의 광축 사이의 물리적 간격을 말한다. 스테레오스코픽 계산에 있어 중요한 요소이다. 보통은 광축을 수평하게 세팅해 측정하거나, 눈의 초점을 무한대로 둔 상태로 측정한다. 성인 평균의 미간거리는 50~70mm이며, 안경을 착용할 수 있는 아이들의 경우 40~50mm사이가 보통이다. 평균 미간거리는 약 63mm(약 2½ 인치)이다. 또한 미간 거리(inter-ocular separation) 동공 거리(pupillary distance)라고도 한다.

내적 카메라 파라미터

특정 카메라와 렌즈의 조합으로 3D 영상을 카메라의 2D의 영상 평면에 어떻게 매핑 할 수 있는지를 결정하는 요소를 말한다. 여기에는 초점 거리, 주시점(렌즈의 광축이 이미지 평면을 교차하는 지점), 수평과 수직 비율 요소(이미지 픽셀의 높이와 폭, 또는 행과 열사이의 거리), 그리고 렌즈에 의해 발생되는 기하학적 왜곡 등이다. 보통 컴퓨터 비전 어플리케이션에 사용되거나, 일련의 2D 이미지를 3D 이미지로 재구성할 때에 사용된다. 또한 내부 정렬(interior orientation, inner orientation)이라고 한다.

K

키스톤 왜곡

카메라의 광축과 대상 물체 표면 또는 프로젝터 렌즈와 스크린이 각각 수직을 이루고 있지 않기 때문에 발생하는 영상의 왜곡을 말한다. 카메라에서 이러한 배치가 어긋났을 때, 렌즈에 가장 가까운 이미지의 위치는 비정상적으로 크게 나타나고, 렌즈로부터 가장 먼 물체는 비정상적으로 적게 나타난다. 따라서 이미지 형태는 아치의 키스톤과 비슷하게 만들어진다. 프로젝트의 경우 이러한 효과는 반대로 가까운 것은 작게, 먼 것은 크게 나타나게 된다. 이미지 평면과 렌즈 사이의 잘못된 정렬은 그다지 큰 영향을 미치지 않는다.

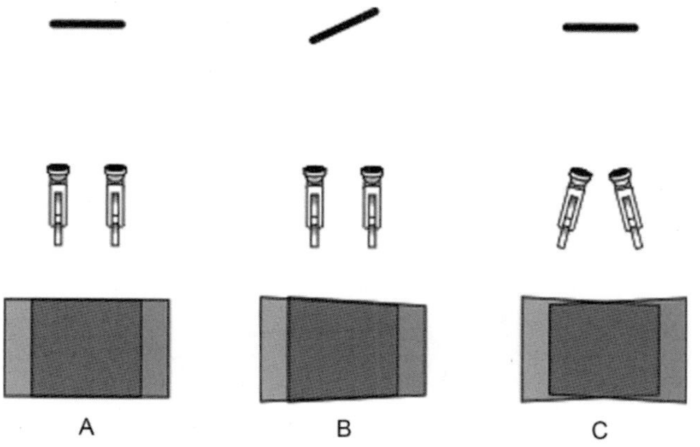

L

좌안

스테레오 이미지 쌍의 왼쪽 반으로써 좌안에 의해 보이도록 의도된 영상이다.

좌안 우선

연속적인 3D 어플리케이션을 보기 위한 출발 시각을 좌안부터 사용하는 것을 말한다.

좌안 시역

스테레오그램으로부터의 정보가 좌안만을 위해 만들어진 것을 말한다.

좌안 상동점

우안 영상과 일치하는 한 점에 해당하는 좌안 영상의 한 점

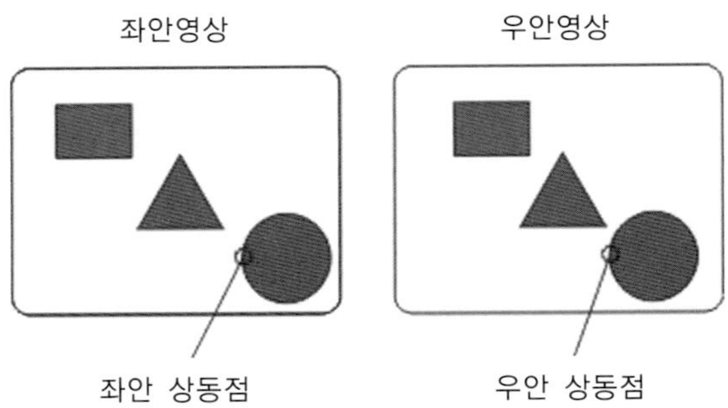

릴리푸티즘(축소효과)

물체가 부자연스럽게 작게 보이는 스테레오스코픽 효과를 말한다. 주어진 렌즈의 초점 거리에 비해 너무 넓은 축간 거리(카메라 렌즈 사이의 거리)를 사용하여 영상을 기록했을 때 발생한다. 또한 모조의 미니어쳐 영상에 대한 깊이를 조절함으로써 큰 규모의 영상을 가장할 수도 있다. 이는 틸트(tilt) 렌즈를 사용하거나 디지털 후반작업 이미지 조정을 사용함으로써 가능하다. 일련의 영상과 디스플레이 특성에 대한 최적의 축간 거리 계산을 위한 도구는 www.binocularity.org나 www.stereotec.com과 같은 사이트를 참고하여 구할 수 있다. 이 용어는 조나단 스위프트의 걸리버 여행기(1726)에 나타나는 영국의 정치에 대한 패러디인 the land of Lilliput를 참조하여 만들어졌다. 또한 소인화(dwarfism), 축소화(miniaturization), 인형 효과(puppet effect)라고도 한다.

휘도 차이

스크린의 중심으로부터 스크린 가장자리까지에 대한 값의 변화에 따라 표면으로부터 빛이 반사되는 것을 나타내는 측도를 말한다. 밝기 측정 단위로써 Foot Lambert(fL)를 사용한다.

- drop off: 스크린의 표면에 따라 변하는 밝기의 절대 값.
- 시역의 평면성(flatness of field): 스크린 밝기에 대한 drop-off 값의 상대적인 측도를 말한다. drop off가 낮을수록 시역이 평면적으로 된다. 디지털 시네마 시스템들은 전통적인 35mm 필름 프로젝터보다 자연스런 시역의 평면성을 갖는다.

- hot spot: 전체 스크린 중 제일 밝은 점으로 스크린이나 프로젝터의 기하학적 위치에 의존한다.
  - 낮은 게인(low-gain) 스크린에서는 한 개의 핫 스팟이 존재한다.
  - 높은 게인(high-gain) 스크린에서는 관찰자가 보는 각도에 따라 모든 관찰자들이 약간 다른 핫 스팟을 경험할 수 있다.
- 비네팅(vignetting): 렌즈의 중심으로부터의 밝기에 대한 drop-off 이동.
  디지털 카메라는 이것을 보정하기 위해 렌즈 쉐이딩(lens shading)을 채용한다.

휘도 경쟁

스테레오그램에서 이용 가능한 깊이 단서에 의해 설명되어지지 않는 것으로써, 켤렛점 사이에 심각한 밝기 차이가 존재하는 것을 말한다. 이 경우 융합된 영상에 있어 모순된 깊이 정보를 초래하게 된다. 보통 애너글리프나 필름 기반의 편광 3D 시스템에서 많이 발생한다. 편광 스테레오그램을 구성하기 위해 결합되는 두 개의 분리된 필름 영상은 오버/언더나 사이드-바이-사이드로 구성된 2대의 체임버를 통과해야 한다. 2대의 프로젝터가 잘못 배열되거나 불균형을 이룬 빛이 통과하는 경우 밝기가 동일하지 않게 된다.

M

마이크로편광자(μPol)

매우 작은 편광자를 말한다. 일반적으로 한 화소가 디스플레이의 가로 폭으로 이어진 원형 편광자로 이루어진다. 편광된 3D 디스플레이의 표면은 관찰자가 착용한 편광 안경에 매칭 되도록, 좌 원형/우 원형 편광 패턴이 교차 정렬된 직각 마이크로편광자로 덮여 구성된다. 두 눈의 이미지들은 행-인터레이스(공간적으로 다중화)되어, 한 눈에는 홀수 열 그리고 다른 눈에는 짝수 열이 나타나게 된다. 이 기술은 1994년 Reveo 사의 창업자인 Sadeg Faris가 처음 개발하였다.

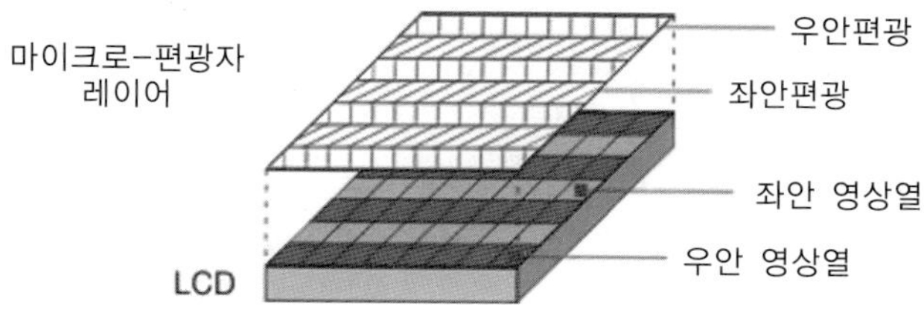

단안적 깊이 단서

한 눈으로만 볼 때나 전통적인 2D 영상을 볼 때처럼, 단 하나의 이미지나 연속이미지로부터 해석될 수 있는 깊이 정보를 말한다. 단안 단서는 정적인 깊이 단서(공기 투시, 번짐 정도, 선 원근법, 기하학적 원근법, 상대 높이, 상대 크기, 그림자와 조명 단서, 정적 간섭, 질감의 정도)와 동적인 깊이 단서(동적인 간섭, 운동 시차)를 포함한다. 예를 들어, 만약 두 개의 비슷한 물체가 다른 크기로 나타난다면 더 작은 것이 더 멀리 있는 것으로 추정될 것이다. 만약 관찰자가 움직인다면 가까이 있는 물체가 멀리 있는 물체보다 더 빠르게 움직이는 것처럼 보일 것이다. 가까운 물체는 아마 먼 물체의 일부분을 가릴 것이다. 단안적 깊이 단서를 부가적인 스테레오스코픽 단서(extrastereoscopic cue)라고도 한다.

단안시각

서로 독립적으로 작용하는 각각의 눈에 기반을 둔 시각적 지각을 말한다. 두 눈을 갖는 단안 영상은 양안 시각보다 더 넓은 시역을 갖는다. 이는 두 눈이 입체시를 만들만큼 충분한 겹침을 갖지 않기 때문이다. 그러나 단지 단안 깊이 단서들만이 유용하기 때문에 깊이감은 줄어든다. 깊이 지각 능력은 동물을 잡아먹는데 가장 유용하며, 두 눈이 머리 반대쪽에 붙은 동물에게는 포식동물을 발견하고 피하는데 도움이 될 수 있는 넓은 시역이 유리하다.

모션 제어 리그(moco rig)

컴퓨터로 제어되는 전기 모터가 달린 기계적인 구조를 말한다. 카메라의 움직임과 작동을 지원하고 정밀하게 조정하기 위해 고안되었다. 스테레오스코픽 모션-제어 리그는 두 대 혹은 그 이상의 카메라를 조정할 수 있다. 정지-동작 스테레오스코피에서, 가끔은 모션-제어 리그와 함께 한 대의 스틸 카메라가 동원된다. 이때는 스테레오그램을 구성하는 2 개의 반쪽 영상을 기록하기 위해 카메라를 좌우로 이동하게 된다. 또한 각 촬영 상황에 따라 수렴 조절이 이루어져야 한다.

N

음의 시차

스테레오그램에서 좌안 영상의 한 점이 오른쪽 켤렛점으로, 그리고 우안 영상의 한 점이 왼쪽 켤렛점으로 위치할 때를 말한다. 부의 시차를 갖는 켤렛점은 스크린으로부터 도출되어 관객 공간에 위치하게 된다 관찰자의 눈은 두 영상을 하나의 영상으로 융합하기 위해 음의 시차를 가지고 켤렛점으로 수렴해야 한다.

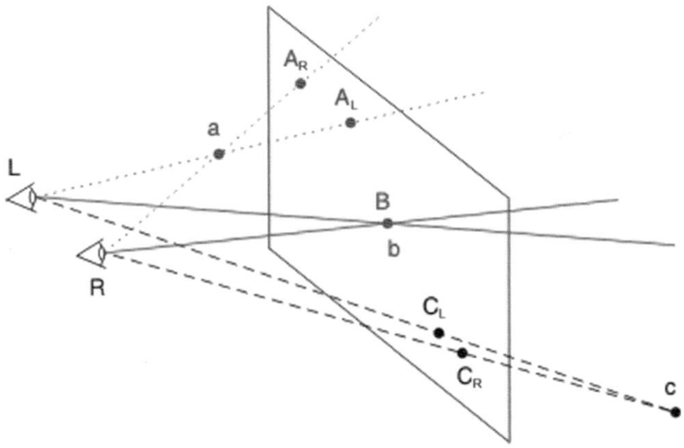

노달 포인트

렌즈의 전면에 빛의 광선이 들어오는 각도는 출력되는 각도와 같게 되며 렌즈의 광학축을 따라 각각 전면과 후면에 2개의 점이 생긴다. 이와 같이 빛이 통과하는 렌즈의 중심축을 노달 포인트라고 한다. 노달 포인트가 실제 렌즈 내에 놓여있지 않고 렌즈의 전면과 후면이 같은 매체(대부분 공기)와 접촉하고 있다면, 노달 포인트는 주 평면에 놓이게 될 것이다. 이러한 주 평면은 렌즈 내의 광학축에 수직에 놓이게 된다. 렌즈의 전면에서 볼 때 인입되는 빛의 광선은 주 평면을 통과해 광학축 상의 동일한 거리에 위치하는 후면의 주 평면에 나타난다. 조합 렌즈들의 배치에 따라, 주 평면은 실제 렌즈 내에 놓이지 않을 수도 있다.

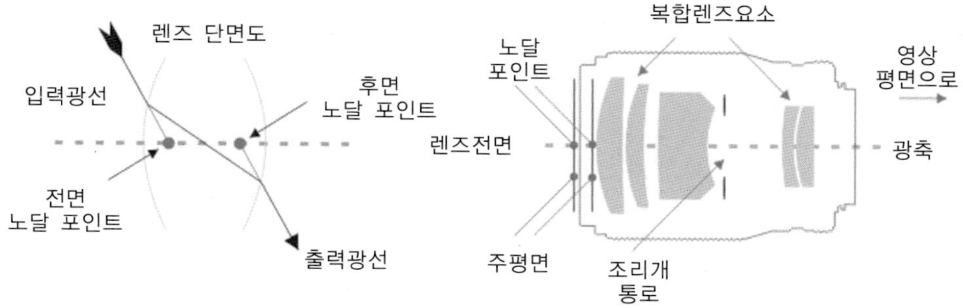

노달 시프트

다초점 렌즈의 초점 거리가 변화함에 따라서 노달 포인트를 변화 시키는 것을 말한다. 실제 렌즈의 자연스러운 특성은 CG를 이용하는 가상 렌즈로 시뮬레이션 되어야 한다.

O

중첩(폐쇄)

관찰자에게 가까이 놓여있는 물체로 인해, 관찰자로부터 먼 물체의 어떤 시점이 방해 또는 차단 될 때를 말한다. 통상적으로 단안 단서로써 사용된다. 시청 공간에 도출되어 나타나야 되는 물체의 가장자리가 스크린에서 잘려 나간채로 상영되는 경우, 시야 투쟁이 발생할 수 있다. 이러한 현상이 실제 상황에서는 발생하지 않지만, 마치 스크린에서 더 멀리 있는 주변의 창문 가장 자리가 가까운 물체를 차단하는 것 같은 경우이다. 또한 중첩(overlap)이라고도 한다.

중첩 정보

장면 내 물체들을 묘사한 스테레오스코픽 메타데이터를 말한다. 메타데이터는 각 표면의 특정한 점들이 보이는지 혹은 기록된 이미지의 각 시점으로부터 차단되는지에 대한 여부를 나타낸다. 이러한 데이터는 각기 묘사된 피사체의 양안 시차를 조절할 수 있도록 한다. 정해져있는 스테레오그램의 깊이를 부분적으로 늘이거나 줄일 수도 있다.

중첩 해상도

기록된 중첩 정보의 정밀성을 말한다.

광축

1. 렌즈의 물리적 중심을 통과하여 먼 거리로 연장된 가상의 선을 말한다. 이것은 렌즈를 통해 만들어진 이미지의 광학 중심을 나타낸다.
2. 눈의 중심을 통과하고 응시하는 방향을 표현하는 가상의 선을 말한다. 또한 주 축(principle axis)이라고도 한다.

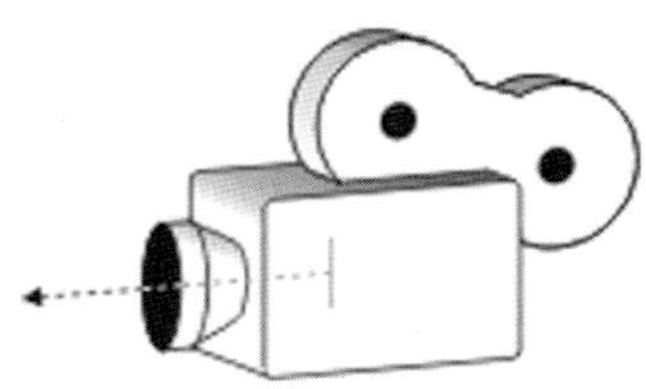

정 스테레오

완벽한 스테레오스코픽 재현을 말한다. 어떠한 깊이 왜곡도 없이 본래 기록된 장면에서와 같이 표현되는 영상을 말한다, 이론적으로 이상적인 스테레오스코픽 시사 조건은 스테레오그램을 기록하기위해 사용되는 축간 거리를 관찰자의 동공간 거리와 같게 구성하는 것이다. 그리고 영상은 기록시 사용된 것과 동일한 초점 거리를 갖는 렌즈를 사용하여 표출되어지며, 스테레오그램은 카메라에 의해 기록될 때와 같이 동일한 관찰자의 시각을 가지고 일정한 거리에서 관찰해야 한다.

P

페이지 플리핑

스테레오스코픽 디스플레이 시스템에서 좌우 영상 사이의 빠른 절환을 말한다. 좌우 영상의 절환과 동기화된 능동형 셔터 안경을 사용하여 볼 수 있다.

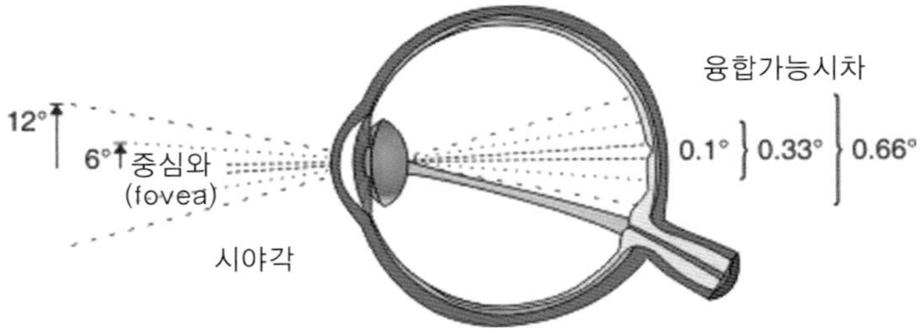

패넘(Panum)의 융합 영역

좌우 영상이 하나의 영상으로 융합될 수 있을 정도로 영상 불일치가 작은 호롭터(horopter)에 둘러싸인 영역을 말한다. 패넘의 융합 영역을 벗어나면 불일치가 너무 커져서 두 개의 영상을 융합할 수 없게 되고, 이중 영상이나 복시 현상을 초래하게 된다. 이 현상은 덴마크 물리학자 Peter Panum이 처음 설명하였다.

망막의 중심와 내에서 망막 불일치는 약 01°로 한정된다. 망막에 의해 기록된 영상의 켤렛점들이 더 멀어지면 영상은 융합되지 못한다. 망막의 중심와로부터 바깥쪽으로 6° 정도 이동하면 수용 가능한 망막 불일치는 약 0.33°가 증가하고, 12° 정도 이동하면 약 0.66°가 증가한다. 관찰 시간과 폭주를 증가시킬 경우 융합 가능한 불일치 영역은 비 교차 불일치(양의 시차)의 경우 1.57° 그리고 교차 불일치(음의 시차)의 경우 4.93° 확장 될 수 있다.

3차원 공간에서의 융합 영역에 대한 물리적 위치와 크기는 관찰자 눈의 폭주 각에 의존한다. 눈에 가까운 물체를 보면, 물체가 호롭터로부터 멀어 질수록 불일치가 급격히 증가하고 이에 따라 융합 영역이 좁아진다. 눈이 먼 물체를 보면, 물체가 호롭터로부터 멀어질수록 불일치는 서서히 증가하고 이에 따라 융합 영역이 확장된다.

시차

고정된 물체를 동시에 다른 두 지점이나 시점으로부터 보았을 때에 대한 명백한 변위를 말한다. 즉 스테레오그램의 좌안과 우안 영상에 대한 켤렛점 사이의 거리를 말한다. 디스플레이 크기를 고려한 켤렛점 사이의 선형 거리, 또는 디스플레이 크기와 관찰 거리를 모두 고려한 다양한 앵글의 각도로써, 영상의 해상도에 의존하는 화소로 측정되는 것이 일반적이다.

인간의 양안 시각은 깊이를 지각하기 위해 시차를 이용한다. 즉, 두 눈이 코의 양 옆으로 분리되어 있기 때문에, 각 눈은 동일 대상물을 조금씩 다르게 받아들인다. 인간의 뇌는 이 차이를 해석하여 물체까지의 거리를 계산해낸다. 비 반사식(non-reflex) 카메라는 촬영 렌즈(taking lens)와 뷰잉렌즈(viewing lens) 사이의 시차 오류가 발생한다. 대상이 카메라로부터 확실하게 거리를 두고 있을 경우는 인식할 필요가 없지만 카메라가 대상으로 가깝게 다가갈 때는 두 렌즈가 약간 다른 영상을 보는 미세한 차이가 있다는 사실을 알아야 한다.

스테레오스코픽 영상 시스템은 3D 영상을 만들기 위해 좌우 눈 사이의 시차를 이용한다. 이 시스템에서 두 영상은 성인 두 눈 사이의 평균 거리인 50~70mm 정도로 분리되어 있다. 이와 동일한 거리가 촬영하고자 하는 대상과 카메라로 부터의 거리 조합에 근거하여 조절된다. 이 두 영상이 관찰자의 각 눈에 비춰지면, 두뇌는 이 미세하게 다른 영상들을 해석하여 3 차원의 깊이를 창조해내는 것이다.

스테레오스코픽 시스템에서 시차는 스크린에 나타나 보이는 물체의 위치와 관련하여 특징지어진다.

- 양의 시차: 좌안의 영상은 우안 영상의 왼쪽에 있고 물체는 스크린의 뒤쪽(스크린 공간)에 나타난다.
- 음의 시차: 좌안의 영상은 우안 영상의 오른쪽에 있고 물체는 스크린 앞쪽(관객 공간)에 나타난다
- 제로 시차: 좌안의 영상과 우안의 영상이 일치하고 물체는 스크린의 표면(일반적인 2D 영상과 동일)에 나타난다.

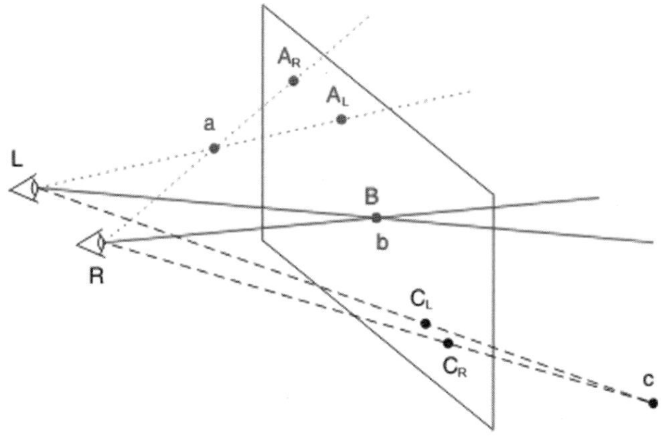

시차 총량

스테레오스코픽 디스플레이 시스템에 의해 편안하게 보여질 수 있는 가장 큰 음의 시차(화면 앞쪽)에서 부터 가장 큰 양의 시차(화면의 뒤쪽)까지에 해당하는 시차 전체의 범위를 말한다. 기본적으로는 깊이 총량과 같지만, 겉보기 깊이에 의해서 라기 보다는 시차의 양에 의해서 표현된다. 전체 시차 총량은 전반적으로 스크린의 크기에 따라 증가하는 평균 관찰 거리, 그리고 관찰자 두 눈 사이의 거리(소아 보다는 성인의 경우에 더 큼)에 대한 평균값에 의해 결정된다.

평행식 카메라

카메라 렌즈의 축이 평행이 되도록 배열되어 결과적으로 무한대로 고정된 축간 거리을 갖는 스테레오스코픽 카메라 배치를 말한다. 평행한 이미지들이 완전하게 중첩되지 않기 때문에, 광축으로부터 중심이 벗어난 이미징 그리드(imaging grid)를 이용하여 크롭(crop)되거나 기록되어야 한다. 이러한 기하학적 오차는 수렴식(toed-in) 카메라를 사용하여 피할 수 있다.

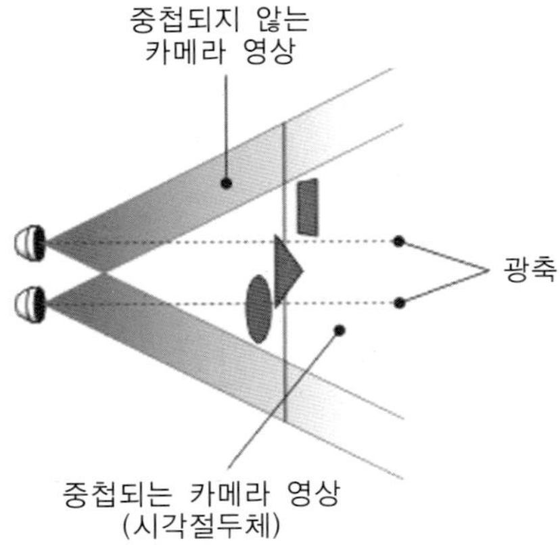

수평 리그

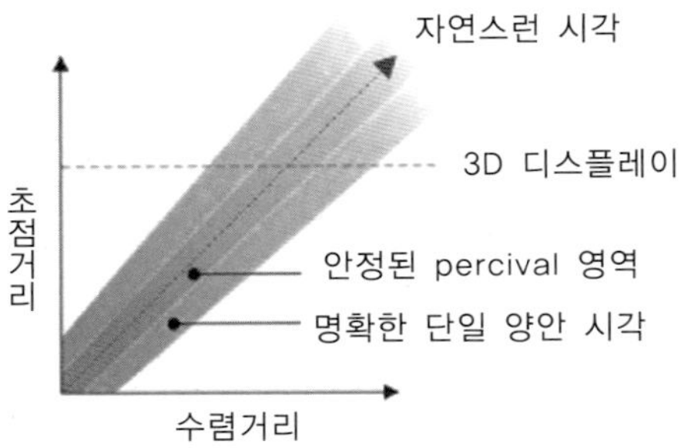

두 개의 동일한 카메라 세트를 나란히 지지하기 위해서 디자인된 기계적 구조물을 말한다. 두 카메라의 광축을 서로 평행하게 배치할 수도 있으며, 또한 리그가 수렴 조정을 지원한다면 두 카메라의 각도를 동일하게 조절하여 수렴되게 배치할 수 도 있다.

Percival의 영역(자연스러운 시청 영역)

특별한 중압감(strain)이나 불편함 없이 양안 이미지들이 하나의 3차원 시각으로 융합될 수 있는 시야 안의 영역을 말한다. 두 눈이 하나의 특정한 거리로 초점화 될 때 가장 가까운 융합 지점과 가장 먼 융합 지점 사이의 거리에 대해서 중앙의 1/3 지점으로 정의된다. 1920년 'The Prescribing of Spectacles'(학술지)에 영국의 안과의사인 Archibald Stanley Percival에 의해서 처음으로 제안되었다. 또는 안락존(zone of comfort)이라고도 한다.

원근 절두체

스테레오그램을 기록할 때 좌우 카메라 시점의 절두체에 대한 교차점으로부터 생기는 피라미드를 말한다. 절두체(frustum)라고도 한다.

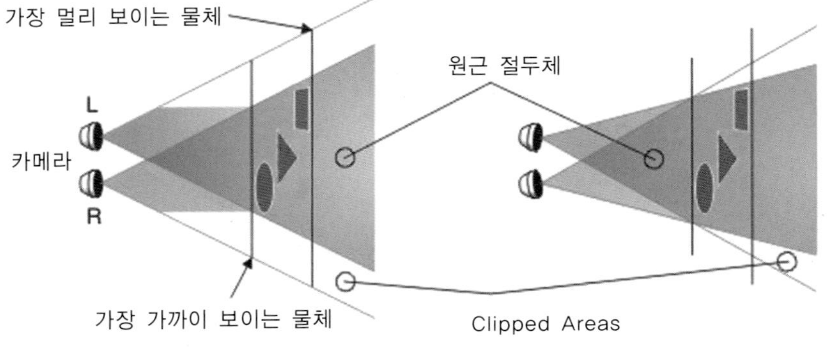

핀쿠션 왜곡, 핀쿠션 효과

직선이 영상의 중심을 향하여 안으로 굽는 렌즈 수차를 말한다. 렌즈의 중심에서 바깥쪽으로 향할수록 초점 거리가 증가하게 된다. 긴 초점 거리를 가지는 망원사진용 렌즈에서 공통적으로 나타나는 현상이다. 이 효과는 영상 종횡비(aspect ratio)가 증가할 때 더 두드러진다. 일반적으로 핀쿠션 왜곡의 양은 왜곡되지 않은 사진의 높이에 대해 백분율로 표현된다. 또한 베개효과(pillow effect)라고도 한다.

양의 시차

스테레오그램에서 좌안의 한 점이 우안 영상의 켤렛점 좌측에, 우안의 한 점이 좌안 영상의 켤렛점 우측 부분에 위치하였을 때를 말한다. 양의 시차를 갖는 켤렛점들은 스크린 공간을 차지하면서 내부로 들어가서 나타난다. 관찰자의 눈은 반드시 발산되어 양의 시차를 가진 켤렛점들로 초점이 맞춰지면서 하나의 영상으로 융합되어야 한다.

포스터리제이션(posterization)

원래 영상에 비해서 훨씬 적은 톤(tone)을 갖는 영상을 재현하는 것으로부터 기인하는 시각적 아티팩트(artifact)를 말한다. 색의 부드러운 단계적 변화(gradation)가 각각의 색 밴드(band)들 사이에서 색의 갑작스러운 이동을 주는 단색 밴드들로 대체된다. 이것은 영상에 대한 의도적인 효과이거나, 혹은 칼라 에일리어싱(aliasing), 재 압축 아티팩트와 같은 부작용일 수 있다. 또한, 디지털 영상에서 색 깊이(color depth)를 거의 사용하지 않을 경우이다. 밴딩, 칼라 밴딩이라고도 부른다.

거꾸로 된 스테레오(pseudostereo, pseudo-3D)

스테레오스코픽 시스템에서 좌우 영상이 바뀌어 좌안은 우측 영상을 보고 우안은 좌측 영상을 보게 되는 경우를 말한다. 이는 모자의 안팎을 뒤집는 효과와 같다. 즉, 가까운 것이 멀리 보이고, 먼 것이 가까이 보이게 된다. 1950년대에 종종 사용된 편광 처리와 같은 트윈 필름(twin-film) 3D 시스템에서는 필름 릴(reel)이 뒤바뀜으로써 우연히 가상 스테레오가 상영될 수 있었다. 가상 스테레오는 또한 평행으로 보기를 사용하기 위해서 준비된 프리뷰(free-view) 스테레오그램을 교차 시각으로 보게 하였다. 반대의 경우도 가능하다. 물론 이 현상은 영상의 좌우를 바꾸면 수정될 수 있다. 또는 인버전(inversion), 리버스 스테레오(reverse stereo)라고도 한다.

풀프리히(Pulfrich) 효과

한 쪽 눈에 ND(그레이) 필터를 착용하고 움직이는 2D 영상을 보았을 때 깊이가 지각되는 스테레오그램 표현 기술을 말한다. 필터가 있는 한 쪽 눈에 의해서 인지되는 어두운 영상은 처리하는데 오랜 시간이 걸린다. 따라서 필터를 착용한 영상과 다른 한 쪽 눈으로 들어오는 나중의 영상을 두뇌가 매칭 시키게 된다. 두 눈의 영상이 약간의 다른 시차를 갖고 하나의 3D 영상으로 융합되기 때문에, 수평적으로 움직이는 하나의 물체는 깊이로 해석되는 스테레오 시차가 존재하게 되는 것이다. 독일의 물리학자 Carl Pulfich가 1922년 처음으로 이 현상을 기술하였다.

Q

5 점(quincunx)

1. 다섯 점의 엑스 형태를 갖는 기하학적 패턴. 직사각형 모서리의 네 점과 직사각형의 중심의 다섯 번째 점이다. 주사위나 도미노 패의 다섯 점.
2. 각 픽셀의 값이 다섯 점 모양에서 취한 다섯 개 샘플의 평균에 기초한 앤티에일리어싱(anti-aliasing) 패턴을 말한다. 픽셀 자체는 다섯 점의 중심에 맞춰 보정된다. 모서리 샘플들은 인접한 픽셀들에 의해 공유된다. 따라서 샘플의 다섯 배 많은 양이 아니라 단 두 배 많은 픽셀만이 요구된다.
3. 체크보드 스테레오그램에서 좌안과 우안 픽셀들의 패턴을 말한다. 일련의 서로 맞물린 엑스 모양의 픽셀 그룹이 될 수 있다.

R

재수렴

스테레오스코픽 영상에서 식별할 수 있는 깊이를 조정하는 것을 말한다.

망막 경쟁

수평 시차 때문이 아닌 서로 다른 영상이 좌우의 눈에 제시되어, 스테레오스코픽 융합에 방해가 되는 경우를 말한다. 이것은 정신의 혼란, 눈의 피로, 두통이나 욕지기를 유발할 수 있다. 종종 수직 시차에 의해 유발되기도 한다. 또한 색상 경쟁(각각의 눈에 지각된 다른 색상)과 휘도경쟁(각각의 눈에 지각된 다른 수준의 밝기)에 의해 유발되기도 한다. 몇몇 경쟁들은 스테레오스코픽 결점이 아니라 자연적으로 발생한다. 무지갯빛이나 번쩍임, 폐색(중첩)과 같은 것들이다.

우안

스테레오 이미지 쌍의 오른쪽 반으로써 우안에 의해 보이도록 의도된 영상이다.

우안 우월

연속적인 3D 어플리케이션을 보기 위한 출발 시각을 우안부터 사용하는 것을 말한다.

우안 시역

스테레오그램으로부터의 정보가 우안만을 위해 만들어진 것을 말한다.

우안 상동점

좌안 영상과 일치하는 한 점에 해당하는 우안 영상의 한 점을 말한다.

행 삽입 3D

좌우안의 이미지 정보가 한 이미지 안의 교차 행으로 나타나는 3D 래스터 영상 포맷을 말한다. 보통은 왼쪽 눈으로 이미지의 가장 위의 줄에서 시작하여 아래로 내려온다. 비월주사(인터레이스)나 프로그래시브 스캔 시스템에 사용된다. 일반적인 편광 디스플레이에서 볼 수 있다. 또한 IL, 삽입(interleaved) 3D, 선-비월주사(line-interlaced) 3D 라고도 한다.

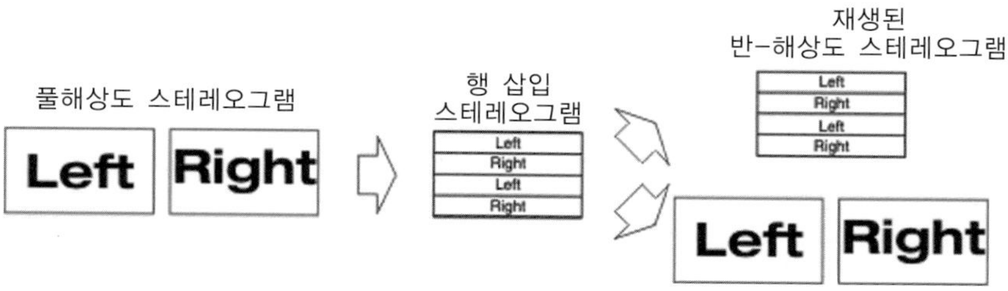

S

안구의 순간적 움직임(saccade)

대형 또는 복잡한 영상을 접하였을 때 발생하는 급속한 안구의 움직임을 말한다. 인간의 눈은 단지 시야의 중심에서 영상의 세부 정보를 감지한다. 따라서 큰 물체에 대한 전체적인 것을 보기위해서는 시선을 이동하는 것이 필요하다. 평균적으로, 눈은 매 20분의 1초에 한 번씩 움직인다. 이것은 대략적인 관찰 유지를 위한 짧은 시간이다. 이것이 잠재의식에 의한 행동이지만, 한꺼번에 대규모 또는 복잡한 이미지를 이해할 수 없다는 것을 의미한다. 이와 같은 안구의 움직임은 무작위로하지 않으며 시각적 패턴을 따라하는 경향이 있다. 또한 다른 사람들은 다르게 같은 이미지를 스캔한다. 따라서 다른 주관적인 경험을 한다고 할 수 있다. 소리는 이미지와 달리, 한 번에 모두 알아챌 수 있다. 청각에는 안구의 순간적 움직임과 같은 것이 없다.

화면 시차

1. 스테레오그램이 특정 사이즈의 스크린에 나타나는 켤렛점 사이의 물리적인 거리를 말한다.
2. 디스플레이 스크린의 표면에 정렬되는 제로 시차 평면을 말한다.

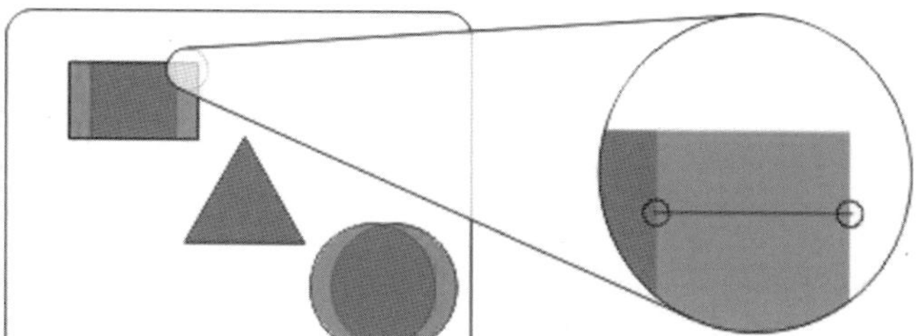
켤렛점 사이의 시차

스크린(화면) 공간

디스플레이/관찰자 공간에서 스크린 평면 뒤에 있는 지각 영역을 말한다. 스테레오그램의 물체들이 스크린 뒤에 보일 때, 이들은 스크린 공간을 차지하고 있다고 말한다.

스크린(화면) 폭

디스플레이 스크린상의 수평적인 넓이를 말한다. 스테레오스코픽 계산(입체값 산출)의 중요한 요소이다.

분할

Z축 깊이 데이터를 추출하거나 2D를 3D로 변환할 때 장면에서 다른 깊이 간에 중복되는 물체를 분할하는 것을 말한다. 하나의 오브젝트가 다른 것과 중복될 때 발생되는 바깥쪽 가장자(모서리 외부)의 분할이 가장 일반으로 나타나는 반면, 하나의 오브젝트 자체가 중복될 때 안쪽 가장자리(모서리 내부)의 분리는 특히 문제가 될 수 있다. 예를 들어 연기자가 팔을 카메라 쪽으로 뻗을 때, 팔은 흉부보다 카메라에 더 가까워야 하지만, 연기자 의상의 흉부와 팔 부분이 같은 색깔인 경우에는 둘을 분리시키기 어려울 수 있다.

선별 장치

스테레오그램의 좌안과 우안 영상을 해당하는 눈으로 분리하고, 향하게 하는 물리적인 구성요소를 말한다. 무안경 장치들은 일반적으로 렌티큘러 또는 패럴랙스배리어와 같이 합성된 선별장치이다. 다른 기술로는 수동형(애너글리프 또는 편광)이나 능동형(기계적 또는 액정 소자 셔터)의 안경을 사용한다. 채도(chroma) 깊이와 풀프리히(Pulfrich) 효과는 특별한 형식의 선별장치 안경을 이용하여 한개의 평면 영상으로부터 3D 효과를 만들어낸다. 또한 분석기(analyzer)라고도 한다.

분리

1. 두 경로에 흐르는 신호 사이의 분리된 정도, 즉 크로스톡(고스트)이 없는 정도를 말한다.
2. 스테레오스코픽 프로세스에서 왼쪽과 오른쪽 카메라를 분리하는 거리로써 카메라 렌즈의 광축을 따라 측정된다. 축간 거리라고도 한다.

순차 스테레오그램

좌안과 우안 영상이 동일한 카메라에 의해 노출 시간 동안 알맞은 축간 거리에 따라 카메라를 수평으로 이동하면서, 한 번에 하나씩 순차적으로 기록되는 스테레오스코픽 영상을 말한다. 수렴(toe-in) 배치가 필요한 경우에, 카메라는 노출 사이에 정확한 수치만큼 회전해야 할 것이다. 이것은 사물이 움직이지 않을 때(두 영상이 동일한 시간에 기록되지 않기 때문)와 카메라 움직임이 세밀하게 제어될 수 있을 경우에 가장 적합하다.
스톱-모션 스테레오스코피에서는 종종 영화 Coraline(2009년)의 경우처럼 좌우 시야의 정확한 수평 차이를 얻기 위해 모션-제어 카메라 리그를 활용한다. 핸드-헬드(어깨 견착식) 촬영에서, 수평 오프셋은 단순히 한발에서 다른 발로 체중을 이동(shifty 혹은 cha-cha method) 함으로써 얻을 수 있다. 일반적으로 후자의 기술은 전문적인 스테레오그래퍼들이 사용하지 않는다.

셰이딩

사물의 형태나 크기에 시각적인 단서를 제공하는 사물의 색깔이나 밝기에 나타나는 근소한 변화를 말한다.

절단 왜곡

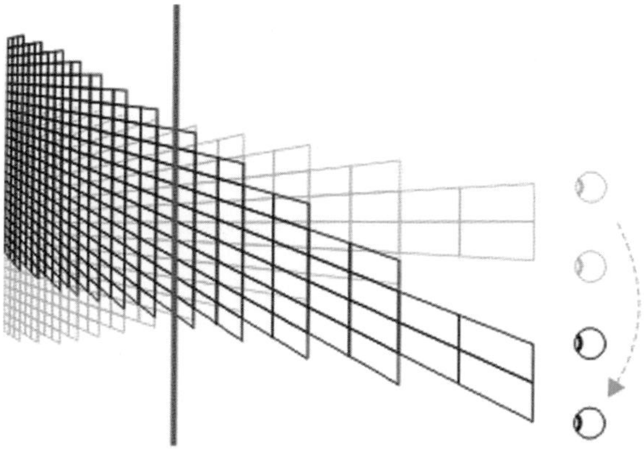

관람자의 시선이 스테레오스코픽 디스플레이와 수직이 아닐 때 발생하는 스테레오스코픽 왜곡을 말한다.

관람자가 중심축에서 수평으로 점점 벗어나 움직임에 따라, 화면 앞으로 돌출된 영상(음의 시차)은 관람자의 이동 방향과 같은 방향으로 움직여 보인다. 반면, 화면 뒤쪽의 영상(양의 시차)은 관람자의 이동방향과 반대 방향으로 움직여 보인다. 이와 같은 기하학적 비틀림 이외에, Z축(깊이) 방향으로의 스테레오그램의 움직임은 x축 방향(화면 수평방향)으로의 의도하지 않은 움직임을 초래하게 된다.

시간이 조금 지나면, 화면 중심축으로부터 멀리 떨어진 대부분의 관람자들은 절단 왜곡에 익숙해지게 된다. 절단 왜곡은 관람자의 자유로운 움직임이 가능한 환경에서 정지화면을 관람하고 있음에도 불구하고, 관람자의 자세 변화에 따라 화면에서 피사체가 움직이는 것처럼 보이므로, 창조적인 효과를 내는데 활용할 수도 있다.

Anamorphosis(기형의 영상)는 중심축에서 벗어난 관람자의 시점에서 자연스럽게 표현되도록 영상을 녹화함으로써 절단 왜곡을 교정할 수 있다. 그러나 이러한 방법은 특정 위치에서 바라본 영상의 왜곡만을 보정할 수 있는 방법이기 때문에 다른 위치에서 바라보는 경우에는 절단 왜곡이 발생하게 된다.

Anamorphosis: 시각예술에서, 일상적인 시각에서 볼 때는 그림에 나타난 대상의 모습이 뒤틀려 보이지만 특별한 각도에서 보거나 곡면 거울에 비추어 보면 왜곡이 사라지고 그림 속의 모습이 정상적으로 보이도록 그리는 원근법 을 말한다.

사이드-바이-사이드(side-by-side) 3D

좌우 영상을 수평으로 압축하여 동일한 프레임 내에 서로 옆에 배열하는 방법의 스테레오그램 기록을 위한 기술을 말한다. 라인-인터레이스(비월주사) 디스플레이의 경우, 좌우 영상이 한 프레임 안에 채워질 때 폭은 전체 크기로 확장되고 각각 나머지 주사선(1/2 영상정보) 정보는 버리게 된다. 이로 인해 각 눈의 영상은 원본 영상 해상도의 1/4로 떨어지게 된다. 그럼에도 불구하고 비디오 어플리케이션 분야에서 사이드-바이-사이드(side-by-side) 3D 영상은 상/하(Over/Under) 3D 영상(1/2 해상도 영상) 보다 널리 쓰이고 있다. 왜냐하면 사이드-바이-사이드 영상은 두 번째 영상이 수신되기 전에 첫 번째 영상을 저장할 버퍼를 필요로 하지 않으며, MPEG 인코딩에서 더 높은 효율을 제공하기 때문이다. 사이드-바이-사이드 영상은 수직 해상도는 보존하지만 수평해상도는 1/2로 떨어지기 때문에(모든 스테레오스코픽 깊이 정보는 수평방향으로 기록됨), 수직해상도를 1/2로 떨어뜨리고 수평해상도를 보존하는 상/하 방식과는 동일한 깊이 감을 보여주지 않는다.

사이드-바이-사이드 리그

두 대의 동일한 카메라를 나란히 배열할 수 있도록 고안된 기계적 구조를 말한다. 두 카메라는 각각의 위치에 고정되거나, 카메라 간의 축간 거리 조절을 위하여 수평으로 움직일 수 있으며, 두 카메라가 영의 시차 평면에 수렴할 수 있도록 안쪽으로 대칭적으로 모아질 수 있게 교차식으로 구성할 수도 있다. 수렴(toed-in)의 경우, 녹화되는 영상은 기하학적 왜곡이 발생할 수 있으며, 이 왜곡은 후반 작업 단계에서 보정되어야 한다.

사이드-바이-사이드 리그를 선택할 때에는 다음과 같은 특성을 고려해야 한다.

- 두 카메라의 배치 가능 여부(피사체에 대한 동일한 각도를 보장하기 위해)
- 두 카메라의 수렴 배치(Toe-in) 가능 여부(평행 방식뿐만 아니라 수렴 방식의 촬영도 위해)
- 리그의 견고함(견고해야 카메라의 정렬 상태가 유지될 수 있으므로)
- 물리적 크기(사이드-바이-사이드 리그는 미러 리그보다 작고 가벼움)

단일 렌즈 카메라

이 카메라는 스테레오그램을 제작하기 위한 충분히 다른 장점을 제공한다. 하나의 렌즈로 같은 장면을 두 가지 이상의 영상으로 녹화하는 카메라를 말한다. 단일-렌즈 3D 카메라는 다수의 카메라를 사용할 때처럼 부피가 크거나 불편하지 않으며, 카메라의 잘못된 조정, 줌/포커스 부정합 등으로 발생하는 영상 결합 문제들을 피할 수 있다. 그러나 일반적으로 단일-렌즈 카메라는 고정된 축간 거리로 인하여 사용상 제약이 있다.

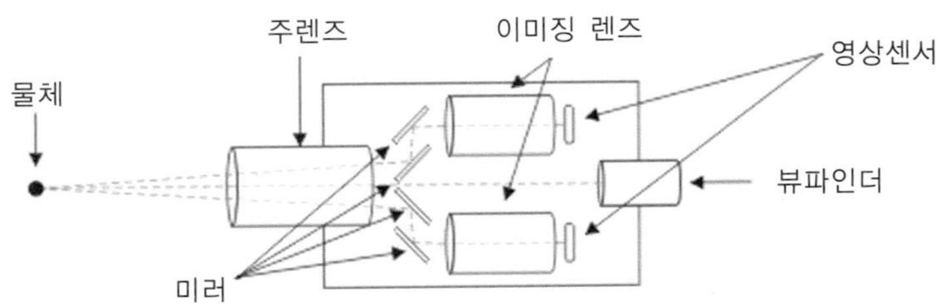

단일 3D 프로젝터

하나의 필름 혹은 비디오 프로젝터를 사용하여 좌우 영상을 모두 나타낼 수 있는 스테레오그램 표현 시스템을 말한다. 이 시스템은 듀얼 프로젝터 시스템에서 주로 나타나는 스테레오그램의 정렬 불량이나 거꾸로 된 스테레오(pseudostereo) 현상을 피할 수 있으며, 설치와 운영이 용이하다. 수동형(애너글리프와 편광)과 능동형(셔터) 방식을 포함한 일반적인 3D 시연 시스템을 지원한다.

슬라이드 바

노출 시간 동안 수평 움직임을 제어하여 하나의 카메라로 연속적인 스테레오그램을 기록할 수 있는 간단한 카메라 리그를 말한다. 하나의 카메라가 슬라이드 바에 마운트 되며, 첫 번째 이미지가 저장되면 좌 혹은 우의 제어된 위치로 움직여서 두 번째 이미지를 저장한다. 이 시스템은 유사한 핸드-헬드 방법보다 정확한 축간 거리, 더 큰 수직 시차와 회전 제어의 가능성을 제공한다.

공간 포착

각 사물의 크기, 모양, 위치 등 장면에 대한 깊이 정보의 저장을 말한다. 이것은 향후 같은 장면의 시각 영상과 결합 되어서 스테레오스코픽 재현을 위한 z-깊이를 제공하고, 기록된 공간에 대한 3차원 컴퓨터 모델을 만드는데 사용된다. 공간 포착은 가상현실과 게임시스템에서 사용자의 신체 위치와 손 움직임을 캡쳐하는 데에도 사용된다. 또한 깊이 습득(depth acquisiton), 깊이 센싱(depth-sensing)이라고도 한다.

정적 깊이 단서

정지 영상으로 표현될 수 있는 단안에 기인하는 깊이 단서를 말한다. 예를 들면, 비슷한 물건이 다른 크기로 나타나는 것, 작은 사물이 더 멀리 있는 것으로 판단되는 것. 가까이 있는 사물이 멀리 있는 사물을 막고 있는 것으로 보이는 것 등이다. 정적 깊이 단서는 공기 투시, 선 원근법, 상대적인 높이, 상대적 크기, 망막 이미지 크기, 그림자와 조명 단서, 정적 간섭, 질감 변화도 등을 포함한다. 또한 사진적 깊이 단서(pictorial depth cue)라고도 한다.

정적 삽입

가까이 있는 물체가 멀리 있는 물체를 부분적으로 가린다던지, 그림자를 드리우게 한다든지 하는 단안적인 깊이 단서를 말한다. 관찰자가 사물의 상대적 깊이를 해석해 낼 수 있다.

스테레오

입체 또는 3차원적인 것을 의미한다. 일반적으로 스테레오그래픽(입체를 의미), 스테레오포닉(3차원적인 사운드)에서와 같이 접두사로 사용된다.

스테레오 시력

1. 스테레오스코픽적인 시각 단서에 따라 깊이 또는 거리를 인식하는 능력을 말한다.
2. 깊이 또는 거리가 인식 될 수 있는 정확성을 말한다. 양안 시각을 통해 볼 수 있는 시차의 가장 작은 각도로써 측정한다.

스테레오 장님

입체시를 실행할 수 없거나 분리된 좌안과 우안 영상을 하나의 3D 영상으로 융합할 수 없는 상태를 말한다. 스테레오 장님은 눈의 폭주와 단안 깊이 단서를 사용하여 어느 정도의 깊이를 인식 할 수 있지만, 스테레오그램의 3D 효과를 올바르게 인식할 수 없다. 인구의 약 5~10%가 스테레오 장님으로 분류된다.

스테레오 소멸 비율

스테레오스코픽 디스플레이에서 좌안 및 우안 영상이 반대의 눈에 보여 질 수 있는 정도를 말한다. 크로스토크(crosstalk)로 측정되며 잔상(ghosting)과 같은 것을 지각하게 된다.

스테레오 이미지 프로세서(SIP)

여러 가지의 스테레오그램 조절파라미터를 실시간으로 조절하도록 설계된 3Ality Digital이 만든 전자 장비의 상품 이름을 말한다. 여기에는 이미지 동기화, 기하 및 색상 보정, 이미지 정렬, 애너글리프 출력, 프레임-연속(frame-sequential) 디스플레이 포맷 등을 포함한다.

스테레오 영상 장치

단일-렌즈 3D 카메라 혹은 사이드-바이-사이드 리그에 연결된 카메라와 같은 장비를 사용하여 스테레오그램을 녹화하는 장치를 말한다.

스테레오 무한대

깊이를 판단하는 데 사용할 수 있는 양안 폭주(내부로 향한 두 눈의 회전)의 최대 거리를 말한다. 일반적으로 200 미터 정도의 사물을 볼 때에는 눈이 평행해 지며, 그 이상에서는 눈의 발산이 계속되지 않는다.

스테레오+2Z

같은 장면을 녹화한 두 개의 분리된 카메라로부터 얻어지는 영상과 깊이 정보를 말한다.

스테레오+깊이

3차원 물체의 특징을 묘사할 수 있는 좌안, 우안의 영상 페어와 깊이 데이터를 말한다.

스테레오 윈도우

1. 스테레오그램 내에서 좌안과 우안 영상이 만나는 점이며 수렴평면이라고 한다. 일반적으로 수렴평면은 화면 위에 위치하거나 화면 약간 뒤에 위치한다.
2. 스테레오그램이 보이는 프레임을 말한다. 물체가 스크린의 앞, 위, 뒤 어느 곳에 있던지간에, 관찰자의 눈으로 시작되어서 스크린의 테두리로 뻗어있는 평평한 옆면을 갖는 피라미드 형태에 의한 스테레오 윈도우 밖으로는 나갈 수 없다.

스테레오그래퍼

스테레오스코픽 영상을 기록함에 있어서 기술적인 면과 미적인 면을 전문적으로 다룰 줄 아는 사람을 말한다. 스테레오그래퍼와 시네마토그래퍼의 역할이 합쳐질 수도 있으며, 스테레오그래퍼가 시네마토그래퍼와 함께 일하면서 기술적인 조언(스테레오스코픽 슈퍼바이저)을 할 수도 있다.

미국의 스테레오그래픽 슈퍼바이저 Phil McNally는 “어떤 이는 2시간 만에 전체적인 스테레오스코피 이론을 가르칠 수 있다. 당신은 두 달 안에 3D 영화제작을 배울 수도 있다. 하지만 10년은 족히 걸리는 경험까지 완벽하게 배울 순 없을 것이다. 좋은 영화는 경험으로부터 만들어지는 것이지 지식으로부터 나오는 것이 아니다.”라고 말한다. 최적의 축간 거리, 수렴각, 초점거리 등을 도출하기 위해서는 수학적인 계산이 필수이다. 이와 관련한 도표 계산이나 특별한 기능의 입체 계산 등은 www.binocularity.org 와 www.stereotec.com에서 찾아볼 수 있다.

스테레오그래피

3차원 영상을 기록하기 위한 예술 및 기술을 말한다. 이를 위해서는 특수화된 카메라, 필름 스톡 또는 비디오 특성, 조명, 미적 영상 합성, 스테레오 영상 기록 수치 등을 필요로 한다. 또한 스테레오스코피라고 한다.

입체시(stereopsis)

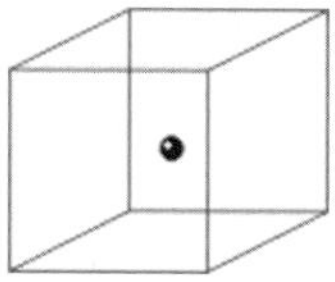

좌안과 우안 영상 사이의 시차를 바탕으로 사물 간의 거리를 판단하거나 3차원 영상에서깊이감을 읽어내는 능력을 말한다. 깊이 지각은 양안 깊이 단서(입체시와 폭주)와 단안 깊이 단서(상대 크기, 중첩, 기하학적 원근, 운동시차 등)를 포함한다. 또한 스테레오 비전(stereo vision)이라고도 부른다. 입체시의 기능은 Necker Cube의 관찰을 통해 설명이 가능하다. Necker Cube는 1832년 크리스탈의 선에 대한 스케치의 관찰을 바탕으로 눈의 착시현상을 최초로 정의한 스위스 과학자 Louis Albert Necker의 이름에서 유래하였다. 큐브(cube)의 앞 단면을 보고 그 점이 우 상단에 있는지 좌 하단에 있는지? 를 물었을 때, 단지 2차원(단안) 깊이 실마리를 가지고는 두뇌가 확신할 만한 충분한 정보가 거기에 없기 때문에 두 상태가 번갈아가며 발생할 것이다. 하지만 3차원 공간에서의 큐브는 입체시(양안 깊이 단서)를 통해 우 상단에 점이 있는지 좌 하단에 점이 있는지를 알 수 있다.

스테레오스코픽 3D(S3D)

한 쌍의 2D 영상으로부터 3차원적인 지각이 이루어지게 되어 3D 깊이가 나타나는 것을 말한다. 렌즈 유형, 렌즈 초점 길이, 목표 시각(스크린 크기와 관찰 거리)등 주어진 다양한 요소로부터 최적의 축간 거리와 수렴각을 계산하기 위해 전자적인 도구를 사용할 수 있다. 기본적으로 스프레드시트나 특수 프로그램을 이용하며, www.binocularity.org 나 www.stereotec.com 에서 확인할 수 있다.

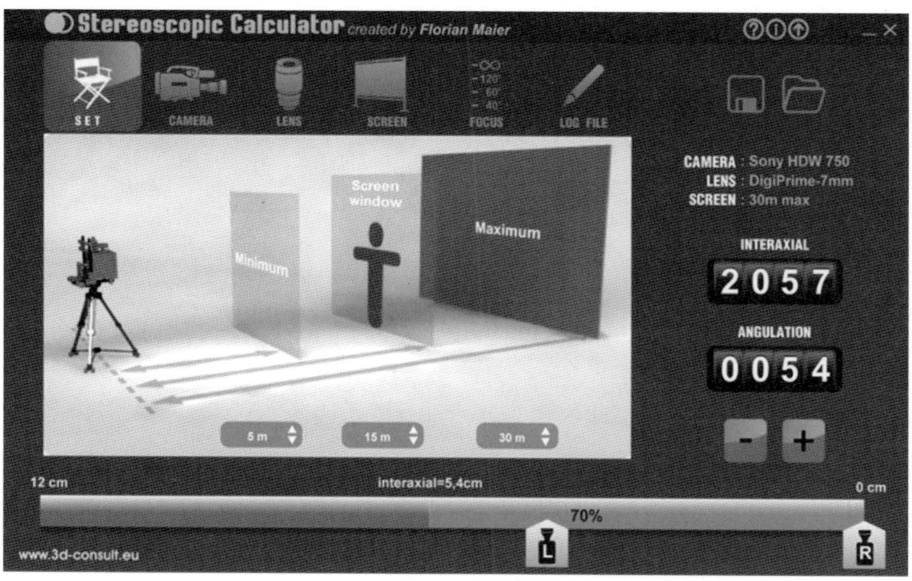

스테레오스코픽 다중화

좌안과 우안의 스테레오스코픽 영상을 표준 2D 영상보다 크지 않도록 하나의 데이터 스트림으로 재구성 하기위해 데이터를 조합하는 것을 말한다. 하프 해상도의 비디오 포맷 또는 적청 방식(애너글리프)을 사용한다. 또한 스테레오플렉싱(stereoplexing)이라고도 한다.

스테레오스코픽 연출

2D에서 3D로의 변환을 위한 고 품질의 분석 과정을 말한다. 먼저, 2차원 장면의 3차원적인 수학적 표현을 만들고, 가상 카메라를 사용하여 컴퓨터로 생성된 스테레오 장면을 제작한다.

동기 오차

동영상 스테레오그램에서 하나 이상의 프레임 저장 오류에 따른 좌우 영상의 시간적 불균형을 말한다. 대체로 후반 작업이나 녹음 재생시에 나타난다. 또한 시간적 불일치(temporal mismatch)라고도 한다.

T

시간 다중화

스테레오그램 또는 다시점 3D 영상에서 좌우 시점을 각각 시간적으로 분리하여 연속적으로 제시하는 방식을 말한다.

시 분할 3D

좌우안 영상이 고속으로 번갈아가며 한 번에 하나씩 표시되는 스테레오스코픽 디스플레이 시스템을 말한다. 한 쪽 눈이 일정 주어진 시간 동안에 한 영상만을 보지만, 스위칭 속도가 빨라 관람자는 지각할 수가 없다. 능동형 또는 수동형 안경은 각 눈에 해당하는 정확한 영상만을 볼 수 있도록 해준다. 편광 시분할 시스템은 능동형 시스템이 좌안과 우안 영상의 순서에 따라 안경 렌즈를 개폐하는 동안, 각 영상에 대한 편광 방향을 번갈아가며 변경시킨다.
관례상, 좌안 영상을 먼저 제시하고 우안 영상을 다음에 제시한다.

- 인테레이스 비디오 디스플레이 시스템에서 좌우 눈의 영상은 동일한 프레임에서 필드를 교대로 사용한다(필드 시퀀셜).
- 체크보드 시스템에서 좌우 눈의 영상은 하나의 프레임으로 결합되어 각 픽셀 정보가 교대로 제시된다.
- 모든 다른 시분할 디스플레이 시스템에서 좌우 영상은 각 프레임마다 교대로 제시된다(프레임 시퀀셜).

교차(toe-in)

스테레오스코픽 카메라 쌍의 렌즈 축 각도가 평행에서 안쪽으로 향하여 한 지점에 수렴하는 것을 말한다. 또한 angulation, 스테레오 앵글(stereoangle)이라고도 한다.

교차식 카메라

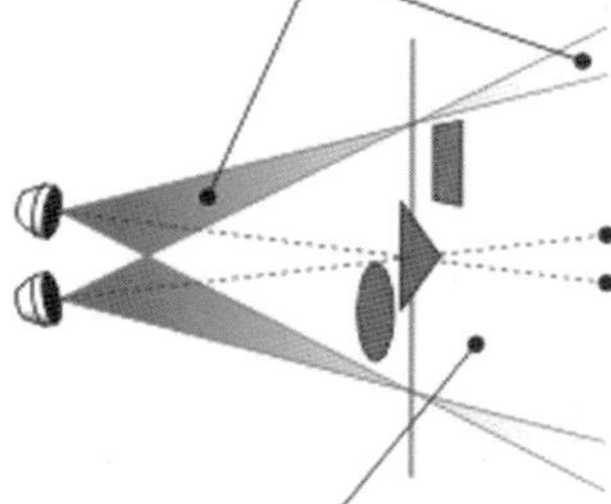

카메라가 회전되어 렌즈 축이 한 점으로 수렴되는 카메라의 배치를 갖는 스테레오스코픽 카메라를 말한다. 이 방식에서는 기록된 영상의 좌우 가장자리 배열을 보정해야 한다. 두 카메라의 교차점과 같은 깊이를 갖는 물체들은 최종적인 스테레오그래픽 상영에서 스크린 상에 나타난다. 반면, 다른 물체들은 수렴 점과의 관계에 따라 스크린 앞 또는 뒤쪽에 나타나게 된다.

교차식 카메라는 요구되는 축간 거리에 비해 카메라가 너무 커서 적합하지 않을 때, 자연스런 영상 촬영을 위해 종종 사용된다. 그러나 이 시스템에서 야기되는 기하학적 오류는 영상 품질을 저하시키므로 후반 작업에서 보정 되어야 한다.

영상 시차(3D 깊이 지각)의 양은 주로 축간 거리(카메라 렌즈 축 사이의 거리)에 의존한다. 또한 렌즈 초점 거리, 폭주 거리(필름 평면으로부터 렌즈 축이 수렴하는 점), 각 물체의 크기, 그리고 수렴 점으로부터 각 물체가 얼마만큼 멀리 떨어져 있는가에 직접적인 영향을 받는다.

카메라가 서로 각도를 이루고 있기 때문에 필름 평면이 평행하지 않다. 따라서 좌우 영상에 키스톤 왜곡이 발생하게 된다. 이 현상은 수정되지 않으면 관람이 불편한 인공적인 수직 시차를 야기하며, 물체 높이 왜곡으로 나타난다.

트윈 카메라 스테레오 영상

두 대의 동일한 카메라를 사용하여 동시에 좌안과 우안 스테레오그램 영상을 기록한 것을 말한다.

트윈 렌즈 카메라

두 개의 분리된 렌즈와 복합적인 단일 이미징 시스템을 사용하여 두 개의 영상을 동시에 획득할 수 있는 스테레오스코픽 카메라를 말한다.

U

융합 불가 영상

과도한 시차를 가지고 있는 켤렛점을 포함하고 있는 스테레오 쌍의 좌우 안 영상을 말한다. 이러한 영상은 3D 시각으로 융합될 수 없다.

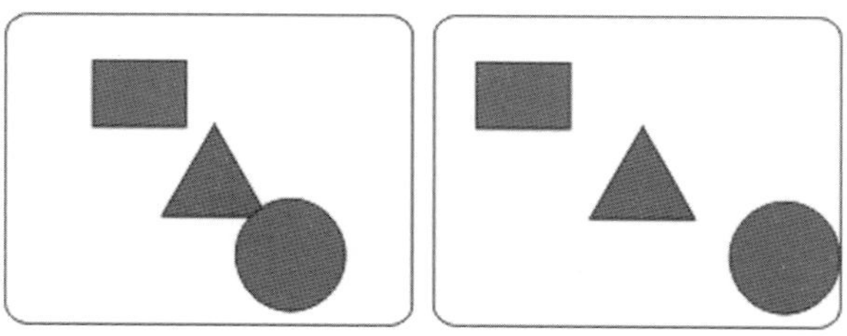

V

폭주(vergence)

피사체에 초점을 맞추거나 어떤 한 지점에서 다른 거리에 있는 지점을 응시하게 될 때, 안쪽으로 모아지거나(convergence) 밖으로 흩어지며(divergence) 돌아가는 눈의 조화로운 움직임을 말한다. 이것은 시야가 맑아 온전한 색감을 볼 수 있을 때 망막의 중심와에 관심 피사체를 비추는 효과를 가지고 있다. 폭주는 약 200미터까지의 거리(스테레오 무한대)에서 물체를 관찰하는데 유효하다. 이 지점보다 멀리 떨어져있는 피사체를 볼 때, 두 눈은 평행한 상태로 유지된다. 다른 종류의 눈 움직임과 달리 폭주에서 두 눈은 반대방향으로 움직인다.

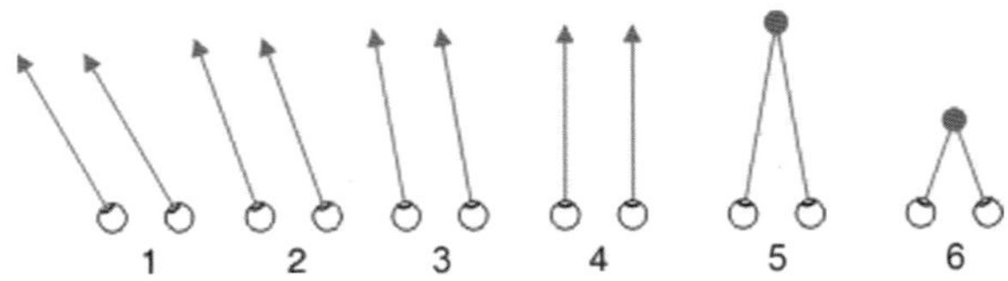

폭주 점

눈의 렌즈 축 또는 교차 카메라의 교차 축이 만나는 공간의 점을 말한다. 이것은 또한 교차 카메라로 기록된 영상에 대한 제로 시차 평면을 정의한다.

수직 정렬 오류

스테레오그램에서 좌우 안 영상 사이의 수직 편차를 말한다. 좌우 영상에서 한 영상이 정상보다 더 높게 되어 수평 점이 정렬되지 않는다.

수직 시차

스테레오그램을 구성하는 좌안과 우안 영상의 켤렛점 사이에 대한 수직 거리를 말한다. 관찰자의 두 눈(일반적으로 수평인 경우)이 동일한 평면인 상태에서의 시차만이 깊이 지각에 기여한다. 따라서 수직 시차는 발생하지 않도록 하여야 한다. 작은 양은 무시될 수 있지만 과도한 수직 시차는 3차원 영상의 융합을 방해하게 될 것이다. 또한 관찰자의 불편함과 이중상을 초래하게 된다. 높이 오류라고도 한다.

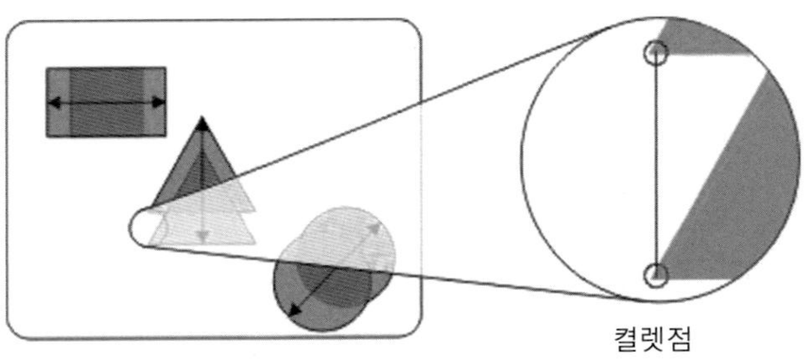

전정-시각 반사(VOR)

망막 상에 영상을 안정시키고 관찰자의 머리가 움직였을 때 순수한 시각을 주기위한, 전정 시스템에 의해 기록되는 운동 데이터에 근거한 자동적인 눈의 움직임을 말한다. VOR은 반사적이며, 암흑속이나 눈을 감은 상태에서도 동작한다.

절두체 시각

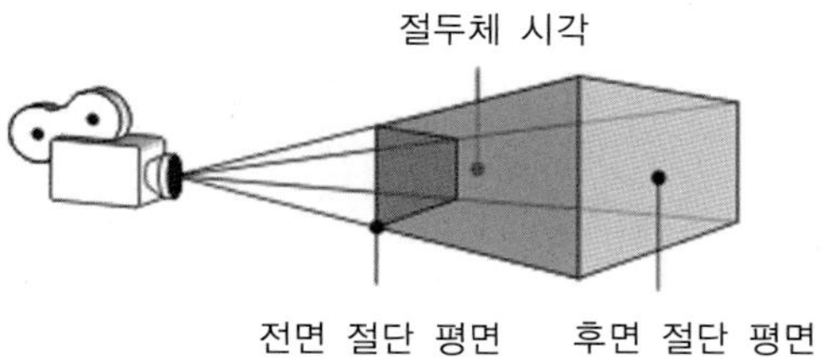

컴퓨터 생성 영상을 기록하는 합성 카메라와 같은 카메라로 기록된 체적 공간으로 둘러싸인 평평한 모서리 형태의 피라미드를 말한다. 렌즈를 통한 절두체 시각은 원뿔형이지만 사진 영상은 수직 종횡비로 기록된다. 따라서 카메라의 절두체 시각은 피라미드 형태가 된다. 절두체 시각의 앞 평면은 카메라에 가장 가까운 물체에 의해서 정의된다. 컴퓨터 그래픽에서 가까운 물체는 절단 평면에 의해 시계로부터 배제되기 때문에 컴퓨터는 불필요한 계산을 할 필요가 없다. 마찬가지로 절두체 시각의 뒤쪽 평면은 카메라에서 가장 먼 물체나 컴퓨터 형성 영상의 후면 절단 평면에 의해 정의된다.

시야각

1. 스크린의 면을 보는 시청자의 시선 중앙에서부터 확장된 선에 의해 구성되는 도형을 말한다. 스크린 면에 직각인 선에서부터 수평, 수직 오프셋 양 쪽의 관계로 측정된다.
2. 디스플레이 스크린을 응시할 때의 시선에 대한 수평각을 말한다. 스테레오스코픽 계산에서 중요한 요소이다. 스크린 폭과 관찰 거리의 함수로 계산되며 각도로 측정된다.

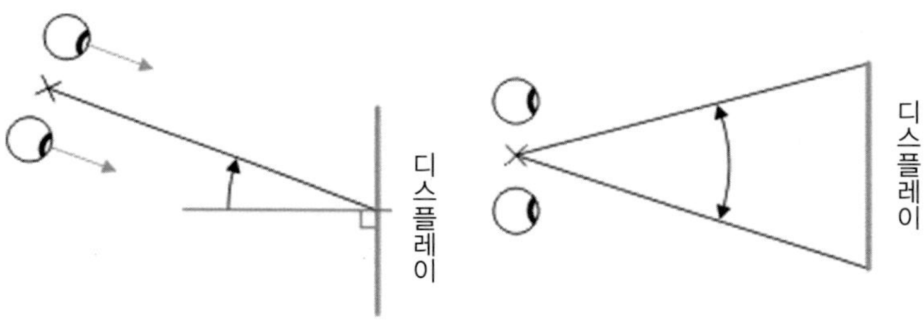

관찰 거리

관찰자로부터 디스플레이 면까지의 거리를 말한다. 스테레오스코픽 계산에서 중요한 요소이다. 일반적으로 관찰자의 시점 중앙에서부터 스크린 중앙까지를 측정한다.

시야 영역

완벽한 스테레오스코픽 효과를 지각하기 위해 관찰자의 머리 부분이 위치해야 할 체적 공간을 말한다. 특별한 디스플레이 기술은 하나의 중앙 시야 영역 또는 더 많은 주변 시야 영역을 가질 수 있다. 또한 헤드박스(head box), 스위트 스폿(sweet spot)이라고도 한다.

시야각

디스플레이의 중앙에서부터 수평 또는 수직적인 각도로 측정된 시야 영역의 확장에 대한 측정을 말한다.

시각/두뇌 충돌, 시각적 혼란

시각적 영상과 우리 두뇌가 실제 세상으로부터 기대하는 것에서 오는 것 사이의 모순을 말한다. 예를 들어, 좌/우 안의 스테레오 이미지가 바뀌었다면 물체는 뒤집어져서(가까워야 할 부분이 멀리 보이거나 멀어야 할 것이 가까이에서 보이는 경우) 보일 것이다. 대신에 만약 물체가 음의 시차(스크린에서 나와 관객 공간으로 도출)를 가지고 스크린 가장자리에서 잘려진다고 가정하면, 두뇌는 이것을 어떻게 해석해야 할 지 모를 것이다. 먼 곳의 물체가 스크린 가장자리에서 잘리는 것은 자연스럽다(윈도우가 당연히 하는 역할). 그러나 윈도우보다 가까운 물체는 윈도우 가장자리에 의해서 잘려서는 안 되는 것이다. 이것은 시각과 뇌의 충돌 원인이 된다.

시각적 불일치

스테레오그램에서 단지 절반의 오브젝트가 보일 때 또는 시각적 차이(좌안과 우안 사이의 오프셋)에 의해서 설명이 되지 않지만 동일한 물체에 대한 좌안과 우안 시각이 상당한 차이를 보일 때를 말한다. 일반적으로 합성 오류(깊이 미스매치와 부분적인 가상 스테레오)나 컴퓨터 생성 영상에서의 렌더링 오류에 의해서 발생한다.

체적형 3D

일반적으로 어떤 각도에서도 보이는 3D 이미지를 물리적으로 만들어주는 무안경 방식의 스테레오스코픽 디스플레이 시스템을 말한다. 이것은 홀로그래픽 디스플레이, 스웹트-체적 디스플레이(디스플레이 요소가 중심축에서 회전하면서 고속으로 공간을 움직이면 각각의 위치에서 다른 시점이 존재한다. 따라서 각 방향의 시점들이 합쳐져서 한 개의 3D 형태를 가지게 된다), 정적- 체적 또는 적층형 디스플레이(투명한 3D 화소의 블록, 즉 2-20개 정도의 평면 영상을 겹쳐서 만든 디스플레이를 선택적으로 활성화하여 한 영상을 3D로 만든다.), 그리고 가변 초점 렌즈 디스플레이(관찰자로부터 다른 광학적 깊이에서 다양한 이미지 슬라이스를 만들어 내는 렌즈 위치를 가짐)를 포함한다.

복셀

공간 구성 요소, 3차원 화소를 말한다. 또한 높이, 너비, 깊이(픽셀은 보통 높이와 너비만을 가짐)를 갖는 3차원 컴퓨터 모델에서 주소를 부여할 수 있는 가장 작은 공간 단위를 말한다. 컴퓨터에 의해 만들어진 이미지는 일반적으로 2차원(화면 또는 종이 출력)으로 나타내지만 3차원적으로 계산되거나 만들어지기도 한다.

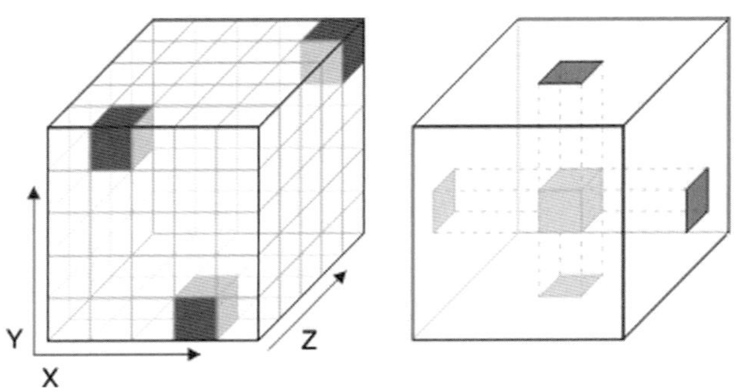

Z

z-깊이

스테레오그램의 좌우 영상에 있어서 켤렛점 사이의 수평 차이를 말한다. z-깊이 값이 클수록 입체 효과는 커진다. 양의 값이 커지면 깊이가 관찰자로부터 멀어지고, 음의 값이 커지면 깊이가 관찰자에게 가까워진다. 3D 깊이라고도 한다.

z-왜곡

시각적인 영상의 깊이 왜곡을 초래하는 스테레오그램의 z-깊이에 있어서 의도하지 않은 값의 편차를 말한다. 수평 모서리를 따라 뚜렷하게 보인다.

양안망막 시차의 영점

동물의 양안 비전에 상이 완벽하게 정렬되어 좌안과 우안 망막에 의해서 기록된 영상을 말한다. 이 경우 켤렛점 사이는 제로 시차가 된다.

제로 시차 평면(ZDP)

최종 스테레오그램에서 스크린 상에 나타나게 될 물체까지의 거리를 말한다. ZDP는 한 장면을 관객 공간(디스플레이 표면의 앞)과 스크린 공간(디스플레이 표면의 뒤)에 나타날 물체로 분리한다. 또한 HIT 점, 수렴 평면, 제로 시차 깊이 라고도 한다.

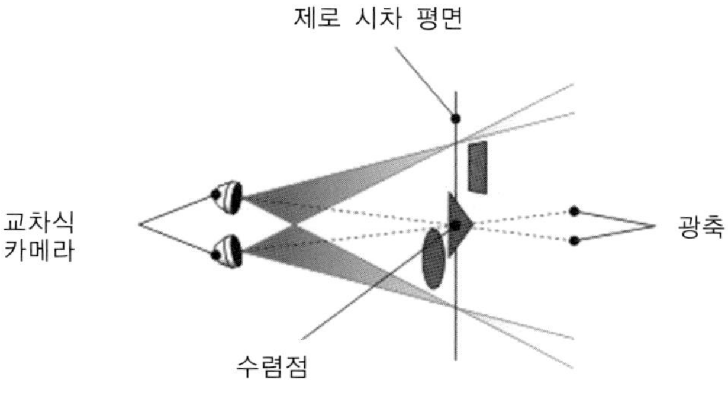

제로 광축 간격

3D 카메라 시스템에서 2개의 영상이 정확하게 중첩되어(카메라 광축 거리가 없음) 기록될 때를 말한다. 두 영상 사이의 간격이 넓을 수 록 3D 효과는 커진다. 제로 광축 간격에서 3D 효과는 없다.

제로 시차

스테레오그램에서 좌안 영상이 우안 영상의 켤렛점과 완벽히 일치하여 배열되었을 때를 말한다. 제로 시차를 갖는 켤렛점은 스테레오스코픽 깊이 정보가 없으며, 관찰자로부터 스크린까지 같은 거리에 나타난다.

제로 시차 세팅(ZPS)

스테레오그램에서 좌안과 우안 영상의 상대적인 수평 오프셋을 조절하여 의도된 디스플레이 평면에 놓일 켤렛점을 제로 시차로 만드는 것을 말한다.

Richard W. Kroon

Richard W. Kroon 은 캘리포니아 버뱅크에 있는 테크니컬러 미디어 서비스 부문의 3D 서비스 디렉터이다. 수상 경험이 있는 비디오그래퍼이며 저서를 가지고 있는 Mr. Kroon은 Society of Motion Picture and Television Engineers(SMPTE), National Stereoscopic Association(NSA), International Stereoscopic Union(ISU), Dictionary society of North America의 멤버이다. 그는 공인 Project Management Professional(PMP) 이며 PRINCE2 등록 전문가이다. Mr. Kroon은 USC에서 BS를 취득하였고, Auburn 대학에서 MBA, UCLA 확장 엔터테인먼트 교육 프로그램의 필름, 텔레비전, 비디오, 멀티미디어 분야에서 대학원을 졸업하였다.

Index

3D TV 3D 시네마

2011년 11월 30일 초판 1쇄 발행

역 자 • 이 승 현
발행자 • 최 봉 조
발행처 • 진샘미디어
주 소 • 서울시 은평구 역촌동 58-9
부호아파트 102동 상가 5호
전 화 • 02)353-4421 / FAX 02)353-4431
Home-page • www.jinsaem.co.kr

신고번호 • 제311-2005-000025호
ISBN 978-89-92887-46-5

정가 19,000원